Petra Eisele
Babylon

Petra Eisele

Babylon

»Götterpforte« oder »Große Hure«

Albatros

Bibliographische Information der Deutschen Bibliothek
Die Deutsche Bibliothek verzeichnet diese Publikation
in der Deutschen Nationalbibliographie;
detaillierte bibliographische Daten sind im Internet
über http://dnb.ddb.de abrufbar.

Diese Lizenzausgabe ist 2006
mit freundlicher Genehmigung der S. Fischer Verlags GmbH
im Patmos Verlag GmbH & Co. KG,
Albatros Verlag, Düsseldorf, erschienen.

Inhalt

oder Gilgamesch, Faust in Sumer · Keilschrifttexte contra Altes
Testament oder Wessen Sintflut ist die bessere? · Nichts Neues
auf dem Ararat

Das Menetekel

Die Sage vom Wahnsinn Nebukadnezars · Awel-Marduk, Neriglissar, Labaschi-Marduk – die unfähigen Erben · Ein Priestergünstling setzt auf den falschen Gott · Belsazars letzte Nacht ·
Die Perser kommen

Parforceritt auf den Thron

Wir schreiben den Monat Ab (Juli/August) des Jahres 612 v. Chr.[1]* Eine ungeheure Feuersbrunst lodert um die kolossalen Festungen der Stadt und taucht eine untergehende Stadt in rotes Licht. Ein Zeitalter geht zu Ende: Ninive brennt. Über hundert Jahre lang war von hier aus die Welt des Vorderen Orients beherrscht worden, zum ersten Mal seit mehr als einem Jahrhundert muß sich die assyrische Metropole, die über 300 000 Einwohner in ihren gewaltigen Mauern birgt, einem Angreifer beugen: König Nabopolassar von Babylon und seinem Verbündeten, dem Mederkönig Kyaxares. Sie bereiten dem bedrückenden Zwangsregiment, der assyrischen Tyrannei ein Ende:

> Weh der mörderischen Stadt, die voll Lügen und Räuberei ist und von ihrem Rauben nicht lassen kann ... Ich will dich ganz greulich machen und dich schänden und ein Schauspiel machen aus dir, daß alle, die dich sehen, von dir fliehen und sagen sollen: Ninive ist zerstört; wer will Mitleid mit ihr haben? ... Aber das Feuer wird dich fressen und das Schwert töten; es wird dich abfressen wie die Käfer, ob deines Volkes schon viel ist wie Käfer, ob deines Volkes schon viel ist wie Heuschrecken ... Deine Hirten werden schlafen, o König von Assur, deine Mächtigen werden sich legen, und dein Volk wird auf den Bergen zerstreut sein, und niemand wird sie versammeln. Niemand wird deinen Schaden lindern, und deine Wunde wird unheilbar sein. Alle die solches von dir hören, werden mit ihren Händen über dich klatschen, denn über wen ist nicht deine Bosheit ohne Unterlaß gegangen? (Nahum 2, 3)

* Die fortlaufenden Hochziffern im Text verweisen auf den Anmerkungsteil S. 341 ff.

Und der Prophet Nahum sollte recht behalten. Der Assyrerkönig Sinscharischkun findet inmitten seiner Edlen und Frauen den Tod im Feuer, und der Versuch Assur-uballits II., Harran zur neuen Hauptstadt Assyriens zu machen und von dort aus den drohenden Untergang des Reiches aufzuhalten, scheitert nach nur drei Jahren. Die Assyrer und die mit ihnen verbündeten Ägypter werden von der Allianz Babylon/Medien aus Harran vertrieben.

Assur-uballit, der letzte, der den Titel eines Königs von Assur geführt hat, verschwindet aus der Geschichte, ohne daß wir wüßten, was aus ihm geworden ist. Dem letzten Herrscher jenes Reiches – des neubabylonischen –, dessen Stern mit der endgültigen Niederlage des »assyrischen Löwen« aufgeht, sollte siebzig Jahre später ein ganz ähnliches Schicksal widerfahren . . . Auch Weltreiche haben ihre Zeit. Ninive ist so vollständig zerstört, im wahrsten Sinne des Wortes dem Erdboden gleich gemacht, daß zweihundert Jahre nach dem Untergang der Stadt Xenophon und seine zehntausend Griechen über die Trümmer hinwegzogen, ohne auch nur zu ahnen, welche Bedeutung diese Stätte einst hatte.

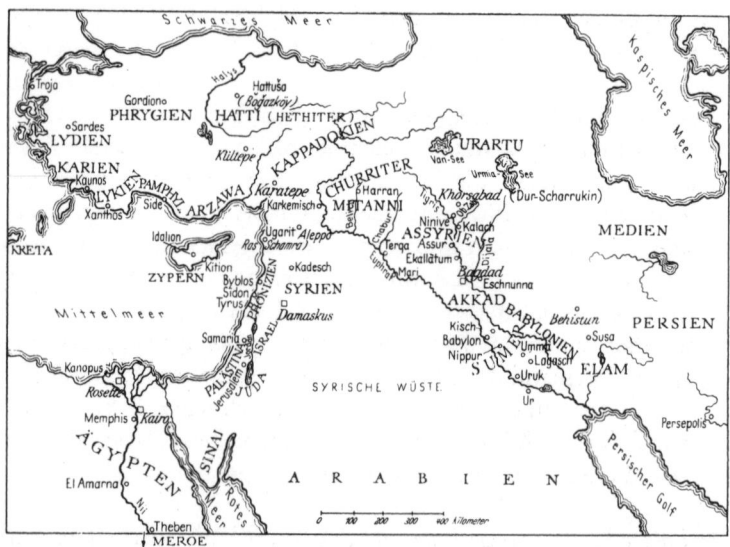

Vorderasien im Altertum (nach W. v. Soden).

Über zweitausend Jahre lang war praktisch jede Erinnerung an Ninive ausgelöscht – und als man dann zu Anfang des 19. Jahrhunderts unserer Zeitrechnung begann, die Stadt wiederzuentdecken, da wollte es die Ironie der Weltgeschichte, daß die Funde, die man dort machte – oder besser gesagt: der Fund, aufgesplittert in unzählige Einzelteile, unscheinbare Tontafeln – es überhaupt erst ermöglichten, über die Eroberer Ninives, die Babylonier, und deren »Vorfahren«, ihre Literatur, ihre Kriege, Taten und Bauten Genaueres zu erfahren.

Die Tontafeln gehörten zur größten bis heute bekannten Bibliothek des Altertums, der Bibliothek, die Assurbanipal, König von Assyrien (669–626), in seinem Palast in Ninive systematisch angelegt hatte. Zwar besaßen einige große Tempel auch schon vorher Archive und Dokumentensammlungen, aber doch wohl eher zweckgebunden an Ausbildungs- und Verwaltungsbedürfnisse von Priesterschaft und Hofstaat. Assurbanipal dagegen wollte, ohne einen unmittelbaren praktischen Nutzen zu verfolgen, die gesamte literarische Überlieferung Babyloniens und Assyriens an einem Ort versammeln. Und so schickte er seine Bevollmächtigten aus, im ganzen Lande nach dem Gewünschten zu fahnden. Er gab ihnen genaue Instruktionen:

> Sobald du diesen Brief bekommst, nimm Schumma, seinen Bruder Bel-etir, Apla und die gelehrten Männer der Stadt Borsippa mit dir und suche alle Tafeln hervor, die sich in deren Häusern befinden, sowie auch jene, die im Tempel Ezida untergebracht sind!... Suche nach den wertvollen Tafeln, die sich in euren Archiven befinden und von denen keine Kopien in Assyrien vorhanden sind, und sende sie mir. Ich habe schon die Tempelaufseher und den Stadtverwalter von Borsippa benachrichtigt... Niemand darf dir die Tafeln vorenthalten. Wenn du Tafeln findest, über die ich dir nicht geschrieben habe, die du jedoch für die Palastbibliothek als wertvoll betrachtest, so suche auch diese heraus und sende sie mir.

Auf diese Weise entstand eine Bibliothek, auf die Assurbanipal mit Recht stolz sein konnte. Und so bezeichnet er sich am Schluß der

Tafeln denn auch gern selbst als Schreiber oder Leser der Texte: »Die in geordneten Keilgruppen [Keilschriftzeichen] niedergelegte Weisheit des Gottes Nabu schrieb ich auf die Tafeln, prüfte und kollationierte [den Text] und legte sie in meinem Palast nieder, damit ich sie ansehen und immer wieder lesen kann.«

Mit seiner Bibliothek hat der gebildete Assyrerkönig ein wirklich einzigartiges Kompendium babylonisch-assyrischer Kultur und Geschichte geschaffen, denn die Themen der Tafeln umfassen von mythischen und historischen Erzählungen, Königsbiographien, Briefen, Verwaltungsurkunden über Gebete, Traumdeutungsbücher, medizinische Handbücher, Beschwörungsformeln, Vorzeichendeutung, Astrologie und Astronomie bis hin zu detaillierten mathematischen Werken eigentlich alles, was der Geist hervorgebracht hat. Und wenn auch die über 20 000 Tafeln und Fragmente, die die Archäologen aus den Ruinen Ninives bergen konnten, nur einen Bruchteil der einstigen Mammutbibliothek darstellen, so geht aus ihnen doch deutlich hervor, was Assurbanipal und mehr noch Nebukadnezar zutiefst bewußt war: ein Spätgeborener zu sein, Erbe einer großen Kultur, vor der es zu bestehen, die es zu wahren und zu neuer Blüte zu führen galt. Denn Geschichte – und vor allem babylonische Geschichte – beginnt und begann auch schon für sie nun einmal in Sumer.

Geschichte begann in Sumer

Sumer – so hieß der südliche Teil der mesopotamischen Tiefebene. Hier waren an den beiden großen Strömen Euphrat und Tigris die wahrscheinlich von Osten her, vielleicht aus dem westlichen Hinterindien, eingewanderten Sumerer seßhaft geworden. Genaueres über ihre Herkunft wissen wir bis heute nicht, und da die sumerische »Königsliste« mit den Worten beginnt: »Als die königliche Macht vom Himmel herabstieg, war das Königtum in Eridu« – also bereits in Mesopotamien –, hilft uns das auch nicht viel weiter.

Jedenfalls scheinen sich die »Zugereisten« mit den Ureinwohnern – ein bereits seßhaft gewordenes, kulturell entwickeltes Volk, die sogenannten Obeid-Leute – ganz gut vertragen zu haben, denn auf der Grundlage eines ausgezeichnet organisierten, auf künstlicher Bewässerung beruhenden Ackerbaus und einer erfolgreichen Viehzucht gedieh das Land, Städte bildeten sich, Stadtstaaten wie Eridu, Ur, Nippur, Kisch und Lagasch, an deren Spitze ein gleichzeitig als Oberpriester fungierender Herrscher stand. Dieses blühende, kultivierte Land, das im Zuge seines expandierenden Wirtschaftslebens die sumerische Bilderschrift, die erste Schrift der Menschheit überhaupt, entwickelte und auch Töpferscheibe und Rollsiegel nutzbringend einzusetzen wußte, zog natürlich andere, weniger vom Glück begünstigte Völker und Stämme mit höchst unfriedlichen Absichten an. Und auch unter den nach und nach erstarkenden sumerischen Stadtstaaten selbst kam es häufig zu bewaffneten Auseinandersetzungen.

Als erster historisch fixierbarer Herrscher wird Mesilim genannt, der um das Jahr 2600 die Stadt Kisch regierte.[2] In den folgenden Jahrhunderten erlangten vor allem Ur, das ebenfalls in der Mitte des 3. Jahrtausends zu einem wichtigen sumerischen Handels- und Kulturzentrum geworden war, und Lagasch Macht und Einfluß. Letzteres jedoch immer gefährdet durch den Konflikt mit der Nachbarstadt Umma, deren Herrscher Lugalzaggesi schließlich siegreich blieb. Nach weiteren Eroberungen gelang es ihm, das erste bedeutende Reich von Sumer zu schaffen und es auch ein Vierteljahrhundert lang zu beherrschen.

Um 2350 bereiteten die nördlichen semitischen Stämme unter Führung Sargons von Akkad – »von Akkad« nach der von ihm gegründeten neuen Hauptstadt gleichen Namens – diesem sumerischen Reich ein gewaltsames Ende. Zum ersten Mal gewannen damit die schon längere Zeit im Lande lebenden Semiten politisch die Oberhand – und sollten sie auch während der nächsten zweihundert Jahre behalten.

Sargon, der sich großspurig »Herrscher der vier Weltteile« nannte, hatte sein Reich durch Eroberung des im Norden gelegenen Assyrien und des im Osten angrenzenden Elam erheblich vergrößert. Seinen Nachfolgern gelang es jedoch nicht, die Machtposition des Reiches zu halten, sie mußten den aus dem Zagrosgebirge ins Land eindringenden Gutäern weichen, die im Laufe der nächsten hundert Jahre das Land völlig verwüsteten. Erst unter

Utuchegal von Uruk (um 2100) konnten die »Drachen des Gebirges« endgültig vertrieben werden.

Vor allem Lagasch gelang es nun, erfolgreich an alte sumerische
Traditionen anzuknüpfen und unter seinem baufreudigen Fürsten
Gudea noch einmal eine kulturelle Blüte zu erleben, die manchmal
als »sumerische Renaissance« bezeichnet wird. Eine Renaissance
mit unsicherer Zukunft allerdings, denn schon seit längerer Zeit
strömten Scharen westsemitischer Einwanderer in das Gebiet, und
auch die Elamiter machten Ansprüche geltend. Als letzte kulturell
fortwirkende Tat der Sumerer könnte man jene (fragmentarisch
überlieferte) Gesetzessammlung des Begründers der III. Dynastie
von Ur, Urnammu, König von Sumer und Akkad, betrachten, die
älteste Zusammenstellung von Rechtsvorschriften, die wir bis
heute kennen (s. S. 208).

Die Zeit der Sumerer war vorbei, sie verschwanden von der
Bühne der Geschichte – Mari, Assur und Babylon sollten in
Zukunft die Zentren der Macht heißen. Aber sie alle waren den
Sumerern verpflichtet, die die Keilschrift erfanden, literarische
Werke von Weltrang verfaßten, die ersten Wissenschaften begrün-
deten, den Tempelbau – die berühmten mesopotamischen Hochtempel, die Zikkurati – entwickelten und jene frühesten Rechts-
texte »zu Ton« brachten, die die Grundlage für Hammurabis
großen Gesetzeskodex bildeten. Und die sumerischen Götter
wechselten nur ihren Namen – schon hatten sie ihren Platz im
babylonischen Pantheon. Die sumerische Sprache geriet in Vergessenheit, aber dank des Alphabets lebte sie fort im Semitischen und
Akkadischen.[3]

Zu Beginn des 2. Jahrtausends entstanden auf dem alten Gebiet der
Sumerer, nach vielen Kämpfen um die Vorherrschaft, eine Reihe
von Stadtstaaten, darunter Isin, Larsa, Eschunna und – Babylon.

Babylon, anfangs ein unbedeutender Flecken, dürfte zunächst
Babilla geheißen haben, was die Neuankömmlinge, der semitische
Stamm der Amoriter, als »Bab ilim« – »Pforte der Götter« deute-
ten. (Auch der sumerische Name des Ortes, Ka-dingir-ra, heißt
»Pforte der Götter«.) Und aus Bab ilim wurde schließlich, von den
Griechen abgewandelt, das uns bis heute geläufige »Babylon«.

Der amoritische Stammesfürst Sumu-abum, der sich um das Jahr 1830 hier niederließ, war der Begründer einer Dynastie, die Babylon unter ihrem sechsten Vertreter, Hammurabi (1728–1686), seine erste Blütezeit bescheren sollte und es zu einer der mächtigsten und bedeutendsten Städte des Vorderen Orients machte. Während seiner mehr als vierzigjährigen Regierungszeit erwies sich König Hammurabi nicht nur als geschickter Außenpolitiker, sondern wußte sein Land auch im Innern zu stärken durch Bewässerungsanlagen und monumentale Bauten, durch eine straffe Verwaltung und eine einheitliche, auf akkadisch verfaßte Rechtsordnung, die vor allem seinen die Zeiten überdauernden Ruhm begründen sollte. Um die Einheit des Reiches zu festigen, erhob er den bis dahin relativ unbedeutenden Stadtgott von Babylon, Marduk, zum Hauptgott des Landes und machte seinen Kult allgemeinverbindlich für alle Untertanen.

Durch Eroberung der Städte Isin und Uruk sowie die Einverleibung zahlreicher rivalisierender Fürstentümer, entmachtete er seinen einstigen Verbündeten Zimrilim von Mari, der blühenden Handelsmetropole am Mittleren Euphrat, die im Verlauf der Kämpfe völlig zerstört wurde. Auch Assur und Ninive mußten sich Hammurabi beugen, dem es auf diese Weise gelang, ein Großreich zu schaffen, das sich vom Persischen Golf bis zur Syrischen Wüste im Norden erstreckte.

Aber keiner der Nachfolger Hammurabis besaß auch nur annähernd das gleiche staatsmännische Format. Es kam zu Unruhen in verschiedenen Teilen des Landes, die Angriffe von außen häuften sich, und im Jahre 1530 gelang es den Hethitern unter König Murschili I. Babylon zu erobern, zu brandschatzen und mit reicher Beute wieder abzuziehen. Die so geschwächte und ausgeblutete Stadt war nicht mehr in der Lage, den nun mit Gewalt eindringenden Gebirgsstämmen vom Zagros Widerstand zu leisten, und so gelang es dem Volk der Kassiten, einem Gebirgsvolk, dessen rassische und sprachliche Zugehörigkeit bis heute unbekannt blieb, Babylon einzunehmen und sich für die nächsten 350 Jahre dort festzusetzen.

Die Zeit ihrer Herrschaft wird oft als »dunkle Periode« der babylonischen Geschichte bezeichnet, doch bei näherem Hinsehen scheint das Urteil ein wenig voreilig. Gewiß, das Land büßte viel von seiner alten Bedeutung ein, das Hethiterreich in Zentralanatolien, das Mitannireich am Oberen Euphrat und das allmählich erstarkende assyrische Reich spielten jetzt die Hauptrollen, Babylon mußte sich mit einer vergleichsweise bescheidenen Stellung begnügen. Aber die Kassiten übernahmen die kulturellen und religiösen Errungenschaften Mesopotamiens, setzten die territoriale Expansion fort und sicherten dem Land einen soliden Platz im Kreis der politischen Mächte – immerhin wurde während ihrer Regierungszeit das Akkadische zur internationalen Diplomatensprache erhoben. Und von den intensiven Handelsbeziehungen zwischen Babylonien und Ägypten zeugt die im ägyptischen El Amarna gefundene Korrespondenz zwischen den Herrschern der beiden Staaten.

Auch mit Assyrien standen sich die Kassitenherrscher zunächst ganz gut. Das sollte sich im Laufe des 14. Jahrhunderts jedoch ändern, es kam zu bewaffneten Auseinandersetzungen, und unter dem Assyrerkönig Tukulti-Ninurta I. wurde Babylon erobert, verwüstet, der kassitische König gefangengenommen und ein Statthalter eingesetzt.

Nach dem gewaltsamen Tod Tukulti-Ninurtas kann Babylon noch einmal kurz aufatmen, doch dann versuchen die Elamiter ihr Erobererglück, und im Jahre 1155 gelingt es ihnen auch, den Kassitenherrscher Zabaschumiddina zu schlagen. Mit reicher Beute kehren sie heim – als Siegestrophäe schleppen sie auch die Gesetzesstele Hammurabis in ihre Hauptstadt Susa –, und in Babylon beginnt ein neues, wieder »einheimisches« Kapitel. Die Kassiten verschwinden ein für allemal aus der Geschichte Mesopotamiens, und den babylonischen Thron besteigt ein Angehöriger der II. Dynastie von Isin: Nebukadnezar I. (ca. 1130–1110)[4], der bedeutendste Vertreter dieser Dynastie, ein König von außergewöhnlichem Mut, der sich sofort daran macht, die für Babylonien nach wie vor gefährlichen Elamiter in die Knie zu zwingen.

Jahr um Jahr kämpft er verbissen gegen die Eindringlinge, die den Unterlauf des Tigris besetzt halten, und langsam, aber sicher beginnt ihre Widerstandskraft zu erlahmen. Schließlich, nach über zehn Kriegsjahren, trifft eines Tages die Nachricht von der endgültigen Niederlage der elamitischen Armee in Babylon ein. Die ba-

Das Ischtar-Tor von Babylon wie es zur Zeit Nebukadnezars II., im 6. Jahrhundert v. Chr., ausgesehen hat (14,3 Meter hohe Rekonstruktion; Vorderasiatisches Museum, Ost-Berlin).

bylonischen Streitkräfte hätten »den Feind auf glühenden Straßen vor sich hergetrieben, während die Klingen ihrer Waffen zu heiß zum Anfassen waren«, wird in Babylon verlautbart – Nebukadnezar I. hatte sich nämlich einen mörderisch heißen Julitag für die Entscheidungsschlacht ausgesucht. Die elamitischen Truppen werden völlig aufgerieben, König Hulteludisch findet auf der Flucht den Tod, Susa wird im Sturm genommen und zerstört. Hammurabis Stele jedoch, die dreißig Jahre zuvor als »Paradebeutestück« nach Susa mitgeführt worden war, wird im Triumph nach Babylon zurückgebracht.

Weitere Versuche Nebukadnezars, seine Macht territorial auszudehnen, werden von Assur höchst mißtrauisch verfolgt, und als er sich eines Tages stark genug glaubt, von den Assyrern zu verlangen, seine Oberhoheit über ganz Mesopotamien anzuerkennen, sieht Assyrien die Stunde für gekommen, zum entscheidenden Schlag gegen das wiedererstarkte Babylonien auszuholen.

Und es hält dem Ansturm nicht stand, Nebukadnezar I. wird geschlagen und zieht sich in seine Hauptstadt zurück. Bis zu seinem Tod im Jahre 1110 versucht er keinen neuerlichen Ausfall, trotz der Erfolge in den ersten Jahren seiner Regierung war Babylon zu schwach, gegen Assur zu bestehen, dessen große Zeit jetzt anbrach.

Im Banne des »assyrischen Löwen«

Begonnen hatte der Aufstieg Assyriens bereits mit Schamschi-Adad I. (1749–1717), einem amoritischen Stammesfürsten, der sich kühn zum »König der Gesamtheit« ernannte, zum Herrscher über ganz Nordmesopotamien, und diesen Titel durch eine Reihe siegreicher Kämpfe auch rechtfertigte. Sein Siegeszug wurde durch Hammurabi gestoppt; von nun an sollte die Geschichte Babyloniens/Assyriens eine Geschichte von Kriegen sein, mit jeweils wechselndem Kriegsglück.

Und etwa 900 Jahre nach Hammurabi, unter dem assyrischen Herrscher Tiglatpileser III. (745–727), werden Babylonien und Assyrien zum ersten Mal in Personalunion regiert. In Babylon

Grenzstein mit einer Darstellung Nebukadnezars I. (ca. 1130–1110 v. Chr.) mit Pfeil und Bogen (Staatsbibliothek West-Berlin).

herrscht Tiglatpileser unter dem Namen Pulu, und sein Nachfolger Salmanassar V. (727–722) besteigt den babylonischen Thron unter dem Namen Ululai.

Obwohl die Assyrer seit ihrem ersten historischen Auftreten berüchtigt waren wegen der Härte und Grausamkeit ihrer Kampfführung und der Behandlung der von ihnen Besiegten, legten sie den Babyloniern gegenüber von Anfang an ein anderes Verhalten an den Tag. Wurde sonst die Zivilbevölkerung der eroberten Gebiete ausgerottet oder deportiert, die Städte zerstört und geplündert, so achtete man in Babylon die altehrwürdige Kultstadt, das traditionsreiche Kultur- und Geisteszentrum. Meist begnügte man sich damit, einen neuen, Assyrien gewogenen Herrscher einzusetzen und Babylon durch bestimmte Verordnungen und Verträge in Schach zu halten.

Für diese Ausnahmestellung Babylons im Bewußtsein Assyriens hat der Akkadologe Wolfram von Soden eine höchst plausible Erklärung: »Die meisten Völker, mit denen die Assyrer kämpften, waren ihnen kulturell unterlegen oder jedenfalls nicht überlegen; nur den Babyloniern gegenüber kamen sie von dem Gefühl, nicht auf gleicher Kulturstufe zu stehen, nicht los und waren sich außerdem bewußt, daß ihre eigene Kultur in sehr vielem von der Babyloniens abhängig war. Es erschien ihnen offenbar als eine Lebensfrage, mit dem nicht geliebten, aber doch bewunderten südlichen Nachbarn in lebendiger Berührung zu bleiben. Dabei fiel besonders ins Gewicht, daß ihre Religion trotz mancher Verschiedenheiten als mit der Babyloniens identisch empfunden wurde. Alle babylonischen Götter wurden auch in Assyrien verehrt, nur daß dort Assur und einige andere Gottheiten noch dazu kamen. Im Kriegsfall war die Zerstörung einer babylonischen Stadt mit ihrem Tempel infolgedessen auch etwas anderes als etwa die Zerstörung einer Stadt Syriens oder Armeniens. Die Zerstörung eines babylonischen Tempels empfanden auch viele Assyrer als Sakrileg, und die Babylonier sorgten dafür, daß diese Empfindung und das kulturelle Abhängigkeitsgefühl immer lebendig blieben.«*

---

* Die bibliographischen Angaben der erwähnten oder zitierten Werke sind dem Literaturverzeichnis am Ende des Buches zu entnehmen.

Die große Bibliothek Assurbanipals ist der bis heute sichtbare
Beweis dieses Abhängigkeitsgefühls der Assyrer, das sie auch auf
dem Gipfel ihrer Macht nie verließ. Salmanassar III. (858–824)
holte sich sogar eine babylonische Schwiegertochter namens Samuramat ins Haus, die nach dem Tod ihres Mannes vier Jahre lang
für ihren Sohn Adadnirari III. die Regentschaft führte, und zwar
offensichtlich mit so großem Erfolg, daß die Sage ihr unter dem
Namen Semiramis eine Reihe höchst bemerkenswerter Taten zuschrieb (s. S. 132 ff.).

Seit Tiglatpileser, der sich stolz »Tiglatpileser, der große König,
der mächtige König, König der Gesamtheit, König von Assyrien,
König von Babylon, König von Sumer und Akkad, König der vier
Weltgegenden« nannte, war Babylon fest in assyrischer Hand,
wenn auch seit 1050 immer wieder Fürsten des Nomadenstammes
der Aramäer versuchten, die Macht an sich zu reißen.

So auch zur Zeit Sargons II. (722–705) und unter der Herrschaft
seines Sohnes Sanherib, der schließlich, da Babylon, um das assyrische Joch abzuschütteln, sich auch noch mit den Elamitern verbündete, gegen die Stadt zog, sie, wie in seinen Annalen berichtet,
völlig zerstörte und damit das (bis dahin intakte) »babylonische
Tabu« brach:

Mit ihren [toten] Körpern füllte ich die weiten Plätze der Stadt.
Schuzubu, den König von Babylon, brachte ich zusammen mit
seiner Familie und seinen Edlen lebend in mein Land. Den
Reichtum dieser Stadt, Silber, Gold und Edelsteine, ihren Besitz
und ihr Eigentum teilte ich meinen Leuten aus, und sie machten
es zu ihrem eigenen. Die Götter, die darin wohnten, die Hände
meiner Leute nahmen sie und zerbrachen sie, Ihr Hab und Gut
ergriffen sie ... Die Stadt und ihre Häuser von ihren Fundamenten bis zu ihren Wänden zerstörte ich, verwüstete ich, ver-
brannte ich mit Feuer. Die Stadtmauer und die äußere Mauer,
Tempel und Götter, den Tempelturm aus Ziegeln und Erde,
soviel als da waren, tilgte ich aus und warf sie in den Arachtu-
kanal. Mitten durch diese Stadt grub ich Kanäle und flutete
ihren Grund mit Wasser, und das Gefüge ihrer Fundamente
zerstörte ich. Ich machte die Zerstörung vollkommener als durch

eine Flut. Damit in den kommenden Tagen die Stätte dieser Stadt und ihrer Tempel und Götter nicht mehr erinnert wird, vertilgte ich sie vollkommen mit Fluten von Wasser und machte sie einer Wiese gleich.

Doch die »Strafe« für diesen Frevel folgte fast auf dem Fuß: Sanherib wurde Opfer einer Verschwörung, angeführt von seinem Sohn Asarhaddon, der gleich nach der Thronbesteigung alles daransetzte, die zerstörte Stadt im alten Glanz wiedererstehen zu lassen. Zum König von Babylon machte er seinen ältesten Sohn Schamasch-schumukin.

Unter Asarhaddons Herrschaft erlangte das assyrische Reich seine größte Ausdehnung – der Assyrer drang bis nach Memphis vor und eroberte weite Teile Ägyptens sowie Tyrus, den bedeutendsten Hafen Phöniziens. Aber gerade seine Größe sollte diesem Reich zum Verhängnis werden, denn die an allen Ecken und Enden immer wieder aufflackernden Unruhen erschöpften nach und nach seine Kräfte.

Eine letzte Blüte erlebte es unter Asarhaddons Sohn Assurbanipal, der sich allerdings schon bald nach dem Regierungsantritt mit seinem Bruder Schamasch-schmumukin auseinandersetzen mußte, dem die Rolle eines nur halb selbständigen Königs von Babylon auf die Dauer wohl zu wenig war. Trotz Schamasch-schumukins zahlreicher Verbündeter – die Aramäer, die nordarabischen Stämme, syrische und westiranische Fürsten, Ägypten und Elam wußten sich im Haß auf Assyrien einig – behielt Assurbanipal die Oberhand.

Babylon wurde in zweijähriger Belagerung ausgehungert; als die Assyrer 648 in die Stadt eindrangen, stürzte Schamasch-schumukin sich in die Flammen seines brennenden Palastes. Kandalanu, der neue König von Babylon, von dem wir nichts weiter wissen als seinen Namen, ist vielleicht identisch mit Assurbanipal, der damit die Tradition der Personalunion von assyrischem und babylonischem Herrscher wiederaufgenommen hätte.

Nach dem Tod dieses letzten großen assyrischen Königs brach das durch jahrzehntelange Kriege geschwächte Reich auseinander. Vor allem den mehr und mehr erstarkenden Volksstämmen der

Kimmerier und der Meder hatte Assyrien nicht mehr genug Kraft entgegenzusetzen. Und so sollte Babylon auf der Bühne der Geschichte unter Führung eines Aramäers noch einmal die Hauptrolle spielen.

König Nabopolassar – ein Mann aus kleinen Verhältnissen

Im Jahre 626 v. Chr. besteigt der chaldäische General Nabopolassar, »der Sohn eines Niemands«, wie er sich selbst nennt, Babylons Thron. Die Chaldäer, die bedeutendste Stammesgruppe der Aramäer, die nach dem Jahr 1000 in dem später Chaldäa genannten südmesopotamischen Gebiet mehrere Kleinstaaten gegründet hatten, haben sich beim Kampf Babyloniens gegen die assyrische Vorherrschaft von jeher hervorgetan. In den unruhigen Zeiten, die der Ermordung Salmanassars V. folgten, hatte bereits einmal einer der Ihren den Thron Babylons erobert: Marduk-apal-iddina, der Merodachbaladin der Bibel. Nach zehnjähriger Herrschaft mußte er jedoch der assyrischen Übermacht unter Sargon II. wieder weichen.

Und nun übernimmt der Chaldäer Nabopolassar (in den Keilschrifttexten Nabu-aplu-usur), der »kleine, der unter den Völkern nicht bekannt war«, die Macht in Babylon, und mit Hilfe der Götter »unterjochte ich meine Widersacher, schlug zu Boden meine Feinde. Den Assyrer, der seit fernen Tagen die Gesamtheit der Völker beherrscht und das Volk des Landes in sein schweres Joch gezwängt hatte..., hielt ich vom Lande Akkad zurück und ließ das Volk das Joch abwerfen.«

So steht es auf dem Ninib-Zylinder Nr. 14940 zu lesen, einem jener vielen größeren und kleineren Keilschrifttexte, denen wir unsere zum Teil allerdings immer noch lückenhaften Kenntnisse der sumerisch-babylonisch-assyrischen Geschichte verdanken. Denn den älteren Chroniken, zum Beispiel den sumerischen Königslisten und den von den Alten als Geschichte verstandenen Legenden und Mythen können nur sehr bedingt »historisch objek-

tive« Informationen entnommen werden. Was die neubabylonische Zeit angeht, haben wir jedoch Glück, denn uns steht neben
Briefen, Verwaltungsurkunden, Weihesiegeln und den vielen beschrifteten Ziegeln aus dem Babylon Nebukadnezars ein Werk zur
Verfügung, das unter dem Titel »(Neu-)Babylonische Chronik«
seit seiner Veröffentlichung durch Donald Wiseman im Jahre 1956
erstaunlich genaue Berichte über die politischen und militärischen
Ereignisse der Zeit zwischen dem 8. und dem späten 6. Jahrhundert gibt.[5] Trotzdem bleibt die Darstellung noch weitgehend der
Annalenform verhaftet, so daß es zur Ergründung innerer Zusam-
menhänge oder zur näheren Charakterisierung einzelner Personen
unbedingt anderer, ergänzender Quellen bedarf.

Neben den Ergebnissen der archäologischen Forschung, auf die
wir noch ausführlich zurückkommen, und dem Alten Testament,
das sich gerade im Hinblick auf Nebukadnezar auch noch in seinen Verzerrungen und Irrtümern als Fundgrube erweist und immer wieder zu Rate gezogen werden soll, können wir uns außerdem auf die Mitteilungen einiger Gewährsmänner stützen, die vielleicht als »Geschichtsschreiber der ersten Stunde« zu bezeichnen
wären. Ihre oft etwas allzu sensationslüsternen Berichte sind zwar
mit einer gehörigen Portion Skepsis zu bewerten, bereichern unsere Kenntnisse über Leben und Treiben im Babylon von damals
jedoch um manches höchst aufschlußreiche und lebendige Detail.

An erster Stelle ist der Babylonier Berossos zu nennen, ein Priester des Bel-Marduk, der um 250 v. Chr. in Babylon eine grie-
chisch geschriebene Geschichte seines Volkes verfaßte, gestützt auf
keilschriftliche Quellen. Das aus drei Büchern bestehende, als *Ba-
bylonika* oder auch *Chaldaika* bekannte Werk ist bis auf einige
Bruchstücke leider verschollen, wird aber in Ausschnitten von anderen antiken Autoren oft zitiert.

Gut zwei Jahrhunderte vor Berossos hatte Herodot, der allge-
genwärtige »Vater der Geschichtsschreibung«, das alte Babylon
besucht und uns als Reisefrüchte in seinen *Historien* die wohl
farbigste babylonische Überlieferung beschert, die durch die wissenschaftliche Forschung allerdings nicht durchweg bestätigt werden konnte. Und die 23 Bücher umfassenden *Persika*, eine fragmentarisch überlieferte Geschichte des assyrischen und persischen

Reiches von Herodots nur wenig jüngerem Kollegen Ktesias, einem griechischen Geschichtsschreiber aus Knidos, müssen als historisch noch unzuverlässiger eingestuft werden. Auch die ebenfalls nicht mehr vollständig erhaltenen 40 Bücher der *Historischen Bibliothek* des Griechen Diodorus von Sizilien, der im 1. Jahrhundert v. Chr. lebte, ist eher als eine mit den Quellen etwas wahllos umgehende Kompilierung zu betrachten.

Dagegen sind die 17 Bücher der *Geographika* des Griechen Strabo, der auf seinen ausgedehnten Reisen um 25 v. Chr. auch nach Ägypten kam, für die Kenntnis vor allem der antiken Geographie nach wie vor von großer Wichtigkeit; während der chronologisch gesehen letzte in der Reihe unserer Gewährsleute, der jüdische Geschichtsschreiber Flavius Josephus, der um 100 n. Chr. im Rom starb, vor allem wertvolle Informationen über das Verhältnis Juda – Babylon liefert, ein Verhältnis, das weit über seine begrenzte historische Bedeutung hinaus auf dem Umweg über die Bibel Forscher- und Laienwelt bis in die Gegenwart hinein beschäftigen sollte.

Im Falle Nabopolassars, des Begründers des neubabylonischen Reiches und Eroberers von Ninive, müssen wir uns fast ausschließlich auf die »Neubabylonische Chronik« verlassen, die freilich im Hinblick auf diesen Zeitraum zwischen dem Untergang des einen und dem Aufstieg eines neuen Weltreichs geradezu als eine »Chronik der laufenden Ereignisse« betrachtet werden kann.

Die Truppen des Landes Assur kamen nach Nippur, und Nabopolassar zog sich vor ihnen zurück, aber das Heer des Landes Assur und die Bewohner von Nippur kamen hinter ihm her bis nach Uruk. In Uruk kämpften sie gegen Nabopolassar und zogen sich vor Nabopolassar zurück. Im Monat Ajar[6] kam das Heer des Landes Assur ins Land Akkad hinunter. Im Monat Taschritu am 12. Tage, als das Heer des Landes Assur gegen Babylon gezogen war und als am gleichen Tage die Babylonier aus Babylon herausgezogen waren, kämpften sie gegen das Heer des Landes Assur und bereiteten dem Heer des Landes Assur eine große Niederlage. Sie plünderten sie.

Ein Jahr lang war kein König im Lande.
Im Monat Arachsamna am 26. Tage [23. November 626 v. Chr.]
setzte Nabopolassar sich in Babylon auf den Thron.

Gleich diese erste Tafel der Chronik gibt ein anschauliches Bild
von den Umständen der Machtergreifung Nabopolassars: Ein Jahr
lang war Babylon ohne König. Das heißt, nach dem Tode Kanda-
lus (Assurbanipals?) gab es keinen rechtmäßigen Nachfolger auf
dem Thron – *die* Chance also für den »Sohn eines Niemands«, der
denn ja auch die Gunst der Stunde nutzte.

Aber die babylonische Überlegenheit war keineswegs eindeutig,
das Kriegsglück einmal auf seiten der Assyrer, einmal auf seiten
des Chaldäers. Auch nach der Thronbesteigung Nabopolassars,
deren genaues Datum die Tafel ja ebenfalls mitteilt, reißen die
Kämpfe nicht ab. Doch die Kraft der Assyrer läßt nach, die Babylonier gewinnen stetig an Boden. Aus dem zehnten Jahr der Regierungszeit Nabopolassars, vom Frühjahr 616 bis zum Frühjahr 615,
meldet die Chronik:

> Im Monat Adar kämpften das Heer des Landes Assur und das
> Heer des Landes Akkad in der Stadt Madanu, die zur Stadt
> Arapcha gehört, miteinander, und das Heer des Landes Assur
> zog sich vor dem Heer des Landes Akkad zurück, und sie
> brachten ihnen eine gewaltige Niederlage bei. In den Fluß Zab
> warfen sie sie. Ihre Wagen und ihre Pferde wurden erbeutet, sie
> plünderten sie sehr aus. Viele seiner Großen ließen sie mit sich
> den Fluß Tigris überschreiten und brachten sie nach Babylon.

In dieser nun langsam wirklich bedrohlichen Situation halten die
Assyrer verständlicherweise Ausschau nach Bundesgenossen und
finden auch einen in Pharao Psammetich I., der hier wohl eine
Chance sah, die alten Ansprüche Ägyptens auf Syrien erneut geltend zu machen, obwohl Genaueres über die ägyptisch-assyri-
schen Abmachungen nicht bekannt ist. Doch selbst den beiden
Heeren zusammen gelingt es nicht, die babylonischen Truppen zu
schlagen.

Aber auch Nabopolassar kommt nicht so recht weiter. Im Jahr

darauf belagert er Assur, ohne die Stadt jedoch einnehmen zu können. Die eigentliche Wende sollte erst die Allianz mit dem Mederkönig Kyaxares bringen. In den Medern fand Nabopolassar sozusagen »Leidensgefährten«, denn auch dieses aus dem gebirgigen Hochland des nordwestlichen Persien stammende Volk wünschte ja nichts sehnlicher, als sich von der Vorherrschaft der Assyrer zu befreien. Kyaxares, der bedeutendste aller Mederkönige, regierte übrigens fast ebenso lange wie später der Sohn seines neuen Bündnispartners, Nebukadnezar, und auch sein Reich, Seite an Seite mit Babylon seine Blüte erlebend, wird im Perserkönig Kyros seinen Bezwinger finden...

Jetzt allerdings waren solche Gedanken graue, unvorstellbare Zukunft, denn mit dem Eingreifen der Meder trat die große positive Wende für Babylon ein:

> Im 12. Jahr im Monat Ab... am Ufer des Flusses Tigris zog er entlang und belagerte Assur. Er kämpfte gegen die Stadt und nahm sie ein... Eine schlimme Niederlage brachte er der gesamten Bevölkerung bei. Er plünderte sie aus. Als Gefangene führte er sie weg. Der König von Akkad und seine Truppen, die den Medern zu Hilfe gekommen waren, erreichten die Schlacht nicht... Der König von Akkad und Umakischtar sahen einander bei der Stadt. Freundschaft und Bundesgenossenschaft schlossen sie miteinander.
> Umakischtar und seine Truppen kehrten in sein Land zurück. Der König von Akkad und seine Truppen kehrten in sein Land zurück.

Wenn die Chronik auch behauptet, daß die chaldäischen Truppen unter Nabopolassar dem Bundesgenossen Umakischtar – Kyaxares nennen wir ihn nach der griechischen Überlieferung – zur Hilfe kommen wollten, so kann man zumindest vermuten, daß sie sich nicht sonderlich beeilt haben und, wie der Assyriologe Bruno Meißner treffend ausdrückt, »es vielmehr den jugendfrischen Medern unter Kyaxares überließen, für sie die Kastanien aus dem Feuer zu holen«. Bei der entscheidenden Schlacht um Ninive freilich waren sie rechtzeitig zur Stelle. Zweimal berannten ihre vereinigten Streitkräfte die Festung vergeblich, dem dritten Ansturm im Juli 612 erlag sie schließlich.

Bei der Teilung des Reiches im Jahre 608, nachdem auch Harran gefallen und Assyriens Macht endgültig gebrochen war, bekamen die Babylonier den Süden und Westen des Reiches mit Teilen Mesopotamiens, Syrien und Palästina, die Meder den Norden und Osten mit Ostkleinasien. Die Grenzen zwischen den Hoheitsgebieten wurden offensichtlich von beiden Völkern respektiert, solange das Mederreich bestand. Besiegelt wurde der Freundschaftsbund durch eine Ehe des Kronprinzen Nebukadnezar mit der Mederprinzessin Amytis.

Das südliche Syrien und Palästina mußte Babylonien allerdings erst Ägypten abgewinnen, das bei dem vergeblichen Versuch, dem erschöpften assyrischen Heer Hilfe zu bringen, unter Pharao Necho weit nach Norden vorgestoßen war ...

Karkemisch 605 v. Chr. – eine Weltmacht gerät ins Wanken

Necho war seinem Vater Psammetich I. 610 auf dem Pharaonenthron gefolgt und hatte dessen gegenüber Assyrien eingegangene Verpflichtung zu militärischer Hilfe voll und ganz übernommen. Das Schicksal Assyriens abwenden konnte indessen auch er nicht. Im Gegenteil, es sollte gar nicht lange dauern, da mußte auch Ägypten angesichts des sich auf der Siegerstraße befindenden Babylon um seine Existenz fürchten.

Nabopolassar zieht sich nämlich nach der endgültigen Niederlage Assyriens keineswegs in seinen Palast nach Babylon zurück, sondern rüstet sein junges Reich auf, damit es sich gegen alle Angriffe von außen verteidigen kann, vor allem gegen die in unregelmäßigen Abständen immer wieder ins Land einfallenden Bergvölker. Es spricht jedoch einiges dafür, daß er, wie Ernst Vogt vermutet, mit diesen Feldzügen auch weitergehende taktische Pläne verband:

»Der Zug Nabopolassars gegen die Bergvölker im Jahr 609 war Teil eines wohlüberlegten Planes. Es handelte sich sicher nicht

bloß um eine Verfolgung der Assyrer, auch nicht um einen bloßen
›Raubzug‹, auch nicht in erster Linie, um die fruchtbaren assyrischen Ebenen vor den Bergvölkern zu schützen. Vielmehr wollte
Nabopolassar seine rechte Flanke decken, bevor er den Angriff auf
Karkemisch und damit gegen die Ägypter unternahm. Dies sehen
wir besonders daraus, daß Nabopolassar den Zug vom September
609 gegen die Bergvölker in den Monaten August bis Dezember
608 und im Mai 607 wiederholte.«

Es ist auch das Jahr 607, in dem die Chronik zum ersten Mal
den Kronprinzen Nebukadnezar erwähnt, obwohl angenommen
wird, daß er bereits an der Eroberung Ninives beteiligt war. Vater
und Sohn befehligen jeder ein eigenes Heer, und es kommt in den
beiden folgenden Jahren zu mehreren Kämpfen, die sie gemeinsam
gegen die Bergvölker führen. Dann kehrt der Thronfolger mit seinen Truppen in die Hauptstadt zurück, während der König sich
mit der Eroberung der Stadt Kimuhu, am rechten Euphratufer
zwischen Karkemisch und der Mündung des Flusses Balih gelegen,
immer näher an den ägyptischen Brückenkopf Karkemisch heran-
schiebt.

Doch nach Abzug Nabopolassars im Februar 606 greifen die
Ägypter Kimuhu an und überwältigen die vom König zurückge-
lassene babylonische Besatzung.

Ein Gegenschlag Nabopolassars auf das nur anscheinend unver-
teidigte Quramati am linken Ufer des Flusses endet mit einer Niederlage.

Das Kriegsglück war den Babyloniern offensichtlich untreu geworden. Das Blatt wendete sich erst wieder, als Nabopolassar im
Jahre 605, alt und wahrscheinlich schwerkrank, seinem »erstgeborenen Sohn, dem Liebling meines Herzens«, Nebukadnezar, den
Oberbefehl über alle babylonischen Truppen übertrug und sich
selbst in seinen Palast nach Babylon zurückzog.

Der Kronprinz zeigt sich der neuen Aufgabe nicht nur gewach-
sen – er erweist sich als kluger und mutiger Feldherr, der sofort die
Gelegenheit ergreift, Ägypten zur Entscheidungsschlacht zu
zwingen:

Er marschierte gegen Karkemisch, das am Ufer des Euphrat liegt und [gegen das Heer Ägyptens], das in Karkemisch lag, er überschritt den Fluß und ... [gegen]einander kämpften sie. Und das Heer Ägyptens wich zurück und ihre [Niederlage] bewirkte er bis zu ihrem Nichtsein.

Der verzweifelte Kampf um die Stadt und die Eroberung von Karkemisch wurden durch die Arbeit des englischen Archäologen C. L. Woolley an diesem Ort wieder lebendig. Um jeden Meter Boden wurde erbittert gerungen. Das beweisen vor allem die Funde aus dem Haus eines offensichtlich wohlhabenden Mannes, das seit seiner Zerstörung im Jahre 605 v. Chr. die Zeiten bis zu den Ausgrabungen im Jahre 1912 n. Chr. unberührt überdauerte – 2500 Jahre!

»Die babylonischen Soldaten, wohl vom nahen Westtor vorrük-kend, drangen durch den Haupteingang ein, mußten sich aber einen Raum um den andern erzwingen, bis die Verteidiger vernich-tet und das Gebäude in Brand gesteckt wurde. Überall, und beson-ders in den Türeingängen, lagen Pfeilspitzen, wörtlich zu Hunder-ten, bronzene und eiserne und von verschiedenen Arten, einige davon einheimisch, andere klar nicht solche. Zuweilen waren die Spitzen der Pfeile verbogen oder abgebrochen infolge des Auf-schlages auf die Wände, den Boden oder die Metallbeschläge der Türen. Auch ziemlich zahlreiche Spitzen von Wurfspießen und ein Schwert waren noch stumme Zeugen des Kampfes« (E. Vogt).

Die vernichtende Niederlage, die Nebukadnezar Necho berei-tete, bedeutete auch das Ende der ägyptischen Vorherrschaft über Syrien-Palästina. Denn selbst die Ägypter, die der Katastrophe von Karkemisch entkommen konnten, wurden auf ihrer Flucht in der Provinz Hamath völlig aufgerieben und das ganze »Hatti-Land« (Syrien-Palästina, oft auch Chatti-Land) wurde von den Babyloniern besetzt.

Durch die seit 1956 zugänglichen Mitteilungen der Neubabylo-nischen Chronik und die Ergebnisse der Ausgrabungen wird übri-gens die historische Zuverlässigkeit einer lange umstrittenen Bibel-stelle auf geradezu verblüffende Weise bestätigt, und jene For-scher, die stets an der geschichtlichen Realität und Bedeutung der

Schlacht bei Karkemisch festgehalten haben, sind somit nachdrücklich bestätigt worden. »Wider das Heer Pharao Nechos, des
Königs von Ägypten, welches lag am Wasser Euphrat zu Karche-
mis, das der König zu Babel, Nebukadnezar, schlug im vierten
Jahr Jojakims, des Sohnes Josias, des Königs in Juda.« So steht es
im Buch Jeremia (46, 2), und der alttestamentliche Erzähler des
Zweiten Buchs der Könige gibt die Quintessenz des Ganzen, wenn
er lapidar bemerkt: »Und der König von Ägypten zog danach
nicht mehr aus seinem Land heraus; denn der König von Babel
hatte alles, was dem König von Ägypten gehört hatte, an sich
genommen, vom Bach Ägyptens bis an den Strom Euphrat«
(2. Kön. 24, 7).

Ganz so klar wie dieses Bibelzitat vermuten läßt, lagen die Ver-
hältnisse nach der Schlacht von 605 jedoch nicht. Mit dem Sieg
über Necho war die Herrschaft der Babylonier in Syrien-Palästina
nämlich noch keineswegs gesichert, wenn auch die notwendige
Voraussetzung dafür nun geschaffen war, zumal Nebukadnezar
wahrscheinlich auch noch Ribla am Orontes, südlich von Hamath,
besetzte, jenen Ort, der ihm bei seinen späteren Zügen gegen Juda
als Hauptquartier dienen sollte.

Doch wirklich nutzen konnte er den Sieg freilich nicht: Denn
entgegen Jeremias Behauptung war Nebukadnezar nämlich noch
gar nicht *König* von Babel. Erst am 8. Ab seines 21. Regierungsjahres, am 16. August 605 also, stirbt sein Vater Nabopolassar – und
am 1. Ulul (7. September) besteigt Nebukadnezar[7] in Babylon den
Thron.

In elf Tagen durch die Wüste

Könige sterben selten zu gelegener Zeit, doch Nabopolassar von
Babylon hätte sich wirklich keinen unglücklicheren Moment aus-
suchen können als diesen: Die Nachricht vom plötzlichen Tod des
Vaters erreichte den Thronfolger Nebukadnezar im Augenblick
seines ersten großen Sieges im Jahre 605 v. Chr. Die Babylonier
haben den Ägyptern bei Karkemisch eine vernichtende Niederlage

beigebracht, und die Gelegenheit, Macht und Vorherrschaft des Pharaos in Syrien-Palästina ein für allemal zu brechen, ist so günstig wie nie zuvor.

Da stürzt der Kurier mit der Botschaft aus Babylon ins Feldlager – der König tot, der Kronprinz weit weg, sein jüngerer Bruder Nabuschumlischir aber in der Hauptstadt, und vielleicht machte sich auch der eine oder andere der Würdenträger Hoffnungen auf den Thron des Reiches, das gerade erst zwanzig Jahre besteht. Wichtiger als alle weiteren Eroberungen und kriegerischen Erfolge ist es für Nebukadnezar jetzt, so schnell wie möglich nach Babylon zurückzukehren, um seine rechtmäßigen Ansprüche auf die Herrschaft anzumelden. So schließt er denn schweren Herzens – auf den »totalen Sieg« verzichtend – mit Pharao Necho ein Abkommen, das wenigstens Babylons Oberherrschaft über ganz Syrien und Kanaan sichern soll.

Wie verhängnisvoll der durch die Umstände erzwungene Abbruch der Kämpfe für Babylonien war, sollte sich schon bald zeigen. Denn kaum hatte Nebukadnezar dem Schauplatz den Rücken gekehrt, versuchten die Ägypter, in Kanaan Aufruhr zu stiften, und versprachen der Bevölkerung im Falle eines antibabylonischen Aufstands ihre Unterstützung.

Um Babylon möglichst rasch zu erreichen, will Nebukadnezar es nicht auf einen naturgemäß langsamen Marsch mit der gesamten Armee ankommen lassen. Also läßt er seine Truppen und Generäle samt Kriegsbeute zurück und macht sich, begleitet nur von einer kleinen Eskorte, auf den mörderischen Ritt quer durch die Arabische Wüste. Den ausgedehnten Windungen des normalen Weges durch Mesopotamien zu folgen, bleibt keine Zeit. Nur rasch nach Babylon, um alle Intrigen, die ihn um den Thron bringen könnten, im Keim zu ersticken. Einmal gekrönt, würde ihm nicht nur die Herrschaft über Syrien-Palästina, sondern auch über alle jene Völker zufallen, die durch den Untergang Ninives Vasallen Babylons geworden waren, und denen, die das noch nötig hatten, würde er eine Lektion erteilen wie sein Vater den Assyrern vor sieben Jahren, damals, in Ninive...

Ganze 22 Tage liegen zwischen dem 16. August und dem 7. September, das heißt, sowohl der Bote als auch Nebukadnezar müssen die Strecke Karkemisch–Babylon (vielleicht auch Ribla – Babylon, was an der Länge des Weges jedoch nichts ändern würde) in nur 11 Tagen – und Nächten – zurückgelegt haben! Wobei zu vermuten ist, daß Nebukadnezar eher noch weniger Zeit zur Verfügung stand, da ja die ägyptisch-babylonischen Vereinbarungen getroffen werden und die zurückbleibenden Befehlshaber noch Anweisungen erhalten mußten.

Bei Berossos steht, daß Nebukadnezar »in Eile, mit wenigen Begleitern durch die Wüste nach Babel ging«. Zwei Wege, mindestens 830, eher aber 890 Kilometer lang, kommen für diesen wahren Parforceritt durch die Wüste in Frage: Der eine führt von Damaskus geradewegs in östlicher Richtung nach Hit am Euphrat, der andere, wahrscheinlichere, da weniger mühsame, dafür um 60 Kilometer längere, führt von Damaskus oder Homs über Tadmor und Hit nach Babylon.

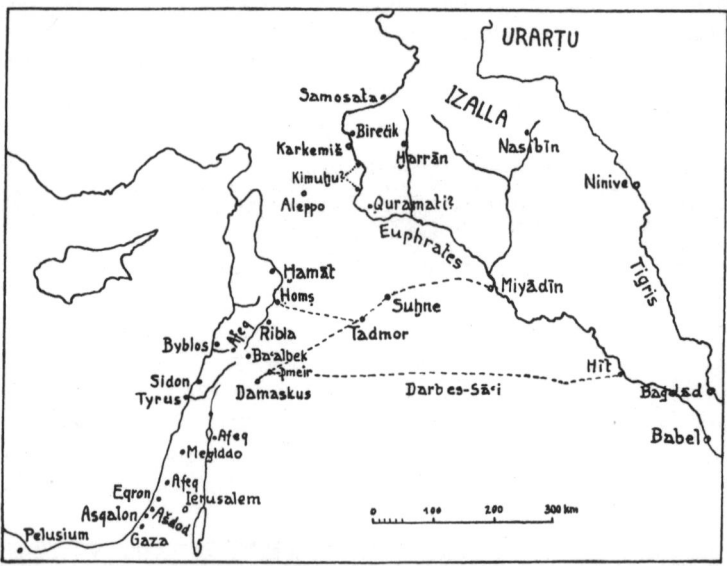

Die möglichen Strecken (gestrichelte Linien), die Nebukadnezar für seinen Parforceritt von Ribla bzw. Damaskus, wo er die Nachricht vom Tode seines Vaters kurz nach der Schlacht bei Karkemisch erhielt, zurück nach Babylon gewählt haben könnte (nach E. Vogt).

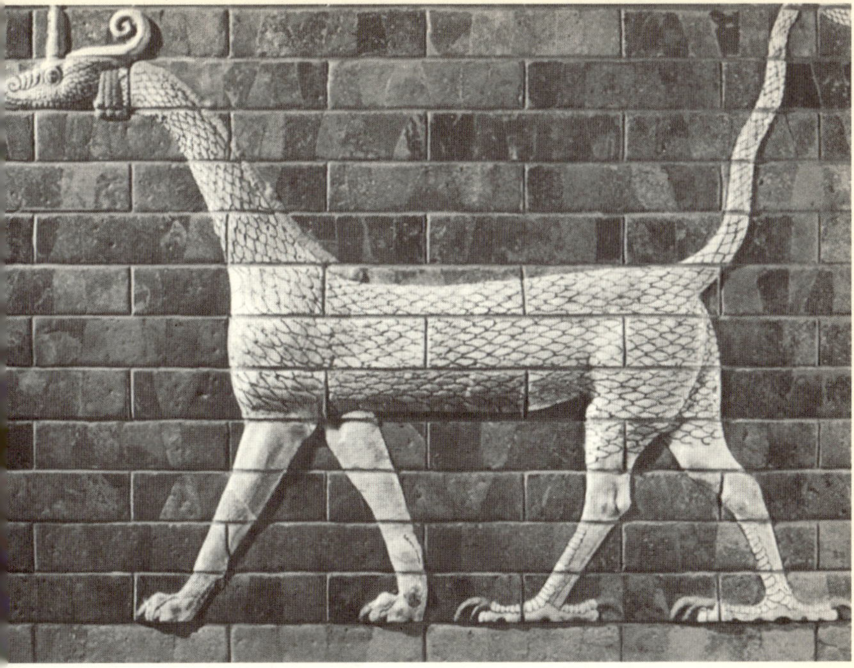

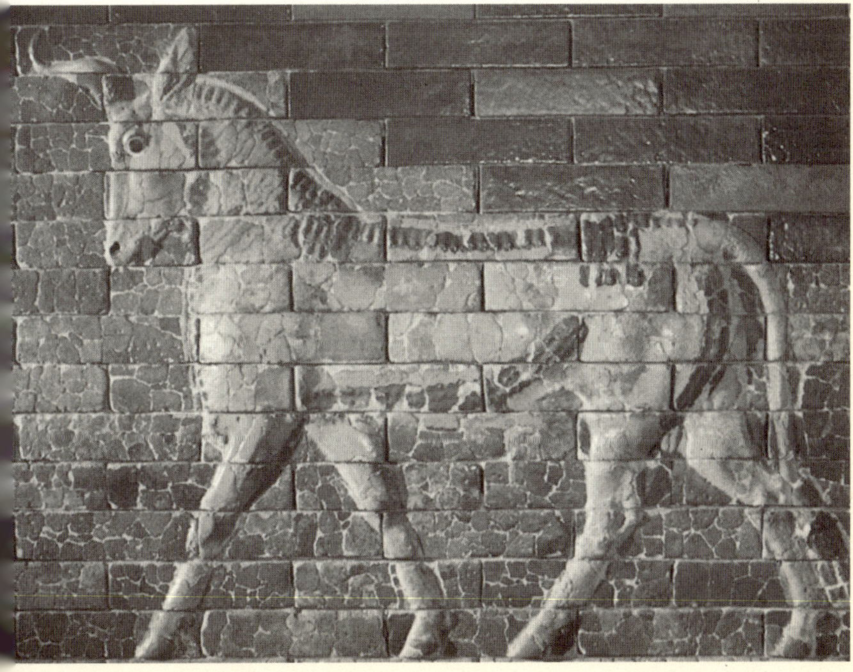

Der »Sirrusch«, der Marduk-Drache (oben), und der Stier des Gottes Adad (unten) vom babylonischen Ischtar-Tor. Die farbig emaillierten Ziegelreliefs sind etwa 1 Meter hoch (Vorderasiatisches Museum, Ost-Berlin).

Der Orientalist und Forschungsreisende Alois Musil hat die Strecke, sozusagen auf Nebukadnezars Spuren, genau vermessen und festgestellt, daß man diese Route in etwa 14 Tagen schafft, wenn man ca. 60 Kilometer täglich – ein nach Musil gerade noch realistisches Pensum – zurücklegt. Will man es in den durch die Geschichte nun mal »vorgeschriebenen« 11 Tagen schaffen, muß man 80 Kilometer am Tag reiten – und zwar keineswegs auf einem Pferd, wie es vielleicht romantischen Vorstellungen von einer verwegenen Jagd auf den Thron entsprechen würde, sondern auf einem Kamel! Ein Pferd würde nämlich derartige Gewalttouren und Durststrecken durch zum Teil unwegsames Gelände noch weniger bewältigen als das genügsame und ausdauernde Wüstenschiff.

Auch wenn man ins Kalkül zieht, daß Nebukadnezar ja wußte, wie krank sein Vater war, und gewiß alle möglichen Vorbereitungen getroffen hatte, von dessen Tod so rasch wie möglich zu erfahren, bleibt ein letzter ungelöster Rest, wie diese Strecke innerhalb von 22 Tagen zweimal zurückgelegt werden konnte. Feststeht jedoch, *daß* es gelang und Kronprinz Nebukadnezar zur rechten Zeit in Babylon eintraf. Ob seine Eile nun vonnöten war oder nicht – als er in der Stadt ankam, fand er jedenfalls alles in bester Ordnung vor, »die Verwaltung in den Händen der Chaldäer, und das Königtum ihm von ihren Vornehmen vorbehalten«. Wider Erwarten hatte niemand ihm den Thron streitig zu machen versucht.

». . . und er ergreift die Hand des Gottes«

Nebukadnezar, der König von Babylon, der demütige, der ergebene, der Ehrfurcht hat vor den großen Göttern, der erlauchte Priesterfürst, der Erhalter der Tempel Esagila und Ezida, der Sohn des Nabopolassar, des Königs von Babylon, bin ich.

So lautet der klingende Titel dieses babylonischen Herrschers vom Tag seiner Thronbesteigung an für nun 45 Regierungsjahre, und auf unzähligen von Bauinschriften wird er in verschiedenen Abwandlungen verewigt werden.

Denn so schwierig und tabubeladen sich der Alltag der Babylonier und ihr Verhältnis zu den Göttern auch gestaltete (s. S. 239 ff.), so unkompliziert, geradezu simpel vollzog sich die »Krönung« ihres Königs: Der Thronanwärter betritt, begleitet von einigen hohen Würdenträgern der Priesterschaft, allen voran der amtierende Oberpriester, Esagila, den Tempel des Hauptgottes Marduk in Babylon, geht auf dessen riesige Statue zu – Herodot spricht von sechs Metern Höhe! – und »ergreift die Hand des Gottes«, wie es ohne jeden weiteren Zusatz in den Texten heißt.

Seit undenklichen Zeiten bestand die babylonische Inthronisationszeremonie in nichts anderem als diesem »Ergreifen der Hand des Gottes«. Die assyrischen Herrscher, die ja zum Teil auch Könige von Babylon waren, übernahmen das Ritual, und 66 Jahre nach Nebukadnezar sollte auch der erste Weg des persischen Eroberers Kyros nach seinem Einzug in die Stadt zum Tempel führen, um die »Hand des Gottes zu ergreifen«, da er ohne diese Geste von den Babyloniern nie als rechtmäßiger König anerkannt worden wäre.

Doch gewiß hat sich, vor allem bei einem seinen Inschriften nach so frommen und gottesfürchtigen König wie Nebukadnezar der Handergreifung noch ein Gebet angeschlossen wie etwa das folgende, das sich in modifizierter Form in Texten aus Nebukadnezars Zeit immer wieder findet:

Marduk, Herr, weisester der Götter, stolzer Fürst! Du schufst mich und vertrautest mir das Königtum über alle Menschen an! Wie das kostbare Leben liebe ich deine hohe Gestalt. Herrlicher als deine Stadt Babylon werde ich unter allen Ortschaften keine Stadt ausgestalten! So, wie ich deine furchtbare Gottheit liebe und immer wieder deine Majestät suche, so sei willfährig meiner Handerhebung, höre mein Gebet! Ich bin doch der König, der reich ausstattet [und] dein Herz erfreut, der kluge Statthalter, der alle deine Kultstädte reich ausstattet! Auf deinen Befehl, barmherziger Marduk, möge das Haus, das ich gebaut habe, bis in fernste Zeiten sichtbar überdauern, daß ich an seiner Fülle satt werde, in ihm das Greisenalter erreiche [und] mich an Nachkommenschaft sättige! Den schweren Tribut der Könige

der Weltufer, aller Menschen, möge ich in ihm entgegenneh-
men! Vom Fundament des Himmels bis zu seiner höchsten
Höhe möge ich keine Feinde haben, niemand finden, der mich
erschreckt! . . .
Mein Herr Marduk, Allerstärkster der Götter, Hocherhobener!
Auf deinen Befehl wird die Gottesstadt gebaut, ihr Mauerwerk
aufgeführt, wird die Kapelle erneuert, der Tempel vollendet!
Auf dein hocherhabenes Wort, das sich nie wandelt, möge mein
Opfer gelingen, das Werk meiner Hände zur Vollendung kommen! Alles, was ich auch schaffe, habe Bestand und überdauere
sichtbar bis in fernste Zeiten, daß ich an seiner Fülle satt werde.

Man kann dieses Gebet Nebukadnezars geradezu als »Regierungs-
programm« verstehen. Denn wenn er Marduk auch um Beistand in
»Kampf und Schlacht« bittet und um Hilfe bei der »Niederwer-
fung meiner Feinde«, so wird doch ganz deutlich, worauf es diesem König vor allem ankommt: Babylon zur höheren Ehre des
Gottes noch schöner, größer und glanzvoller zu machen, als es
unter Hammurabi schon einmal gewesen war, dem Land eine neue
religiöse und kulturelle Blütezeit zu bescheren und sich des Erbes
einer über zweitausendjährigen Kultur würdig zu erweisen.
In diesem Bewußtsein, ein »Spätgeborener« zu sein, der Bewah-
rer uralter Überlieferungen und Traditionen, richtete er auch in
Babylon das erste Kunstmuseum des Altertums ein, um seinen
Untertanen und den zahlreichen Besuchern Babylons, den Kaufleuten und Pilgern aus aller Welt, die große Vergangenheit Mesopotamiens – und natürlich auch die gegenwärtige Macht Babylons,
das wertvolle Kunstschätze aus ganz Vorderasien sein eigen nennt
– im wahrsten Sinne des Wortes »plastisch« vor Augen zu führen
(s. S. 128 f.). Darin ein Geistesverwandter des Assyrers Assurbanipal,
der mit seiner Bibliothek der großen sumerisch-babylonischen Literatur ein unvergängliches Denkmal setzen wollte.
Schon Nabopolassar hatte das architektonische Erneuerungs-
werk begonnen, denn Babylon war aus den vielen Kämpfen und
Kriegen der vergangenen Jahrhunderte natürlich nicht unbeschä-
digt hervorgegangen, doch war es ihm als Vorkämpfer und Grün-
der des neuen Reiches, der noch ganz mit Eroberungszügen be-

schäftigt war, nicht vergönnt, das Angefangene zu vollenden. Das mußte er dem Sohn überlassen, der ja bereits als Kronprinz gezeigt hatte, daß er zumindest auf militärischem Gebiet den Vater noch zu übertreffen wußte – und das, obwohl sein Ehrgeiz gerade nicht auf Kriegs(nach)ruhm gerichtet war!

Seine Mitteilungen über Feldzüge sind denn auch spärlich und lückenhaft. Wenn es nach Nebukadnezar gegangen wäre, müßte die Nachwelt sich mit einer sehr mageren, wenig detailfreudigen Übersicht über seine Eroberertaten begnügen:

> Unter dem erhabenen Beistand Marduks habe ich ferne Lande, entlegene Gebirge vom oberen bis zum unteren Meer, schwierige Wege, verschlossene Pfade, wo der Tritt gehemmt ist, der Fuß keinen Platz findet, eine Straße der Beschwerlichkeit, einen Weg des Durstes durchzogen. Die Unbotmäßigen habe ich vernichtet, gefangengenommen die Gegner, das Land habe ich recht geleitet, die Leute gedeihen lassen, die Schlechten und Bösewichter von den Menschen ferngehalten. Silber, Gold, kostbare Edelsteine, Bronze, Edelhölzer, lauter Kostbarkeiten, funkelnden Überfluß, die Erzeugnisse der Gebirge, Schätze der Meere, schwere Menge, üppige Gaben habe ich nach meiner Stadt Babel vor Marduk gebracht.

Wenn man dagegen nach Belegen sucht, die von seinem Ruhm als Bauherr künden, so kann man mit den betreffenden Inschriften und Ziegelsteinsignierungen – die allerdings oft wörtlich übereinstimmen – heute gut und gern ein gewichtiges Buch füllen. Wenn es um Schönheit und Reichtum für »sein« Babylon geht, dann werden die Inschriften, das zeigt auch schon der letzte Satz des eben zitierten Textes, plötzlich genau, ja, geradezu »geschwätzig«.

Im Mittelpunkt des königlichen Denkens und Trachtens standen dabei die Tempelbauten, gehörte doch ihre »Erhaltung« und »Pflege« zu den religiösen Pflichten des Herrschers. Und die Erfüllung dieser Pflichten wurde außerordentlich ernst genommen. Denn beim geringsten Verstoß gegen Vorschriften und Ritual, bei der kleinsten Unterlassungssünde entzogen die Götter dem König – und damit seinen Untertanen – ihr Wohlwollen. Kyros von Persien wurde 66 Jahre später von der babylonischen Bevölkerung nicht zuletzt deshalb so begeistert begrüßt, weil man die Niederlage des eigenen Königs, Nabonid, als gerechte Strafe für dessen Herausforderung der chaldäischen Götter betrachtete!

Nebukadnezar, geliebt von Marduk

Anders als die Pharaonen Ägyptens wurden die Könige in Mesopotamiens langer Geschichte bis auf eine kurze, sumerische Epoche (III. Dynastie von Ur) nie als Götter verehrt. Sie nahmen vielmehr eine Vermittlerstellung zwischen ihren Untertanen und den Göttern ein, mit denen sie allerdings auf eine Weise verkehrten, die dem gemeinen Mann versagt war. Wenn sich viele altbabylonische Herrscher, auch Hammurabi, selbst als Gott bezeichnen, so weist das auf ihre Sonderstellung gegenüber den Göttern hin. Der König fungierte gewissermaßen als ihr »Verwalter« auf Erden, der die Schwachen schützt und darauf achtet, daß die Starken ihre Arbeit im Dienste der Götter gewissenhaft ausführen. Als »Gegenleistung« hatten diese für Fruchtbarkeit der Felder und Frieden bzw. im Falle eines Krieges für den Sieg zu sorgen.

Der Herrscher wiederum mußte seinem Volk »beweisen«, daß er ein den Göttern genehmer, ein von ihnen akzeptierter König war. Andernfalls hätten die Untertanen ja um ihre Existenz fürchten müssen. So enthält auch die zuvor zitierte Titulatur Nebukadnezars die beiden wichtigsten Voraussetzungen für die Anerkennung seiner Herrschaft: das gute Verhältnis zu den Göttern und die legitime Herkunft durch Nennung des Vaternamens. Oft wurde diese Legitimierung per Abstammung noch zusätzlich durch eine weit – manchmal bis ins Dunkel der Legende – zurückreichende Ahnengalerie untermauert. Hatte man als Emporkömmling nichts dergleichen aufzuweisen, so berief man sich, wie auch Nabopolassar, einfach auf die Götter selbst, deren Gunst allein man alles zu verdanken habe: »Als ich in meiner Winzigkeit, als der Sohn eines Niemands, auf die Heiligtümer des Nabu und des Marduk, meiner Gebieter, ständig bedacht war... als Marduk mich im Lande, da ich geboren war, bestimmt hatte zu den höchsten Dingen, zur Herrschaft über Land und Leute ich den Ruf erhalten hatte ...«

Der berühmteste Fall eines Aufsteigers von zweifelhafter Herkunft, der sich unter Berufung auf seine göttliche Auserwähltheit die Herrscherlegitimation verschaffte, ist Sargon von Akkad, der das wahrscheinlich erste Großreich überhaupt regierte.

Sargon behauptete, der Sohn einer *enitum*, einer Gottesdienerin zu sein. Und da hohe Tempelpriesterinnen keine Kinder bekommen durften, waren damit auch die Geheimnisse, die seine Geburt umgaben, erklärt:

> Ich bin Sargon, der Mächtige, König von Akkad. Meine Mutter war Priesterin, meinen Vater kannte ich nicht. Der Bruder meines Vaters wohnte in den Bergen Akkads. Die Stadt meiner Geburt ist Asupirani, am Ufer des Euphrat gelegen. Meine Mutter, die Arme, empfing mich im geheimen, sie gebar mich und legte mich in einen Weidenkorb, den sie mit Pech bestrich. Darauf vertraute sie mich dem Fluß an, der mich bewahrte und nicht verschlang. Die Wasser trugen mich fort, zu Akki, dem Wasserträger, er zog mich aus dem Fluß. Akki nahm mich an Sohnes Statt. Er ernährte mich, zog mich auf und machte mich zu seinem Gärtner. Dann schenkte mir Ischtar ihre Liebe ... und ich wurde König.

Der bibelkundige Leser denkt bei der Lektüre dieser Zeilen natürlich sofort an eine andere Erzählung: die Geschichte von Moses, der in einem Weidenkorb auf dem Nil ausgesetzt wurde. Eine ähnliche Sage findet sich auch in Indien, wo einst der Knabe Kunti (oder Pritha), der Sohn eines Königs, von seiner Mutter in einem mit Pech abgedichteten Weidenkorb den Wassern des Flusses Asva anvertraut wurde. Und auch in anderen Sagenkreisen spielt Kindsaussetzung in Geburtslegenden eine große Rolle – bis hin zu der bekannten Geschichte der beiden von einer Wölfin gesäugten Romgründer Romulus und Remus.

Und in fast allen Kulturen hatte ein solchermaßen durch göttliches Wohlwollen (am besten aber zusätzlich noch durch Herkunft) legitimierter Herrscher, ohne selbst Gott zu sein, teil an der göttlichen Seinsweise. Auch der Babylonier betete seinen König nicht an, er erflehte vielmehr den Segen der Götter für ihn.

Diese nichtgöttliche, aber sakrale Stellung bescherte dem König eine Reihe von Pflichten, die er, da das Wohl seines Volkes davon abhing, peinlichst genau zu erfüllen hatte. Jeden Monat, jeden Tag mußte der »Liebling der großen Götter« bestimmte Tabus beachten und Gebete verrichten, von den großen Festen und Prozessionen ganz zu schweigen.

So soll der König zum Beispiel am 7. Ulul »keinen Wagen besteigen noch einen Machtspruch reden ... In der Nacht soll der König sein Opfer vor Marduk und Ischtar bereitmachen und Spenden darbringen. Sein Gebet ist der Gottheit willkommen.« Am 16. Tag darf der König »keine Klagelitanei sprechen« und des Nachts soll er wieder opfern und spenden – jeden Tag fordert ein anderes Mitglied des schier zahllosen babylonischen Pantheons seinen Tribut.

Nie, keine Minute seines Lebens durfte der König seinen göttlichen Auftrag und die damit verbundene soziale Verantwortung vergessen. Ausdruck dieser engen, praktisch unauflösbaren Verbindung von Gott, König, Volk und Natur war das größte und bedeutendste Fest Babylons: das Neujahrsfest.

Das Neujahrsfest

Die älteste uns bekannte Erwähnung dieses Festes, das auf sumerisch *zagmuk* (»Anfang des Jahres«) und auf akkadisch *akitu* heißt, stammt vom Ende des 3. Jahrtausends, aus der Epoche Gudeas von Lagasch. Damals dauerte das Fest sieben Tage, und währenddessen fielen alle Klassenschranken, es wurden keine Gerichtsurteile gesprochen, die Eltern straften ihre Kinder nicht und die alltägliche Arbeit ruhte weitgehend. In neubabylonischer Zeit zogen sich die feierlichen Zeremonien, einsetzend mit der Frühlings-Tag-und-Nachtgleiche, über zwölf Tage hin – die ersten zwölf Tage des Nisan.

Das Neujahrsfest war nicht nur das größte religiöse Fest Babylons, ihm kam auch fundamentale Bedeutung für das gesamte Staatsleben zu. Der gelungene Ablauf des Rituals bis hin zu den priesterlichen Prophezeiungen der Ereignisse des kommenden Jahres war nach Auffassung der Babylonier entscheidend für das Bestehen des Reiches. Es galt daher als großes nationales Unglück, wenn das Fest wegen eines Krieges oder der Abwesenheit des Königs nicht gefeiert werden konnte. Denn der König stand, vor allem während der zweiten Hälfte der Feierlichkeiten, im Mittelpunkt des Geschehens. So beging man das Fest zwar in allen Teilen des Landes, in Uruk, Ur, Harran usw., doch mußte man sich dort mit »Ersatzkönigen« begnügen, da der König selbst in Babylon das natürlich glanzvollste aller Neujahrsfeste beging. Nebukadnezars Inschriften berichten ausführlich darüber, wie Jahr für Jahr die Oberen des Landes zum Fest in der Hauptstadt zusammenströmten.

Bedeutende Assyriologen wie Heinrich Zimmern, Svend Aage Pallis und Theodor Dombart, um nur die wichtigsten zu nennen, haben versucht, anhand des babylonischen Festrituals, das wir (allerdings nur für einige der zwölf Tage) kennen, den Ablauf einer solchen Neujahrsfeier zu rekonstruieren, wie sie zur Zeit Nebukadnezars – und mit ihm in der »Königs-Rolle« – stattgefunden haben mag.

Die andere Hauptrolle im Festspektakel spielt Marduk, der oberste Gott des babylonischen Pantheons und Stadtgott von Babylon. Als der weise Sohn des Weltschöpfers Ea ist er im Rahmen dieses Zeremoniells vor allem der Gott, der die Menschen von Krankheit, Leid und Schuld befreit. Verraten, »im Gebirge« (der Unterwelt) gefangen, gestorben, »verwundet, vom Speer getroffen, zerschlagen, getötet, entschwunden« heißt es in den Texten, steht er wieder auf, um in neuem Glanz und neuer Herrlichkeit über sein Land und Volk zu herrschen.

Die Parallele zum leidenden Messias, der gestorben, niedergefahren zur Hölle und wiederauferstanden ist von den Toten, drängt sich auf. Bis in die Epitheta – auch Marduk wird »Herr der Herrscher, König der Könige« genannt – gleichen sich die Gestalten. Und wie im christlichen Kirchenjahr vor die Auferstehung

(Ostern) die Passion gesetzt ist, so beginnt auch das Neujahrs-
Freudenfest mit Verwirrung und Angst.[8]

Am 1. Nisan erfährt das Volk, daß sein Gott »verschwunden«
ist, »im Berg« gefangen gehalten wird. Man umdrängt die Priester,
bestürmt sie mit Fragen: »Wo ist er bewacht?«, »Wo ist er einge-
sperrt?« Die ganze Stadt wird nach dem Gott abgesucht – vergeblich . . .

Dieses Frage- und Antwortspiel mit anschließender, immer verzweifelter werdender Suche nach dem verschwundenen Gott –
denn mit dem Gott ist auch die Sonne, das lebenspendende Licht
»verschwunden« – zieht sich über mehrere Tage hin, an denen,
parallel zu dieser »Szene«, andere Zeremonien, Gebete und Rituale
ablaufen, in deren Mittelpunkt Marduk steht, genauer gesagt: seine
Statue im Esagila-Tempel, die in diesen Tagen besonders prächtig
geschmückt ist und vor der der Oberpriester die vorgeschriebenen
Gebete verrichtet und andere Priester Speise- und Trankopfer darbringen.

Der Abend des 4. Tages beschert den ersten Höhepunkt des
Festes: Wieder wird Marduk und seiner Gattin Sarpanitum geop-
fert, der Oberpriester muß den genauen Stand der Sterne bestimmen und die dazugehörigen Beschwörungsformeln rezitieren.
Dann wird vor dem Angesicht der Statue Marduks das Weltschöpfungsepos (s. S. 295 ff.) vorgetragen. Es beginnt mit den Worten
»Enuma elisch« (»Einst als droben . . .«), was wohl unserem Gene-
sis-Beginn entspricht: »Im Anfang schuf Gott . . .« Der ganze
Kosmos soll auf diese Weise in die alljährlich stattfindende mythische Erneuerung und Regeneration von Mensch und Erde mit
einbezogen werden. Ja, der Kosmos käme zum Stillstand, würde
man nicht die vorgeschriebenen Riten ausführen!

Am 5. Tag wird der Tempel kultisch gereinigt und im Hof von
Esagila die rituelle Schlachtung eines Schafbocks vorgenommen –
des »Sündenbocks«. Man schlägt dem Tier den Kopf ab und be-
streicht mit dessen blutendem Körper die Wände des Tempels, der
durch diese Handlung symbolisch entsühnt wird. Den Kadaver
des Tieres, auf das mit dieser Zeremonie alles Böse, Schlechte und
dem Staat Gefahrbringende übertragen worden ist, wirft man in
den Euphrat, an dessen Ufern das versammelte Volk die Ankunft

der Barke mit der Statue des Gottes Nabu, Marduks Sohn, erwartet, damit dieser den Ehrenplatz in der Mitte seiner bereits geschmückten Kapelle einnehme. Die Beschwörungspriester, die sich durch das Schlachten und den Vollzug des Reinigungsrituals verunreinigt haben, müssen sich bis zum Ende des Festes in der Steppe verborgen halten. Dieser stark an das jüdische Sühneopfer – hebräisch *kippur* – erinnernde Ritus wurde tatsächlich auch »Sühneopfer« – akkadisch *kupparu* – genannt.

Am Tag des Sühneopfers beginnen auch jene Zeremonien, bei denen der König eine so wichtige Rolle spielt: Der Herrscher Babylons, Zentralfigur im Leben der Gemeinschaft und Kontaktperson zu den Göttern, legt im Tempel des Marduk alle Insignien seiner Macht vor dem Gott nieder – Zepter, Ring und Diadem – und gibt dann einen Bericht über seine Taten im vergangenen Jahr. Als Vertreter seines Volkes nimmt er dessen Sünden auf sich, kniet vor dem Bild Marduks demütig nieder, schwört aller Gewalt und allem Unrecht ab und versucht, seine Unschuld an allen unglücklichen Ereignissen des vergangenen Jahres zu beweisen. Daraufhin schlägt der Oberpriester, der *urigallu*, dem König ins Gesicht, zieht ihn an den Ohren und ermahnt ihn, in Zukunft allen seinen Pflichten gewissenhaft nachzukommen. Danach darf der König sich wieder mit den Zeichen seiner Macht schmücken. Zum Abschluß des Rituals schlägt ihn der Priester nochmals: Laufen dem König nach dieser Ohrfeige die Tränen übers Gesicht, gilt das als gutes Omen für das kommende Jahr. Möglicherweise handelt es sich bei diesem seltsamen Brauch um einen Analogiezauber, mit dem Regen auf das Land herabgefleht wurde. Am Abend des Tages, nach erteilter Absolution, opfern König und Oberpriester im Tempelhof gemeinsam einen weißen Stier.

Am 6. Tag treffen beim Tempel des Marduk endlich die lang ersehnten Götterbilder – vor allem das des Nabu aus dem benachbarten Borsippa – ein, in feierlicher Prozession: Es muß ein prächtiges Bild gewesen sein, wenn die reich geschmückten und zum Teil gewiß sehr wertvollen Statuen auf Wagen und Barken in Babylon ihren Einzug hielten – aus Nippur und Uruk, aus Lagasch und Sippar. Jeder schickte »seinen« Gott, den Gott der Stadt, der ansonsten in der babylonischen Götterwelt vielleicht gar keine so bedeutende Stellung einnahm, in seiner Stadt aber der Größte war. Die jüdischen Propheten allerdings hatten für die künstlichen Götter der Babylonier nur Spott übrig:

»Ein Holz ist es, das man im Walde gehauen, ein Machwerk, das die Hände des Werkmeisters mit der Axt gefertigt. Mit Silber und Gold macht man es schön, mit Nagel und Hammer macht man es fest, daß es nicht wackle. Der Scheuche im Gurkenfeld gleichen sie und können nicht reden; tragen muß man sie, denn sie können nicht gehen« (Jer. 10, 3–5).

Über die nun noch folgenden Tage des Festes sind wir, da die entsprechenden Tontafeltexte nur fragmentarisch überliefert sind, sehr lückenhaft unterrichtet. Dabei fanden gerade in dieser Zeit so wichtige Dinge wie die Schicksalsbestimmung von König und Land für das folgende Jahr statt. Zum Abschluß dieser Prophezeiung ergriff der König die Hand Marduks – wie bei der Inthronisation! – und wurde durch diese Geste für ein weiteres Jahr in seinem Amt bestätigt.

Dann stellte man die Statue Marduks auf sein Schiff Makua, und euphrataufwärts, die Ufer gesäumt von begeisterten, geschmückten Massen, ging die Fahrt von König und Gott zum Bit akitu, zum »Neujahrsfesthaus« außerhalb der Mauern Babylons. Über die Feiern in diesem, wie der Name schon sagt ausschließlich dem Neujahrsfest vorbehaltenen Tempel, ist leider nichts bekannt. Manche Forscher vermuten, daß hier eventuell in einer Art »religiösem Drama« Gefangennahme, Leiden und Auferstehung Marduks aufgeführt wurde, über deren Verlauf wir außer den bereits erwähnten Szenen nichts wissen.

Am 11. Tag kehrte man jedenfalls auf dem gleichen Weg wieder zurück. Der König Hand in Hand mit der Statue Marduks, Priester und Volk Hymnen singend, bewegte sich der Zug der Götterbilder über die herrliche löwengeschmückte Prozessionsstraße (s. S. 116 ff.), die vom Festhaus her durch das Ischtar-Tor in die Stadt führte und die Nebukadnezar eigens für diesen feierlichen Zweck hatte bauen lassen. In einem seiner Gebete heißt es dazu:

»Nabu und Marduk, wenn ihr auf diesen Straßen freudig in Prozession einherzieht, möge Gutes für mich auf eure Lippen gelegt sein! Indem ich während eines Lebens bis in fernste Tage in leiblicher Gesundheit und Herzensfreude vor euch auf ihnen wandele, möge ich alt werden und immer bleiben!«

Als Krönung des festlichen Zeremoniells fand die Heilige Hochzeit zwischen Marduk und seiner Gemahlin Sarpanitum statt – besser: des Königs mit der Oberpriesterin (vielleicht auch nur mit einer Tempelsklavin), um Fruchtbarkeit und Reichtum des Landes für das kommende Jahr zu garantieren.

Zumindest an einigen Tagen des Festes – wahrscheinlich während der Gefangenschaft Marduks – herrschten auch in neubabylonischer Zeit den römischen Saturnalien vergleichbare Zustände im Lande: Die Sklaven waren Herren, die Herren Diener und die Stelle des Herrschers nahm ein »Ersatzkönig« ein, der wohl nach einigen Tagen »fürstlichen Lebens« als menschlicher »Sündenbock« für die Verfehlungen des Monarchen im abgelaufenen Regierungsjahr büßen mußte. Genaueres wissen wir darüber jedoch nicht.

Am 12. Nisan endet das Neujahrsfest mit der Rückkehr der Nabu-Statue nach Borsippa und der Heimreise der zahlreichen hohen und niederen Gäste. Die Beschwörungspriester dürfen aus der Steppe zurückkehren in die Stadt, Marduk herrscht von neuem über sein Land und sein Volk; der Alltag zieht wieder ein in Babylon.

»Siehe, ich will über Tyrus kommen lassen Nebukadnezar«

Alltag – das bedeutete für den jungen König Nebukadnezar allen seinen Bauherrenträumen zum Trotz in erster Linie Krieg. Noch in seinem ersten Regierungsjahr, wahrscheinlich kurz nachdem er zum ersten Mal seinen rituell-religiösen Pflichten als Herrscher beim Neujahrsfest nachgekommen war, brach er erneut nach Syrien auf, nach Hatti-Land. Er wußte nur zu gut, daß die Sicherheit eines Landes nach dem Thronwechsel besonders gefährdet ist, denn in einem solchen Moment des Umbruchs pflegt selbst mancher Schwache sein Rebellionsglück zu versuchen. Und so probten denn nicht nur einige der kleinen Nationalstaaten, die die assyrische Deportationspolitik übriggelassen hatte, den Aufstand, auch Tyrus, die schier uneinnehmbare phönizische Seefestung, lehnte sich gegen die babylonische Oberherrschaft auf.

Durch die Zerschlagung des assyrischen Weltreichs, dem Tyrus tributpflichtig war, gehörte die Stadt nämlich »automatisch« zum Herrschaftsbereich des Eroberers, und Nebukadnezar war keineswegs gewillt, die reiche Handelsmetropole, die im Schnittpunkt aller wichtigen Verkehrswege zu Wasser und zu Lande lag, so einfach aufzugeben. Die Ägypter mußten auf dem Weg nach Kleinasien hier vorbei, und die Waren, die zwischen Syrien und Zypern, Kreta, Rhodos und anderen Mittelmeerländern hin- und hergingen, wurden hier verladen – ein Umschlagplatz des antiken Welthandels. Aber nicht nur das: Die Phönizier waren außer an

Flache Scheibe (Miniatur) mit Inschrift Nebukadnezars II. (Vorderasiatisches Museum, Ost-Berlin).

mediterranen Landwirtschaftsprodukts, wie zum Beispiel Weizen, Oliven und Wein, vor allem reich an Holz. Das Libanongebirge und die anderen Hügel der Umgebung waren damals dicht bewaldet, und bei den an gutem Bauholz armen Ägyptern und Babyloniern waren die riesigen *Cedri libani* sehr begehrt. Bereits König Salomo hatte ja seine Staatsfinanzen völlig ruiniert, um in den Besitz des kostbaren Materials für sein »Libanonwaldhaus« und seine anderen aufwendigen Bauten zu gelangen.

Doch wenn Nebukadnezar im Laufe der ersten zwanzig Jahre seiner Regierung auch alle Heere der ägyptisch-edomitisch-moabitisch-phönizischen Koalition besiegte – an Tyrus wäre er fast gescheitert. Denn so problemlos und im Sturm wie Hesekiel es weissagte, hat er die Stadt keineswegs genommen:

> Darum spricht der Herr: Siehe, ich will an dich, Tyrus, und will viele Heiden über dich heraufbringen, gleich wie sich ein Meer erhebt mit seinen Wellen. Die sollen die Mauern zu Tyrus verderben und ihre Türme abbrechen; ja, ich will auch ihren Staub von ihr wegfegen und will einen bloßen Fels aus ihr machen ... Siehe, ich will über Tyrus kommen lassen Nebukadnezar, den König von Babel, von Mitternacht her, der ein König aller Könige ist, mit Rossen, Wagen, Reitern und mit großem Haufen Volks ... Er wird mit Sturmböcken deine Mauern zerstoßen und deine Türme mit seinen Werkzeugen umreißen ... Er wird mit den Füßen seiner Rosse alle deine Gassen zertreten. Dein Volk wird er mit dem Schwert erwürgen und deine starken Säulen umstoßen. Sie werden dein Gut rauben und deinen Handel plündern. Deine Mauern werden sie abbrechen und deine feinen Häuser umreißen und werden deine Steine, Holz und Staub ins Wasser werfen (Hes. 26, 3–13).

Doch die Stadt, »die Kronen verteilt, deren Kaufleute Fürsten und deren Krämer die herrlichsten auf Erden sind«, die Stadt, die »Silber anhäuft wie Staub und Gold wie Dreck auf den Straßen«, weigert sich ganz einfach, die Prophezeiung Hesekiels zu erfüllen: Dreizehn Jahre lang, von 585 bis 572, liegt das schlagkräftigste Heer der damaligen Welt ohnmächtig vor den Mauern der kleinen, ins Meer hinausgebauten Felsenfestung: »Alle Häupter sind kahl und alle Schultern wundgerieben, und ist doch weder ihm [Nebukadnezar] noch seinem Heer seine Arbeit vor Tyrus belohnt worden«, muß der Prophet schließlich zugeben (Hes. 29, 18).

Die Tyrer, von See her versorgt, hielten der Belagerung stand, die, wie einem Tontafeltext aus der Zeit zu entnehmen ist, zumindest in der Endphase von Nebukadnezar selbst geleitet wurde: Auf der Tafel wird Proviant quittiert für »den König und die Soldaten, die mit ihm gegen das Land Tyrus gezogen sind«. Doch eine derart lange Belagerung fügte dem Handel und dem Erwerbsleben der Stadt natürlich schweren Schaden zu, so daß man, um des Überlebens willen, schließlich einen Kompromiß mit den Babyloniern anstrebte. Da auch Nebukadnezar die Aussichtslosigkeit seines Unternehmens einsah, gab er sich mit einem »Proforma-Sieg« zufrieden, mit dem er auch sein Ziel erreichte: Einem Tontafel-Schuldschein aus dem Jahre 564 ist zu entnehmen, daß Tyrus fortan unter der »Vormundschaft«, dem Protektorat Babylons stand. Bei Flavius Josephus, der sich auf phönizische Chroniken stützt, heißt es, daß die Tyrer sich formell unterwarfen und Nebukadnezars Leute einige Gefangene »zusammen mit den schweren Truppen sowie dem Rest der Belagerungswerkzeuge nach Babylon eskortierten ... Nachdem er nun Herr über den gesamten Bereich war, gab er Befehl, die Gefangenen nach ihrer Ankunft in geeigneten babylonischen Provinzen anzusiedeln.«

Dort werden sie auf manchen Juden gestoßen sein, dem zwei Jahre zuvor, 587, ein ähnliches Schicksal widerfahren war, da die Kinder Israels wieder einmal vergeblich auf ägyptische Hilfe gesetzt hatten.

Ein König starb zur falschen Zeit

Ägypten, das sich mit seiner Niederlage bei Karkemisch nicht abfinden wollte, hatte nach dem überstürzten Aufbruch Nebukadnezars nämlich nichts Eiligeres zu tun, als die »Könige von Hatti« aufzuhetzen, dem neuen Herrn von Babylon Widerstand zu leisten. Es kamen zwar trotzdem die meisten der Könige »vor ihn [Nebukadnezar] und zahlten schweren Tribut«, doch Aga, der König von Askalon, sowie Jojakim von Juda und wahrscheinlich noch ein paar andere, weigerten sich – wohl im Vertrauen auf ägyptische Unterstützung – hartnäckig, ihren Abgabeverpflichtungen nachzukommen. Aga zumindest mußte das bitter büßen, denn Nebukadnezar »zog gegen die Stadt Askalon und eroberte sie im Monat Kislew. Ihren König nahm er gefangen, ihre Beute und ihre Gefangenen führte er fort ... Die Stadt verwandelte er in einen Trümmerhügel und Ruinen« (Neubabylonische Chronik).

Ägypten konnte oder wollte keine militärische Hilfe leisten, nur im Sprüchemachen war es groß, was auch Juda noch erleben sollte, und Adon, der König von Apheq, schmerzlich erfahren mußte. In einem Brief an Pharao Necho schreibt er, daß die Truppen des Königs von Babel heranzögen und Apheq bereits erreicht hätten: »Schicke ein Heer, um mich zu befreien! Laß mich nicht im Stich!« Da das Alte Testament vier Orte mit dem Namen Apheq nennt und wir genauere Informationen über Adon nicht besitzen, muß die Frage, in welchem Gebiet er König war, offen bleiben. Auf jeden Fall gehörte er zu denen, die vergeblich auf Ägypten bauten und darum rasch von Nebukadnezar besiegt wurden.

In den beiden nächsten Jahren, über die wir aufgrund der lückenhaften Berichte der Chronik nur ungenügend unterrichtet sind, folgten mehrere sieg- und beutereiche Feldzüge im syrischen Raum, dann, im Jahre 601, hielt Nebukadnezar wohl die Zeit für gekommen, endlich zu vollenden, was ihm bei Karkemisch infolge der raschen Abreise verwehrt geblieben war: der endgültige Sieg über Ägypten.

Alle Verbündeten Ägyptens im Hatti-Lande waren mittlerweile Babylon tributpflichtig, jetzt war Ägypten selbst dran. Doch zunächst sollte es anders kommen:

Im 4. Jahr [601] rief der König von Akkad sein Heer auf und zog nach Hatti. Er durchzog Hatti machtvoll. Im Kislew stellte er sich an die Spitze seiner Truppen und brach nach Ägypten auf. Der König von Ägypten hörte es und bot seine Truppen auf, und in einer Feldschlacht wurden sie handgemein und

Oben: Die Zikkurat von Borsippa, die jahrhundertelang als der Babylonische Turm galt.
Unten: Einer der unzähligen signierten Bausteine. Dieser ist gestempelt mit Namen und Titel sowohl Nebukadnezars II. wie auch seines Vaters Nabopolassar.

brachten einander eine große Niederlage bei. Der König von Akkad und sein Heer kehrten um nach Babel.

Es ist bemerkenswert, mit welcher Offenheit die Chronik die Niederlage Nebukadnezars eingesteht. Necho hatte die Zeit seit dem Abkommen von Karkemisch offensichtlich hervorragend genutzt: Andere gegen Babylon aufgestachelt, sich selbst vornehm zurückgehalten, wenn es ans Kämpfen ging, und heimlich aufgerüstet, so daß die von jahrelangen, wenn auch siegreichen Feldzügen vielleicht doch ein wenig mitgenommenen babylonischen Truppen den wieder erholten ägyptischen nicht Paroli bieten konnten.

Nabopolassar war also wirklich zum denkbar unglücklichsten Zeitpunkt gestorben. Nicht genug, daß Ägypten wieder zu erstarken beginnt – angesichts dieser babylonischen Niederlage schöpft auch Juda neue Hoffnung, und König Jojakim weigert sich plötzlich, seinen Tributverpflichtungen nachzukommen. Vergessen sind die unheilvollen Weissagungen des Propheten Jeremia: »Der König von Babel wird sicher kommen und dieses Land verheeren und Menschen und Vieh daraus tilgen« (36, 29), vergessen, daß er die Übermacht Nebukadnezars schon einmal demütig anerkennen mußte; denn auf seinem Hatti-Feldzug hatte der Babylonier auch dem zunächst widerstrebenden Jojakim zu zeigen gewußt, daß die Worte des Propheten keineswegs der realpolitischen Grundlage entbehrten. Nebukadnezar der Große von Babylon hatte eine Niederlage durch Ägypten einstecken müssen – das war für Jojakim von Juda Grund genug, die erzwungene Vasallenschaft sofort aufzukündigen. Und zunächst schien er mit seinem kühnen Schritt sogar Erfolg zu haben, denn es geschah – nichts. »Im 5. Jahr blieb der König von Akkad in seinem Land. Seine Streitwagen und Pferde sammelte er in großer Zahl« – das ist alles, was die Neubabylonische Chronik über das Jahr nach Judas Abfall zu melden hat. Auch im Jahr darauf führte Nebukadnezar nur einige Beutezüge im Beduinenland östlich von Syrien und Palästina.

Aber dann, im Dezember 598, bricht der König von Babylon auf nach Juda. Sein Ziel heißt Jerusalem.

Nebukadnezar, das »Schwert Jahwes«

Angekündigt war sein Kommen schon lange. Die Prophezeiungen des Jeremia hatten an Deutlichkeit nichts zu wünschen übrig gelassen:

> So spricht der Herr Zebaoth, der Gott Israels: Ich habe die Erde gemacht und Menschen und Vieh, so auf Erden sind, durch meine große Kraft und meinen ausgestreckten Arm, und gebe sie, wem ich will. Nun aber habe ich alle diese Lande gegeben in die Hand meines Knechtes Nebukadnezar, des Königs zu Babel ... Und sollen alle Völker dienen ihm und seinem Sohn und seines Sohnes Sohn, bis daß die Zeit seines Landes auch komme und er vielen Völkern und großen Königen diene. Welches Volk aber und Königreich dem König zu Babel, Nebukadnezar, nicht dienen will und wer seinen Hals nicht wird unter das Joch des Königs zu Babel geben, solch Volk will ich heimsuchen mit Schwert, Hunger und Pestilenz, spricht der Herr, bis daß ich sie durch seine Hand umbringe« (Jer. 27, 5–8).

Und Nebukadnezar, in Jeremias Augen nichts als ein »Erfüllungsgehilfe Jahwes«, kam – und wenn man der jüdischen Legende glauben will, so hat Jahwe selbst sich bemüht, seinem »Gehilfen« den Weg zu weisen:

> Achtzehn Jahre lang ertönte im Palast des Nebukadnezar die Stimme Gottes. Der Herr forderte: »Zieh nach Jerusalem und zerstöre den Tempel, denn niemand dort kümmert sich darum.« Nebukadnezar aber fürchtete sich, dieser Stimme zu folgen, denn er wußte, was damals, zur Zeit des Königs Hiskia, dem Sanherib vor Jerusalem widerfahren war. Er glaubte nicht, daß

der Gott Israels seinen Tempel in Jerusalem wirklich würde fallenlassen. Nebukadnezar wollte durch Zauberwerk erfahren, ob er den Zug nach Juda unternehmen solle oder nicht. Er schrieb die Namen vieler Städte auf Tontafeln und zielte darauf mit dem Pfeil. Er schoß einen Pfeil ab gegen den Namen Antiochias, und der Pfeil zerbrach. Ebenso geschah es bei anderen Städten. Als er aber mit dem Pfeil Jerusalem traf, da blieb der Pfeil ganz und durchbohrte die Tontafel. Da wußte Nebukadnezar, daß er Tempel und Stadt zerstören mußte.

Damit war das Ende des Reiches Juda nahe. Aber wie hatte es so weit kommen können, daß das einst mächtige Reich eines David und Salomo blind dem Abgrund zutrieb?

Salomos Juda ist nicht mehr

Der Abstieg zeichnet sich bereits beim Tod Salomos (931 v. Chr.) ab. Unter der Herrschaft seines Sohnes Rehabeam zerfällt das mühsam zusammengeschweißte Doppelreich wieder in ein Königreich Juda und ein Königreich Israel. Und von nun an liegen die beiden Reiche für Jahrhunderte bis auf kurze Unterbrechungen in bitterer, meist blutiger Fehde. Durch diese inneren Kämpfe geschwächt, waren sie natürlich die ideale Beute für Eroberer. Die Aramäer, die Ägypter, die Assyrer und schließlich die Babylonier haben denn auch ihr Kriegsglück mit Erfolg versucht.

Israel, das sich mit der Oberherrschaft Assyriens nicht abfinden wollte und immer wieder den Aufstand probte, wurde nach harten, verlustreichen Schlachten zur assyrischen Provinz. Mit dem Fall Samarias, das Salmanassar V. drei Jahre lang (725–723) belagert hatte, war sein Schicksal besiegelt: Die Oberschicht des Landes wurde deportiert – 28 000 Männer laut assyrischen Quellen. Das Königreich Israel existierte nicht mehr.

Juda hatte zunächst mehr Glück – oder die geschickteren Politiker, die es besser verstanden, sich mit den Assyrern zu arrangieren und so Land und Leute einigermaßen unbeschadet durch alle poli-

tischen Fährnisse zu bringen. Aber als 612 v. Chr. Nabopolassar
Assyrien in die Knie zwingt, bejubelt auch Juda wie alle anderen
unterdrückten Völker Syrien-Palästinas den babylonischen Sieg.

König von Juda war damals seit 25 Jahren Josia, Sohn des
Amon und der Jedida. Unter seiner Herrschaft hatte die sogenannte »deuteronomistische Reform« stattgefunden, die unter anderem darauf abzielte, die vielen nichtisraelitischen Kulte, die in
und um Jerusalem üppig wucherten, auszurotten sowie eine Zen-
tralisierung des Jahwe-Kultes einzuleiten. So wurde auf der
Grundlage überlieferten Gedankenguts und traditioneller Sitten
ein neues, selbständiges kulturelles und religiöses Leben möglich.
Darum sah man, aller Erleichterung und Freude über den Fall
Ninives zum Trotz – die »mörderische Stadt«, die »Blutstadt«
(Nahum 3, 1–3) existierte nun nicht mehr – dem nächsten Unter-
drücker mit Bangen entgegen.

Nicht nur Juda, auch Ägypten beobachtete mit Schrecken, wie
das Neubabylonische Reich sein Territorium rasch und unaufhalt-
sam vergrößerte, und Pharao Necho versuchte daher ja nach Kräften, das noch übriggebliebene »Rest-Assyrien« unter König Assur-
uballit zu unterstützen. Auf seinem Weg zum Euphrat mußte er
dabei den Fluß Karmel bei Megiddo überqueren. Und obwohl er
Josia durch seine Boten sagen ließ: »Was habe ich mit dir zu tun,
König Judas? Ich komme jetzt nicht wider dich, sondern wider das
Haus, mit dem ich Krieg habe« (2. Chron. 35, 21), eröffnete dieser
den Kampf und wurde selbst so schwer verwundet, daß er bald
darauf in Jerusalem starb. (Nach 2. Kön. 23, 29 wurde er bereits in
Megiddo vom Pharao getötet.)

Da Josias ganze Politik auf Loslösung von Assyrien hinauslief,
hatte er dem Assyrien zu Hilfe eilenden Pharao den Durchzug
durch sein Land natürlich nicht gewähren können. Nach seinem
Tod folgte ihm sein Sohn Joahas auf dem Thron – allerdings nur
für drei Monate, dann kehrte Necho aus dem Norden Syriens
zurück, nahm Joahas gefangen und machte Juda tributpflichtig.
Als neuen König setzte Necho Eljakim, einen anderen Sohn des
Josia, ein und gab ihm einen neuen Namen: Jojakim. Die Umbe-
nennung war ein deutliches Zeichen dafür, daß dieser König von
Juda ein Herrscher von des Pharaos Gnaden war. Mit der Thron-

besteigung Jojakims begann denn auch eine ägyptenfreundliche Regierungsperiode (608–597), die Juda schließlich zum Verhängnis werden sollte, da Jojakim die neubabylonischen Zeichen der Zeit nicht erkannte oder nicht erkennen wollte und Ägypten, koste es, was es wolle, die Treue hielt. Daß Necho auf die Karte Jojakim setzte, war klar, mit einer erneuten Niederlage Babylons in offener Feldschlacht (nach der von 601) konnte er nicht rechnen. Er mußte Verbündete suchen, Gegner Babylons schaffen – ob das diesen Gegnern im Endeffekt bekam oder nicht.

Beim Volk war Jojakim wenig beliebt, und seine ägyptische Satellitenpolitik wird von Jeremia zugunsten Babylons nach Kräften diskreditiert: »Ägypten ist ein sehr schönes Kalb; aber es kommt von Mitternacht der Schlächter. Auch die, so darin um Sold dienen, sind wie gemästete Kälber; aber sie müssen sich dennoch wenden, flüchtig werden miteinander, und werden nicht bestehen« (46, 20–21). Denn der König von Babylon, den der Herr »meinen Knecht Nebukadnezar« (Jer. 25, 9) nennt, wird sein Volk strafen für alle seine Sünden. Auf dem Markt und in den Straßen verkünden Jeremia und sein treuer Schüler Baruch, daß Nebukadnezar das »Schwert Jahwes« gegen das Volk Jahwes sein werde, das dabei ist, seine strengen Gebote zu mißachten und andere Götter anzubeten, die gegenüber den Schwächen der Menschen duldsamer sind.

Dank der Oberherrschaft Ägyptens hatte sich außerdem ägyptischer Luxus in Jerusalem breitgemacht, »die Töchter Zions ... gehen mit aufgerichtetem Halse, mit geschminkten Angesichtern ... und haben köstliche Schuhe an ihren Füßen« (Jes. 3, 16). Aber der Herr wird »den Schmuck an den köstlichen Schuhen wegnehmen und die Heftel, die Spangen, die Kettlein, die Armspangen, die Hauben, die Flitter« (Jes. 3, 18–20) und Jerusalem richten.

Aber so unbeliebt Ägyptens Günstling Jojakim beim Volk auch war – von bedingungsloser Unterwerfung unter Babylon wollten die wenigsten etwas hören. In den Elendsquartieren jedoch war man Jeremia treu ergeben, war gegen den Krieg, der nur neue Opfer aus ihren Reihen fordern und die Reichen nur noch reicher machen würde. Auch die Landbevölkerung sah zum Teil ihre In-

teressen unter dem König in Jerusalem mehr gefährdet als unter
einem babylonischen Herrscher.

Im Jahre 626 etwa war Jeremia – der Name bedeutet soviel wie
»Jahwe erhöht« –, wohl 29 Jahre alt, zum ersten Mal als Warner
und Mahner aufgetreten. Auf dem Thron saß damals noch der
unglückliche Josia. Doch die Worte des Propheten waren unge-
hört verhallt. Jetzt trägt er, um seinen Prophezeiungen mehr
Nachdruck zu verleihen, wo er geht und steht ein Ochsenjoch auf
den Schultern – als Symbol der zukünftigen Gefangenschaft. Es
muß aufgeräumt werden mit Baal- und Astarteverehrung und mit
der Tempelprostitution. Das Reformwerk, das Josias begonnen
hatte (möglicherweise mit Jeremias Unterstützung), gilt es fortzu-
führen. Nicht mit der Waffe in der Hand, mit dem Wort heißt es
siegen.

Aber die Nachfolger des Josia bilden sich tatsächlich ein, die
babylonischen Armeen in die Knie zwingen zu können. Und nicht
nur große Teile des Volkes und der herrschenden Schichten denken

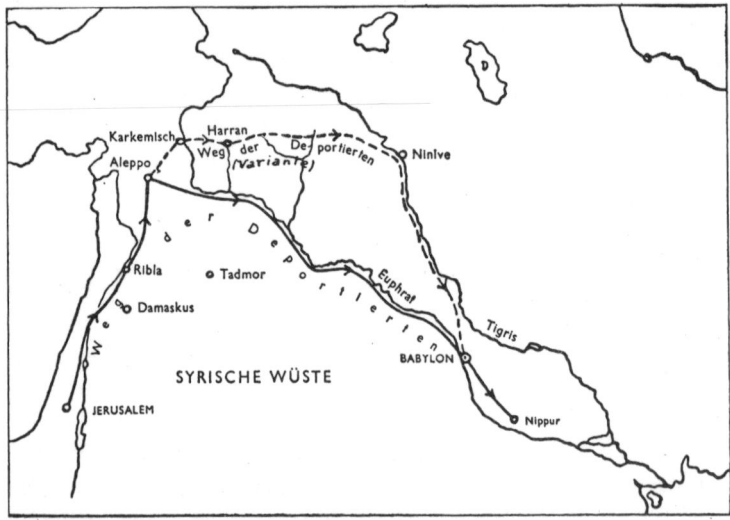

*Die möglichen Wegstrecken der nach dem Fall von Jerusalem (587 v. Chr.)
in die Babylonische Gefangenschaft geführten Juden (nach A. Parrot).*

so, auch die etablierte Priesterschaft Jerusalems steht keineswegs auf seiten des »eifernden Narren« Jeremia und seiner kleinen Anhängerschar. Und »Narr« ist noch eine höchst wohlwollende Titulierung – viele nennen ihn schlicht einen Verräter im Solde Babylons, der jetzt, wo der Feind mit seinen Belagerungsmaschinen vor den Mauern Aufstellung bezogen hat, zu Kapitulation und Desertion aufruft. Vor allem das hölzerne Joch empört die Priester, und einer von ihnen, der Prophet Hananja, geht hin, zerbricht es und weissagt, daß Jahwe binnen zwei Jahren das Joch Nebukadnezars ebenso zerbrechen werde. Doch Jeremia hat offensichtlich den besseren Draht zu Gott, der ihm mitteilt: »Gehe hin und sage Hananja: So spricht der Herr: Du hast das hölzerne Joch zerbrochen und hast nun ein eisernes Joch an seine Stelle gesetzt. Denn ein eisernes Joch habe ich allen diesen Völkern an den Hals gehängt, damit die dienen sollen Nebukadnezar, dem König von Babel« (Jer. 28, 13–14).

Damals, als Jojakim von Juda, Vasall Nebukadnezars seit 605, sich von Babylon lossagte, nachdem es Ägypten 601 gelungen war, die babylonischen Truppen zu besiegen, hatte Nebukadnezar, wie erinnerlich, keine entscheidenden Schritte gegen Juda unternommen, sondern sich mit verschiedenen Störaktionen in Grenzgebieten begnügt und sich im übrigen um die Reorganisation seiner Streitmacht gekümmert. Doch die Strafexpedition war nur aufgeschoben, nicht aufgehoben.

Strafexpedition nach Palästina

Im 7. Jahre im Monat Kislew bot der König von Akkad seine Truppen auf und zog in das Hatti-Land. Gegen die Stadt von Juda [Jerusalem] schlug er sein Lager auf, und im Monat Adar am 2. Tage nahm er die Stadt ein. Er nahm den König gefangen. Einen König nach seinem Herzen setzte er in ihr ein. Ihren schweren Tribut nahm er entgegen und ließ ihn nach Babylon bringen.

Diese lapidaren Zeilen über das für Juda so folgenschwere Ereignis aus dem siebten Regierungsjahr Nebukadnezars stehen auf der Rückseite der Keilschrifttafel B. M. 21946, Zeile 11–13, die die Jahre 605–595 der Neubabylonischen Chronik behandelt. Ein Vergleich der alttestamentlichen Angaben (2. Kön. 10–17; 2. Chron. 36, 10) mit denen der Chronik zeigt weitgehende sachliche Übereinstimmung in den wesentlichen Punkten des Geschehens. Zum ersten Mal erfahren wir jedoch, wann genau Jerusalem erobert wurde: am 2. Adar, also am 16. März 597.

Warum aber hat Nebukadnezar nicht gleich beim Abfall Jojakims drastischere Maßnahmen ergriffen? Und warum entschloß er sich, da die Strafexpedition nun doch endlich starten sollte, so spät im Jahr, im Dezember, aufzubrechen? Ein höchst ungewöhnlicher Zeitpunkt, da die Könige, wenn schon nicht den Sommer, dann zumindest den Frühling wählten, um ihre Feldzüge zu beginnen.

Die erste Frage ist relativ leicht zu beantworten: Wahrscheinlich fühlte Nebukadnezar sich nach der Niederlage gegen Ägypten, erschöpft auch durch zahlreiche andere, wenngleich siegreiche Feldzüge, zu einem Sturm auf Jerusalem in dem Moment einfach noch nicht stark genug. So beließ er es also bei den bereits erwähnten »Störmanövern« und verzichtete die drei Jahre auf Tribut aus Juda.

Für den Zeitpunkt des Aufbruchs gibt es ebenfalls einen plausiblen Grund: Drei Monate zuvor war nämlich der abtrünnige Jojakim gestorben und sein erst achtzehn Jahre alter Sohn Jojachin ihm auf den Thron gefolgt. Diesen Moment des Thronwechsels galt es zu nutzen: Ehe der junge König sich überhaupt als unbotmäßig erweisen konnte, mußte Juda nachdrücklich an seine schmählich gebrochene Vasallentreue erinnert werden. Und um einem neuerlichen Abfall des Landes gleich vorzubeugen, setzte Nebukadnezar den Sohn kurzerhand ab. Schließlich bestand die Gefahr, daß er in die Fußstapfen des Vaters trat, zumal Jojachin dem König von Babylon bei der Eroberung der Stadt, wenn auch nur kurz, Widerstand geleistet hatte. An seine Stelle setzte der Babylonier natürlich einen Mann »nach seinem Herzen«, um beruhigt in seine Residenz zurückkehren zu können.

Dieser Mann war Mattanja, dessen Namen Nebukadnezar in

Zedekia umänderte, zum »Zeichen seines Verfügungsrechts über den neu eingesetzeten König«. Zedekia, so glaubte der König von Babylon, würde als ein Bruder des von Pharao Necho abgesetzten Joahas eine ägyptenfeindliche Politik verfolgen. Er konnte nicht ahnen, wie sehr er sich in diesem Zedekia täuschen sollte, den Flavius Josephus einen »Verräter von Recht und Zucht« nennt, in dessen Umgebung sich vorwiegend »gottlose Männer« befanden.

König Jojachin wurde samt Familie und Hofstaat sowie hohen Beamten, Adligen und ausgebildeten – vor allem wohl für Festungsbauten – Facharbeitern (laut Jer. 52, 28 insgesamt 3023 Personen) nach Babylon gebracht. Priester, Leviten und Propheten waren nicht unter den Deportierten – bis auf Hesekiel. Das Zweite Buch der Könige (20, 12) berichtet jedoch, das alles von Wert den Siegern in die Hände fiel: Die Schätze des Palastes und des Tempels wurden als »schwerer Tribut« (2. Kön. 24, 13) mitgeführt. Der religiöse Dienst war nicht einen Tag unterbrochen, die Eroberung Jerusalems kein so tiefer Einschnitt im Leben des Volkes, wie man glauben könnte. Selbst in Jeremias Schriften hinterließ das Ereignis keine Spur. Wahrscheinlich war es dem klugen Vorgehen Jojachins zu danken, daß Jerusalem so glimpflich davonkam: Sobald er nämlich sah, daß jeder Widerstand zwecklos war, begab er sich mit seiner Mutter und seinen engsten Vertrauten zu Nebukadnezar und unterwarf sich freiwillig (2. Kön. 24, 12, 14). Josephus berichtet, daß Jojachin um dieses Schrittes willen »von allen Juden in einem heiligen Lied verehrt wurde«.

In der Bibel hören wir über König Jojachin nur noch, daß er nach siebenunddreißigjähriger Gefangenschaft »am 27. Tag des 12. Monats«, das ist der 23. März 560 v. Chr., von Nebukadnezars Sohn und Nachfolger Awel-Marduk (in der Bibel stets »Evil-Merodach«) begnadigt wurde, und der König von Babylon »redete freundlich mit ihm und setzte seinen Stuhl über die Stühle der Könige, die bei ihm waren zu Babel, und wandelte die Kleider seines Gefängnisses, und er aß allewege vor ihm sein Leben lang; und es ward ihm sein Teil bestimmt. Das man ihm allewege gab vom König, auf einen jeglichen Tag sein ganzes Leben lang« (2. Kön. 25, 27–30).

Aber auch während seiner jahrzehntelangen Gefangenschaft in Babylon ist es dem Drei-Monats-König von Juda und den Seinen nicht schlecht gegangen. Er war von seiner Familie umgeben, es wurden ihm Kinder geboren, und für seinen Unterhalt sorgten die Vorratskammern des Königs von Babylon. So erhielt Jojachin pro Monat 15 Liter Sesamöl als Speise- und Salböl (die fünf Prinzen und die acht Vornehmen aus Juda, die seinen »Hofstaat« bildeten, bekamen nur je 0,4 Liter) – »ein bemerkenswert hohes Quantum, wenn man wohl auch annehmen darf, daß die nächsten Angehörigen der königlichen Familie ihren Anteil davon beanspruchen durften«. Und wenn die Judäer – zumindest in den ersten Jahren – wahrscheinlich in strenger Haft lebten, werden sie sich »kaum über schlechte Behandlung zu beklagen gehabt haben«, meint der Berliner Assyriologe Ernst F. Weidner, dem wir diese aufschlußreichen Details aus der Babylonischen Gefangenschaft verdanken.

Robert Koldewey, der Ausgräber Babylons, hatte nämlich unter anderem auch wohlverpackt und numeriert Berge von Keilschrifttafeln aus dem fernen Mesopotamien ans Kaiser-Friedrich-Museum nach Berlin geschickt. Dort saß nun Weidner und übersetzte Jahr um Jahr geduldig Stück für Stück – Abrechnungen, Hoflisten, Buchungen etc., eben den ganzen alltäglichen Verwaltungskram, der bei einem gut organisierten Staatswesen nun mal anfällt. Und eines Tages stieß er plötzlich in vier verschiedenen Proviantquittungen auf den aus dem Alten Testament vertrauten Namen »Jojachin«. Und nicht nur das: Auch sein Titel, »König des [Landes] Juda«, steht dabei sowie das Datum des 13. Regierungsjahres von König Nebukadnezar, also das Jahr 592 v. Chr.

Die Behandlung Jojachins und seiner Angehörigen zeigt, was bei näherer Betrachtung des Lebens der Exilierten in Babylon nach dem endgültigen Fall Jerusalems noch deutlicher zutage treten wird: daß Nebukadnezar, wie Ernst Vogt wohl richtig bemerkt, »von Natur aus zur Milde geneigt« war. Daß er bis heute immer wieder als Prototyp des Tyrannen herhalten muß, haben nicht zuletzt die Autoren des Alten Testaments zu verantworten, die den Babylonier mit Fleiß von der denkbar schlechtesten Seite schildern.

Zedekia, der ungetreue Statthalter

Schon damals in Jerusalem dankte man dem König von Babylon seine Milde schlecht. Zedekia, Sohn des Josia und der Hamutal, war bei seiner Thronbesteigung gerade 20 Jahre alt, zu jung und unerfahren, um die schwierige politische Lage richtig in den Griff zu bekommen. Der Prophet Jeremia setzte in den »gerechten Sproß« große Hoffnungen, und Zedekia, gewiß beeindruckt von dem ebenso eloquenten wie charismatischen Mann, war zunächst wohl auch bereit, mit seiner Hilfe zu regieren. Doch die nationale Freiheitsbewegung wußte seine Unerfahrenheit geschickt auszunutzen und ihn auf ihre Seite zu ziehen. Er läßt den Propheten gefangennehmen und als Verräter Judas brandmarken, weil er versucht habe, den Widerstand gegen Babylon zu sabotieren. Dennoch holt er, in seinen Entschlüssen hin- und hergerissen, Jeremia heimlich wieder aus dem Kerker, um seinen Rat zu hören: »Ist auch ein Wort vom Herrn vorhanden? Jeremia sprach: Ja; denn du wirst dem König von Babel in die Hände gegeben werden« (37, 17).

Doch Zedekia schlägt die Warnungen des Propheten in den Wind und bleibt weiter auf Nationalisten-Kurs. Damit ist der Untergang des jüdischen Staates besiegelt, die endgültige Niederlage nur noch eine Frage der Zeit.

Im vierten Jahr seiner Regierung kommen die Gesandten aus Ammon, Moab, Tyrus und Sidon zu Geheimverhandlungen nach Jerusalem, mit dem Ziel, das babylonische Joch abzuschütteln. Nebukadnezar erfährt von der Verschwörung und befiehlt Zedekia nach Babylon. Der schickt im Sommer 593 erst einmal eine Abordnung mit Geschenken vor, die gut Wetter für ihn machen soll. Einige Monate später ist er wahrscheinlich selbst nach Babylon gereist. Auf jeden Fall gelang es ihm oder einem geschickten Unterhändler, Nebukadnezars Zweifel zu zerstreuen, denn während der nächsten Jahre herrscht Ruhe im Land.

Es ist zu vermuten, daß dieser Aufstandsversuch Zedekias »damit zusammenhängt, daß 594 in Ägypten ein neuer Pharao, Psammetich II., dem Necho nachgefolgt war und das Feuer der Revolte in Palästina geschürt hatte« (E. Vogt), und es sollte wieder ein

Wechsel auf dem Pharaonenthron sein, der den Anstoß zum endgültigen Abfall Judas von Babylon gab: 589 v. Chr. übernimmt
Pharao Apries (von Jeremia »Hophra« genannt) die Regierung
und setzt die Tradition seiner Vorgänger, Jerusalem gegen Babylon
aufzuhetzen, offensichtlich fort (Jer. 44, 30). Wahrscheinlich
macht er sogar konkrete Zusagen hinsichtlich Waffenhilfe, denn
»Zedekia ward abtrünnig vom König von Babel« (2. Kön. 24, 20),
das heißt, er verweigert ihm den fälligen Tribut.

Diesmal fackelt Nebukadnezar nicht lange. Er marschiert mit
seiner geballten Streitmacht aus Reiterverbänden, Streitwagen und
Fußvolk sowie den Belagerungstruppen – alles in allem wahrscheinlich etwa 120 000 Mann – in Judäa ein und erobert Stadt um
Stadt. Wie die Ausgrabungen erkennen lassen, wurden zahlreiche
Siedlungen zerstört und Festungen geschleift. Nur zwei leisteten
erbitterten Widerstand: Lachisch und Aseka (Jer. 34, 6–7). Die
Festung Aseka kontrollierte die Senke von Ela – mit freiem Blick
bis hin zum Mittelmeer. Lachisch, weiter südlich gelegen, beherrschte die Küstenebene nordöstlich von Gaza.

Über das Ende dieser beiden Städte besitzen wir ein erschüt-
terndes Zeugnis: 18 mit Tinte beschriebene Ostraka (Tonscher-
ben), die 1935 bzw. 1938 in einem der Tortürme von Lachisch
gefunden wurden. Sie stammen wohl von »Offizieren« einiger Au-
ßenposten oder im Felde stehenden Heerführern, die dem Fe-
stungskommandanten von Lachisch Meldungen erstatteten, deren
Abfolge die Entwicklung der verzweifelten Lage deutlich vor Augen führt. Die vermutlich letzte Nachricht (Ostrakon IV) endet
mit den Worten: »Und [mein Herr] soll wissen, daß wir auf die
Signale von Lachisch achten in Übereinstimmung mit allen Zeichen, die mein Herr gegeben hat, denn die [Zeichen] von Aseka
sehen wir nicht [mehr].«

Das kann nur bedeuten, daß Aseka gefallen war. Wenig später
wurde auch Lachisch genommen.

1898 konnte der Engländer Frederick J. Bliss eine Zitadelle mit
acht starken Türmen als das alte Aseka identifizieren. Und dem
Archäologen J. L. Starkey gelang es, zusammen mit den anderen
britischen Ausgräbern der Welcome-Marston-Expedition, die bereits die wertvollen Ostraka im Schutt der alten Stadt gefunden

hatten, nach sechs schwierigen Grabungskampagnen im Januar 1938 schließlich, das Ende der Festung Lachisch zu »rekonstruieren«.

Wie im Fall von Aseka wandten die Babylonier auch hier ihre gefürchtete Brandtechnik an, mit der sie die Mauern im wahrsten Sinne des Wortes zur Weißglut brachten, bis sie barsten. »Jeder erreichbare Baum und alles Brennbare wurde an den Mauern aufgeschichtet und angezündet. Tag und Nacht unterhielt man den Brand, bis die Hitze unerträglich wurde. Immer mehr Brennmaterial wurde aufgehäuft, bis die Steine, weiß vor Hitze, barsten und die Mauern zusammenbrachen« (Richard Gale).

Und so ergab die Untersuchung der babylonischen Schicht denn auch: Asche, Asche und nochmals Asche, meterhohe Schichten, die noch nach über 2500 Jahren zum Teil höher waren als die Reste der imposanten Festungsmauern.

Nebukadnezars Truppen wandten sich nach der Eroberung von

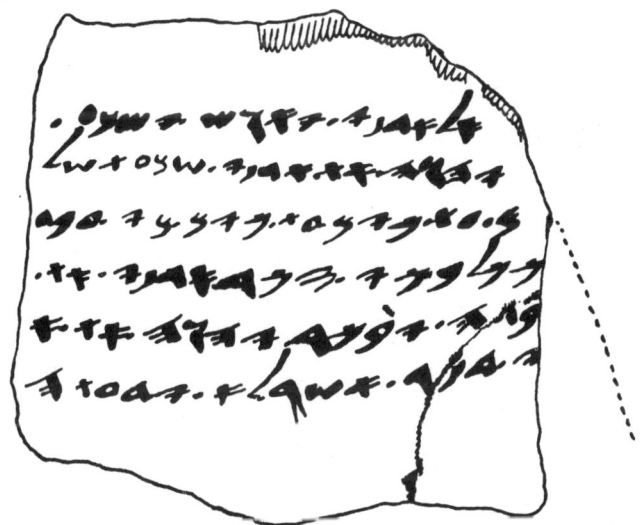

Eines der 18 mit Tinte beschriebenen Ostraka, die in einem der Tortürme von Lachisch gefunden worden sind und von den letzten Stunden der Festung Kunde geben.

Lachisch und Aseka konzentriert der noch einzig übriggebliebenen Festung Judäas zu: Jerusalem. Die bereits im Januar 589 begonnene Belagerung der Stadt hatte man ziemlich abrupt unterbrechen müssen, da die bis dato nur mit Worten hilfreichen Ägypter den Bedrängten diesmal wirklich ein Entsatzheer schickten, das zuerst zurückgeschlagen werden mußte.

Der Fall von Jerusalem

Da in der baumlosen Umgebung Jerusalems für die babylonische Brandtechnik nicht genug Material zur Verfügung stand, hatte man sich hier auf eine »traditionelle« Belagerung einzurichten. Die Stadt wurde eingeschlossen, und es begannen jene 18 Monate, in denen der Bevölkerung kein Schrecken einer Belagerung erspart bleiben sollte. Die Ägypter, auf deren Hilfe man weiterhin baute, schickten keine Truppen mehr, die Eingeschlossenen hofften vergebens. Das ägyptische Aufgebot, das Nebukadnezar rasch hatte zerstreuen können, hatte nicht etwa Verstärkung angefordert, sondern war nach Hause zurückgekehrt, wie Jeremia es prophezeit hatte: »Siehe, das Heer Pharaos, das euch zu Hilfe ausgezogen ist, wird wiederum heim nach Ägypten ziehen; und die Chaldäer werden wiederkommen und wider diese Stadt streiten und sie gewinnen und mit Feuer verbrennen. Darum spricht der Herr also: Betrügt eure Seelen nicht, daß ihr denkt, die Chaldäer werden von uns abziehen; sie werden nicht abziehen« (Jer. 37, 7–9).

Er sollte recht behalten. Im August 587 gelang es den Babyloniern, das von Hunger und Seuchen geschwächte Jerusalem zu erobern. Eine Eroberung, die vielleicht nicht nur den überragenden Fähigkeiten der Chaldäer und der desolaten Lage der Bevölkerung zuzuschreiben ist, sondern bei der möglicherweise auch Verrat mit im Spiel war. Auf jeden Fall war der Widerstandswille der Eingeschlossenen durch Jeremia und seine Anhänger unterminiert, wenn nicht gebrochen worden. Heißt es doch auch auf den Lachisch-Ostraka, daß es in Jerusalem Leute gebe, die »die Hände des Landes und der Stadt schlaff machen«. Und wenn auch die

Tontafeln Jeremia nicht ausdrücklich nennen, die Autoren des Alten Testaments nehmen kein Blatt vor den Mund: »Da sprachen die Fürsten zum König: Laß doch diesen Mann töten; denn mit der Weise wendet er die Kriegsleute ab, so noch übrig sind in dieser Stadt, desgleichen das Volk auch, weil er solche Worte zu ihnen sagt. Denn der Mann sucht nicht, was diesem Volk zum Frieden, sondern was zum Unglück dient« (Jer. 38, 4).

Und das Unglück geschah – nur wann genau es geschah, darüber haben sich die Alttestamentler und Historiker bis heute nicht einigen können, da die Frage, in welches Jahr des Julianischen Kalenders das »elfte Jahr Zedekias« (2. Kön. 25, 2) fällt, offensichtlich nicht objektiv und allseits zufriedenstellend zu beantworten ist. Während zum Beispiel Ernst Vogt aus seinen Berechnungen schließt, daß Jerusalem 586 fiel, kommt für den Archäologen W. F. Albright »einzig das mit dem März/April 587 beginnende Jahr ernsthaft in Betracht..., obwohl einige Gelehrte weiterhin ein Datum im folgenden Jahr verteidigen«, und auch Ernst Kutsch, Martin Noth und mit ihnen der überwiegende Teil der Wissenschaftler sind heute überzeugt davon, daß die Eroberung Jerusalems im Sommer des Jahres 587 stattfand:

»Die neue ›Chronik‹ ermöglicht nun auch eine sichere Datierung des Falles von Jerusalem, der die Zerstörung von Heiligtum, Palast und Stadt und das Ende der staatlichen Selbständigkeit von Jerusalem und Juda mit sich brachte. Nach dem neuen Datum der Einsetzung Zedekias begann das 1. Regierungsjahr dieses Königs im Frühjahr (März) 597 v. Chr. Sein 11. Regierungsjahr, in das nach 2. Kön. 25, 2 die Eroberung von Jerusalem durch die Babylonier fiel, begann also im Frühjahr (März) 587 v. Chr. Nach Jer. 39, 2 (vgl. 52, 6) fiel die Stadt am 9. Tage des 4. Monats, also im Sommer des Jahres 587 v. Chr.« (M. Noth).

Zedekia versuchte in Richtung Osten, durch die »Wüste Juda« zu fliehen, wurde jedoch in der Gegend von Jericho bei der Durchquerung des Jordangrabens von den Babyloniern aufgespürt und zu Nebukadnezar nach Ribla am Orontes gebracht. Vor den Augen des Königs von Juda ließ Nebukadnezar dessen Kinder hinrichten (2. Kön. 25, 7), Zedekia selbst blenden und nach Babylon führen, wo er wahrscheinlich bald gestorben ist. Wir hören jedenfalls nichts mehr von ihm. Die grausame Strafe war übrigens keineswegs ad personam gewählt worden, sondern entsprach babylonischem Kriegsrecht: Verrätern wurden die Augen ausgestochen, wie zahlreiche Reliefdarstellungen bezeugen.

Überraschend ist jedoch eine andere Information, die dieser Bericht enthält: Als Jerusalem endlich fiel, war Nebukadnezar gar nicht vor Ort, sondern weilte in seinem Feldlager in Ribla, im Norden der Hochebene zwischen Libanon und Antilibanon. Er hatte dieses Lager seinerzeit eingerichtet, als er infolge der ungeklärten ägyptisch-syrisch-palästinischen Lage in den Jahren nach dem Sieg bei Karkemisch 605 des öfteren in den unruhigen Gebieten des Hatti-Landes die Situation zugunsten Babylons bereinigen mußte. Auch als er zum letzten Schlag gegen Juda ausholte, hatte Nebukadnezar wieder seinen Stützpunkt bezogen.

Über die Jahrtausende hinweg interessant bleibt Ribla vor allem aber durch die in der Nähe befindlichen »Inschriften von Wadi Brisa«, die Nebukadnezar von seinen Schreibern und Architekten zur Erinnerung an seine Siege über Pharao Necho in den Fels meißeln ließ. »Zwei identische Inschriften, eingegraben im Paß von Wadi Brisa, einem engen Tal des Libanongebirges, anderthalb Stunden von dem in der Beka'a gelegenen Dorfe el Hörmil«, wie der Übersetzer dieser 720 Keilschriftzeilen, F. H. Weißbach, so exakt beschreibt, der den mühseligen Aufstieg zu diesen steingewordenen Blättern der Geschichte nicht scheute:

Oberhalb seiner einzigen »Quelle ist das Tal nicht mehr bewohnt. Die Felsen zu beiden Seiten treten immer dichter an den Weg heran, so daß die Talsohle nur noch wenige Schritte breit ist. Während unten in den Dörfern noch einige Obstbäume das Auge erfreuen, besteht die Vegetation hier oben fast nur aus niedrigem Buschwerk und spärlichem Graswuchs, welche die Blöße der Bergabhänge nicht bedecken können. Der Weg ist von Anfang an sehr steinig und für die Reittiere außerordentlich beschwerlich. Er folgt den zahlreichen Windungen des Tales aufwärts. Etwa zehn Minuten oberhalb der Quelle mündet ein schmales Quertal ähnlichen Charakters von links ein. Weitere zehn Minuten aufwärts befindet man sich an der Stelle, um deren willen allein diese weltverlassene Gegend von europäischen Gelehrten aufgesucht wor-

Der »Löwe von Babylon«. Diese geradezu archaisch anmutende Plastik eines Löwen, der über einen zu Boden geworfenen Menschen triumphiert, stand (und steht) vor dem Eingang von Nebukadnezars Schloßmuseum.

den ist, und die hoffentlich noch öfter solche Besuche erhalten wird. Rechts und links erscheint, vom Wege aus ohne Mühe zu erreichen, je eine Nische in den Felsen eingehauen, jede mit einer Reliefdarstellung und umfangreicher Keilschrift.«

Es sind diese Reliefdarstellungen, die die Wadi-Brisa-Inschriften, an sich schon außergewöhnlich genug, zu einem Unikat machen: Sie zeigen wahrscheinlich Nebukadnezar, und man steht damit den beiden einzigen historischen Abbildungen des Königs von Babylon gegenüber. Obwohl von Witterungseinflüssen und absichtlichen Zerstörungsversuchen ziemlich lädiert, sind sie noch gerade erkennbar. »Individuelle« Züge darf man zwar auch hier nicht erwarten, aber ein wenig authentischer als die Vielzahl von Idealporträts, die die Nachwelt von Nebukadnezar entworfen hat, sind sie wohl doch.

Das eine Relief zeigt einen Mann im Profil, der vor einem entblätterten Baum steht. Auf dem Kopf trägt er eine »hohe Tiara«. Das andere, das man in erster Linie als Abbild Nebukadnezars interpretiert – Weißbach hält allerdings beide Reliefs für Darstellungen des Königs –, befindet sich auf der gegenüberliegenden Seite:

»Die Nische rechts (westlich) vom Wege ist ungefähr 5,5 Meter lang, der obere Rand etwa 3 Meter über dem Boden. An der linken Seite war eine Skulptur in flachem Relief, deren Umrisse sich noch erkennen lassen. Ein aufrechtstehender Mann, der mit ausgestrecktem Arm ein Tier, wahrscheinlich einen Löwen, anpackt. Dieser steht aufgerichtet auf den Hinterpranken und hält eine Tatze erhoben, um seinen Gegner damit zu schlagen. Rechts oben von dem Manne beginnt eine Keilinschrift, deren 9 Kolumnen den freien Raum zwischen den Figuren und rechts davon ausfüllen. Links unterhalb des Mannes steht noch eine 10. Kolumne, von der aber nur wenige Zeilen lesbar sind. Der unterste Teil der Inschrift ist vollständig verschwunden.«

Erstmals entdeckt wurden die Inschriften und Reliefs von Henri Pognon, einem gelehrten französischen Konsul in Aleppo, und die Entdeckung zeigt wieder einmal, welch große Rolle der Zufall in der Archäologie immer wieder spielt:

»Auf einer Reise durch Cölesyrien und den Libanon war er am

Morgen des 16. Oktobers 1883 von Hörmil aufgebrochen, um an
den Ufern des Orontes nach einer Inschrift zu suchen, die, wie
sich herausstellte, nicht existierte. Sein Begleiter, ein Einwohner
von Hörmil, hatte ihn dann nach einer Stelle geführt, wo sich
angeblich Ruinen einer alten Stadt befinden sollten. Diese erwiesen
sich aber als solche eines ganz modernen Dorfes. Darauf erbot sich
sein Führer, ihm im Wadi Brisa eine Stelle mit Inschriften zu zeigen. Durch die vorhergegangenen Enttäuschungen entmutigt, trug
Pognon eine Zeitlang Bedenken, seinem Führer zu folgen, ließ sich
aber schließlich durch dessen Versicherung, daß er die Inschriften
selbst gesehen habe, bestimmen, mit ihm zu gehen. Er hatte es
nicht zu bereuen, denn wenige Stunden später stand er neben den
beiden Felsennischen mit ihren Skulpturen und Inschriften«
(Weißbach).

Interessanterweise ließ Nebukadnezar den Text einmal in altba-
bylonisch und einmal in neubabylonisch einmeißeln, so daß die
Inschrift auf der sogenannten »Osttafel«, die die linke, östliche
Felsnische bedeckt, eine Art Übersetzung des Altbabylonischen
darstellt, das wahrscheinlich nicht mehr allen Babyloniern der Zeit
geläufig war. Das Relief »Nebukadnezar, einen Löwen erlegend«,
befindet sich übrigens auf der altbabylonischen Seite.

Berichtet wird in diesen Inschriften über Bau und Erneuerung
babylonischer Tempel durch Nebukadnezar, über das Neujahrsfest, über Opfer des Königs für die babylonischen Götter, über die
Befestigung Babylons und schließlich noch von Kämpfen im Libanon, ohne jedoch Details zu nennen. Seiner Abstinenz hinsichtlich politischer und militärischer Mitteilungen bleibt Nebukadnezar also selbst bei diesem so zentralen Dokument aus seiner Regierungszeit treu. Denn daß er diesen Text selbst für wichtig hielt,
läßt sich daran erkennen, daß er eine »Kopie« der Inschriften und
Abbildungen vom Wadi Brisa an der Mündung des Nahr-el-Kelb,
am Hundsfluß, etwa drei Wegstunden nordöstlich von Beirut, in
den Fels gravieren ließ. An diesem traditionsreichen Ort hatten
bereits Ägypter und Assyrer ihre Ruhmestaten in Stein verewigt.
Und nun setzte sich auch Nebukadnezar der Große hier ein
Denkmal:

Nabu-kudurri-usur, der König der Gerechtigkeit bin ich. Die weithin wohnenden Völker, die Marduk, mein Herr, in meine Hände gegeben hat, regiere ich gnädig. Ich speiste sie..., lasse sie erfassen; den Treuen leite ich recht, unterdrücke den Feind. Babylon... machte ich sie untertänig, unter seinen ewigen Schutz sammelte ich schön alle Leute. Eine Regierung des Segens, Jahre des Überflusses ließ ich in meinem Lande sein (Kolumne VIII, Zeile 26–37).

Auf die Gnade Nebukadnezars konnte das Volk jenes Königs, der ob seines Verrats nicht weit von den Felswänden, auf denen diese Worte stehen, so furchtbar gestraft worden war, nur hoffen – dem eroberten Jerusalem selbst wurde sie jedenfalls nicht zuteil. Etwa einen Monat nach Erstürmung der Stadt zerstörten die babylonischen Sieger unter der Führung des Feldherrn Nabuzaradan, aber gewiß auf Befehl Nebukadnezars, die Wohnhäuser und den Königspalast, die Befestigungsanlagen wurden geschleift und der Tempel in Brand gesteckt (2. Kön. 25, 8).

Mit dem Tempel wurde wahrscheinlich auch die Bundeslade, das alte, seit Nomadenzeiten die zwölf Stämme von Juda und Israel begleitende Heiligtum vernichtet. Sie wird zumindest in der Folgezeit nie mehr erwähnt. Und den Tempel Salomos, mit dessen Zerstörung Nebukadnezar alle Hoffnungen der Juden auf ein Wiedererstarken ihres Staates, die sich an das heilige Haus hätten knüpfen können, von vornherein zunichte machen wollte, können wir uns bis auf den heutigen Tag nur in mehr oder weniger überzeugenden Rekonstruktionsversuchen vergegenwärtigen. Keiner von ihnen wird sich mehr archäologisch beweisen oder widerlegen lassen, da der Tempelbezirk unter dem modernen Jerusalem liegt und Grabungen dort natürlich unmöglich sind.

Jerusalem brannte – wie einst Ninive –, und wenn mit dem Fall Jerusalems auch nicht wie beim Untergang des assyrischen Reiches eine Epoche der Weltgeschichte zu Ende ging, so stellte die Niederlage des Staates Juda doch einen geschichtlichen, nicht zuletzt religionsgeschichtlichen Einschnitt von großer Tragweite dar:

»Das, was sich im Sommer des Jahres 587 v. Chr. um und in Jerusalem ereignete, war, weltgeschichtlich betrachtet, nicht mehr als das landläufige Schicksal eines kleinen Herrschaftszentrums im Machtbereich oder Umkreis einer altorientalischen Großmacht. Für die unmittelbar Betroffenen, im vorliegenden Falle für die davidische Dynastie, für den Kreis der königlichen Beamten, für die Priesterschaft des königlichen Heiligtums, für die Einwohnerschaft von Jerusalem und für das Volk im Staate Juda, bedeutete es das Ende des bisherigen Lebens und seiner Voraussetzungen, also einen Vorgang von entscheidender Bedeutung . . ., auch wenn die ›Geschichte Israels‹ damit keineswegs zu Ende gegangen ist« (M. Noth).

Zu Ende ging jedoch die Eigenstaatlichkeit Judäas, die Nebukadnezar, anders als die in solchen Fällen viel rigoroser vorgehenden Assyrer, den Juden zunächst ja weiter gewährt hatte. Denn ohne Zweifel hätte er die Maßnahmen, die er jetzt ergriff, bereits 597 in die Wege leiten können. Er tat es damals nicht, doch nun, vom »König nach seinem Herzen« zutiefst enttäuscht, holt er nach, was er einst unterließ, und gliedert Juda als Provinz ins babylonische Reich ein. Zum Statthalter Babylons setzt er Gedalja ein, den Sohn eines hohen Beamten namens Ahikam, der noch zu Jojakims Zeiten Jeremia gegen den König geschützt hat (Jer. 26, 24; 2. Kön. 22, 12.14). Damit war das Haus David, das vierhundert Jahre lang in Jerusalem geherrscht hatte, für immer entmachtet, ja, ausgerottet, da jetzt auch Vornehme aus dem engeren Umkreis Zedekias nach Ribla gebracht und hingerichtet wurden.

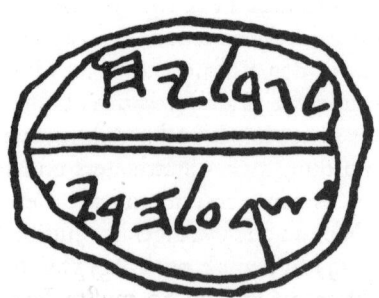

Stempelsiegel aus Lachisch mit der Inschrift: »Dem Gedalja, der über das Haus ist«, was soviel heißt wie: »Gedalja, Hausverwalter, Hausminister«.

Gedalja, nach allem, was wir wissen, ein besonnener Mann, regierte nicht von Jerusalem aus – es war wohl nach all den Plünderungen und Bränden unbewohnbar geworden, jedenfalls zu stark zerstört, um als Verwaltungszentrum in Frage zu kommen –, sondern residierte in Mizpa (heute Tell en-Nasbe), im Norden der Provinz. Es ist anzunehmen, daß die Wahl auf diese ganz am Rande Judas liegende Stadt fiel, weil sie unter den Kämpfen der vergangenen Jahre noch am wenigsten gelitten hatte.

Vielleicht wäre es Gedalja gelungen, den Staat Juda von Mizpa aus neu zu organisieren, aber schon nach kurzer Regierungszeit wurde er von einem gewissen Ismael aus nicht ganz klaren Gründen ermordet. Der Alttestamentler M. A. Beek vermutet, daß der Mörder im Auftrag des Königs der Ammoniter gehandelt habe, der »sich Ismaels Widerwillen gegen das Regime Gedaljas zunutze machte, um Juda den Gnadenstoß zu versetzen ... Denn im allgemeinen haben die Ammoniter, Moabiter und Edomiter den Untergang ihres Nachbarstaates Juda begrüßt und standen Gedaljas Plänen für den staatlichen Wiederaufbau ablehnend gegenüber ...

Die Naivität, mit der Gedalja den mit seiner Person verknüpften Verwicklungen begegnete, ist befremdend. Die Warnungen der babylonischen Offiziere schlug er in den Wind, und den Vorschlag eines ihm ergebenen Lageroberstens, Ismael zu ermorden, wies er mit Entrüstung zurück. Gedalja nahm Ismael und seine zehn Leute auf; aber sie lohnten ihm seine Gastfreundschaft schlecht und ermordeten nicht nur Gedalja, sondern auch die Männer seiner Umgebung, gleichgültig ob sie Juden oder Babylonier waren. Mit düsterem Nachdruck berichtet die Bibel (Jer. 41, 2): ›Sie schlugen Gedalja mit dem Schwert zu Tode darum, daß ihn der König von Babel über das Land gesetzt hatte.‹«

Die Einwohner von Mizpa, voller Angst, wie Nebukadnezar wohl auf die Ermordung seines Statthalters und seiner Leute reagieren würde – wir wissen nicht, ob und wie Nebukadnezar wirklich reagierte –, hielt es nicht länger in Judäa. Gegen den Rat Jeremias (Jer. 42, 15) flohen sie nach Ägypten und zwangen den Propheten, mit ihnen zu ziehen. So mußte Jeremia, von dessen weiterem Schicksal nichts Genaues bekannt ist, wie so viele seines Volkes in ein erzwungenes Exil gehen, wenn auch nicht nach Babylon – er wird wohl bis zu seinem Tode in der sogenannten »jüdischen Militärkolonie« auf der Nilinsel Elephantine gelebt haben.

Nebukadnezar, der »Knecht Jahwes«, hatte den Prediger der Unterwerfung unter Babylons Oberherrschaft natürlich nicht wie einen Feind, sondern wie einen Verbündeten – der er ja praktisch auch war – behandelt. »Und nun siehe«, sagte Hauptmann Nabuzaradan zu Jeremia, nachdem er ihn aus dem Gefängnis befreit hatte, in das die eigenen Leute den Verräter an der nationalen Sache geworfen hatten, »ich habe dich heute losgemacht von den Ketten, womit deine Hände gebunden waren. Gefällt dir's, mit mir gen Babylon zu ziehen, so komm, du sollst mir befohlen sein; gefällt dir's aber nicht, mit mir gen Babel zu ziehen, so laß es anstehen. Siehe, da hast du das ganze Land vor dir; wo dich's gut dünkt und dir gefällt, da zieh hin« (Jer. 40, 4).

So blieb es denn erneut seinen eigenen Leuten vorbehalten, ihn »gefangenzunehmen« und aus Juda weg in ein Land zu führen, das ihm keineswegs »gut dünkte«.

An den Wassern von Babylon

Die Geschichte der Juden ist von nun an zweigeteilt – aber es ist bezeichnend, daß man unter der »eigentlichen« Geschichte des Volkes Israel in dieser Zeit immer nur das Schicksal jener versteht, die ins Babylonische Exil geführt wurden, denn das waren die Angehörigen der Oberschicht und des Adels. Und obwohl die beiden Deportationen von 597 und 587 zusammengenommen nur insgesamt 4600 Leute umfaßten (Jer. 52, 29.30), findet die Geschichte des »Volkes« von nun an in Babylon statt.

Dabei war es gerade das Volk, die Bauern und kleinen Handwerker, die im Lande blieben und versuchten, mit den neuen Gegebenheiten fertigzuwerden. Wie ihnen das gelang, können wir nur vermuten, denn archäologische Funde aus dieser Zeit gibt es kaum, und die des Schreibens Kundigen waren ja in Babylon! Wir wissen auch nicht, ob Nebukadnezar als Nachfolger Gedaljas wieder einen Judäer oder den Angehörigen eines anderen Volkes als Statthalter einsetzte, oder ob schon er veranlaßte, daß Juda Teil der Provinz Samaria wurde, was es zu Beginn der Perserzeit dann war (2. Kön. 25).

Es fand unter Nebukadnezar jedenfalls keine »Massendeportation« statt. Man könnte sogar sagen, daß die Babylonier eine Art soziale Umschichtung vornahmen, denn es ist anzunehmen, daß sie die besitzlosen Bauern mit dem Grund und Boden des deportierten Landadels belehnten (Hes. 33, 24). Außerdem drängten volks- und landfremde Stämme in das judäische Gebiet, um von dem herrenlos gewordenen Acker- und Weideland Besitz zu nehmen. Denn Nebukadnezar hatte ja nicht, wie sonst üblich, eine neue Oberschicht angesiedelt. Doch scheint gerade diese Tatsache zum schweren Stand Judas in den folgenden Jahrzehnten beigetragen zu haben:

»Wie die Wohnmöglichkeiten waren die gesamten Lebensverhältnisse schlecht und schwer. Viele Äcker waren verwüstet, der Viehbestand war fast völlig vernichtet, ein großer Teil des Baumbestandes abgehauen. Dazu kam ein drückendes Steuersystem, durch das anscheinend sogar die Benutzung von Brunnen und Zisternen besteuert wurde, sowie ein harter Frondienst, von dem niemand verschont blieb. Dabei fehlte es jedoch an Schutz seitens der Eroberer, so daß das Land Raubüberfällen wehrlos preisgegeben war. Nicht einmal in den Ortschaften konnte man sich verteidigen, da meist die Stadtmauern fehlten. Das einzig Günstige war, daß das Land für ein halbes Jahrhundert von jedem wirklichen Krieg verschont blieb. Als Folge dessen hat sich gegen Ende des Exils trotz der babylonischen Ausbeutung und der räuberischen Einfälle an manchen Stellen wahrscheinlich wieder ein bescheidener Wohlstand gebildet. Allerdings konnte er mit dem Reichtum eines Teils der Deportierten kaum konkurrieren. Man kann daher mit Recht fragen, ob die Lebensverhältnisse der Deportierten aufs Ganze gesehen nicht doch besser waren als diejenigen der Zurückgebliebenen« (Georg Fohrer).

Man kann das nicht nur mit Recht fragen, sondern so eindeutig wie weniges aus diesen fernen Zeiten auch beantworten – und zwar mit einem nachdrücklichen Ja. Das Alte Testament freilich verketzert den König von Babylon als Inbegriff des Tyrannen, der »die Bevölkerung Judas« – das heißt, den Teil, dem ein Gott gab zu sagen, was sie leiden – in eine erbärmliche Gefangenschaft führte.

Aber während es in assyrischer Gefangenschaft einem Volk unmöglich war, die eigenen Sitten und Überlieferungen zu pflegen oder gar seine Religion weiter auszuüben, war dies den Kindern Israels in Babylon sehr wohl gestattet. Und so ging Nebukadnezar, wie Beek feststellt, »als Urbild eines Tyrannen in die Geschichte ein, weil seine Toleranz seine Opfer instand setzte, von seinen Taten zu erzählen«.

Wenn wir auch nicht allzuviel über das Leben der Exilierten in Babylon wissen, so wissen wir doch genug, um sagen zu können: Schlecht ging es ihnen gewiß nicht; ihr Schicksal war keineswegs mit dem harten Los ihrer Vorfahren in Ägypten zur Zeit Moses zu vergleichen. Sie lebten in Babylon nicht als Gefangene oder Sklaven, sondern als »Halbfreie« oder, wie Martin Noth es ausdrückt, als »eine zwangsweise umgesiedelte unfreie Untertanenbevölkerung«, die es zudem rasch lernte, sich mit den übrigen »Untertanen« des Königs zu verständigen.

Denn die hebräisch sprechenden Judäer waren zwar nicht des Akkadischen, der offiziellen Landessprache, mächtig, aber zu jener Zeit hatte sich als Umgangssprache bereits weitgehend die Muttersprache des regierenden Chaldäerherrschers durchgesetzt: das Aramäische, das dem Hebräischen verwandt ist. Natürlich verstand ein Jude das Aramäische nicht auf Anhieb, aber schon nach kurzer Zeit gab es keine Sprachprobleme mehr für ihn. In gewisser Hinsicht war es ja sogar eine Rückkehr zu den »Quellen«: Stammte doch Abraham aus Ur in *Chaldäa* und berichtet: »Mein Vater war ein herumziehender *Aramäer*« (5. Mose 26, 5).

Vor allem aus dem Buch Hesekiel sind einige Einzelheiten über den (undramatischen) Alltag der Juden in Babylon zu erfahren. Sie wohnten an verschiedenen Orten – also keineswegs nur, ja, wahrscheinlich sogar nur zum geringsten Teil in der Hauptstadt selbst –, zum Beispiel am Flusse Kebar (Hes. 1, 1.3), in Tell Abib (Hes. 3, 15) und anderen Orten (Hes. 2, 59), zumeist in geschlossenen Siedlungen. Sie konnten heiraten, Kinder aufziehen, Häuser bauen und

Gärten anlegen (Jer. 29, 5 f.). Da es sich bei den »jüdischen Exulanten ... vorzugsweise um die besseren Elemente handelte«, wie
Erich Klamroth mit schöner Offenheit schreibt, »so waren es in
der Mehrzahl fleißige und gediegene Männer, die die kleinen An-
siedlungen bald zur Blüte brachten. Man trug als Zierde einen
sorgfältig gepflegten Lippenbart, Sandalen an den Füßen, einen
Turban auf dem Haupte.«

Aber während es einige der »besseren Elemente« rasch zu Geld,
Ansehen und Einfluß brachten, blieben viele auch bitter arm, so
daß die – nichtjüdische – Überlieferung »an Nebukadnezar rüh-
mend hervorhebt, daß er die ärmlichen israelitischen Gefangenen
täglich zusammenkommen ließ, um ihnen Nahrung zu verabrei-
chen«.

Außerdem hatte der König den Exilierten das Recht gewährt,
sich zu versammeln und Älteste zu wählen (Hes. 8, 1; 14, 1; 20, 1),
mit denen sie sich dann an die Ufer des Euphrat oder des Kebar
setzten und ihr Leben in diesem »unreinen« Land (Hes. 4, 13) von
Herzen beklagten:

An den Wassern zu Babel saßen wir und weinten, wenn wir an
Zion gedachten. Unsere Harfen hingen wir an die Weiden, die
daselbst sind ... Vergesse ich dein, Jerusalem, so werde meiner
Rechten vergessen. Meine Zunge soll an meinem Gaumen kle-
ben, wo ich dein nicht gedenke, wo ich nicht lasse Jerusalem
meine höchste Freude sein ... Du verstörte Tochter Babel, wohl
dem, der dir vergilt, wie du uns getan hast! Wohl dem, der deine
jungen Kinder nimmt und zerschmettert sie an dem Stein«
(Psalm 137).

Unter den Israeliten saß der Priester und Prophet Hesekiel – sein
Name heißt soviel wie »Gott möge stärken« –, der bereits 597 mit
den ersten Gefangenen nach Babylon gekommen war und wahrscheinlich auch dort gestorben ist. Während Hesekiel in den ersten
zehn Jahren seines babylonischen Aufenthalts auf seiten Nebukadnezars stand, änderte sich seine Haltung 587, nach dem Fall
Jerusalems, plötzlich. Jetzt sprach er von Rückkehr und von Restauration und hielt die Erinnerung an die Heimat und die Sehn-

sucht nach ihr wach. Und Nebukadnezar ließ ihn offenbar gewähren, zu den relativ zahlreichen Freiheiten der Exilierten damit
noch die der Redefreiheit hinzufügend.

Zwar wurden die Juden, wie übrigens die Babylonier selbst
auch, hin und wieder zu Fronarbeiten, wie etwa zum Ausheben
von Bewässerungsgräben, verpflichtet, aber Nebukadnezar hatte
weder die Absicht, die Besiegten physisch auszurotten, noch
wollte er ihr kulturelles Leben zerstören. In Nippur ausgegrabene
Tontafeln haben sogar gezeigt, daß jene Familien, die sich des
Jeremias Rat an die Exulanten, »der Stadt Bestes« zu suchen, zu
Herzen genommen hatten, dieses auch wirklich fanden.

Als die Perser nach der Einnahme Babylons 539 v. Chr. den
Juden die Rückkehr in die Heimat, deren Verlust sie doch so
wortreich zu beklagen wußten, freistellten, haben von diesem
großzügigen Angebot keineswegs alle der »armen Gefangenen«
Gebrauch gemacht. Sie wollten ihre Bequemlichkeit und ihr Vermögen in der »Fremde« nicht einer ungewissen Zukunft in der
»Heimat« opfern. Wie nämlich Tontafeln, Geschäftsurkunden aus
dem 5. Jahrhundert – also nach Beendigung des Exils –, beweisen,
war das babylonische Bankwesen fest in jüdischer Hand. Vor allem ein jüdischer Bankier – genauer gesagt, das Bankhaus Muraschu & Söhne – hatte sich im Geschäftsleben Babylons fest etabliert und tätigte bedeutende Transaktionen, besonders Grund-
stückskäufe und -verkäufe in großem Stil. Sein Hauptsitz war in
Nippur, und in etwa 200 (!) Orten des Landes besaß es Zweig-
stellen.

Eine so erfreuliche Entwicklung war damals, im Jahre 587, als
man von Jerusalem aufbrach, freilich nicht vorauszusehen
gewesen.

»Babylon ist wie eine süße Dattel, eine Frucht, lieblich anzuschauen«

Der Hauptzug der Exulanten wurde vom Eroberer Jerusalems, dem Feldherrn Nabuzaradan, selbst geleitet. Man weiß nicht, ob die Juden eine Deportation unter verschärften Bedingungen – in Ketten, barfuß und ohne Obergewand – ertragen mußten, zu vermuten ist eher das Gegenteil. Aber daß sie die lange Strecke von Juda nach Babylon zu Fuß zurücklegten, ist sicher. Und so hatten sie denn bereits einen langen entbehrungsreichen Marsch hinter sich, als sie, Gefangenentrupp nach Gefangenentrupp – denn natürlich waren nicht alle auf einmal von Juda aufgebrochen – die Grenzen jenes Landes erreichten, das Abraham und die Patriarchen einst verlassen hatten, das Land, wo die Geschichte der Kinder Israels eigentlich begann und in dem nach Aussage ihrer Väter das Paradies lag: Mesopotamien – das Land zwischen den Strömen. So haben die Griechen dieses Gebiet zwischen Euphrat und Tigris genannt.

Seinen Kern bildete das Stromland des Mittleren und Unteren Euphrat und Tigris, von Mossul im Norden bis Basra im Süden, jenes Gebiet also, das heute Irak heißt, einschließlich einiger Randbezirke Syriens. Im Altertum zerfiel dieses Kernland in einen Südteil – Babylonien – und einen Nordteil – Assyrien. Und Babylonien selbst teilte sich noch einmal in das obere Akkad und das untere Sumer.

Die Fruchtbarkeit dieses Landes – nicht von ungefähr wird es zum »fruchtbaren Halbmond« gerechnet –, das frische Grün seiner Palmenhaine, die üppigen Gärten mit den leuchtend roten Granatäpfeln waren weniger ein »Geschenk« von Euphrat und Tigris (wogegen man Ägypten mit Recht ein Geschenk des Nils nannte), sondern beruhten in erster Linie auf einem wohlorganisierten Bewässerungssystem, einem das ganze Gebiet durchziehenden Kanalnetz, das das Frühjahrshochwasser der Flüsse auffing, verteilte und für die trockene Jahreszeit speicherte. Ohne eine solche Kanalisierung hätten die anschwellenden Fluten ebenso große Zerstörungen angerichtet wie die Dürre in dieser regenarmen Zone.

Der Euphrat – sumerisch *buranunu*, akkadisch *purattu* – entspringt im armenischen Hochgebirge, durchläuft den Taurus und Antitaurus und fließt, nachdem er die Ausläufer des Annanus gestreift hat, nach Südosten weiter. Der Tigris – sumerisch *idigna*, akkadisch *idiqlat* – entspringt ebenfalls im armenischen Hochland, strömt durch das Kurdische Gebirge nach Osten, um dann seine Richtung zu ändern und auch südostwärts zu fließen. Er führt nicht nur doppelt soviel Wasser wie der Euphrat, sondern ist mit seinen etwa 2770 Kilometern auch fast 800 Kilometer länger als sein »Gegenüber«.

Der Garten Eden

Zwischen den beiden Flüssen soll das Paradies gelegen haben, jener Garten Eden, in dem Eva Adam die verhängnisvolle Frucht vom Baum der Erkenntnis reichte. Die Babylonier selbst allerdings suchten das Paradies woanders: Dilmun hieß ihr sagenumwobenes Land der Unsterblichkeit, das man inzwischen sogar mit einiger Sicherheit geographisch fixieren konnte als die heutige Bahrain-Insel im Persischen Golf.

Das biblische Paradies aber lag zwischen den Flüssen Pison, Gihon, Hiddekel und Phrat (1. Mose 2,10–14). Und wenn man einmal davon absieht, ob es denn überhaupt möglich und wünschenswert ist, einen »geistigen Ort« an ein bestimmtes Stück Land zu fesseln, so hat sich der Orientalist Friedrich Delitzsch mit beachtlichem Erfolg bemüht, diese mythische Topographie in der Wirklichkeit festzumachen, einen neuen, sozusagen wissenschaftlich untermauerten Mythos zu schaffen, dabei hin- und hergerissen zwischen romantischer Begeisterung für seinen »Forschungsgegenstand Paradies« und umständlich-gründlicher Darlegung der gelehrten Argumente.

Das »Land Eden«, so meint der Leipziger Professor, »in welchem der dann geradezu Eden genannte Garten gepflanzt war«, lag zwischen dem »Euphratarm Pisanu, welcher unterhalb Babylons sich abzweigt und auf dem rechten, arabischen Euphratufer in langem Laufe direkt zum persischen Meer fließt«; dem zweiten Euphratarm »Guchanu, der von Babylon aus auf dem linken babylonischen Euphratufer in langer Linie durch ganz Mittelbabylonien fließt, um dann wieder dem Hauptbett des Euphrat sich zuzuwenden«; dem »bekannten Strom Assyriens, dem Tigris« und schließlich dem Euphrat selbst, dem »eigentlichen Strom des Paradieses«, der den Garten in erster Linie mit Wasser versorgt. Unter dem Paradies haben wir laut Delitzsch »die ganze mesopotamische Ebene nordwärts und südwärts vom Isthmus zu verstehen«, und da in der Bibel nie vom *Land* Eden die Rede sei, sondern stets nur das »einfache Eden gewählt wurde«, darum, so schließt der Gelehrte seine religiös-geographische Untersuchung, sei ein *»politisch* festumgrenztes Land überhaupt ausgeschlossen«.

Aber der »Garten Eden«, den die von Nebukadnezar besiegten Juden durchzogen, war ohne Frage ein »politisch festumgrenztes Land«, und es war ein paradiesisch schönes Land, ganz anders als die kargen, rauhen Ebenen und Berge der hinter ihnen liegenden Heimat. Und auch ihr Jerusalem konnte sich nicht mit jener Stadt messen, die von nun an ihr Leben bestimmen würde und die vor allem das Werk jenes Mannes war bzw. werden sollte, der das Volk Judas besiegt hatte, der Ägypten in die Knie gezwungen und Tyrus tributpflichtig gemacht hatte und sich dennoch nicht in erster Linie als Feldherr und Eroberer sah, sondern als Bauherr im Dienste der Götter: Nebukadnezar II., Erneuerer, ja, Schöpfer Babylons, der schönsten und größten Stadt des Altertums.

»Babel . . . es wird zur Wüstenei ganz und gar«

In seiner Bauleidenschaft übertraf er alle seine Vorgänger auf dem Thron, fast jede babylonische Ruine trägt bis heute im wahrsten Sinne des Wortes seinen »Stempel«, denn Abertausende von Ziegeln hat der stolze Bauherr mit seinem Namen versehen. Wieder und immer wieder ließ er in die Steine meißeln: »Nebukadnezar, König von Babylon, Pfleger von Esagila und Ezida, Sohn Nabopolassars, Königs von Babylon, bin ich.« Und auch die Autoren der Bibel scheinen gewußt zu haben, wie sehr dem babylonischen Herrscher seine Stadt am Herzen lag: »Als der König einmal auf dem Dache der Königsburg zu Babel ging, hob er an und sprach: Siehe, das ist die große Babel, die ich erbauet habe zum königlichen Hause durch meine große Macht, zu Ehren meiner Herrlichkeit« (Daniel 4,27).

Ganze Regale kann man füllen mit Büchern, die begeistert die Schönheit des mit blauglasierten Ziegeln »ummantelten« Ischtar-Tores schildern, voller Bewunderung die Stärke und Länge der Stadtmauern des befestigten Babylon rühmen, das Weltwunder der Hängenden Gärten besingen und nicht müde werden, das Rätsel des »Turms von Babel« wieder und wieder zu lösen.

Wenn aber der Leser, angeregt durch diese lebendigen, die Wunder geradezu vergegenwärtigenden Beschreibungen sich aufmacht, das alles mit eigenen Augen zu schauen, dann wird ihn die »Großbaustelle« 32°33' nördlicher Breite und 44°26' östlicher Länge von Greenwich bzw. 150 Kilometer südlich von Bagdad wohl enttäuschen: Tempel, Paläste oder gar den Turm hat der Besucher erwartet, doch er steht vor Ruinenhaufen aus rohem Backstein; Sonne, Wind, Regen und Frost haben das menschliche Zerstörungswerk vollendet. Denn die Überreste von Nebukadnezars Metropole haben das Material zum Bau der modernen Stadt Hille, 6 Kilometer südlich des alten Babylon, und vieler umliegender Dörfer geliefert. »Sogar ein moderner Staudamm, der verhindern soll, daß das Wasser des Euphrat vollkommen in den Hindijjekanal fließt, besteht ganz aus Nebukadnezar-Ziegeln, so daß spätere Ausgräber gewiß auf die Idee kommen werden, man habe auch hier ein babylonisches Mauerwerk vor sich« (Bruno Meißner).

Und »der Turm«: ein von Pflanzen überwuchertes Quadrat inmitten eines Schilftümpels – das Fundament der berühmten Zikkurat – und ein paar Treppenstufen sind alles, was von ihm übriggeblieben ist. Wie die meisten der Sieben Weltwunder, die entweder gar nicht mehr vorhanden sind, wie die Hängenden Gärten

und der Koloß von Rhodos, oder bis auf Rudimente der einstigen
Größe reduziert wurden, wie das Mausoleum von Halikarnassos
und das Artemision von Ephesos, hat auch den Babylonischen
Turm, fast noch berühmter als die »großen Sieben«, dieses Schicksal ereilt, und die Menge der mehr oder weniger realitätsnahen
Rekonstruktionen des Babelturms (s. S. 150 ff.) ist wohl nur noch mit
den zahlreichen Rekonstruktionsversuchen des von Nebukadnezar so vollständig zerstörten salomonischen Tempels in Jerusalem
zu vergleichen. Mit geradezu biblischem Pathos hat der Archäologe Edward Chiera die Gegend des alten Babylon geschildert, wie
sie sich ihm in den dreißiger und vierziger Jahren unseres Jahrhunderts präsentierte:

Die noch erhaltenen Treppenstufen zum Babylonischen Turm.

»Ringsum breitet sich Wüste aus. Das gelbliche Erdreich ist ausgedörrt und durstig; keine Pflanze kann die sengende Hitze des Sommers überdauern; Schafe und Kamele müssen sich von den dürftigen Resten des Grases nähren, das in den wenigen Wochen nach den Regenfällen wuchs. Das große Netzwerk der Kanäle, die in alter Zeit das Wasser des Euphrat über das Land verteilten, ist heute nur noch durch eine Reihe kleiner, nach allen Richtungen laufender Erdhügel gekennzeichnet. Selbst der Euphrat hat dieses Land verlassen, indem er seinen Lauf änderte. In alten Zeiten floß er ganz nahe an der Stadt vorbei, gab Wasser im Überfluß und diente zudem als bequemer Verkehrsweg ...

Eine tote Stadt! Ich habe Pompeji und Ostia besucht, ich bin den leeren Gängen des Palatinischen Hügels entlanggewandelt. Aber jene Städte sind nicht tot; sie sind nur zeitweilig verlassen. Die Geräusche des Lebens sind noch hörbar, und rings umher blüht Leben. Sie sind nur eine Entwicklungsstufe jener Kultur, zu der sie so viel beigetragen haben und die in ihrer unmittelbaren Nähe weitergeht. Nur hier herrscht wahrhaft der Tod. Keine einzige Säule, kein einziger Torbogen ragt empor, von der Dauer menschlichen Wirkens zu künden. Alles ist zu Staub zerfallen. Selbst der Tempelturm, das imposanteste unter all diesen alten Bauwerken, hat seine ursprüngliche Form völlig verloren ... Wir sehen nichts mehr als einen Erdhügel – alles, was von den Millionen Steinen, aus denen er erbaut war, geblieben ist. Ganz oben sind noch Spuren von Mauern erhalten. Doch auch sie verloren ihre Form: Zeit und Vernachlässigung haben ihr Werk vollendet.«

Es sieht ganz so aus, als hätten sich die Prophezeiungen des Jesaja und des Jeremia aufs Jota erfüllt:

So wird es Babel, der Zier der Königreiche und stolzen Pracht der Chaldäer, ergehen wie Sodom und Gomorrha, als Gott sie zerstörte. Ewig unbesiedelt soll sie bleiben und unbewohnt von Geschlecht zu Geschlecht, und es wird daselbst der Beduine nicht zelten, und die Hirten werden dort nicht lagern lassen; sondern Wüstentiere werden daselbst lagern, und ihre Häuser werden voller Eulen sein. Strauße werden daselbst wohnen und

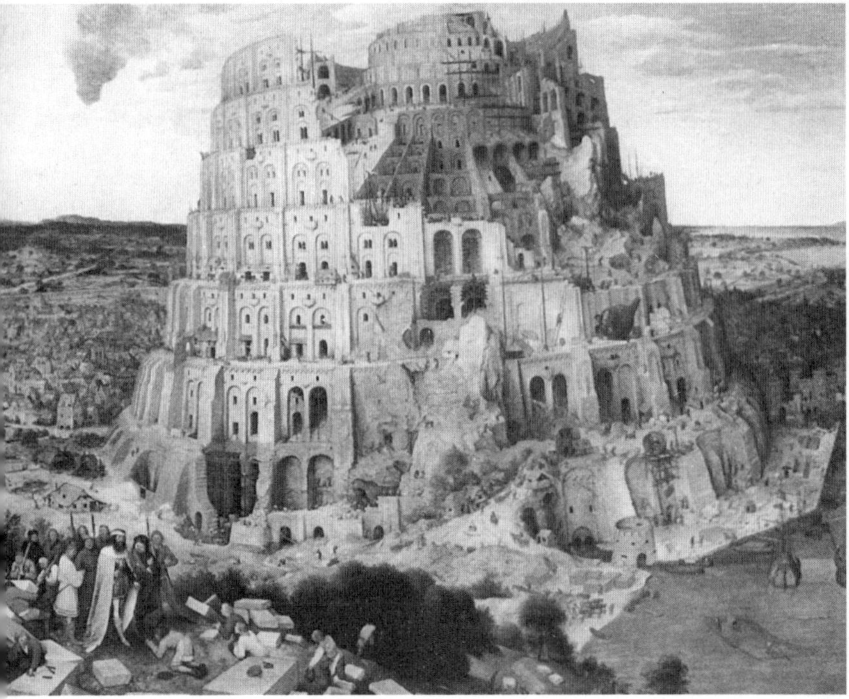

Oben: So stellte sich der niederländische Maler Pieter Bruegel d. Ä. 1563 den berühmt-berüchtigten »Turmbau zu Babel« vor (Kunsthistorisches Museum, Wien).
Unten: Und hier die Reste eines wirklichen »Babelturms« – der Zikkurat des Mondgottes Sin in Ur. Die Aufgänge der Nordost-Fassade sind zum Teil wiederaufgebaut worden.

Feldteufel daselbst tanzen, Wildhunde heulen in ihren Palästen und Schakale in den Schlössern der Lust (Jes. 13,19–22).
Und man wird es nimmermehr besiedeln und in Ewigkeit nicht wieder bewohnen . . . Es wird zur Wüstenei ganz und gar. Ein jeder, der an Babel vorübergeht, wird sich entsetzen und spotten über all seine Plagen (Jer. 50,39.13).

Und in der Tat sind die meisten »vorübergegangen« im Laufe der Jahrhunderte, und es erscheint wirklich als Ironie der Geschichte, wie der französische Archäologe André Parrot schreibt, daß der Reisende, der am Ort des alten Babylon aus dem Fenster der Bahn Bagdad – Basra schaut, nur ein Schild sieht, auf dem in englisch

Am Ort des alten Babylon gibt es in unseren Tagen »nicht einmal ein Bahnhofsgebäude, nur eine Haltestelle« – und dieses Stoppschild (nach A. Parrot).

und arabisch zu lesen ist: *Babylon Halt. Trains stop here to pick up passengers.* »Nicht einmal ein Bahnhofsgebäude, nur eine Haltestelle! Und nachdem der Zug angehalten hat, um die oft nicht vorhandenen Reisenden aufzunehmen, setzt er sich wieder in Bewegung, und einzig sein Pfeifen stört die Einsamkeit.«

Dennoch erfüllten sich die alttestamentlichen Verwünschungen nicht ganz, denn immer wieder vom Altertum bis in die Neuzeit bereisten und beschrieben Abenteurer, Amateurforscher, Kolonialpolitiker und Wissenschaftler die Stätte des alten Babylon, und schließlich, an der Wende zu unserem Jahrhundert, kam einer, der die versunkene Metropole zu neuem Leben erweckte, sie auf seine Weise wiedererstehen ließ, so schön und so eindrucksvoll, daß die »imaginäre Stadtbesichtigung« Babylons so manche reale Sightseeing-Tour weit in den Schatten stellt . . .

Das hat schon einer der ersten Touristen so empfunden, der Babylon zu einer Zeit besuchte, als bereits manches, was in Nebukadnezars Epoche noch in seiner ganzen Pracht erstrahlte, bereits baufällig oder zerstört war. Schönheit und Größe der einstigen Weltstadt beeindruckten Herodot von Halikarnassos – denn niemand anders als dieser wandelnde Baedeker der Antike war der interessierte Besucher – jedoch immer noch so sehr, daß er nach seinem Aufenthalt in Babylon (zwischen 470 und 460 v. Chr.) nicht nur ausführlich über Lage und Ausdehnung der Stadt sowie über die verschiedenen, zu seiner Zeit noch erhaltenen Bauten berichtete, sondern auch der Meinung war, daß keine der Städte, die er kannte, »so groß . . . und so prächtig« sei wie diese. Und das will bei dem weitgereisten Mann gewiß einiges heißen.

Doch je mehr Babylon an Macht und Bedeutung verlor, um so seltener kamen Besucher von weit her. Auch die griechischen und römischen Autoren, die über die Stadt schrieben, wie etwa Ktesias, Curtius Rufus, Strabo und Diodor, kennen sie nicht mehr aus eigener Anschauung, sondern greifen auf ältere Quellen, vor allem auf Herodots Berichte zurück und übernahmen damit auch so manchen Irrtum und so manche Übertreibung, die jenem unterlaufen sind. Zu Beginn des 10. Jahrhunderts n. Chr. sah man an der Stelle, wo einst die Weltstadt und Handelsmetropole Babylon stand, nur noch eine kleine Arabersiedlung.

In den nun folgenden Jahrhunderten kamen immer mal wieder Reisende in die Gegend, um mit der Bibel in der Hand zu sehen, ob nicht doch noch etwas vom »Turm« und den anderen Wundern des alten »Sündenbabels« auszumachen sei. Denn die biblische Geschichte vom Turmbau zu Babel und der Sprachverwirrung als göttlicher Strafe für den menschlichen Hochmut, einen Turm bauen zu wollen, dessen Spitze bis in den Himmel reicht, kannte natürlich jeder im christlichen Abendland. Und vielleicht hat sogar der eine oder andere der »frommen Pilger« heimlich gehofft, wenigstens noch einen Abglanz der verblühten »Hure Babylon« zu erhaschen.

Die Berichte der Reisenden aus jenen Jahrhunderten haben für uns heute meist nur noch Kuriositätswert, über das Babylon Nebukadnezars sagen sie wenig, zumal die einzelnen auf ihrer Reise durch diese Gegend oft ganz andere Ziele verfolgten. So interessierte sich zum Beispiel der Rabbiner Benjamin von Tudela, der im 12. Jahrhundert das Land besuchte, viel mehr für die in diesem Gebiet ansässigen Juden als für die Denkmäler der Vergangenheit: »Von Bagdad nach Gehiagin sind zwei Tagereisen; dies ist die alte Stadt Resen mit 5000 Juden und einer großen Synagoge; von da nach Babylon eine Tagesreise, welches eine Ruine im Umfange von 30 Meilen ist. Daselbst sieht man den zerstörten Palast des Nebukadnezar, den aber niemand betritt aus Furcht vor den Schlangen und Skorpionen, die darin hausen.«

Und auch die Beschreibung des bayerischen Ritters Schiltberger, der um 1400 als Kriegsgefangener der Türken Babylon höchst unfreiwillig einen Besuch abstattete, klingt nicht so, als daß man viel Hoffnung hegen könnte, von der ehemaligen Pracht je etwas wiederzusehen:

In dem Königreich Babilon bin ich auch gewesen. Babilon heißet in heidnischer Sprach Bagdad. Und das große Babilon ist 24 Leg breit mit der Mauer umfangen, und 1 Leg ist drei welscher Meilen; und die Mauer ist 200 Ellen hoch und 50 Ellen dick. Das Wasser des Euphrates rinnet mitten durch die Stadt; sie ist aber nun alle zerstöret, und ist keine Wohnung mehr da. Und der Turm zu Babilon ist 54 Stadien hoch, und 4 Stadien

sind eine welsche Meile, an jeglichem Ort hat er 10 Leg nach der
Weite und nach der Breite. Der Turm ist in der großen Wüste
von Arabia auf dem Weg, wann man gen Chaldea zeucht, und
mag auch niemand darzu kommen vor Drachen und Schlangen
und andern bösen Gewürme, das viel in der selbigen Wüste ist.
Und den Turm hat ein König gebauet, und hat in heidnischer
Sprach Nimrud geheißen.

Und doch sollte in den folgenden Jahrhunderten Stein für Stein –
im wahrsten Sinne des Wortes – zusammengetragen werden, um
Babylon neu zu »bauen«. Im Jahre 1616, zwei Jahrhunderte nach
Schiltbergers »Stippvisite«, brachte der italienische Kaufmann und
Reisende Pietro della Valle die ersten schriftlichen Zeugnisse der
alten babylonischen Kultur nach Europa: mit Keilschrift bedeckte
Ziegel, die er in Babylon und Ur aufgelesen hatte. Und zum ersten
Mal sah man staunend jene geheimnisvollen »nagelförmigen« Zei-
chen, die man erst zwei Jahrhunderte später zu lesen verstehen
sollte.

Auf der Suche nach Ninive

Immer wieder führte es den einen oder anderen ins alte Babylon,
und mancher wußte auch Interessantes zu berichten wie etwa der
bekannte Orientreisende Carsten Niebuhr, der in der zweiten
Hälfte des 19. Jahrhunderts das Land besuchte.

Doch der Mann, der sich um die Erforschung Mesopotamiens
vor dem »archäologischen Zeitalter« am meisten verdient gemacht
hat, ist der Engländer Claudius James Rich, der mit einundzwan-
zig Jahren als Resident (soviel wie Konsul) für die berühmte britische Ost-Indien-Gesellschaft nach Bagdad kam und bis zu seinem
plötzlichen Tod im Jahre 1821 im Lande blieb. Gerade dreiund-
dreißig Jahre alt starb er an der Cholera. Während seines zwölfjäh-
rigen Aufenthalts erforschte er die Areale von Ninive und Nimrud
und erarbeitete so die Grundlagen für die späteren großartigen
Funde seines Landsmannes Layard. Auch die Stätte des alten Ba-

bylon besuchte er zweimal, und die Genauigkeit seiner topographischen Aufzeichnungen des riesigen Ruinenfeldes ist ganz erstaunlich.

Der erste »wissenschaftliche Spatenstich« wurde jedoch nicht in einen babylonischen Tell (Erdhügel) geführt, sondern am Ort des alten Ninive. 1842 entdeckte der damalige französische Konsul in Mossul, Paul Emile Botta, in einer Ortschaft namens Kujundschik – genau gegenüber seiner Residenz auf dem anderen Tigrisufer gelegen – die Ruinen von Ninive.

Da er dort auf nichts stieß, was sein Interesse erweckte, versuchte er sein Glück andernorts, und zwar in Chorsabad, wo er die Überreste des riesigen Palastes von Sargon II. in dessen einstiger Residenz Dur-Schurrakin freilegte. Das Jahr 1842 kann man daher mit Recht als Beginn der vorderasiatischen Archäologie bezeichnen.

Wo Botta aufgegeben hatte, sollte einige Jahre später jener Mann fündig werden, der als »Ausgräber von Ninive« in die Geschichte der Archäologie eingegangen ist: der Engländer Henry Austen Layard. Seine bedeutendste Entdeckung waren wohl die über 20 000 Tontafeln aus der Keilschriftbibliothek König Assurbanipals, die nach der Entzifferung der Schrift tiefe Einblicke in Geschichte und Wesen der alten mesopotamischen Kulturen erlaubten, kamen doch durch die Sammelleidenschaft des assyrischen Erbfeinds die großen Leistungen der sumerisch-babylonischen Literatur ans Licht der Neuzeit: das Gilgamesch-Epos, das Weltschöpfungslied, die Gesetze Hammurabis und deren Vorläufer, um nur einige der wichtigsten Denkmäler zu nennen.

Aber erst mußte man sie natürlich lesen können, die seltsamen Zeichen, die man auf den Mauern der Paläste von Persepolis im 16. Jahrhundert zum ersten Mal entdeckt und dann zweihundert Jahre lang für bloße Ornamente gehalten hatte ...

Die Keilschrift, die natürlich nicht »auf einmal«, sondern nach und nach auf dem Wege immer stärkerer Abstraktion aus Zeichnungen und Bildern entstand und deren Erfindung im allgemeinen den Sumerern zugeschrieben wird (s. Anm. 15), war nachweislich bis etwa 50 n. Chr. in Gebrauch.

ARCHAISCHES BILDZEICHEN IN SPALTEN	ARCHAISCHES BILDZEICHEN IN ZEILEN	KEILSCHRIFTZEICHEN AUS DER HAMMURA-BISCHEN ZEIT	KALIGRAPHISCHES ZEICHEN AUS DER NEUASSYRISCHEN ZEIT	NORMALES ZEICHEN AUS DER NEUBABYLO-NISCHEN ZEIT	BEDEUTUNG	IDEOGRAPHISCHE LESUNG	SYLLABISCHE LESUNG
					MENSCH	awēlu	l u
					HAND	qâtu	schu
					FUSS GEHEN	alâku	du
					FRAU	sinnischtu	sal
					BERGE	schadû	kur
					WASSER	mû	a
					FISCH	nūnu	ha
					ÄHRE	sche'u	sche
					KUH	littu	a b
					STERN HIMMEL GOTT	schamu ilu	an

Entwicklungsstufen der Keilschrift (nach J. Klima).

Ihre grundlegenden Zeichen, der senkrechte, waagerechte und schräge Keil sowie der sogenannte Winkelhaken –

– wurden mit Griffeln in Ton eingedrückt. Ton war deshalb das bevorzugte Schreibmaterial, weil er im Schwemmland Babyloniens einen der wichtigsten Rohstoffe überhaupt bildete – Ziegel, Gebrauchsgegenstände, der Fußboden der Wohnhäuser, alles bestand aus verschieden bearbeitetem Ton. Auch den Menschen hatten die Götter laut babylonischem Schöpfungsmythos aus Ton geformt!

Die Tontafeln – sie konnten kreisförmig, quadratisch oder rechteckig sein – waren ganz unterschiedlich groß. Von 1 mal 1 Zentimeter kleinen Mini-Tafeln über die etwa 4,5 mal 5 Zentimeter großen für den Normalgebrauch kurzer Briefe und Geschäftsmitteilungen bis hin zu den »gewichtigen« Exemplaren – die größte mißt 30 mal 46 Zentimeter –, auf die zum Beispiel Gerichtsprotokolle und literarische Werke gemeißelt wurden.

Nun hatte man also mit der Bibliothek des Assurbanipal einen wahren Schatz an Tontafeln ausgegraben – und konnte zunächst absolut nichts damit anfangen. Auf der Suche nach Plastiken, Statuen und Reliefs warf man die »nichtssagenden« Täfelchen mit dem übrigen Ausgrabungsschutt sogar zum Teil beiseite, aber es gelangten trotzdem eine Menge von Inschriften nach Paris und London, und einer Entzifferung stand eigentlich nichts im Wege; die Gelehrten brauchten nur anzufangen.

Aber es gab für die Keilschrift keinen Rosetta-Stein, der Champollion die Entzifferung der Hieroglyphen ermöglicht hatte, und auch keine Bilingue stand zur Verfügung, keine zweisprachige Inschrift, deren eine Sprache dem Forscher bereits bekannt ist.

Die Entschlüsselung der persischen Keilschrift gelang schließlich, nach einer Reihe von Vorarbeiten anderer Gelehrter, dem Gymnasiallehrer Georg Friedrich Grotefend, der 1802 der Göttinger Gelehrten Gesellschaft die Übersetzung zweier Inschriften aus Persepolis vorlegte, die, in drei Sprachen abgefaßt – Altpersisch, Neuelamisch und Babylonisch –, die Genealogie zweier persischer Könige enthielten. Ausgehend vom Altpersischen, bekannt aus der

Awesta, einer Sammlung von religiösen Texten, gelang es ihm, elf
Zeichen richtig zu identifizieren und die eine Inschrift wie folgt zu
übersetzen: »Dareios, der große König, der König der Könige, der
König der Länder, des Hytaspes Sohn, der Achämenide, hat diesen
Palast gebaut.« Die andere lautet: »Xerxes, der große König, der
König der Könige, des Königs Dareios Sohn, der Achämenide.«

Den »Code« der beiden anderen Versionen – Neuelamisch
(Grotefend hielt es für Medisch) und Babylonisch – konnte er mit
der vergleichsweise winzigen Basis, die diese zwei Texte für eine
Entzifferung boten, nicht entschlüsseln.

Der Keilschrift-Code wird geknackt

Der entscheidende nächste Schritt gelang einem jungen englischen
Offizier der indischen Armee, Henry Creswicke Rawlinson, der
auf dem Felsen von Behistun, der sich nahe der Stadt Kirmanschah
aus der Ebene der iranischen Steppe bis zu einer Höhe von 540 Metern erhebt, eine dreisprachige Inschrift von Dareios I. (522–486)
entdeckte, die der Perserkönig hier – 400 Zeilen 120 Meter über dem
Erdboden – zusammen mit seinem Relief in den Fels hatte hauen
lassen.

Wie ein Bergsteiger erklomm Rawlinson die steile Wand, um aus
der Nähe zu betrachten, was ihm bereits durchs Fernglas faszinie-
rend genug erschienen war. Unter Zuhilfenahme weicher, feuchter
Pappe versuchte er in jeder dienstfreien Stunde Abklatsche der
Keilschriftzeichen herzustellen. 1847 war es schließlich soweit: Es
gelang ihm, 250 Zeichen, mehr als ein Drittel der bei der Behistun-
Inschrift verwendeten babylonischen Keilschriftzeichen zu entzif-
fern und die Richtigkeit seiner Bestimmung durch die Übersetzung einer anderen – assyrischen – Inschrift zu bestätigen.

Im Laufe der Jahre entwickelte sich eine internationale Zusam-
menarbeit vieler Gelehrter, von denen jeder seinen Beitrag zur
vollständigen Lesbarkeit der Texte beisteuerte. Und Mitte des 19.
Jahrhunderts konnte man die vorliegenden babylonischen Keilschrifttexte endlich weitgehend übertragen.

Aber diese Wissenschaft, die noch nicht einmal einen Namen hatte, war keineswegs allgemein als solche anerkannt. Es gab viele Wissenschaftler, die den neuen Forschungen, die sich ja für den Außenstehenden jeder Nachprüfbarkeit entzogen, distanziert, ja, mißtrauisch oder gar ablehnend gegenüberstanden. Um den Spöttern ein für alle Male den Wind aus den Segeln zu nehmen, mußte endlich etwas Entscheidendes geschehen, darüber war man sich im Lager der Keilschriftforscher einig. Und so kam es denn 1857 zu der berühmten »Testübersetzung«: Vier Keilschriftexperten – Rawlinson, Hincks, Oppert und Talbot – ließen sich im Auftrag der Royal Asiatic Society, London, die Abschrift einer gerade entdeckten assyrischen Inschrift zustellen mit dem Auftrag herauszubekommen, welchem Herrscher sie zuzuordnen sei.

Die vier zur gleichen Zeit eintreffenden Antworten wurden in feierlich-spannungsvoller Sitzung geöffnet, und es erwies sich, daß alle vier die Inschrift König Tiglatpileser I. zuordneten und außerdem auch noch den ganzen Text nahezu gleichlautend übertragen hatten.

Damit war die Wissenschaft der »Assyriologie« geboren. Und noch heute werden die Erforscher vorderasiatischer Kulturen – gleichgültig ob es sich um die der Sumerer, Hethiter, Babylonier oder Assyrer handelt – unter dem Oberbegriff Assyriologen zusammengefaßt. Endgültig etabliert hatte sich die Bezeichnung, nachdem im Jahre 1881 der Orientalist Friedrich Delitzsch, Professor für semitische Sprachen an der Universität Leipzig – dem manche sogar die »Erfindung« dieser Fachbezeichnung zuschreiben –, seinem vielbändigen Sammelwerk über entsprechende Themen den Titel *Assyriologische Bibliothek* gab.

Nun war es natürlich auch ein »leichtes«, die Tausende von Tontafeln aus Assurbanipals Bibliothek zu übersetzen. Zum ersten Mal hörte man von den Taten des Gilgamesch (s. S. 299 ff.), erfuhr man aus erster oder besser aus zweiter Hand – denn die Tontafeln von Ninive waren ja zum größten Teil Kopien babylonischer Werke – Genaueres über babylonische Wissenschaft, Mathematik, Astronomie und über die Geschichte des Volkes zwischen Euphrat und Tigris.

Und gewiß haben diese Kenntnisse, zusammen mit den Forschungsergebnissen von Rich, Layard, Oppert und Hormuzd Rassam, die alle in den letzten Jahrzehnten in Ninive und Babylon gegraben hatten, die Deutsche Orient-Gesellschaft im Jahre 1899 bewogen, ihre Zustimmung zu einer Grabungskampagne im Zweistromland zu geben, und zwar an dem Ort, wo Layard bereits glasierte Reliefziegel gefunden hatte, die er für die Verkleidung und Verzierung eines bedeutenden Gebäudes hielt.

Als Leiter der Expedition wurde jener Mann bestimmt, der nach einer Erkundungsreise 1896/97 eben dieses Gebiet, die Hügel von Babylon, zur weiteren Erforschung vorgeschlagen hatte: Robert Koldewey, 44 Jahre alt, Architekt und Archäologe aus Berlin. Fast zwanzig Jahre lang sollte er sein Lebensziel mit außergewöhnlicher Energie und allen persönlichen Entbehrungen zum Trotz verfolgen: Babylon wiedererstehen zu lassen. Er hauchte dem toten Ton neues Leben ein, er ließ die Ruinen sprechen und ihre Geheimnisse enthüllen.

Robert Koldewey, der Ausgräber von Babylon.

Eine deutsche Studierstube am Euphrat

Ende Februar 1899 brach Koldewey zusammen mit seinem Assistenten Walter Andrae – der übrigens nach seinen »babylonischen Lehrjahren« die Ausgrabungen von Assur leiten sollte – und einigen anderen Mitarbeitern gen Babylon auf. Es wurde eine außerordentlich abenteuerliche Reise. Ein Ausgräber in jenen Jahren mußte außer seinen fachlichen Kenntnissen tunlichst auch eine gewisse Übung im Reiten und Schießen mitbringen, denn immer wieder kam es zu Scharmützeln mit kriegerischen Beduinen.

Nach einem strapaziösen Ritt von Aleppo aus (Alexandrien, Damaskus, Baalbek hießen ihre wichtigsten Stationen vorher) – am Tag 30 Grad im Schatten, in der Nacht nicht selten 4 bis 5 Grad Kälte –, erreichten sie schließlich Bagdad. Nur wenige Tage der Erholung gönnte man sich in der Hauptstadt des Landes, dann machte man sich wieder auf den Weg, die letzten 150 Kilometer bis Babylon zu überwinden. Während der Reisende heute die Strecke Bagdad – Babylon über den Highway 8/9 bzw. 8 in gut zwei Stunden erreicht, brauchte Koldeweys Karawane noch einmal drei Tage, bis sie am Ziel ihrer Wünsche war – dem Ort harter Arbeit für fast zwanzig Jahre:

> Wir hielten über den Tell el-Kasr, den Königshügel und das vermutliche Feld unserer künftigen Tätigkeit, unseren Einzug in das nunmehrige Heimatdorf Kuwairisch, wo man für uns schon ein Haus bereithielt, was fürs erste ganz angenehm ist. Ein großer Hof, von mächtigen Palmen umgeben – die Palmenpflanzungen sind hier die größten in ganz Mesopotamien ... Hier sitzen wir jetzt dicht am Flusse, am alten lieben Euphrat, dessen Wasser wir mit Behagen schlucken, sitzen also an Wasserflüssen Babylons ohne zu jammern, lassen draußen die weißen Segel vorüberziehen, die Dschirds (Wasserräder) heulen, die Palmen rauschen ...
> Unser jetziges Wohnzimmer ist für uns ein höchst interessanter Raum, weil er aus lauter schönen großen gestohlenen Nebukadnezar-Ziegeln gebaut ist. Sie sind liebenswürdigerweise nicht einmal mit Mörtel bedeckt, sondern in ihrer ganzen antiken

Schönheit vom Rauch des Kaffeeherdes geschwärzt... Auch
der Fußboden ist aus den ganz gut erhaltenen Ziegeln konstruiert, die überall den schöngeschriebenen Stempel Nebukadnezars, des Sohnes Nabopolassars, des Erbauers von Babylon etc.,
tragen...
Unsere Arbeiten sollen am Sonntag beginnen; heute werden
Hacken und Spaten zurechtgemacht und alles vorbereitet. Ein
mächtig großer Tisch ist heute unter dem Jubel der Expedition
eingetroffen, so daß man wenigstens anständig schreiben kann.
Wir werden vielleicht doch hier im Hause bleiben. Das Grundstück liegt am Ende des Dorfes, und man braucht nicht durch
dasselbe hindurch, um zum Kasr zu gelangen, sondern geht
einfach wenige Schritte durch den Palmenhain.

Am 26. 3. 1899 beginnt schließlich die Ausgrabung – dort, wo
zahlreiche Funde glasierter Ziegel auf wichtige Bauten hindeute-
ten, am Hügel Kasr, der Teile der Befestigungsanlage und die Paläste Nebukadnezars (Haupt- und Südburg) birgt. Das erste, worauf
Koldewey stößt, ist die gewaltige babylonische Stadtmauer. Am
5. April 1899 schreibt er an seinen Freund Puchstein:
»Ich grabe seit 14 Tagen, und die ganze Sache ist vollständig
gelungen. Du weißt, daß ich Kasr besonders wegen seiner Ziegelreliefs empfohlen habe, und die werden jetzt gerade gefunden. Das
Kasr besteht aus zwei Peribolen, davon ist das nördliche geschmückt mit den Reliefs. Ich bearbeite dieses jetzt zuerst. Es ist
eine Ringmauer von riesigen Dimensionen. Die Mauer besteht aus
einer äußeren Schale von gebrannten Ziegeln in Asphalt und dahinter einer Füllung aus Flußsand... Die äußere Ziegelschale ist
etwa 7 Meter dick, der Sandkern bis jetzt etwa 9 Meter! Die Befestigung war also über 16 Meter dick – so etwas habe ich bisher
noch nicht ausgegraben!«
Diese Begeisterung der ersten Stunde sollte ihn nicht mehr verlassen, bis er 1917, kurz bevor die Engländer Bagdad besetzten,
seine »Studierstube am Euphrat« verlassen mußte. Sven Hedin hat
ihn 1916 dort besucht und Koldeweys »Eremitenklause« beschrieben – und damit auch den Mann, der sie bewohnte:

Unvergeßlich wird mir das Arbeitszimmer des Gelehrten sein, das zu betreten eine Auszeichnung bedeutete, die nur wenigen Fremden zuteil wurde. Es hatte etwas von einer Eremitenklause, in der sich Staub und Tabaksrauch aus den vier Fuß langen Pfeifen seines Besitzers einträchtig vermischten. Die Fenster waren sorgfältig geschlossen, das eine mit einem Stück Stoff, das andere mit weißem und schwarzem Papier verhängt; wenn man aus diesem mystischen Dunkel wieder ins Helle trat, war man wie geblendet. Alle Ecken und Winkel hingen voller Spinnengewebe, denn die fleißigen Spinnerinnen in ihrer löblichen Arbeit zu stören, hätte der Hausherr nicht übers Herz gebracht. Jedenfalls paßte das Altertümliche dieses Raumes ganz stilgerecht zu dem Ruinenfeld ringsum.

Die Tische bedeckte eine phantastische Sammlung unzähliger Gegenstände. Da waren Federn, Messer und Dolche, Papiere in allen Formaten und Tinte in verschiedenen Farben, Thermometer und alte Briefe, ein Spirituskocher und eine Maultrommel, auf der der große Forscher eine lustige Melodie spielte, Altertümer aller Art, besonders mit Keilschrift bedeckte Zylinder, die noch der Entzifferung harrten. Dann Bücher, Karten und Pläne des Trümmerfeldes, Photographien von Palästen und Tempeln, Kaffeetassen, Gläser und Teller, Toilettesachen und modern arabisches Allerlei. Ein kleines Gestell trug einen Propeller, der, mit Petroleum geheizt, Zugwind hervorbrachte, und daneben lagen zwei Geigen; denn Professor Koldewey studierte Musik, um das musikalische Vermögen der Babylonier beurteilen zu können. Ja, er studierte so ziemlich jede menschliche Wissenschaft, die irgendwie zu der alten babylonischen Kultur in Beziehung stand. In seiner Bibliothek entdeckte man Handbücher der Chirurgie und der Anatomie, die er dazu brauchte, um die Darstellung menschlicher Körper in den Plastiken der Babylonier mit der Wirklichkeit zu vergleichen, ihr Kunstverständnis und ihre Beobachtungsgabe prüfen zu können. Und dickleibige Werke der Zoologie und Paläontologie dienten ihm zur Bestimmung der Tierformen, die sich in Babylon abgebildet finden. Neben zahlreichen unentbehrlichen Werken über Architektur, Ornamentik und Kunstgeschichte standen sogar astronomische

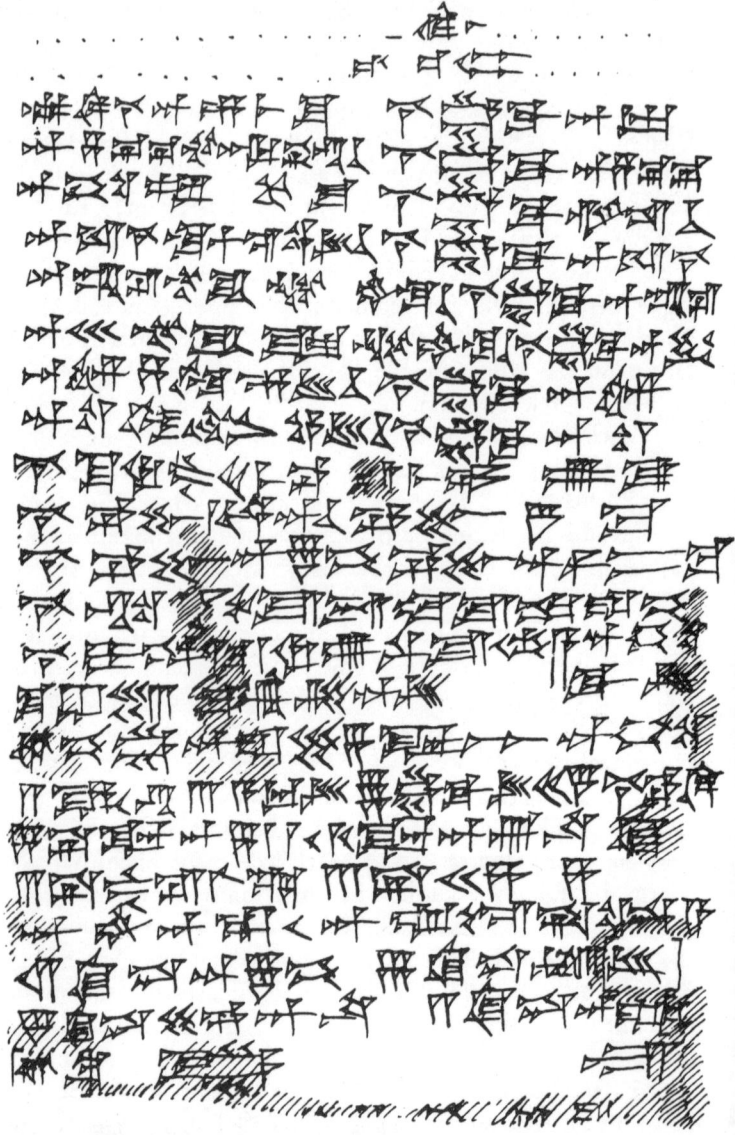

*Eine der Keilschrifttafeln des babylonischen »Baedekers«, die unter ande-
rem über die Straßen Babylons Auskunft gibt (nach E. Unger).*

Handbücher, denn die Babylonier waren in der Sternkunde sehr erfahren. Und der Fachwerke über Koldeweys eigene Wissenschaft, die er selbst in so hohem Grade gefördert hatte, war kein Ende.

Inmitten des Wirrwarrs stand das Bett, ebenso verstaubt wie alles andre. Hier hatte der Gelehrte drei Monate an Fieber darniedergelegen; jetzt war er Rekonvaleszent. Einen Arzt brauchte er nicht! Er hatte ja seine medizinischen Handbücher, und kein Arzt in der ganzen Welt kannte Babylons Klima so gründlich wie er, und keiner sicherlich war mit den Gebrechen seines Körpers vertrauter als er selbst. Ihm war diese Atmosphäre, die ihn umgab, ein Lebensbedürfnis, und in dieser Einsamkeit fühlte er sich unendlich wohl. Er hätte ja ebensogut nach Hause reisen und andern die Bewachung der Ruinen überlassen können. Aber nein, er *wollte* nirgends anders als eben in Babylon wohnen.

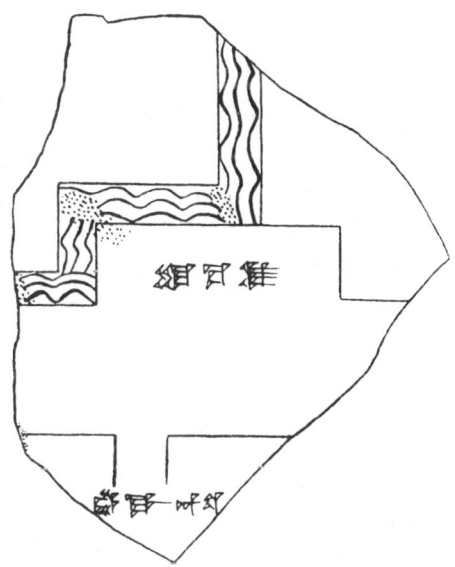

Antike Karte der Neustadt von Babylon. Das Wellenlinien-Band ist der Euphrat; in der Mitte liegt der Vorort Tuba und ganz unten ist das Schamasch-Tor eingezeichnet (nach E. Unger).

Und in den achtzehn Jahren, die er mit und bei den Babyloniern lebt, entreißt Koldewey das Babylon Nebukadnezars Stück für Stück dem Vergessen (die älteren Schichten bleiben wegen des hohen Grundwasserspiegels unerreichbar), berichtigt die Irrtümer früherer Forscher – wie etwa den von Jules Oppert, der die Zikkurat von Borsippa als Turm von Babel in seinen äußerst phantasievollen Babylon-Plan miteinbezogen hat –, und auch die Mitteilungen eines Herodot kann er zum Teil widerlegen, zum Teil jedoch auch glanzvoll bestätigen.

Vor allem jedoch erhält durch die Ausgrabungen jener keilschriftliche »Baedeker« wieder eine Funktion, den die Priester des Marduk-Tempels Esagila – wohl eigens für die vielen Pilger, Kaufleute und »Touristen«, die Babylon besuchten –, verfaßt hatten und der nicht nur Tempel und Altäre, sondern auch die wichtigsten Zufahrtsstraßen und Stadttore verzeichnet. Wie begehrt dieser Stadtführer gewesen sein muß, geht daraus hervor, daß er in mehreren »Auflagen« erschien. Die älteste, die wir kennen, stammt aus Assurbanipals Bibliothek, die jüngste aus hellenistischer Zeit.

Die Angaben des Führers sind von einer geradezu erstaunlichen Vollständigkeit und Genauigkeit. Mit etwa 3 Quadratkilometern (2,5 Kilometer in ostwestlicher und 1,2 Kilometer in nordsüdlicher Richtung) ummauerter Stadtfläche ist Babylon die größte Stadt des Altertums. Seine Vororte dehnen sich bis Kisch und Borsippa aus, mit denen es eine zusammenhängende Stadtlandschaft bildet.

Nur über die genaue Einwohnerzahl Babylons erfahren wir nichts. Aufgrund der Ausdehnung der Stadt und ihrer wirtschaftlichen, politischen und kulturellen Bedeutung kann man jedoch schließen, daß sie gewiß mehrere hunderttausend Einwohner hatte – schon Ninive hatte ja ca. 300 000 –, selbst in jener Zeit noch, als ihre Macht eigentlich schon erloschen war.

Der Assyriologe Eckhard Unger hat die Stadtbeschreibung Babylons in mühsamer Kleinarbeit aus den verschiedensten Tafelbruchstücken rekonstruiert, übersetzt und auf diese Weise einen stattlichen »Katalog an Sehenswürdigkeiten« zusammengetragen: 53 Tempel, 55 Zellen (soviel wie Kapellen) allein für Marduk, 900 (!) Zellen für Himmels- und Unterweltsgötter – wobei die Götter der Unterwelt mit 600 Zellen doppelt so reich bedacht

Bronzekopf (36,6 Zentimeter hoch) eines akkadischen Fürsten aus Ninive, vermutlich Sargon I. (um 2200 v. Chr.; Irak Museum, Bagdad).

wurden wie die Götter des Himmels –, 180 Altäre für Ischtar, 180 Altäre für den Wettergott Adad und den Pestgott Nergal und noch eine ganze Reihe Altäre mehr. Außerdem verzeichnet der Führer 2 Heerstraßen, 24 Straßen, 3 Flußläufe und 8 Stadttore.

Damit steht einem ausgedehnten Rundgang – mit gebührender Berücksichtigung der Hauptattraktionen – im Babylon Nebukadnezars nichts mehr im Wege: in der einen Hand die antiken Dokumente, angefangen vom babylonischen Stadtführer und den zahlreichen »bautechnischen« Inschriften Nebukadnezars über die Bibel bis hin zu Herodot und den Reisenden und Geschichtsschreibern in seiner Nachfolge; in der anderen Hand das »Ausgrabungstagebuch« jenes Mannes, der das Babylon Nebukadnezars noch einmal ans Licht der Welt zog.

Die Wiedergeburt einer antiken Metropole

Er wollte natürlich für die Ewigkeit bauen – die ganze Menschheit sollte seine, Nebukadnezars, Werke bewundern und preisen. Und das erste, was es dabei zu beachten galt, war eine den Gewalten der Natur und der Zeit trotzende Bauweise.

Bis zur Zeit Nebukadnezars baute man im allgemeinen mit Lehmziegeln (libittu), die aus mit Stroh und Häcksel vermischtem Ton bestanden, in eine Holzform gefüllt und an der Sonne getrocknet wurden. Gebrannte Ziegel blieben wichtigen Gebäuden, der Verkleidung von Fassaden, der Pflasterung von Höfen sowie Bauten vorbehalten, die mit Wasser in Berührung kamen, wie zum Beispiel Traufen und Kanäle. Nebukadnezar jedoch benutzte den gebrannten Ziegel, auch Barnstein genannt (agurru), nun bei fast allen seinen Bauten, außerdem ließ er so tief wie möglich ausschachten – er legte die Fundamente »an die Brust der Unterwelt« – und die Grube mit Asphalt befestigen. Außerdem ging man zu seiner Zeit dazu über, die einzelnen Ziegellagen mit Kalkmörtel zu binden und nicht mehr mit Asphalt. Wo man in dem holzarmen Land das viele Brennmaterial für die Ziegel hernahm, bleibt allerdings ein Rätsel. Auf jeden Fall mußte es von weit her eingeführt werden.

Es liegt auf der Hand, daß die größte Sorgfalt hinsichtlich Material und Bauweise bei jenem Bauwerk angewandt wurde, das alle anderen Häuser und die in ihnen lebenden und arbeitenden Menschen schützen sollte: bei der Stadtmauer, auf die Koldewey ja gleich während der ersten vierzehn Tage seiner Babylon-Grabungen gestoßen war und von der er voller Begeisterung bekannt hatte: »So etwas habe ich noch nicht ausgegraben!«

Babylon war von einem doppelten Mauerring umgeben. Die äußere Mauer, Nimitti-Bel (oder Nimitti-Enlil) genannt, war 3,72 Meter breit, die innere, Imgur-Bel (oder Imgur-Enlil), mit 6,5 Metern fast doppelt so stark und außerdem höher als die Außenmauer. Beide Wälle waren mit jeweils 20 Meter auseinanderliegenden, vorspringenden Türmen gesichert. Imgur-Bel besaß neben den großen noch kleinere Türme zur zusätzlichen Verstärkung. Außerdem schützte ein etwa 20 Meter vorgelagerter breiter Wassergraben die Befestigungen, und der östlich des Euphrat liegende Teil der Stadt – die Altstadt – war außerdem mit einer dritten, zwischen Nimitti-Bel und Imgur-Bel verlaufenden Mauer umgeben. Rechnet man ferner den sogenannten äußeren Mauerhaken oder Osthaken hinzu, der mit seinen mehr als 18 Kilometern Länge auch den vor der Stadt liegenden Sommerpalast Nebukadnezars umschloß, so war Babylon vierfach befestigt, von den Wassergräben ganz zu schweigen. Da die Mauern zudem so breit waren, daß sogar Soldaten in größerer Zahl sich darauf bewegen konnten, darf man Babylon wohl mit Recht die bestbefestigte Stadt des Altertums nennen.

Die Ausgrabung gerade der Stadtmauern ist bis heute noch nicht abgeschlossen, doch selbst nach den bisher vorliegenden Ergebnissen kann man verstehen, wie beeindruckend die Befestigungen, die auf der Welt nicht ihresgleichen hatten, gewirkt haben müssen, was sich dann in den phantastischen Längen- und Höhenangaben von Ktesias und Herodot niedergeschlagen hat. So spricht etwa Herodot von 86 Kilometern Länge (Ktesias: 65 Kilometer) und einer Mauerstärke von 25 Metern. Ebenfalls ins Reich der Fabel gehört Herodots Überlieferung, auf der Mauerkrone habe eine Quadriga fahren können oder gar zwei auf einmal, wie Curtius Rufus behauptet. Dem widerspricht schon die typisch babylonische Befestigungsweise der sogenannten »Kavalierstürme«; das

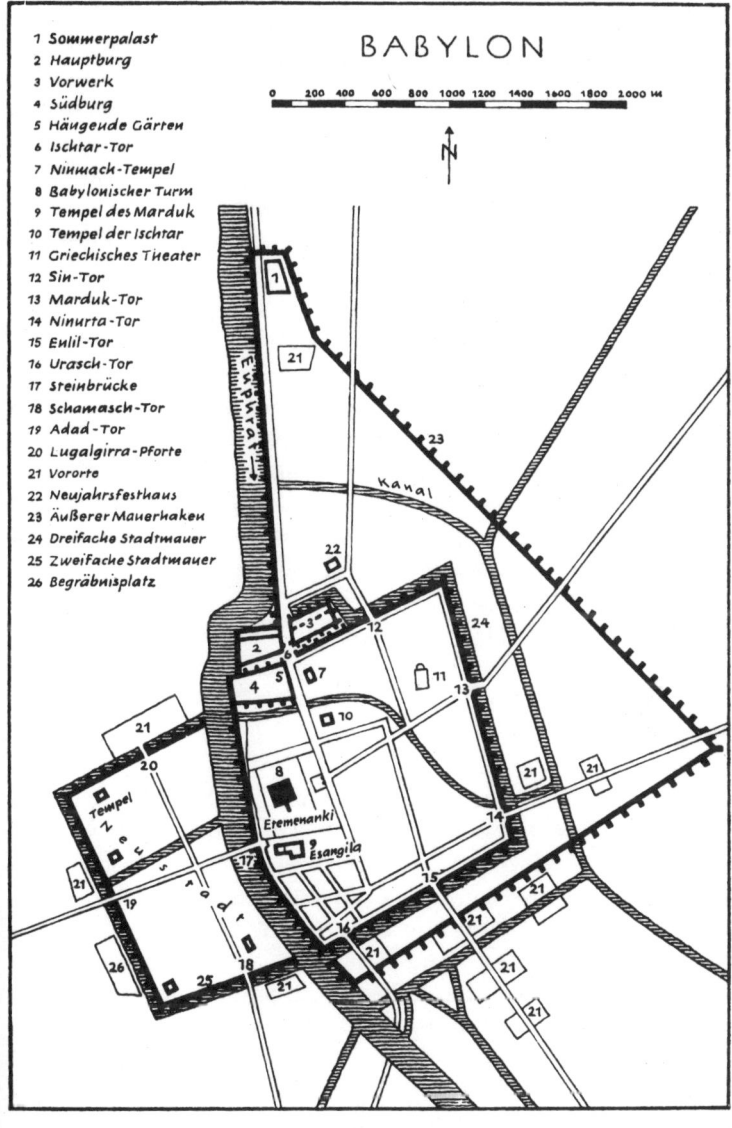

1 Sommerpalast
2 Hauptburg
3 Vorwerk
4 Südburg
5 Hängende Gärten
6 Ischtar-Tor
7 Ninmach-Tempel
8 Babylonischer Turm
9 Tempel des Marduk
10 Tempel der Ischtar
11 Griechisches Theater
12 Sin-Tor
13 Marduk-Tor
14 Ninurta-Tor
15 Enlil-Tor
16 Urasch-Tor
17 Steinbrücke
18 Schamasch-Tor
19 Adad-Tor
20 Lugalgirra-Pforte
21 Vororte
22 Neujahrsfesthaus
23 Äußerer Mauerhaken
24 Dreifache Stadtmauer
25 Zweifache Stadtmauer
26 Begräbnisplatz

BABYLON

Babylon zur Zeit Nebukadnezars II. (nach E. Klengel).

sind Türme, »die auf der Mauer ›reiten‹ und beiderseits vorspringen. Ihr Zweck war zunächst nicht, das benachbarte Mauerstück zu flankieren, um den unten anstürmenden Feind seitlich mit Geschossen zu bestreichen, sondern lediglich, den breiten Wehrgang aufs wirksamste zu sperren, so daß ein hinaufgestiegener Feind immer nur ein kleines Stück in Besitz nehmen und daselbst nochmals bekämpft werden konnte« (Fritz Krischen).

Natürlich war Nebukadnezar nicht der erste babylonische Herrscher, der die Hauptstadt des Reiches, die »Stadt, deren Lehmziegel uralt sind«, mit einer starken Mauer umgeben hat. Schon seine Vorgänger und auch die assyrischen Oberherren – Asarhaddon, Assurbanipal u. a. – haben die Befestigungen immer wieder erneuert und erweitert; zumal gerade die ersten Mauerbauten aus ungebrannten Lehmziegeln sehr witterungsanfällig waren. Erst kürzlich hat man, wie die *Süddeutsche Zeitung* am 7. Mai 1979 meldete, Teile der Stadtmauer aus dem 3. Jahrtausend v. Chr. entdeckt. Die Mauerreste haben eine Stärke bis zu 6,5 Metern und sind 5,5 Meter hoch, also noch knapp halb so hoch, wie sie mit ursprünglich 12 Metern waren.

Doch scheint die Mauer zu Anfang des neubabylonischen Reiches besonders ramponiert gewesen zu sein, denn Nabopolassar beginnt teilweise »von Grund auf« mit dem Neubau, wie aus einer Inschrift hervorgeht:

> Nabopolassar, König von Babylon, der Auserwählte des Nabu und des Marduk, bin ich. Imgur-Bel, den großen Wall von Babylon, welcher vor mir schwach geworden, eingefallen war, gründete ich in dem uranfänglichen Abgrund, baute ich neu mit Hilfe des Heeres, des Aufgebotes meines Landes, ließ ich nach den vier Winden Babylon umschließen, setzte ihm seine Spitze auf wie in den früheren Zeiten. Wall! Sprich zu Marduk, meinem Herrn, zu meinem Besten!

Je mehr sich die Macht des Königtums festigte, je mehr Eroberungen (und damit Gefangene) gemacht wurden, um so rascher wuchs die Einwohnerzahl. Auch viele Leute aus der Provinz wurden von der »Stadt des Frohlockens« angezogen, wollten sich in einem der

Stadtviertel niederlassen, die so vielversprechende Namen wie
»Wohnung des Lebens« oder »Himmelsland« trugen. Außerhalb
der inneren Festungslinie entstanden Vorstadtsiedlungen, die Nebukadnezar ebenfalls in die Umwallung einbeziehen wollte. Vor
allem der gewaltige Osthaken, *duru dannu*, die starke Mauer, ist
allein Nebukadnezars Werk, dessen er sich immer wieder rühmt:

Damit Schlachtensturm an Imgur-Bel, die Mauer Babylons,
nicht herankomme: Was kein früherer König getan hatte,
4000 Ellen Landes an den Seiten von Babylon, in der Ferne, so
daß sie nicht herankam, ließ ich eine gewaltige Mauer im Osten
Babylon umgeben. Ihren Graben grub ich und seine Böschung
baute ich aus mit Erdpech und Ziegelsteinen. Eine gewaltige
Mauer erbaute ich an seinem Ufer berghoch; ihre weiten Tore
fügte ich ein und Türflügel aus Zedernholz mit einem Überzug
aus Kupfer errichtete ich in ihnen. Damit der Feind, welcher
Böses beabsichtigt, die Seiten von Babylon nicht bedränge, umgab das Land ich mit mächtigen Fluten wie mit dem Wogen-
schwall der Meere ... Damit ein Durchbruch von ihnen nicht
gemacht werden könne, schüttete ich eine Erdaufschüttung an
ihnen auf und umgab sie mit Kaimauern von Ziegelsteinen. Das
Bollwerk befestigte ich kunstvoll und machte die Stadt Babylon
zur Festung.[9]

In der Stadt selbst fand sich auch der Fremde rasch zurecht. Lange,
gerade Straßen durchzogen das Stadtgebiet und gliederten es geradezu reißbrettartig in rechteckige Teile; die sonst in orientalischen
Städten übliche labyrinthische Unübersichtlichkeit kleiner, wink-
liger Gassen wurde hier aufgrund kluger Planung vermieden. Man
fühlt sich ein wenig an die Hauptstadt Maltas, La Valetta, erinnert,
deren Anlage wirklich am Reißbrett ausgeklügelt wurde und deren
schnurgerade Straßenzüge man ohne Rücksicht auf die hügelige
Beschaffenheit des Geländes konstruiert hat.

Die breiten Straßen Babylons verbanden die acht Haupttore mit
der Innenstadt; durch sie zogen täglich Hunderte von Kaufleuten
mit ihren Karawanen, Pilger und Bauern, die ihre Waren auf dem
Markt feilbieten wollten. Vier der Tore hat man ausgraben kön-

nen: das Ischtar-Tor im Norden – auf das noch näher einzugehen sein wird –, das Marduk-Tor und das Ninurta-Tor (beide im Osten) und das im Süden liegende Urasch-Tor. Auch von den darüber hinaus im babylonischen Stadtführer noch genannten vier Tore – dem Sin-Tor, dem Enlil-Tor, dem Schamasch-Tor und dem Adad-Tor – weiß man in etwa, wo sie standen.

Aber die Altstadt, nach wie vor das Zentrum der Metropole – hier stand der Tempel Marduks, der religiöse Mittelpunkt des Landes, vor dessen Toren sich zudem das ganze geschäftige Leben abspielte –, war ja längst aus ihren Nähten geplatzt, und die eine Euphratseite genügte schon lange nicht mehr, um allen, die in Babylon leben wollten, Platz zu bieten. Wer jenseits des Euphrat, in der Neustadt, wohnte, mußte des Morgens den Fluß überqueren, wenn er zum Markt wollte, das heißt: Er mußte die 123 Meter lange Steinbrücke über den Euphrat benutzen.

Herodot weiß von ihr ebenso zu berichten wie Diodor und Ktesias; auch sie ist den – allerdings nicht »kanonischen« – Weltwundern zuzurechnen, handelt es sich doch, soweit wir wissen, um die älteste Steinbrücke der Welt, die im Altertum fast so berühmt war wie die ganz in der Nähe liegenden Hängenden Gärten. Von Nabopolassar errichtet und von Nebukadnezar renoviert, sollte sie für Jahrhunderte das einzige Bauwerk ihrer Art auf der ganzen Welt bleiben.

Daß diese Brücke als etwas Besonderes angesehen wurde, geht auch aus ihrer Bezeichnung in den Keilschrifttexten hervor. Während normalerweise Brücke *titurru* heißt, steht bei der Euphratbrücke stets *makat abarti Purati* – »Pfeiler des Überschreitens des Euphrat«. Sieben dieser acht Pfeiler hat man ausgegraben. Sie sind 9 Meter dick und stehen 9 Meter auseinander. Die als Weg über die Brücke gelegten Holzbohlen wurden nachts zum Teil entfernt – Herodot behauptet sogar, es sei eine regelrechte Zugbrücke gewesen –, um den hochmastigen Segelschiffen die Durchfahrt zu ermöglichen. Vielleicht auch, um eventuelle Übeltäter am Überqueren der Brücke im Dunkeln zu hindern – selbst Weltwunder hatten ihren Alltag.

Die »erste Steinbrücke der Welt«, die von den Vororten Babylons über den Euphrat in die Altstadt und ihren Tempelbezirk (links Etemenanki) führte.

Eine Straße für die Götter

Wenn man sich Babylon von Norden her nähert, stößt man als erstes auf einen großen Hügel, *Kasr*, »das Schloß«, das Nebukadnezar, einen kleineren Palast seines Vaters auf diese Weise erweiternd, neu erbaute, und wo am 16. März 1899 »mit 66 Mann an der Ostfront der Burg« (Andrae) die Babylon-Ausgrabungen begannen.

»Wer von Griechenland kommt, der wundert sich immer, wenn ihm diese Hügel als Ruinen vorgestellt werden. Keine Quader! Keine Säule! Selbst in den Ausgrabungen fast nur Ziegelmauerwerk! Vor den Arbeiten überragten nur ein paar Ziegelpfeiler auf dem Kasr das damalige Gelände. Hier in Babylonien sind stets Hügel die heutigen Repräsentanten einstiger Herrlichkeit, und keine Säule zeugt von verschwundener Pracht!« (Koldewey).

Modell der Prozessionsstraße mit Ischtar-Tor (Vorderasiatisches Museum, Ost-Berlin).

Aber dafür um so mehr wunderschöne glänzende Emailziegel, die ja, wie schon erwähnt, den Ausschlag gaben, überhaupt an diesem Ort zu graben. Diese farbigen Ziegel bedeckten einst die Mauern links und rechts der Kasr-Straße, der prächtigen Prozessionsstraße, die Nebukadnezar zu Ehren des Gottes Marduk anlegte und die am Schloß vorbei durch das Ischtar-Tor bis zu Marduks Tempel Esagila und zum Turm von Babel führte.

Die 16 Meter breite Straße, der Hauptverkehrsweg der Stadt – er erstreckte sich auch noch nach Süden hin über Dämme und Kanäle –, war in der Mitte mit quadratischen Kalksteinplatten von 1,05 Meter Seitenlänge gepflastert; rechts und links dieses Mittelweges lagen weiß und rot geäderte Brecciaplatten,* 66 mal 66 Zentimeter groß. Jede der Platten trägt an der Seite die Inschrift: »Nebukadnezar, König von Babylon, Sohn Nabopolassars, Königs von Babylon, bin ich. Die Babelstraße habe ich für die Prozession des großen Herrn Marduk mit Steinplatten gepflastert. Marduk, Herr, schenke ewiges Leben!«

Die Inschrift eines anderen Steins, der allerdings nicht an Ort und Stelle gefunden wurde, gibt noch ausführlicher Auskunft über die Entstehung dieser Straße:

Nebukadnezar, König von Babylon, der Ausstatter von Esagila und Ezida, Sohn Nabopolassars, Königs von Babylon. Die Straßen von Babylon, die Prozessionsstraßen Nabus und Marduks, meiner Herren, die Nabopolassar, König von Babylon, der Vater, mein Erzeuger, mit Asphalt und gebrannten Ziegeln glänzend gemacht hatte als Weg: Ich, der Weise, der Beter, der ihre Herrlichkeit fürchtet, füllte über dem Asphalt und den gebrannten Ziegeln eine mächtige Anfüllung aus glänzendem Staub, befestigte ihr Inneres mit Asphalt und gebrannten Ziegeln wie eine hochgelegene Straße. Nabu und Marduk, bei eurem fröhlichen Wandeln in diesen Straßen, Wohltaten für mich mögen ruhen auf euren Lippen, ein Leben ferner Tage, Wohlbefinden des Leibes ... Ich möge alt werden für ewig.

---

* Grobkörniges Sedimentsgestein; eckige Gesteins- und Mineralbruchstücke, verkittet mit Hilfe eines Bindemittels.

Auf beiden Seiten war die Straße von hohen, 7 Meter dicken Festungsmauern gesäumt, die im Westen zur »Nordburg« und zur »Hauptburg« des Kasr gehörten, im Osten zu einem reinen Befestigungsbau, dem Vorwerk. »Wenn die Verteidiger auf diesen Mauern standen, so war die Straße für den Feind ein Todesweg« (Koldewey). Aiburschabu, »Nicht möge Sieg gewinnen der Feind«, hatte Nebukadnezar sie denn auch genannt.

Einen bei all seiner Pracht erschreckenden Eindruck auf jeden, der sich der Stadt näherte, ob Freund oder Feind, haben gewiß auch die zu beiden Seiten der Straße majestätisch einherschreitenden Löwen – mal mit weißem Fell und gelber Mähne, mal mit gelbem Fell und roter Mähne – gemacht, die in flachem Relief und leuchtenden Emailfarben die Ziegelwände schmückten.[10] Von dem hell- bzw. dunkelblauen Hintergrund hoben sie sich »plastisch« ab, besonders eindrucksvoll noch zusätzlich durch ihr bis ins Detail gleiches Aussehen: Die Reliefs wurden nämlich mit Hilfe einer vorgefertigten Form hergestellt.

Da man keines der Tiere *in situ* gefunden hat, mußte nicht nur jeder einzelne Löwe, sondern auch die Anordnung der Reihen mühsam aus kleinen und kleinsten Fragmenten rekonstruiert werden, und auch die Anzahl der Tiere, die die Wände bedeckten, konnte man nur schätzen:

»Die Mauern waren durch die Ziegelräuber zerstört, aber nicht so weit, daß man nicht noch bemerken konnte, wie die Mauer mit schwach vortretenden Türmen versehen war, die wahrscheinlich ungefähr ebenso weit voneinander abstanden, als sie breit waren. Flachfarbige, schwarzweiße Felderstreifen begrenzten an den Turmkanten die durch die Türme gegebenen Abteilungen der beiden 180 Meter langen Friese, Reihen von großblättrigen Rosetten schmückten den Sockel. Da jeder Löwe ungefähr 2 Meter lang ist, so können in jeder Abteilung vielleicht zwei Löwen gestanden haben. Das würde auf jeder Seite 60, im ganzen also 120 Löwen ergeben. Das stimmt mit der Anzahl der gefundenen Bruchstücke wohl überein« (Koldewey).

Es muß ein überwältigendes Bild gewesen sein, wenn beim Neujahrsfest die Prozession mit den Götterbildern auf großen geschmückten Wagen vom Neujahrsfesthaus zurück nach Babylon zog. Vor allem für dieses Fest hatte Nebukadnezar ja die Straße bauen lassen. Den jubelnden, die Götterwagen umtanzenden Menschen schritten die gelb- und rotmähnigen Löwen, das heilige Tier der Ischtar, entgegen. Nicht weniger großartig das Tor, auf das die Menge sich zubewegte: das Tor der Ischtar, das in mehreren übereinanderliegenden Reihen abwechselnd mit Stieren und Drachen geschmückt war (s. Abb. S. 17) – man schätzt 575 Tierdarstellungen, verteilt auf dreizehn Reihen.

Das Tor der Ischtar, »die ihren Feind vernichtet«

Dieses »Gewimmel von Bestien« (Parrot) war allerdings nie gleichzeitig zu sehen, denn das Niveau der Straße wurde im Laufe der Jahre mehrere Male durch künstliche Aufschüttung erhöht, wodurch die unteren Teile der Bauten natürlich in der Erde verschwanden.

So heißt es zum Beispiel in der sogenannten Großen Steinplatteninschrift Nebukadnezars:

> *Ischtar-sakipat-tebischa* [Ischtar, die ihren Feind vernichtet] von Imgur-Bel und Nimitti-Bel – beider Stadttore Eingänge waren durch die Auffüllung der Straße von Babil zu niedrig geworden. Jene Stadttore riß ich ein, gründete angesichts der Wasser ihr Fundament fest aus Asphalt und Backsteinen und ließ sie aus blauglasierten Backsteinen, auf denen Wildochsen und Drachen gebildet waren, kunstvoll herstellen. Mächtige Zedern ließ ich zu ihrer Bedachung lang hinlegen. Zederne kupferbezogene Türflügel, Schwellen und Angeln aus Bronze richtete ich in seinen Türen auf ... Selbige Stadttore ließ ich zum Anstaunen der Gesamtheit des Volkes prachtvoll ausstatten.

Von diesem älteren Bau, von dem hier die Rede ist, wurde nichts gefunden. Aber woher Nebukadnezar das wertvolle Zedernholz hat, das wissen wir seit Entdeckung der Wadi-Brisa-Inschrift genau – stellt doch sogar eines der beiden Reliefs den König dar, wie er eine Zeder fällt, und in dem dazugehörigen Text heißt es dann, daß er hier (im Libanon) »spitze Berge gespalten und eine Gleitbahn für die gehauenen Zedernstämme hergestellt« habe.

Das Ischtar-Tor war als einziges der acht Stadttore mit Ziegelreliefs ausgestattet. War man durch den ersten Torbogen geschritten, kam dicht dahinter ein zweites, mit dem ersten durch eine kurze Zwischenmauer verbundenes Torgebäude. Hinter den beiden vortretenden Türmen des Doppeltores lag vermutlich der in der Inschrift erwähnte überdeckte Raum. Zwischen den beiden Torbauten wurde auch ein großer Kalksteinblock mit der – stark beschädigten – Weiheinschrift vom Ischtar-Tor gefunden.

Ein hoher glasierter Margeriten-Fries krönte das höchstwahrscheinlich mit Zinnen versehene Tor. Der vorherrschende Farbton war Blau; von diesem Hintergrund hoben sich die abwechselnd weißen und gelb-bräunlichen Tiere deutlich ab.

So wie der Löwe das Tier der Ischtar, Göttin des Kampfes und der Liebe, war, symbolisierte der Stier Adad, den Gewittergott, und der schlangenköpfige Drache, der »Sirrusch«, war Marduk, der Stadtgott Babylons und oberster Gott des babylonischen Pantheons zur Zeit Nebukadnezars. Während der Löwe immer schon ein beliebtes Motiv war, taucht der »Drache von Babylon«, die »gehende Schlange«, vor allem in neubabylonischer Zeit auf Siegeln, Grenzsteinen und dergleichen häufig auf.

Außer der Schlange, die den geschuppten Leib und den langen Hals nebst Schlangenkopf und gespaltener Zunge »stellte«, waren noch drei Tierarten am Sirrusch beteiligt: der Löwe oder ein anderes Raubtier (Vorderbeine), der Adler oder sonst ein starker Raubvogel (Hinterbeine) und der Skorpion (langer Schwanz mit Stachel). Ergänzt wird das Drachenbild noch durch eine gerollte Locke am Kopf und spitze gerade Hörner.

Es könnte sein, daß sich die Babylonier so die urzeitliche Tiamat vorstellten, die Marduk einst im mythischen Kampf überwand, um die neue Weltordnung unter seiner Herrschaft zu begründen. Oder sollten die Priester des Marduk gar einen kleinen Sirrusch, ein seltenes Reptil vielleicht, als heiliges Marduk-Tier in einem Raum von Esagila gehalten haben, das dann Opfer der verhängnisvollen Wette zwischen Jahwe- und Marduk-Priestern wurde?

In den Apokryphen des Buches Daniel wird nämlich berichtet, daß die Jahwe-Vertreter – frei, wie sie ihre Lehre in Babylon predigen durften – zu den Marduk-Priestern kamen und zu ihnen sagten: Unser Gott ist größer und stärker als der Eure. Wir werden es Euch beweisen. Wenn Euer Gott (der Sirrusch nämlich) an der Speise stirbt, die wir ihm geben, dann ist Jahwes Macht eindeutig bewiesen. Die Marduk-Priester ließen sich auf die Wette ein – und es überrascht nicht, daß der arme Sirrusch die Küchlein aus Haaren und Asphalt, die die Juden ihm hinterhältigerweise gebacken und zu fressen gegeben hatten, absolut nicht vertrug.

Sein Bild aber kann man heute noch bewundern, denn die irakische Regierung hat eine Kopie des Ischtar-Tores an Ort und Stelle errichten lassen, so daß der Besucher mehr als nur die seinerzeit ausgegrabenen Torpfeiler sehen kann. Und eine meisterhafte Rekonstruktion von Prozessionsstraße und Tor sowie Teilen des Thronsaales von Nebukadnezar sind im Vorderasiatischen Museum in Ostberlin zu besichtigen. Allerdings fordert der Irak heute diese Kunstschätze zurück. Das Britische Museum und das Harvard-Museum haben bereits in Ur und Kirkuk gefundene Keilschrifttafeln aus ihren Beständen zurückgegeben, und wer weiß, wie lange das Ischtar-Tor noch in Berlin stehen wird.

Walter Andraes Bericht über die ersten Versuche, eine »getreue« Rekonstruktion zu erstellen, zeigt, daß offensichtlich nicht nur die archäologische Arbeit vor Ort ihre Tücken hat:

Bei einem Besuch in Berlin gegen Ende des Urlaubs (1912) interessierte mich, es wird mir niemand verdenken, das Schicksal unserer babylonischen Löwen, Stiere und Drachen brennend. Stolz zeigte man mir im Museum mehrere in Eisenrahmen gefaßte Exemplare, an denen aber auch nichts zu fehlen schien. Man hatte die aus Babylon »gelieferten« Klamotten mit der Säge zurechtgeschnitten und fein säuberlich zusammengepaßt; wo doch etwas fehlte, war mit schöner dicker Ölfarbe nachgeholfen worden! Die sehr alten und sehr langsam arbeitenden Museumsrestauratoren waren stolz auf diese Leistungen, so auch der Direktor der Vorderasiatischen Abteilung [Friedrich Delitzsch] und Seine Excellenz der Herr Generaldirektor [Wilhelm von Bode]. Ich muß, da ich mit ganz anderen Anschauungen vom

Konservieren der Altertümer imprägniert worden bin, damals
sehr lauten Krach geschlagen haben, der zu den Ohren der Majestät gelangte. Wilhelm II. schaltete sich sofort ein und befahl
eine Gegenüberstellung der beanstandeten und von mir gefor-
derten Zusammensetzungsarten.

Ich hatte einen Löwen so zusammensetzen lassen, daß kein einziges Fundstück gesägt, behackt, kurz barbarisch beschädigt
worden war. Die Fehlstellen sollten ehrlich als Fehlstellen gezeigt werden, so, als sei nur die Emailfarbe abgesprungen. Der
Löwe sah echt aus, der andere »geschleckt« und unnatürlich.
Der Kaiser kam, ich trug mein Anliegen vor und fand seine
Zustimmung, fuhr wieder nach Assur – und Berlin setzte weiterhin auf die frühere Art Tiere zusammen, weil sie doch so »viel
schöner« seien, wie der Generaldirektor meinte. Ein Glück, daß
die Restauratoren so langsam gearbeitet haben, so langsam, daß
16 Jahre später noch genügend Klamotten-Material zur Verfügung stand, um die armen Tiere nach meinen Angaben richtig
zusammenzusetzen. Dann nämlich war ich selbst Direktor, und
auch der Generaldirektor hatte gewechselt.

*Ein Museum zum Ruhme Babylons – ein Schloß zum Ruhme
seines Königs*

Bevor wir nun auf unserem Stadtrundgang durch dieses herrliche
Tor der Ischtar schreiten, um das Stadtinnere zu betreten, wollen
wir noch einen Blick in Nord- und Hauptburg werfen, jene Paläste, die von den löwengeschmückten Mauern der aufs Tor zuführenden Prozessionsstraße begrenzt werden. Beide zusammen bildeten außerhalb der Stadtmauern einen befestigten Komplex, der
vor allem wohl zur größeren Sicherheit der Südburg (der eigentlichen Residenz im Innern der Stadt) gedacht war.

Selbst die Ruinen dieser Bauten wirken noch imposant. Vor
allem die zum Teil aus den besonders harten und widerstandsfähi-
gen hellgelben Ziegeln erbaute Hauptburg – bei Beginn der Arbeiten unter einer Erd- und Schuttschicht von 8 bis 12 Metern begra-

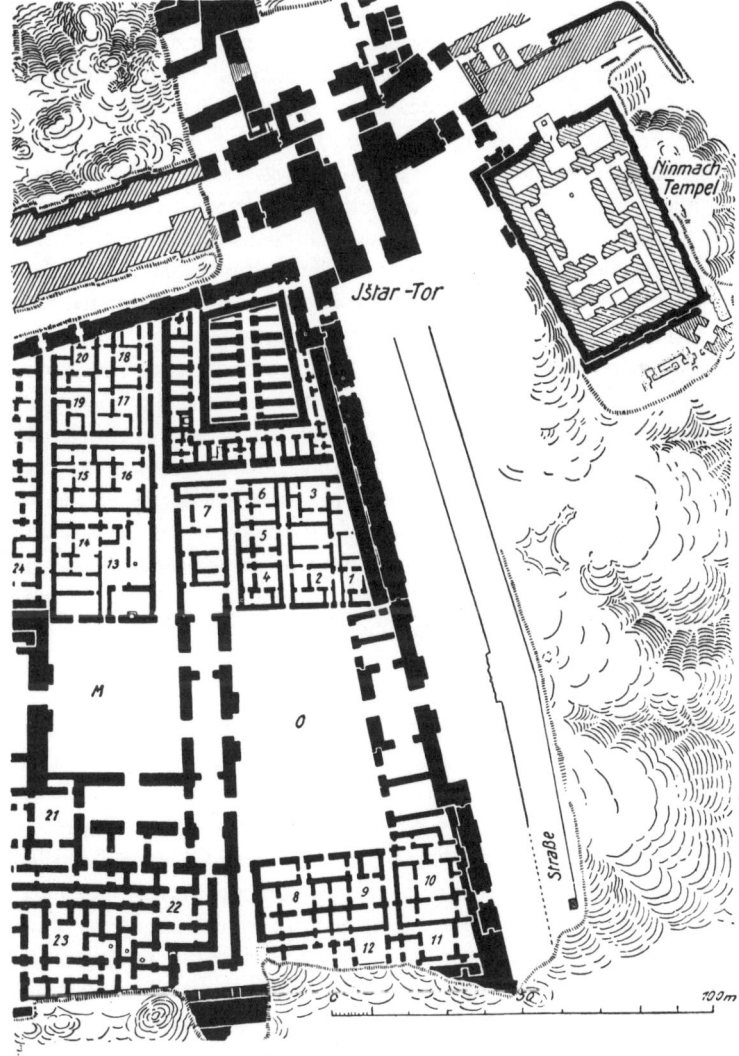

Grundriß des Stadtschlosses (Osthälfte) und der Hängenden Gärten links neben dem Ischtar-Tor (nach R. Koldewey).

ben! – ist für uns interessant. Sie war noch reicher ausgestattet als
die Südburg, an ihren Fronten schimmerten große Reliefs in blauer
Fayence, der Boden war mit von Nebukadnezar »signierten« Platten aus weißem und farbigem Sandstein ausgelegt, die Dachbalken
bestanden aus Zedern- und Zypressenholz. Die großartigen Bauten der Südburg genügten dem Bauherrn ganz offensichtlich noch
nicht, wie aus einer der Königsinschriften deutlich hervorgeht:

> In Babylon war mein Herrschersitz für meinen königlichen
> Schatz nicht ausreichend. Weil Ehrfurcht vor Marduk, meinem
> Herrn, in meinem Herzen wohnt, so änderte ich in Babylon,
> meiner wohlverwahrten Stadt, die ich lieb habe, zur Vergröße-
> rung meines Königssitzes seine Straße nicht, riß sein Heiligtum
> nicht ein, dämmte seinen Kanal nicht ab: Bezüglich des neuen
> Wohnsitzes nahm ich weit und breit Rücksicht, 490 Ellen Lan-
> des seitwärts von Nimitti-Bel, die Wallmauer Babylons zu
> schützen, baute ich zwei gewaltige Ufermauern aus Asphalt und
> Brandziegeln, eine Feste berghoch; zwischen ihnen errichtete
> ich ein Bauwerk aus Brandziegeln, oben darauf erbaute ich eine
> große Burg zur Residenz meiner königlichen Majestät aus
> Asphalt und Brandziegeln hoch emporragend.

Der König rühmt sich in der Großen Steinplatteninschrift, diesen
Bau in nur 15 Tagen fertiggestellt zu haben! Eine Angabe, die auch
von Berossos und Flavius Josephus überliefert wird. Will man die
Zeitangabe nicht ganz ins Reich der fabel-haften Übertreibung
verweisen, könnte man bestenfalls die Fertigstellung des Rohbaus
bei zugleich optimalen Arbeitsbedingungen annehmen, als da wären: bereits erfolgte Herbeischaffung und Vorbereitung des Bau-
materials, eine ungeheure Menge an aufeinander eingespielten
Bauarbeitern und ein Tagespensum, das einem »verschärften Fron-
akkord« entsprochen haben muß.

Außer den bereits erwähnten Palästen besaß Nebukadnezar
noch einen Sommerpalast auf dem Hügel »Babil« im Norden der
Stadt, in der äußersten Ecke des Osthakens. Der Palast erhob sich
auf einem 20 Meter hohen Unterbau und die nördlichen Winde
sorgten während der heißen Sommermonate für Kühlung. Da das

Relief von der Spitze der Gesetzesstele König Hammurabis von Babylon (1728–1686 v. Chr.): der König vor einer thronenden Gottheit, wahrscheinlich Schamasch. Die 2,25 Meter hohe schwarze Dioritstele wurde in Susa gefunden, wohin sie die siegreichen Elamiter als Beutestück aus Babylon mitgenommen hatten (Louvre, Paris).

Gebiet vom »Babil-Palast« bis zur Stadt nur dünn besiedelt war, der Schutz durch die äußere Stadtmauer aber ausreichte, muß man diesen Platz als idealen Erholungsort bezeichnen. Und als solcher war er offensichtlich auch gedacht, denn für große Empfänge war er zu klein, auch die Nebengebäude waren weniger zahlreich als in der Südburg.

Leider sind die Paläste, vor allem die Hauptburg, nicht vollständig ausgegraben, was um so bedauerlicher ist, als sie nach dem Urteil der Archäologen den Höhepunkt dessen bilden, was Nebukadnezars Architekten geleistet haben. Es waren übrigens keineswegs nur einheimische Baumeister und Künstler, die der König in seine Dienste nahm. Unter den Keilschrifttafeln, die Ernst F. Weidner entdeckte und entzifferte und die so aufschlußreich waren hinsichtlich des Schicksals des von Nebukadnezar in die Gefangenschaft geführten jüdischen Königs Jojachin, befanden sich auch einige, denen zu entnehmen ist, daß Nebukadnezar in weit größerem Umfang als die Assyrerkönige fremde Künstler und Handwerker an seinem Hof beschäftigte.

Möglicherweise ließe sich von daher das Rätsel des großen Basaltlöwen lösen, der in der Nordostecke der Hauptburg stand: Der Löwe schreitet über einen am Boden liegenden Mann hinweg, und man hat dieses Rundbild schon als hethitisch gedeutet, da der dieser Darstellung zugrunde liegende Gedanke, das Tier sei dem Menschen überlegen, nicht der mesopotamischen Vorstellungswelt entspricht. Während Koldewey vermutete, das Standbild stamme aus Nebukadnezars Zeit und wirke nur so plump und archaisch, weil es »noch in der Bosse« stecke, also unfertig sei, datierten andere Forscher es ins 3. Jahrtausend v. Chr. zurück. Seit der britische Archäologe M. E. L. Mallowan am 16. August 1952 in Nimrud eine assyrische Plastik fand, die eine Löwin darstellt, die gerade einen Nubier erdrückt, ist die Diskussion um Nebukadnezars berühmten Basaltlöwen erneut aufgelebt. Vielleicht hat ja wirklich einer von Nebukadnezars Künstler-Gastarbeitern ihn gefertigt.

Heute ist das Standbild übersät mit Spuren von Kugeln und Steinen, die man gegen den Löwen geschleudert hat, der bei den Arabern als gefürchteter »Dschin«, als Dämon gilt, dessen magi-

schen Fähigkeiten man auch die Erfüllung ganz konkreter »weltli-
cher« Wünsche zutraute, wie die folgende von Koldewey berichtete Andekdote zeigt:

> Auf der einen Seite haben ihm die Araber ein tiefes, jetzt mit
> Zement ausgefülltes Loch in seine Flanke gehauen, und das
> hängt so zusammen: Es kam einmal ein Europäer, erkundigte
> sich schon vorher nach dem Löwen, den er aus Reiseliteratur
> wohl kennen konnte, und den ihm die Araber auch zeigten. Er
> besah ihn genau, suchte aus den vielen kleinen Löchern, die der
> Basalt zeigt, das richtige aus, steckte einen Schlüssel hinein,
> drehte um und hatte dann auf einmal die ganze Hand voll Gold-
> stücke. Der scherzhafte Fremde ging weg, arabisch sprach er
> nicht. Der gute Araber aber, um der Schätze habhaft zu werden,
> hämmerte besagtes Loch in den Löwen, was ihm eine ungeheure
> Mühe gemacht haben muß, denn der Stein ist von großer Festig-
> keit.

Nebukadnezar, besessener Bauherr und Verschönerer seiner
Hauptstadt, war offensichtlich der Kunst aller Länder und Zeiten
gegenüber aufgeschlossen – auch hierin ganz Erbe einer schon fast
zweitausend Jahre alten Kultur.

Und so beschäftigte er nicht nur ausländische Künstler, sondern
richtete zum »Staunen der Menschheit« und zum »Anschauen aller
Völker« sogar ein regelrechtes »Schloßmuseum« ein – das von
seinem Nachfolger Nabonid weitergeführt und noch vergrößert
wurde. Es stand allen Besuchern, Babyloniern und Fremden gleichermaßen, offen – nur ein »Böser«, so die Bestimmung, durfte
nicht eintreten.

Die zur Schau gestellten Kunstdenkmäler waren wohl zum Teil
Beutestücke aus verschiedenen Kriegen, vor allem aus den babylo-
nisch-assyrischen Kämpfen 616 bis 605 v. Chr. Die bekanntesten
Museumsstücke – außer dem bereits erwähnten Basaltlöwen – sind
Inschriften des assyrischen Königs Adadnirari II. (um 900), das
Relief von Schamasch-resch-usur, dem assyrischen Statthalter von
Mari (10.–9. Jh.), Statuen von Puzur-Ischtar, Statthalter von Mari
zu Beginn des 2. Jahrtausends, und Stelen von Assurbanipal. Das

älteste Denkmal der Sammlung stammt noch aus sumerischer Zeit und stellt den Fürsten Schulgi dar.

Die neubabylonischen Könige – vor allem Nabonid – suchten mit geradezu archäologischem Eifer nach Altertümern aus früheren Epochen; besonders Gründungsurkunden und alles, was auf eine glorreiche Vergangenheit hinwies, wurden mit Fleiß zusammengetragen. Dazu gehörten natürlich auch Monumente aus jenen Ländern, die einst unter babylonischer Herrschaft gestanden hatten. Die letzten Könige Babylons waren auf der Suche nach dem längst entschwundenen »Goldenen Zeitalter«, und Nebukadnezar hat gewiß zumindest zeitweise geglaubt, seinem Land ein solches bescheren zu können:

> Babylon, die heilige Stadt, den Ruhm der großen Götter, habe ich hervorragender gemacht als vorher und ihren Bau gefördert. Die Heiligtümer der Götter und Göttinnen ließ ich erstrahlen wie den Tag. Was kein König unter allen Königen je geschaffen, was kein früherer König je gebaut, für Marduk habe ich es großartig gebaut. Die Ausstattung von Esagila, die Erneuerung von Babylon, habe ich mehr als früher auf das äußerste gefördert. Alle meine wertvollen Werke, die Verschönerung der Heiligtümer der großen Götter, die ich mehr als meine königlichen Vorfahren unternahm, schrieb ich auf eine Urkunde und legte sie für die Nachwelt nieder. Alle meine Taten, die ich auf die Urkunde geschrieben habe, sollen die »Wissenden« lesen und des Ruhms der großen Götter eingedenk sein.

Angesichts dieser und ähnlicher Inschriften Nebukadnezars verwundert es nicht, daß Babylons Einzigartigkeit in erster Linie auf der »Verschönerung der Heiligtümer« beruhen sollte. Und einige der 53 im babylonischen Stadtführer erwähnten Tempel hat man auch ausgegraben. Als besonders interessant und aufschlußreich gilt der Tempel der Unterweltsgöttin Ninmach, der »großen Mutter«, auf den man stößt, wenn man durch das Ischtar-Tor kommend die Stadt betritt. Das von Assurbanipal erbaute und von Nebukadnezar und dessen Sohn Awel-Marduk restaurierte Heiligtum ist zwar relativ klein (53,4 mal 35,4 Meter), doch gut erhal-

ten. Über die Verwendung der verschiedenen Räume und den dort
vollzogenen Kult ist nach wie vor wenig bekannt, doch hat sich
gezeigt, daß alle Tempel denselben Grundriß aufweisen wie der
Ninmach-Tempel (s. Abb. unten).

Die Mauern des Tempels, weiß verputzt, waren mit Toren und
Türmen versehen und stark wie bei einem Festungsbau. Im Tempel

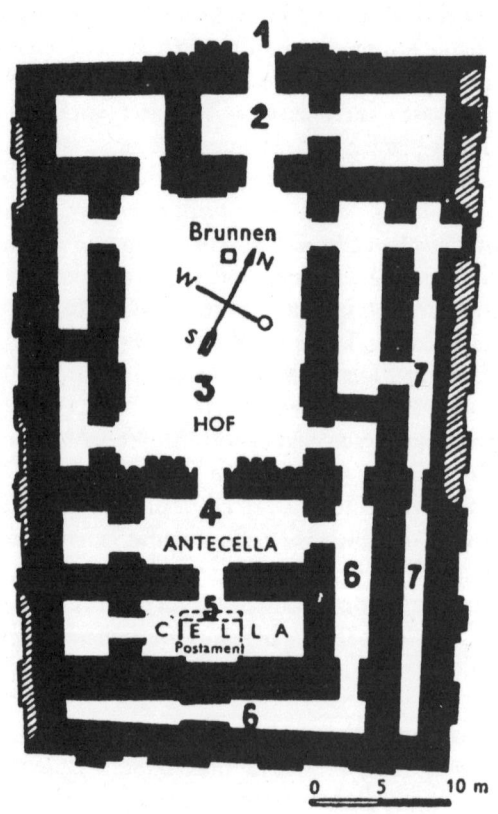

*Der Ninmach-Tempel: 1 Der Eingang (im Norden gelegen), flankiert von
vorspringenden Türmen; 2 Vorraum; 3 Innenhof mit pfeilergeschmückter
Südfront, von der aus eine Tür in zwei weitere Räume führt, die Antecella
(4) und die Cella (5), in der das Bild des Gottes auf einem Sockel stand
(nach A. Parrot).*

der Ninmach, so nahm Robert Koldewey an, hatte Alexander der Große seine täglichen Opfer dargebracht, während er in der Stadt weilte, auch noch in den letzten Tagen vor seinem Tod, der ihn in Babylon, am 13. Juni 323, ereilte.

Gegenüber dem hochgelegenen Platz, in dessen nordöstlicher Ecke der Ninmach-Tempel steht, erstreckt sich die Ostfront der Südburg mit dem großen Hauptportal. Dieser riesige Bau stellte das Herz des Kasr dar, die Akropolis von Babylon sozusagen, die sich an der Stelle erhob, wo die älteste Stadtanlage war, das eigentliche Bab ilim, die »Pforte der Götter«. Asarhaddon und sogar noch Nabopolassar sprechen von Babylon *und* Esagila als von zwei getrennten Plätzen, die erst im Laufe der Regierungszeit Nabopolassars und unter Nebukadnezar zu »Großbabylon« vereinigt werden.

Alle babylonischen Herrscher von Nabopolassar bis Nabonid haben an der Südburg »herumgebaut«, und auch die Achämeniden setzten diese Tradition später fort, doch das Kernstück des trapezförmigen, 322 mal 190 Meter großen Baues geht auf Nabopolassar und vor allem auf Nebukadnezar zurück, der in seinem mit Libanon-Zedern gedeckten Palast glückliche Zeiten zu erleben hoffte, wie aus einer sechszeiligen Ziegelinschrift hervorgeht:

> Den Palast, die Wohnung meines Königtums auf der Erde Babylons baute ich. Mächtige Zedern vom Gebirge Libanon, dem glänzenden Walde, brachte ich, und zu seiner Bedachung legte ich sie. Marduk, der barmherzige Herr, der mein Gebet erhört: Das Haus, das ich gebaut, an seiner Behaglichkeit möge er sich sättigen!... Darin, in Babylon, möge alt werden mein Wandel.

Betrat man den Osthof (66 mal 42 Meter) der Südburg von der Prozessionsstraße her, so schritt man zunächst durch ein rechts und links mit Wachlokalen versehenes Tor, überquerte dann den Hof, der zu beiden Seiten von Amtsräumen und Wohnungen des Palastpersonals gesäumt war, ging durch eine der zwei auf den nächsten Hof (38 mal 35 Meter) führende Türen, wo man auf weitere Wohnräume sowie einen großen Empfangssaal (27 mal 9 Meter) stieß. Durch ein riesiges Portal gelangte man schließlich

auf einen dritten, den größten Hof (60 mal 55 Meter) des gesamten
Komplexes, auf dessen Südseite der Thronsaal (52 mal 17 Meter)
lag. Ein vierter und fünfter Hof, jeweils von Wohn- und Emp-
fangsräumen sowie den privaten Gemächern des Herrschers umgeben, schlossen sich nach Westen hin an. Die Wände waren im
allgemeinen mit Gips verputzt, und einige Funde – Säulenstumpf
und Kapitell aus weißem Kalkstein – lassen vermuten, daß es auch
Säulengänge gab.

Das Prunkstück des Schlosses war jedoch – wie die beeindruk-
kenden Maße schon signalisieren – der Thronsaal oder, genauer
gesagt, seine gegen den Hof weisende Außenmauer. Sie war geschmückt mit blauen Fayenceziegeln, auf denen, ornamentartig
angeordnet, gelbe Säulen mit hellblauen Kapitellen, verbunden
durch Palmranken, prangten. Dazu ein Fries Girlanden aus Palmzweigen und einer Rosettenkette sowie ein Sims mit einer Reihe
Löwen, die ebenfalls umgeben sind von Palmzweigen und Rosetten. Anlage und Thematik der Fassadenverzierung waren neuartig,
und noch heute geht von der Rekonstruktion im Vorderasiatischen
Museum in Ostberlin ein ganz besonderer Reiz aus, da hier das
Monumentale etwa der Darstellungen an der Prozessionsstraße
und auf dem Ischtar-Tor durch die ornamentale Auflockerung geradezu beschwingt und keineswegs erdrückend wirkt.

Wollte man sich das berühmte Menetekel des Belsazar (s. S. 333 ff.)
als historisch und lokal fixierbar denken, dann muß man sich als
Ort der Handlung wohl diesen Thronsaal vorstellen.

Die Hängenden Gärten – der Semiramis?

Legenden sind meist viel romantischer als die nüchterne Wirklichkeit – dafür sind die sagenumwobenen Hängenden Gärten der
Semiramis der beste Beweis. Was die Legendenbildung immer
neue Blüten treiben ließ, war vor allem die außergewöhnliche (An-)
Lage, die im Griechischen mit *kremastos*, »aufgehängt«, bezeichnet wird und mit *pensilis* ins Lateinische übersetzt wurde. Dabei
hatte diese Konstruktion, wie Koldewey feststellt, für den antiken
Techniker überhaupt nichts »Wunderbares« an sich, denn Pensilia

sind für den Römer schlicht »Balkone«, und die gab es damals nicht selten.

Der Erbauer dieses »Wunderwerks«, Nebukadnezar, war schon zu Herodots Zeiten, also nur hundert Jahre nach seinem Tod, so vollkommen aus dem Gedächtnis des Volkes verschwunden, daß man die Anlage nicht dem königlichen Bauherrn, der doch durch Tausende von Inschriften seinen Architektenstolz verewigt hatte, nachrühmte, sondern einer sagenhaften Königin: Semiramis.

Für uns Heutige ist diese Semiramis allerdings nicht mehr ganz so sagenhaft wie der Gatte, der ihr laut Ktesias von der Legende zugeschrieben wird: Ninos, Begründer des assyrischen Reiches und Erbauer der Stadt Ninos – nämlich Ninive. Die Keilschrifttexte berichten nichts von einem solchen König oder Feldherrn, und auch andere Forschungen haben ihn nicht als historisch fixieren können. Ninos bleibt also eine mythische Gestalt, die typische »Gründerfigur«, in deren Taten sich die ganze Geschichte Assyriens repräsentativ manifestiert.

Semiramis dagegen gewann in Sage wie Geschichte gleichermaßen entschieden mehr »Leben«. Als »die ausgezeichnetste aller Frauen, von denen wir jemals gehört haben, ... aus niederem Stande zu solchem Ruhm emporgestiegen ist«, hatte sie bereits, wie Ktesias zu berichten weiß, ein recht abenteuerliches Leben

Ausschnitt aus einem assyrischen Relief mit der Darstellung der Hängenden Gärten (nach J. Klima).

hinter sich. Als Kind ausgesetzt, da Frucht eines außerehelichen Fehltritts der Mutter, wurde sie von Tauben gewärmt und genährt, bis Hirten die Kleine fanden und dem Aufseher über das königliche Vieh zur Pflege und Erziehung übergaben. Erwachsen geworden, heiratete sie einen königlichen Würdenträger, doch sie erregte das Wohlgefallen von König Ninos, der zunächst versuchte, »ihren Mann zu überreden, daß er sie ihm freiwillig abtrete, für welche Gunst er ihm seine eigene Tochter Sosane zu geben verhieß. Da aber der Mann das übel aufnahm, drohte er ihm die Augen auszustechen, wenn er nicht ohne weiteres seinem Befehle gehorche. Der aber, teils aus Furcht vor der Drohung des Königs, teils aus Liebesverzweiflung, fiel in Wahnsinn und Raserei, knüpfte sich einen Strick und erhängte sich. Auf diese Weise war Semiramis zu königlicher Würde emporgestiegen« (Diodor II, 6).

Semiramis gebar einen Sohn namens Ninyas, für den sie nach dem Tod des Gatten die Regierungsgeschäfte bis zu dessen Volljährigkeit führte. Und im weiteren Verlauf der Sage »stiehlt« sie Nebukadnezar nun nicht nur den Ruhm, Schöpfer der Hängenden Gärten zu sein – auch als Gründerin Babylons tritt sie auf, und alle Vergrößerungen und Verschönerungen der Stadt, die Nebukadnezar veranlaßt hat, werden ihr zugeschrieben. Sie gründete dann noch weitere Städte, führte Kriege, und ihre Macht wurde größer und größer – da trachtete ihr der Sohn nach dem Leben. Sie erfuhr davon, tat ihm jedoch nichts zuleide, sondern »übergab ihm vielmehr die Herrschaft und befahl den Statthaltern, ihm zu gehorchen, und allsogleich danach verschwand sie, gleich als wäre sie zu den Göttern gegangen ...

Das ist es, was Ktesias aus Knidos über die Semiramis erzählt; Athenaios aber und einige andere Geschichtsschreiber berichten, daß sie eine schöne Buhlerin gewesen sei und daß um ihrer Schönheit willen der König der Assyrer sich in sie verliebt habe. Anfangs habe sie im Palast nur wenig gegolten, dann aber sei sie zur rechtmäßigen Gemahlin erklärt worden und habe dann den König überredet, ihr auf fünf Tage die Regierung abzutreten. Als nun Semiramis das Zepter und das königliche Gewand trug, habe sie am ersten Tage ein Fest und eine herrliche Schmauserei veranstaltet und dabei die Anführer der Streitmacht und die hervorragendsten

Männer alle überredet, es mit ihr zu halten. Am folgenden Tage aber, als ihr die Menge und die angesehensten Männer als der Königin huldigten, habe sie ihren Mann ins Gefängnis geworfen und selbst – wie sie denn von hohem Sinn und unternehmendem Geiste war – die Zügel der Herrschaft ergriffen, als Königin bis in ihr Alter regiert und viele große Dinge ausgeführt. So widersprechen sich einander bei den Geschichtsschreibern die Nachrichten über Semiramis« (Diodor II, 20).

Heute widersprechen sich die Geschichtsschreiber durchaus nicht mehr, sondern sind sich einig, um wen es sich bei Semiramis handelt: um die assyrische Königin Samuramat, Gattin Schamschi-Adads V. (823–810) und Mutter Adadniraris III. (809–782), an dessen Stelle sie fünf Jahre lang regierte – hier treffen sich Sage und Geschichte. Die Griechen nannten sie später Semiramis und schrieben ihr neben Eroberungszügen bis nach Indien und Abessinien auch die Anlage der Hängenden Gärten zu. Und eine Forscherin unserer Tage, Sophie de Serdakowska, die dem Problem der *Jardins suspendus de Sémiramis* ein ganzes Buch gewidmet hat, kommt sogar zu dem Schluß, daß es wirklich diese Samuramat war, die die Hängenden Gärten bauen ließ und Nebukadnezar sie nur restaurierte. Mit dieser Theorie steht sie allerdings ziemlich allein auf weiter Wissenschaftlerflur.

Wie aber konnte eine assyrische Königin überhaupt eine so bedeutende Rolle in der babylonischen Überlieferung spielen? Eine Reihe von Wissenschaftlern sieht in ihr eine babylonische Prinzessin, die, durch Heirat auf den assyrischen Thron gelangt, eine babylonfreundliche Politik gefördert und auch den babylonischen Nabu-Kult in Assyrien eingeführt habe, so daß ihr Andenken in Babylon lebendig geblieben sei. Obwohl nicht alle Historiker diese Ansicht teilen, erscheint die These plausibel, zumal festzustellen ist, daß in jener Zeit – der Zeit der Samuramat – sich der Nabu-Kult wirklich in Assyrien auszubreiten begann und eine positive Änderung in der Einstellung der Assyrer gegenüber Babylon eintrat.

Wenn auch die meisten der Semiramis-Berichte märchen- und mythenhafte Ausschmückung sind, so rankten sie sich doch um eine Frau von offensichtlich außergewöhnlichem Format, deren

Ruhm bis heute noch im fernen Armenien fortlebt, wo ein großer Bewässerungskanal für die Stadt Wan am Wansee »Strom der Semiramis« heißt und der am höchsten gelegene Teil des Kastells der Stadt »Semiramisburg« genannt wird.

Als ähnlich außergewöhnlich hat man das ihr zugeschriebene Bauwerk, jene Hängenden Gärten, betrachtet. So berichtet denn auch die ganze Crème der antiken Geschichtsschreiber – Diodor, Curtius Rufus, Strabo, Flavius Josephus – über dieses Wunderwerk, nur Herodot schweigt sich aus. Wahrscheinlich durfte er weder den Palast – den er immerhin erwähnt – noch das übrige Gebiet der königlichen Residenz betreten, geschweige denn besichtigen, da es zu seiner (Besuchs-)Zeit wohl als Hauptquartier der persischen Besatzungsmacht diente.

Robert Koldeweys Rekonstruktionsversuch (1918) der Hängenden Gärten.

Am aufschlußreichsten hinsichtlich Anlage und Aussehen der Gärten ist die Beschreibung, die Diodor in seiner *Historischen Bibliothek* gibt. Er stützt sich dabei auf verschiedene ältere Autoren wie Ktesias, der ja zum persischen Hof gehörte und die Gärten wohl noch mit eigenen Augen gesehen hat; und die Ausgrabungen haben seine Angaben weitgehend bestätigt:

Neben der Burg lag auch der sogenannte Hängende Garten, jedoch kein Werk der Semiramis, sondern eines späteren syrischen [!] Königs, der ihn einem Nebenweib zuliebe anlegte. Diese sei nämlich von persischem Geschlecht gewesen, und da sie nach den Gebirgsauen Sehnsucht empfand, habe der König durch jene künstlichen Anlagen die Eigentümlichkeit der persischen Landschaft nachahmen wollen. Dieser Garten war auf jeder Seite vier Plethren [ca. 120 Meter, was allerdings den wirklichen Maßen nicht entspricht] lang ansteigend wie ein Berg, ein Stockwerk über das andere, so daß er einen Anblick wie ein Theater darbot. Unter den ansteigenden Terrassen waren Mauerreihen gebaut, die die ganze Schwere des Gartens zu tragen hatten und die, wie das Ganze anstieg, immer ein wenig über die vorhergehende hervorragten; die höchste Reihe aber, die fünfzig Ellen [ca. 25 Meter] hoch war, trug die oberste Terrasse des Gartens, die von gleicher Höhe mit der Stadtmauer war. Die mit vielen Kosten aufgeführten einzelnen Mauern hatten eine Dicke von zweiundzwanzig Fuß [7,5 Meter] und zwischen je zwei Mauern blieb ein Zwischenraum von zehn Fuß [3,4 Meter]. Oben waren Steinbalken quer übergelegt, samt den Fugungen sechzehn Fuß [5,44 Meter] lang und vier Fuß [1,35 Meter] breit. Diese überdeckte man zunächst wieder mit einer Schicht von Schilfrohr und vielem Erdpech, dann mit einer doppelten Schicht gebrannter Ziegelsteine, die durch Gips miteinander verbunden waren, und darauf noch mit einer Decke von Blei, damit die Feuchtigkeit der oben aufgeschütteten Erde nicht in die Tiefe durchsickern könne. Hierauf also trug man in genügender Tiefe Erde an, daß die größten Bäume Wurzeln fassen konnten. Oben war der Boden geebnet und mit zahlreichen Bäumen bepflanzt, die sowohl durch ihre Größe als auch durch sonstige Lieblichkeit den Sinn des Beschauers ergötzten. Da die Mauerreihen übereinander emporragten, so fiel auf diese Weise Licht herein, und es waren zwischen ihnen viele königliche Gemächer angebracht. Eine derselben hatte nach oben Öffnungen, die bis an die Oberfläche des Gartens gingen, und enthielt Maschinen zum Aufpumpen des Wassers, das in großer Menge aus dem Flusse emporgetrieben wurde, während man von außen nichts davon wahrnehmen konnte.

Den »späteren syrischen König« nennt nur ein einziger der Geschichtsschreiber beim (richtigen) Namen: Flavius Josephus bezeichnet in seinen *Jüdischen Altertümern* ausdrücklich Nebukadnezar als den König, der bei seinem Palast einen Garten anlegte und »aus Steinen Anhöhen errichten ließ, denen er Gestalt von Bergen geben und die er mit allerlei Bäumen bepflanzen ließ«.

In Babylon, ja, in ganz Mesopotamien gibt es, soweit bis heute bekannt, nur ein einziges Bauwerk, das dieser Überlieferung entspricht: Der Gewölbebau in der nordöstlichen Ecke des Palastareals, gegenüber dem Ischtar-Tor. Vom Mittelhof der Südburg führt ein breiter Gang zu jener 42 mal 30 Meter großen gewölbten Konstruktion, deren Grundfläche infolge seiner Ecklage an der Palastmauer – heute der Hügel Amran-ibn-Ali – ein unregelmäßiges Viereck bildet. Das ganze Terrain war zusätzlich von einer dicken Mauer umgeben, die im Norden und im Osten jedoch nahe an die des Palastes heranreichte. Innerhalb dieser Mauer war der Komplex in 14 gleichgroße Kammern unterteilt, je 7 längs den beiden Seiten eines Mittelganges – Diodors »Königliche Gemächer«. Diese Kammern hatten 2,5 bis 3 Meter lichter Weite und waren von Tonnengewölben überdeckt – den ersten freistehenden Gewölben überhaupt – und aus Hausteinen errichtet, wie sie sonst nur noch an der Nordmauer des Kasr zu finden sind.

Südlich und westlich lagen weitere Kammern, und in einer der westlichen befindet sich ein Brunnen, der einmalig ist in Babylon und in der ganzen antiken Welt. Er besteht aus einem quadratischen Schacht in der Mitte und zwei länglichen zu beiden Seiten, eine Anlage, für die Koldewey die wohl zutreffende Erklärung fand: Es handelt sich dabei um »ein mechanisches Schöpfwerk von der Art unserer Paternosterwerke, bei dem sich die zu einer Kette vereinigten Schöpfkästen über einem auf dem Brunnen angebrachten Rade drehten. Das Rad wird dabei durch ein Göpelwerk in dauernde Umdrehung versetzt. Die Vorrichtung, die heutzutage in dieser Gegend auch üblich ist und ›Dolab‹ (Kasten) genannt wird, ergibt einen kontinuierlich fließenden Wasserstrom.«

Die Ruine dieses »Maschinen[raums] zum Aufpumpen des Wassers«, wie Diodor die Anlage nannte, liegt völlig unterhalb der Palastfußböden und diente wahrscheinlich, kühl wie diese »Kellerräume« – die einzigen in ganz Babylon (!) – ja waren, zur Aufbewahrung von Vorräten, vor allem wohl von Öl und Wein. Gewiß handelte es sich nicht nur um einen bloßen Unterbau, wie die Reste von Treppenstufen zeigen.

Das Entscheidende aber spielte sich in den leider fehlenden oberen Etagen ab, da jedoch, wie meist bei babylonischen Bauwerken, die untersten Schichten weitgehende Rückschlüsse auf die Gesamtanlage zulassen, läßt sich auch der obere Teil, der Hängende Garten also, unter ergänzender Zuhilfenahme des Diodorschen Textes, in etwa rekonstruieren – nur in etwa, denn auch hier gehen die Meinungen darüber auseinander, wie die Gartenanlagen nun

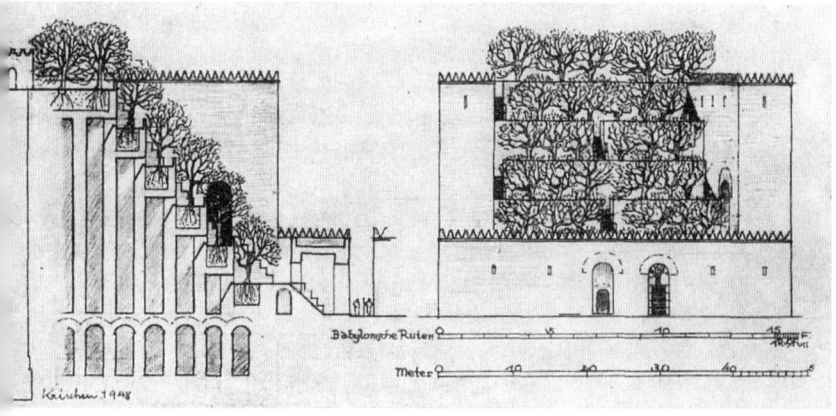

Die Hängenden Gärten; Schnitt und Ansicht des Rekonstruktionsversuchs von Fritz Krischen (1956).

letztlich über dem Tonnengewölbe des Kellergeschosses angeordnet waren.

Soviel freilich ist sicher: Terrassenförmig ansteigend, seinen höchsten Punkt unmittelbar an der Befestigungsmauer neben dem Ischtar-Tor erreichend, erhob sich, gestützt von den massiven Gewölben und ständig bewässert durch die eben erläuterte Schöpfanlage in einer der Untergeschoßkammern, über den weißen Dächern Babylons ein »grüner Berg« – und vor allem an einen Berg sollte das Ganze erinnern. Denn dieses bautechnisch kühne Unternehmen hat Nebukadnezar nicht (nur) in Szene gesetzt, um seinen Ruf als größter Bauherr weiter zu festigen, sondern um seiner Frau, der Mederin Amytis, eine Ahnung der fernen Berge ihrer persischen Heimat in Babylon zu geben.

Auf den verschieden hoch aus Lehmziegeln aufgemauerten Terrassentreppen lag eine Erdschicht, die dick genug war, Bäume, Büsche und Blumen zu tragen, und Diodor hat ja genau geschildert, welche Vorsichtsmaßnahmen getroffen wurden, um ein Durchsickern der Feuchtigkeit des bewässerten Erdreichs zu verhindern: Abdeckung durch Schilf und Asphalt und Isolierung durch eine Bleidecke. So konnte die Königin im Schatten der Bäume Heimatgefühlen nachhängen – und ein jeder Dachgartenbesitzer heute kann ein wenig Weltwunderatmosphäre genießen.

Wir aber verdanken dem Ruhm dieses Bauwerks, daß wir wenigstens diese winzige Nachricht über Nebukadnezars Privatleben erhalten, eine Nachricht, die ja, wenn auch in etwas entstellter Form, Diodor überliefert: Amytis, Tochter des Kyaxares, war Mederin und nicht Perserin und außerdem gewiß keine *Neben*frau des Königs von Babylon.

Man weiß sonst nichts über Nebukadnezars Frauen – doch gewiß hat er, von dem fast selbstverständlichen königlichen Harem einmal abgesehen, mehrere politisch motivierte Ehen geschlossen. So hat man eine Zeitlang vermutet, daß er – wie der Bund mit Amytis ja das medisch-babylonische Abkommen besiegeln sollte – nach dem überstürzten Vertrag mit Necho bei Karkemisch dessen Tochter Nitokris ehelichte. Berossos und Flavius Josephus berichten das. Doch die Forschung konnte diese Überlieferung nicht bestätigen, und die weitere Entwicklung der babylonisch-ägyptischen Beziehungen läßt dies auch höchst unwahrscheinlich erscheinen. Hier ist den Geschichtsschreibern wohl wieder einmal Sage und Historie durcheinandergeraten, denn jene Dame Nitokris spielt eine ganz ähnliche Rolle in der babylonischen Legende wie Semiramis.

Das Grab der Nitokris oder Der Fluch der Pharaonen auf babylonisch

Wie Semiramis angeblich die Hängenden Gärten gebaut und Babylon begründet hat, so soll Nitokris den Euphrat eingedämmt und ein imposantes Netz von Bewässerungsgräben und Kanälen angelegt haben. In weiser Voraussicht ließ sie aus dem Ton vom Aushub der Gräben gleich Ziegel brennen und eine steinerne Brücke über den Euphrat schlagen. Auch sie hinterließ bei ihrem Tod ein mächtiges, in sich gefestigtes Reich, vor allem aber besaß sie offensichtlich Sinn für einen skurrilen Humor. Auf ihrem Grabstein ließ sie nämlich folgenden Satz einmeißeln:

Sollte es einem meiner Nachfolger an Geld gebrechen, so öffne er mein Grab und nehme heraus, soviel er will; er darf es allerdings nur dann tun, wenn er wirklich Mangel leidet, denn sonst ergeht es ihm schlecht.

Von den übermäßig tabubewußten und -geplagten Babyloniern scheint sich keiner je bedürftig genug gefühlt zu haben, um den heiklen Schritt zu wagen. Dareios, der persische Eroberer, kannte da weniger Skrupel. Er ließ das Grab aufbrechen und durchsuchen, fand zwar nichts Wertvolles, dafür aber eine mit der Signatur der verstorbenen Königin versehene Tontafel, auf der er lesen mußte:

Wärest du nicht der raffgierigste und gewinnsüchtigste aller Menschen, so hättest du es nicht fertiggebracht, ein Grab zu schänden!

Er hatte es wohl wirklich nicht so dringend nötig gehabt...

In der Dame Nitokris, über die wir nichts weiter wissen als das eben Berichtete, das Herodot aus Babylon mitbrachte, ist möglicherweise weniger eine Art Semiramis-Konkurrentin zu sehen als vielmehr eine folgenschwere Herodotsche Metamorphose: Der Vielgereiste, der nicht lange zuvor im Land der Pharaonen weilte, hatte vielleicht noch den Namen der ägyptischen Herrscherin Nitokris im Ohr und seinen babylonischen Gewährsmann mißverstanden.

Diese Hypothese Walter Baumgartners und anderer hat einiges für sich, aber auch die Vermutung, es handle sich um eine Verballhornung der persischen Namensform von Nebukadnezar – Nabukadracára – ist erwägenswert. Anders als Semiramis hat es *diese* Nitokris jedenfalls gewiß nicht gegeben, und so kann sie Nebukadnezar auch nicht den Bauherrenruhm hinsichtlich der steinernen Brücke streitig machen.

Unweit dieser Brücke, im Zentrum Babylons, befand sich im heiligsten, dem Haupt- und Stadtgott Marduk geweihten Bezirk, jenes Bauwerk, dessen Urheberschaft wirklich niemand Nebukadnezar je abgesprochen hat – im Gegenteil, es wird ihm, dank der alttestamentlichen Darstellung, bis heute als ein Werk der Hybris, der Vermessenheit angekreidet: der Stufenturm *E-temen-an-ki*, »Haus der Grundlegung des Himmels und der Erde«, bekannt unter dem Namen Babylonischer Turm oder Turm von Babel – Sinnbild menschlicher Selbstüberschätzung.

Dabei war doch eigentlich alles ganz anders...

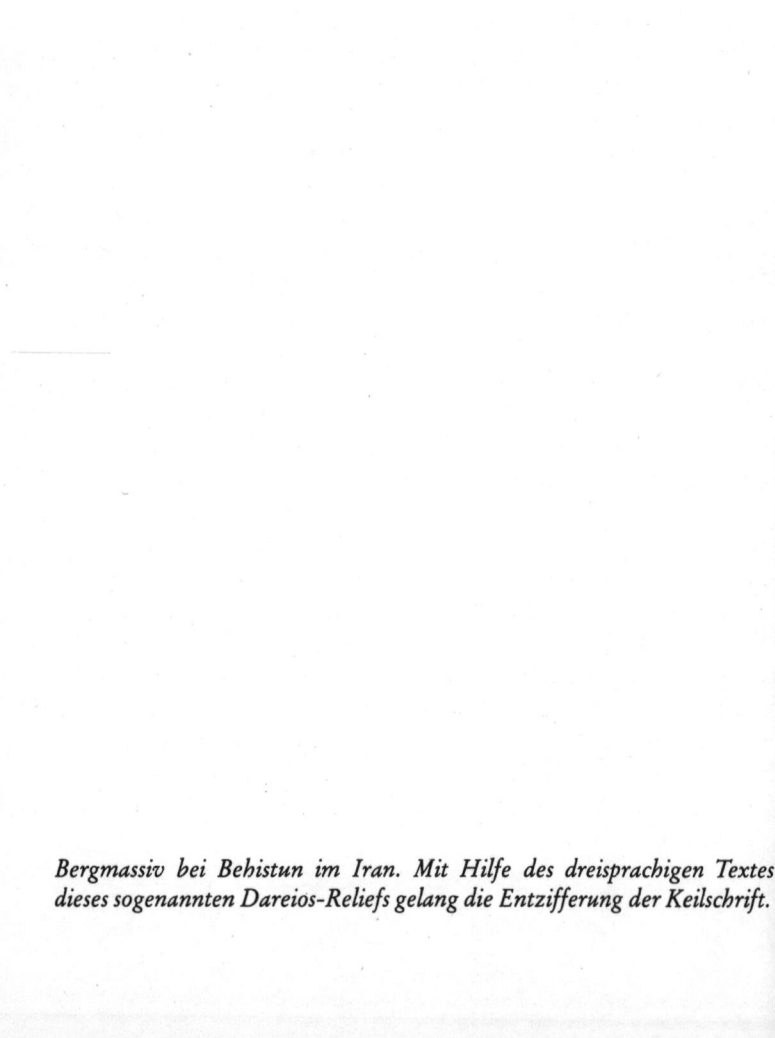

Bergmassiv bei Behistun im Iran. Mit Hilfe des dreisprachigen Textes dieses sogenannten Dareios-Reliefs gelang die Entzifferung der Keilschrift.

Der Turm von Babel

Hochragender Berg des Enlil, Imcharsag.
Gen Himmel anstrebend mit kühnem Haupt,
Die Wurzeln schlagend im klaren Abyssos,
Im Lande sich lagern wie ein mächtiger Stier,
Dessen Hörner erglühen gleich dem flammenden Lichte,
Wie die Sterne am Himmel erglänzen in Pracht.

So preist ein alter Hymnus in metaphernreicher, archaisch-prunk-
voller Sprache den Stufenturm des Wettergottes Enlil zu Nippur.
Denn nicht ein Werk der Hybris, sondern Ausdruck elementarster
Gottesverehrung waren sie, die Tempeltürme, die altehrwürdigen
mesopotamischen Zikkurati, deren Ursprung bis in die Zeit der
Sumerer zurückreicht. Das ganze Zweistromland war geradezu
von einem Netz von »Babeltürmen« überzogen. Hier wurden die
Feste zu Ehren der Gottheit gefeiert, die dem Land Fruchtbarkeit
und Wohlstand bescherte.

Etemenanki, der »Turm von Babel«, war jedoch in gewisser
Weise die Krönung des gesamten mesopotamischen Tempelbaus,
Höhe- und Endpunkt zugleich – Kristallisationspunkt von Legende und Überlieferung, Bewunderung und bitterem Nachruhm.
Ihm wäre, hätte er zur Zeit der Aufstellung des Weltwunder-Ka-
nons noch existiert, ein Platz unter den »Großen Sieben« sicher
gewesen. Unserem Bewußtsein ist er näher geblieben als alle Sieben Weltwunder zusammen, ja, im »babylonischen Sprachengewirr« und ähnlichen Redewendungen ständig präsent. Die Autoren des Alten Testaments haben ihn unsterblich gemacht – doch
um welchen Preis!

Und es geschah, daß die Erde eine Sprache und einerlei Worte hatte. Und es geschah, als sie im Osten wanderten, fanden sie eine Ebene im Land Schinar und ließen sich dort nieder. Und sie sprachen zueinander: Wohlan laßt uns Ziegel formen und hart brennen. Und der Ziegel diente ihnen als Baustein, und das Erdharz diente ihnen als Mörtel. Und sie sprachen: Wohlan, wir wollen eine Stadt bauen und einen Turm, dessen Spitze bis in den Himmel reicht, und wollen uns einen Namen machen, damit wir uns nicht über die ganze Erde hin zerstreuen. Da stieg Jahwe herab, um die Stadt und den Turm zu sehen, den die Menschen erbaut hatten. Und Jahwe sprach: Fürwahr, ein Volk sind sie und haben alle dieselbe Sprache, und das ist nur der Anfang ihres Tuns, und fortan wird ihnen nichts verwehrt werden können, was sie sich vornehmen werden. Wohlan, wir wollen hinabsteigen und dort ihre Sprache verwirren, so daß keiner mehr die Sprache des anderen versteht. Und Jahwe zerstreute sie von dort über die ganze Erde hin, und sie hörten auf, die Stadt zu bauen. Darum nennt man ihren Namen Babel; denn dort hat Jahwe die Sprache der ganzen Erde verwirrt. Und von dort hat sie Jahwe zerstreut über die ganze Erde« (1. Mose 11, 1–9).

Die biblische Erzählung kreist im Grunde um zwei Motive: Zum einen wollen die Menschen den Turm bauen, um sich *nicht* zu zerstreuen, zum andern sieht Jahwe dieses Monument, dieses »Einheitszeichen« könnte man fast sagen, verwirrt die Sprache der daran Bauenden und *zerstreut* sie über die ganze Erde. Warum eigentlich? Der Alttestamentler H. H. Schmid ist der Ansicht, gerade das würde aus dem Bibeltext nicht klar, und man müsse davon ausgehen, daß der Autor zwei Erzählstränge nicht gerade logisch zusammengefügt habe.

Daß bei der Kompilierung dieser Legende ältere Überlieferungen verarbeitet wurden – jüdische und nichtjüdische – ist klar, das ist bei praktisch allen alttestamentlichen Erzählungen so und darauf wird später noch näher einzugehen sein, aber warum die beiden von Schmid apostrophierten Überlieferungsstränge nicht zusammenpassen sollen, leuchtet nicht recht ein. Jahwe sagt doch

*Sumerisch-assyrisch-babylonische Zikkurat-Darstellungen. Oben: Assy-
robabylonisches Rollsiegelbild (ca. 1250 v. Chr.) – Gebet und Opfer vor
einem Stufenturm. Mitte: Altassyrisches Siegelbild eines Opfers vor dem
Stufenturm. Unten: Darstellung eines Zikkurat-Baues auf einem altsume-
rischen Siegelbild (nach Th. Dombart).*

ganz deutlich, was er befürchtet: »Fürwahr, ein Volk sind sie und haben alle dieselbe Sprache, und das ist nur der Anfang ihres Tuns, und *fortan wird ihnen nichts verwehrt werden können, was sie sich vornehmen werden.*«

Er hatte also schlicht Angst davor, der nächste Schritt einer einigen, »solidarischen« und damit mächtigen Menschheit könnte in seiner »Absetzung« bestehen, und um diese Gefahr für seine (All-)Macht abzuwenden, verwirrt er die Sprache der Menschen, zerstört das Symbol ihrer Verbundenheit – von seiner Seite interpretiert: das Symbol der göttlichen Anmaßung – und »zerstreut« sie, das heißt, er isoliert sie voneinander und macht sie dadurch schwach, also wieder und weiterhin auf ihn, Gott, angewiesen.

Die außerbiblische jüdische Sage ist da viel deutlicher als die Bibel[11], und wenn man die entsprechenden Parallelen in vedischen und indischen Erzählungen noch hinzuzieht, wie Albrecht Frenz das getan hat – der übrigens auch interessante Beziehungen zwischen der Turmbauweise der Industalkultur und der Architektur der sumerischen Zikkurati feststellte –, wird diese Interpretation nachdrücklich bestätigt:

»Es zeigt sich, daß die Geschichte, wie sie der hebräische und die vedischen Schriftsteller darbieten, in ihrem Grundbestand Übereinstimmungen aufweist. Bauleute errichten einen ›Turm‹, mit dem sie bis zum Himmel hinaufsteigen wollen. Dies bedeutet eine Gefahr für den Herrn des Himmels und seinen Hofstaat. Damit die Stellung der Himmlischen gewahrt bleibt, muß der jeweils höchste Gott rechtzeitig gegen das Vorhaben seiner Konkurrenten einschreiten. Die getroffenen Gegenmaßnahmen führen zum Erfolg. Der stolze Bau stürzt ein bzw. bleibt unvollendet liegen.«

Warum der biblische Autor die Geschichte gerade in Babylon spielen läßt, ist vielleicht zum einen etymologisch zu erklären: Das hebräische *balal,* »verwirren«, erinnert an den Namen der mesopotamischen Stadt. Aber man mag auch in Palästina durch Kaufleute und Reisende von den Riesenbauten Babylons gehört haben und von dem Sprachengewirr, daß durch die vielen Besucher, Geschäftsleute und Kriegsgefangenen aus aller Welt im Umkreis der Babeltürme herrschte: Akkader, Assyrer, Aramäer, Mitanni, Meder, Hethiter, Edomiter, Moabiter, um nur die wichtigsten zu nennen. Außerdem war für die Kinder Israels Babylon eine uralte Stadt, in einem Land, das ihnen als Wiege der Menschheit galt. Und schließlich berichtet bereits das sumerische Epos über Enmerkar von einer Sprachverwirrung, die in diesem Mythos allerdings die Folge einer Auseinandersetzung zwischen den Göttern Enki und Enlil ist. Doch konnten sich die Bibelautoren sogar in diesem Fall aus der sumerischen Literatur Anregung holen, die ihnen ja auch sonst als bevorzugte Arbeitsvorlage diente (s. S. 292 ff.).

Gleichgültig aber, woher sie ihren Stoff bezogen – für sie war er sowieso nur Rohmaterial zur Verpackung ihrer zweifachen Bot-

Der Turmbau zu Babel war jahrhundertelang ein beliebtes Sujet der Maler. So stellte sich Jan Luyken (1649–1712) die Entstehung des berühmten Bauwerks vor (Kupferstich).

schaft: Daß es verhängnisvoll ist, Türme bis in den Himmel zu bauen und damit Jahwe herauszufordern, und zugleich zu erklären, warum die Menschen, die doch alle von einem einzigen Paar abstammen, so verschiedene Sprachen sprechen und über die ganze Erde verstreut leben. »So spricht der Text in seiner jetzigen Fassung letztlich nicht mehr von der Stadt und nicht mehr vom Turm, sondern vom Menschen und von Gott. Die sagenhafte Geschichte vom Turm und von der Stadt ist zum Material geworden, an dem der Jahwist seine theologische Aussage deutlich macht und weitersagt.«

Aber dieses Resümee, das H. H. Schmid aus seiner »Bibel und Babelturm«-Analyse zieht, kann auch nichts daran ändern, daß die »Götterberge«, wie die Sumerer ihre Hochtempel nannten, als »Türme der Hoffahrt« weiterleben und Etemenanki das Symbol menschlicher Hybris schlechthin bleiben wird. Nicht zuletzt deshalb, weil sich die bildende Kunst vom Mittelalter bis in die Neuzeit von kaum einer biblischen Erzählung so nachhaltig inspirieren ließ wie von der Babelturm-Legende. Wobei man zunächst in erster Linie an der Botschaft – menschlicher Übermut ruft Gottes Strafgericht herab – interessiert war und nicht an architektonischer »Wahrscheinlichkeit« des Dargestellten, wie eines der frühesten uns bekannten Kunstwerke mit diesem Motiv, ein Elfenbeinrelief vom Antependium der Kathedrale zu Salerno aus dem 11. Jahrhundert n. Chr., deutlich zeigt.

Erst mit Beginn des 15. Jahrhunderts tritt da eine Wandlung ein, die ihren Höhepunkt findet in dem berühmten Gemälde Pieter Bruegels.[12] Von der architektonischen Realität ist natürlich auch Bruegels Bild weit entfernt – selbst die imposanteste Vertreterin der Gattung Zikkurat hätte nicht dieses kleine Universum von Menschen und Gebäuden in und an ihren Mauern bergen können.

Außerdem ist es möglich, daß sich die biblische Legende ursprünglich sogar auf ein sehr viel älteres, bescheideneres Bauwerk als den Turm von Babel bezogen hat, nämlich auf die Zikkurat von Ur in Chaldäa. Denn wenn auch als sicher gilt, daß der Babylonische Turm vor seinem Neubau durch Nabopolassar und Nebukadnezar bereits jahrhundertelang verschiedene Phasen des Aufbaus und Verfalls bzw. der Zerstörung durchgemacht hat, so hören wir doch zum ersten Mal durch den Assyrerkönig Asarhaddon von ihm, während der dazugehörige Tempel, Esagila, bereits seit Hammurabis Zeit belegt ist. Da aber der biblische Bericht im 10. oder 9. Jahrhundert v. Chr. entstand, muß auch der Turm von Babel schon damals zumindest bekannt gewesen sein, will man nicht auf die Zikkurat von Ur als Babelturm ausweichen.

Asarhaddon hat Etemenanki wiederaufgebaut »wie zuvor« (!), denn der Turm war, wie ganz Babylon, 689 der Zerstörungswut seines Vaters Sanherib zum Opfer gefallen. Asarhaddons Sohn hat den Bau dann 668 vollendet, doch muß die Zikkurat von Babel in den Kriegsjahren 652–648, als Schamasch-schumukin, König von Babylon, sich gegen seinen Bruder Assurbanipal erhob, schwer gelitten haben, denn Nabopolassar bzw. Nebukadnezar nehmen einen regelrechten Neubau in Angriff, wie aus folgender Inschrift Nabopolassars hervorgeht:

> Zu jener Zeit gebot mir Marduk . . . den Turm Babils, der in der Zeit vor mir geschwächt, zum Einsturz gebracht worden war, sein Fundament an die Brust der Unterwelt fest zu gründen, während seine Spitze himmelan strebe.

Und *dieser* Turm ist es, der den Ruhm Babylons und »des« Babylonischen Turms begründet hat – nicht zuletzt durch die jüdischen Gefangenen, die in ihm den Turm ihrer Überlieferung sahen und daher nach Kräften dazu beitrugen, ihn »im Gerede« zu halten. Jedenfalls steht fest, daß der Babylonische Turm der Bibel und die berühmte Zikkurat Etemenanki, erbaut von Nebukadnezar und bis heute als *der* Babelturm betrachtet, ursprünglich *nicht* miteinander identisch waren. Nur der Platz, auf dem sie sich beide befanden, ist höchstwahrscheinlich derselbe gewesen.

Etemenanki stand noch zur Perserzeit dort, verfiel aber im Laufe der folgenden Jahrhunderte mehr und mehr. Herodot hat ihn etwa 460 v. Chr. wohl noch in recht gutem Zustand gesehen, als jedoch Alexander der Große 331 Babylon zur neuen Hauptstadt seines Reiches machen wollte, war an der Stelle des Turmes nur ein Berg von Lehm und Ziegeln, die erst beiseite geschafft werden mußten, um ein neues Fundament legen zu können. Laut

Strabo sollen 10 000 Menschen zwei Monate lang mit der Schuttbeseitigung beschäftigt gewesen sein. Zu einer Wiedererrichtung kam es infolge Alexanders frühem Tod nicht mehr.

Erst durch die Archäologen erwachte der Turm zu neuem, »historischem« Leben. Sie versuchten, ihn in der alten Herrlichkeit der Keilschrifttexte und Überlieferungen zumindest auf dem Papier wiedererstehen zu lassen. Und laut einer Meldung in der *Süddeutschen Zeitung* vom 11. Oktober 1979 will die Irakische Regierung den Turm von Babel und die Hängenden Gärten der Semiramis jetzt an Ort und Stelle rekonstruieren.

Um einen realistischen Eindruck vom Turm zu erhalten, braucht man allerdings nicht zu warten, bis dieses bislang nur als (höchst ehrgeiziges) Projekt existierende Werk vollendet ist. Wie bereits festgestellt, gab es ja nicht nur *einen* Babelturm. Bis heute sind etwa 35 Zikkurati, über ganz Mesopotamien verteilt, bekannt, an denen deutlich eine Entwicklung der Tempelturmbauweise abzulesen ist.

Während im 4. Jahrtausend v. Chr. die Tempel nur auf einen etwa meterhohen Sockel gestellt wurden, tritt mit der Wende zum 3. Jahrtausend unter der Regierung von König Urnammu (ca. 2047–2029), zum ersten Mal der »richtige« Stufenturm in Erscheinung – einmal mit zwei, einmal mit drei Stufen. Eines der schönsten und größten Bauwerke dieser Art kann man bis heute besichtigen: die Zikkurat von Ur, der Hauptstadt des neusumerischen Urnammu-Reiches, die dem Mondgott Sin (oder Nanna) geweiht war.

Der Tempelturm ist bis zum Ende des 6. Jahrhunderts v. Chr. immer wieder erneuert bzw. verändert worden, und noch heute sind die drei Stufen und die Treppen (eine lang vorgezogene Mitteltreppe, flankiert von je einer Seitentreppe rechts und links) der eindrucksvollen Anlage gut zu erkennen. Der letzte Erneuerer dieses Bauwerks war übrigens Nebukadnezars Nachfolger Nabonid, ein besonders eifriger Anhänger des Mondgott-Kultes. Der Wiederentdecker der Zikkurat von Ur, der englische Vizekonsul in Basra, J. E. Taylor, fand 1845 unter jeder der vier Ecken des Baues eine »Gründungsurkunde«, wie sie der Tradition gemäß bei allen öffentlichen Bauten in die Fundamente eingemauert wurde. Diese

Bautradition zeigt, wie wichtig die Tempeltürme für den babylonischen Kult waren; bis in die letzten Tage des Reiches wurde daran
gebaut, verbessert, verschönert.

Worin bestanden nun Funktion und Bedeutung der Zikkurati,
der »Hochtempel«, denen oft, wie auch Etemenanki, ein »Tieftempel« – in Babylon Esagila – zugeordnet war? Denn man darf sich
das Verhältnis dieser beiden Bauten zueinander nicht im Sinne von
Moschee – Minarett oder Dom – Campanile vorstellen. Dem Stufenturm kam eine durchaus eigenständige Bedeutung zu.

Gewiß beherbergte der Babylonische Turm nicht das »Grabmal
des Bel«, also das Grabmal Marduks (Bel heißt nichts anderes als
»Herr«, Bel-Marduk ist also der »Herr Marduk«), wie Strabo berichtet – zu einer Zeit allerdings (um Christi Geburt), als es den
Turm von Babel längst nicht mehr gab. In keinem vergleichbaren
Gebäude in Mesopotamien wurde je eine Grablege – wie etwa in
den ägyptischen Pyramiden – gefunden. Das würde gar nicht der
babylonischen Auffassung von Tod und Jenseits entsprechen (s. S.
241 ff.).

Auch die Vermutung Diodors, die Türme hätten zur Beobach-

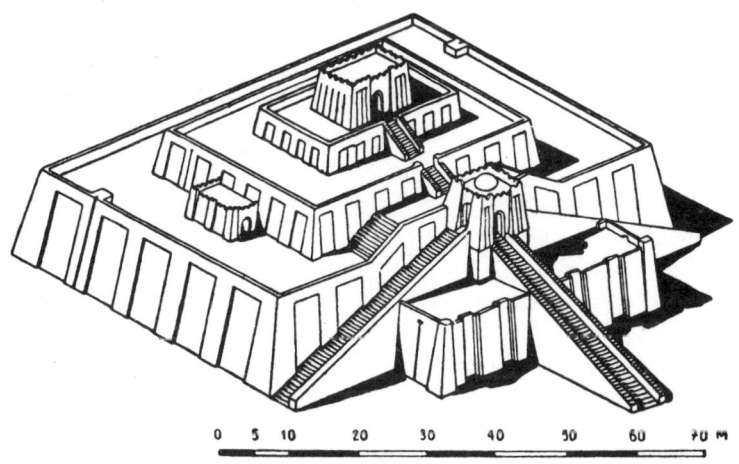

0   5 10   20   30   40   50   60   70 M

Rekonstruktion der Zikkurat von Ur in Chaldäa, die im Gegensatz zum
Babylonischen Turm mit seinen 7 Stufen nur 3 Stufen besitzt.

tung der Sterne gedient, seien also astronomische Observatorien gewesen, mag vielleicht für die Spätzeit zutreffen bzw. eine *zusätzliche* Funktion gewesen sein. Obwohl Professor Livio Stecchini von der Harvard-Universität das Geheimnis der Babeltürme dahingehend enthüllt haben will, daß ihre Konstruktion kartographischen Zwecken diente, und die Stufentürme nichts anderes seien »als eine Reihe von Mercator-Projektionen in Stein, mehrere tausend Jahre vor dem Wirken der flämischen Kartographen. Zu kartographischen Zwecken wurde in diesen Zikkurats die nördliche Hemisphäre in eine Reihe ebener Flächen aufgeteilt, die durch die Fassaden der gestuften Zikkurat dargestellt werden. Das Gebiet zwischen dem Äquator und dem Pol war in sieben Streifen oder, wie die Griechen sagten, *Zonen* eingeteilt, die nach oben immer schmaler wurden, in Übereinstimmung mit der nach dem Pol zu schrumpfenden Größe der Längengrade. Die Seiten der Grundfläche repräsentieren den Äquator, die erste Stufe den 30. Breitengrad. So verkörpert jede der vier Seiten einen Neunzig-Grad-Quadranten der Erdhalbkugel.«

Wie Stecchinis in diesem Zitat angedeutete Turm-Rekonstruktion zeigt, kann seine Interpretation aber schon von der Anlage des Bauwerks her höchstens für einige wenige Zikkurati der Spätzeit in Anspruch genommen werden, da sich, wie bereits erwähnt, die Türme zu dieser enormen Höhe (bis zu 90 Metern) samt Vielzahl der Stufen erst im Laufe der Zeit entwickelt haben. Es ist damit also eine ganz interessante Zahlenspielerei für ein paar »Prachtexemplare« der Gattung gegeben, über den eigentlichen Sinn der Tempeltürme sagt diese Berechnung jedoch wenig aus.

Vielleicht kommt man eher hinter das Rätsel der Türme, wenn man einmal den Begriff »Zikkurat« sowie die Namen der einzelnen Zikkurati näher betrachtet.

Das sumerische *ziqqurratu* heißt soviel wie »Bergspitze« und dieser Ort wird im Gilgamesch-Epos eindeutig als Platz der Anbetung gekennzeichnet. Als nämlich der sumerische Noah, Utnapischtim, nach der großen Flut – besser bekannt als die biblische Sintflut – am Berge Nißir angelegt hat, spricht er:

Da ließ ich hinausgehen [alle die in der Arche waren] nach den vier Winden; ich brachte ein Opfer dar, ein Schüttopfer spendete ich auf der »Bergspitze« [*ziqqurratu*]: Sieben und abermals sieben Räuchergefäße stellte ich hin, in ihre Schalen schüttete ich Süßrohr, Zedernholz und Myrte. Die Götter rochen den Duft ...

Auf der Bergspitze ist man den Göttern am nächsten, und vielleicht kamen die Sumerer einst aus bergigem Land, und die künstlichen Hügel im flachen Mesopotamien sollten die Weiterführung des traditionellen Kultes – Anbetung der Götter auf dem »Höhenheiligtum«, dem Berg – weiterhin ermöglichen.

Berücksichtigt man nun noch die Namen der verschiedenen Babeltürme, zum Beispiel in Larsa, Nippur und in Babylon selbst – »Haus, das der ›Standort‹ von Himmel und Erde ist«, »Band Himmels und der Erde« und natürlich »Haus der Grundlegung von Himmel und Erde« –, dann lassen sich »unschwer zwei Bezugssphären herauslesen: Himmel und Erde auf der einen, Berg auf der anderen Seite. Beides verbunden liefert uns den Schlüssel zum Geheimnis der Zikkurat: Der Tempelberg ist die kultisch überhöhte Darstellung des Weltberges, der am Anfang der Schöpfung stand« (Wolfgang Röllig).

»Miniaturabbildungen des Universums« nennt der große französische Ägyptologe Gaston Maspero sie denn auch treffend, und so war für den Babylonier selbst der Babylonische Turm nie »Symbol der Hybris, der Überheblichkeit über göttliche Grenzen gewesen, sondern gerade Erinnerungsmal an diese Grenzen, die der Schöpfung gesetzt sind – und auch dem Menschen« (W. Röllig).

Den Autoren der Bibel ist es also gelungen, die Bedeutung dieses Bauwerks in sein Gegenteil zu verkehren, wobei sie noch kräftig unterstützt wurden durch die antiken Geschichtsschreiber, die auch ihre Legenden um den Babylonischen Turm spinnen und dabei zum Teil in auffällige thematische Nähe des Alten Testaments gerieten. So behauptet etwa Harpokrition von Alexandrien, als er um 355 n. Chr. von einer Babylonien-Reise zurückkehrt, dort habe er einen »syrischen« Greis (auch Diodor spricht im Zusammenhang mit dem Erbauer der Hängenden Gärten interessanter-

weise von einem »syrischen« König) getroffen, der ihm angesichts
der Trümmer des verfallenen Turmes erzählt habe, daß der Turm
»von Riesen gebaut worden« sei, »die den Himmel erstürmen
wollten. Wegen dieser unsinnigen Gottlosigkeit wurden die einen
vom Blitze getroffen; die andern kannten sich auf Anordnung
Gottes gegenseitig nicht mehr. Alle übrigen fielen auf die Insel
Kreta, wohin sie Gott in seinem Zorne wegwirbelte.«

Dagegen kommen die Beschreibungen des Turms – vor allem
Herodots Schilderung – der architektonischen Realität ziemlich
nahe:

> Mitten in diesem heiligen Bezirk ist ein fester Turm errichtet,
> ein Stadion lang und breit, und auf diesem Turm steht wiederum
> ein Turm und dann noch einer, im ganzen acht Türme überein-
> ander. Alle diese Türme kann man ersteigen auf einer außen
> herumführenden Treppe. Auf mittlerer Höhe sind Ruhebänke
> angebracht, auf die sich der Hinaufsteigende setzen kann, um
> sich zu erholen. In dem höchsten Turm steht erst das eigentliche
> große Tempelhaus ...

Im Jahre 1876 sollte sich bestätigen, daß der Babylonische Turm
wirklich 7 Stufen hatte (Herodot kommt nur deshalb auf 8, weil er
den Tempel auf der Spitze als eine weitere Stufe mitzählt). In
diesem Jahr nämlich veröffentlichte George Smith eine englische
Übersetzung der Tafel des Anu-Bel Schuni, heute bekannt unter
dem Namen »Esagila-Tafel«, weil die ersten drei Paragraphen des
Textes über den Tieftempel des Marduk berichten. Der weitaus
größere Teil des Schriftstücks behandelt jedoch Anlage und Konstruktion des Turmes[13]. Die Tafel, die aus Uruk, einer der ältesten
mesopotamischen Städte, stammt und auf den 12. Dezember 229
datiert wurde, ist die in hellenistischer Zeit entstandene Abschrift
eines weit älteren Dokuments.

Die Esagila-Tafel gibt für die Zikkurat von Babylon folgende
Maße an (nach H. H. Schmid):

	Länge	Breite	Höhe
1. Stockwerk	90 m	90 m	33 m
2. Stockwerk	78 m	78 m	18 m
3. Stockwerk	60 m	60 m	6 m
4. Stockwerk	51 m	51 m	6 m
5. Stockwerk	42 m	42 m	6 m
6. Stockwerk	33 m	33 m	6 m
7. Stockwerk	24 m	21 m	15 m

Einen 90 Meter hohen, siebenstufigen, von einem Tempel gekrönten Babelturm hatte die Esagila-Tafel also aus den Nebeln der Legende wieder ans historische Licht gezogen. Doch als Koldewey mit seinen Grabungen in Babylon begann, war der dort lagernde riesige Schutthaufen – seit Jahrhunderten *das* Baumaterialarsenal aller umliegenden Dörfer – so wenig aufschlußreich, daß der Archäologe zunächst den Turm von Borsippa für *den* Babylonischen Turm hielt.

Borsippa, praktisch ein Vorort Babylons, dessen Tieftempel »Ezida« in den Inschriften stets mit Etemenanki und Esagila zusammen genannt wird, bot sich als der »richtige Ort« geradezu an, denn diese Zikkurat schaute noch relativ gut erhalten ins Land. Viele Reisende, die in den Jahrhunderten vor Koldewey das Zweistromland besuchten, hatten »Birs Nimrud«, die laut arabischer Überlieferung angeblich vom Riesen Nimrud erbaute »Burg«, die hochragende, versinterte Ruine des Borsippa-Turmes, für den Babylonischen Turm gehalten.

Doch eines Tages entdeckte man schließlich den wirklich »richtigen Ort«, und »seitdem wissen wir, wo dieses Weltwunder einst stand, und wie groß es im Grundriß war, wissen durch die Ausgrabung auch noch ein paar andere Maße, im übrigen aber beruht die Rekonstruktion auf klugen Kombinationen« (W. Andrae).

Vom 11. Februar bis zum 7. Juni 1913 wurden die Fundamente und einige Treppenstufen des Babylonischen Turms freigelegt –, aber gerade die Rekonstruktion des Ausgräbers war so wenig »klug kombiniert« (s. Abb. S. 158) – die Angaben der Esagila-Tafel scheint Koldewey nicht gekannt zu haben –, daß seine Schüler und Nachfolger, schließlich vom Irrtum des Meisters überzeugt, sich

gezwungen sahen, ihn mit der gebotenen Feinfühligkeit zu korri-
gieren:

»Gegenüber der im Aufbau abwegig-hypothetisch fundierten
(und wirklich logisch nicht begründbaren) Koldeweyschen Rekonstruktion des Babelturmes im ideell wie technisch gleicher-
weise fragwürdigen ›Würfel‹-Schema kann um der wissenschaftlichen Gewissenhaftigkeit willen nur verstärkt darauf bestanden
werden – erfreulicherweise in Übereinstimmung, soweit ich sehe,
mit sämtlichen Assyriologen –, daß, neben der technisch-archäolo-
gischen Wirklichkeit sowie der keilinschriftlichen und klassisch-
literarischen Bestimmtheit, ganz genau ebenso positiv die alten
bildlichen Zikkurat-Darstellungen einfach dazu *verpflichten*, das
im Einzelfall natürlich *variierte* Geschlecht der Zikkurati, der ›Babeltürme‹ im allgemeinen, wie den historischen Babelturm *selbst*,

*Robert Koldeweys »Würfel-Rekonstruktion« (1917) des Babylonischen
Turms, von der sich die Wissenschaft schon bald zugunsten realistischerer
Rekonstruktionsversuche distanzieren mußte.*

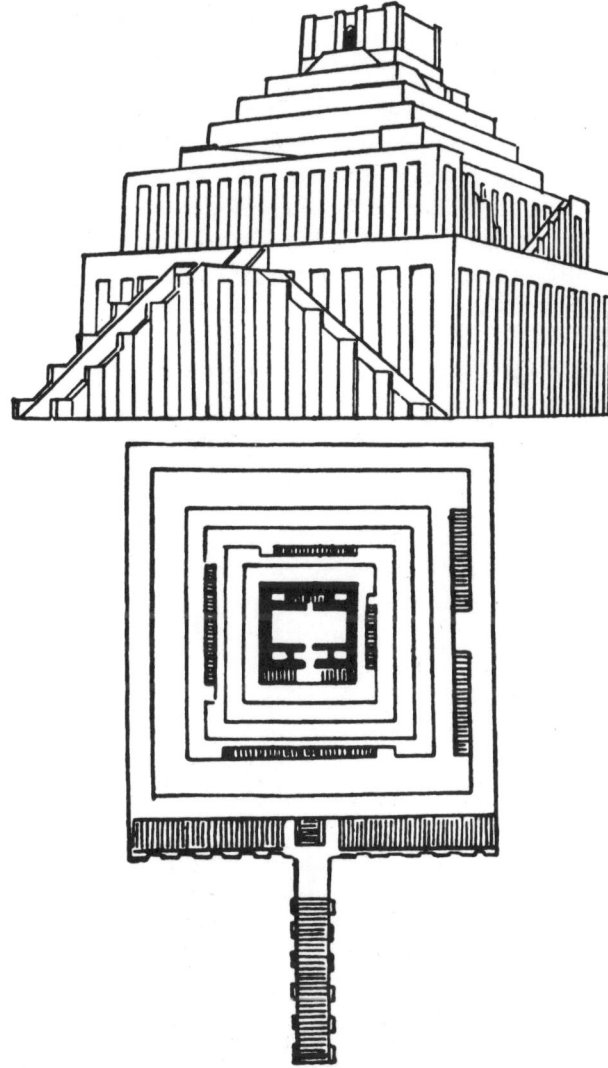

*Heute allgemein akzeptierte Rekonstruktion des Babylonischen Turms:
Auf einem quadratischen Fundament von etwas mehr als 91 Metern Seitenlänge erhebt sich ein siebenstufiger, von einem Tempel gekrönter Aufbau von insgesamt mindestens 90 Metern Höhe.*

im speziellen, nicht in ›Würfel‹-Form rekonstruieren zu lassen, sondern in kräftig abgesetzten Terrassen und Rampen-Stock-werken ...

Wir sind uns dabei gewiß, den verstorbenen Meister Koldewey in wesentlich weitergreifender Weise zu ehren, wenn wir einen Irrtum von ihm *beheben,* als wenn wir ihn in dieser Sache noch eine Zeitlang zu decken versuchen wollten; denn den Irrtum zu verewigen, das gelingt natürlich *doch* nicht, und uns allen kann ja als oberster Leitstern je und je nur der Grundsatz gelten, der, vor wenigen Jahren erst, wieder einmal treffend neu formuliert wurde beiläufig mit den Worten: Aus *keiner* Liebe zu *keiner Sache* oder *Person* darf der wissenschaftlichen Wahrheit Abbruch getan wer-den« (Theodor Dombart).

Die »wissenschaftliche Wahrheit« über den Babylonischen Turm hat sich schließlich aus Überlieferung, Ausgrabungsergeb-nissen und nicht zuletzt durch die Erforschung besser, ja, zum Teil recht gut erhaltener Zikkurati wie etwa in Ur, Uruk, Aqarquf und Tschoga Zambil, mit kleinen Abweichungen im Detail, wie folgt herauskristallisiert (s. auch Abb. S. 159):

Auf einem quadratischen Grundriß von etwas mehr als 91 Me-tern Seitenlänge erhoben sich die sieben Stufen in den bereits er-wähnten Abmessungen, die oberste Stufe gekrönt von einem klei-nen Tempel, den Nebukadnezar in »hellblau emaillierten Zie-geln ... erglänzen« ließ, wie es in einer Inschrift heißt. Über den Zugang zu den oberen Stufen – ob über Treppen oder Rampen, zwei gerade seitliche oder eine Rundtreppe – ist sich die Forschung nicht einig, doch scheinen gerade Treppen der winkeligen Kon-struktion des Ganzen eher angemessen: Eine Rekonstruktions-möglichkeit, die weitgehend akzeptiert wird, nimmt denn auch – wie bei der Zikkurat in Ur – eine Mitteltreppe und zwei Seiten-treppen an, die je etwa 9 Meter breit und 30 Meter hoch waren, während die mittlere Treppe etwa 40 Meter hoch reichte bei einer Gesamtlänge von 60 Metern.

Der insgesamt mindestens 90 Meter hohe Turm bestand aus rohen Ziegeln, umgeben von einer 15 Meter dicken Schutzschicht aus gebrannten Ziegeln. So überragte er die weißen Dächer Baby-lons und war, höher als die meisten Pyramiden Ägyptens, ein

Die mit farbig emaillierten Ziegeln geschmückte Außenfassade des Thronsaales von Nebukadnezar II. (12,4 Meter hohe Rekonstruktion; Vorderasiatisches Museum, Ost-Berlin).

Wahrzeichen für jeden, der sich der Stadt näherte. Der Sumerologe Hartmut Schmökel vermutet sogar, daß der Traum des Erzvaters Jakob von der »Leiter, die mit der Spitze an den Himmel rührte«, vielleicht zurückgeht auf »den überwältigenden Eindruck, den die wahrhaft himmelan führenden Prachttreppen hinauf zum Heiligtum und Opferplatz auf der Spitze der Tempeltürme für den fremdländischen Beschauer boten«.

Im Schatten des Babylonischen Turms breitete sich das Heiligtum Marduks, Esagila – »Haus mit erhobenem Haupt«. Bei diesem Tieftempel sollten die Ausgräber auf ähnliche Schwierigkeiten stoßen wie bei der Freilegung von Etemenanki: Durch 20 Meter hohen Schutt mußte man sich hindurcharbeiten, ehe man auf erste Spuren von Esagila stieß. So mußte man sich mit Stichproben- und Stollengrabungen begnügen – denn einen solchen Berg von Staub und Ziegeln abzutragen, hatte man weder Zeit noch Geld. Die Ergebnisse der Arbeit waren denn auch nicht gerade üppig, doch gelang es wenigstens, Anlage und Umrisse der Räumlichkeiten zu eruieren.

Als um so aufschlußreicher erwies sich der Tieftempel des Nabu in Borsippa, Ezida, am Fuße der fälschlich als Turm von Babel identifizierten Zikkurat. Weitere Grabungen von Friedrich Wetzel, der die Arbeit Koldeweys dort fortführte, haben ergeben, daß der Esagila-Bau den gewaltigen Ezida-Bau an Größe und Pracht der Ausgestaltung kaum übertroffen haben kann, so daß man die Erkenntnisse von diesen Ausgrabungen auch für Esagila immer mit berücksichtigen kann.

Der Esagila-Tempel, der zum ersten Mal von Schulgi, einem König der 3. Dynastie von Ur, genannt wird und alle politischen Wechselfälle bis ins 1. Jahrhundert (letzte Erwähnung 93 v. Chr. in den »Tafeln des Jahres 219« seleukidischer Ära) überdauerte, bestand aus dem im Westen liegenden rechtwinkligen Hauptbau (85,8 mal 79,3 Meter) und dem noch größeren östlichen Anbau (116 mal 89,4 Meter). Darin befanden sich mehrere Kapellen für verschiedene wichtige Götter des Landes – zum Beispiel für Nabu und Adad – und natürlich für Marduk, dessen Cella (40 mal 20 Meter) uns heute noch vor allem interessiert. Sie lag auf der »oberen Plattform« des »Palasts der Herrschaft« (der Herrschaft Mar-

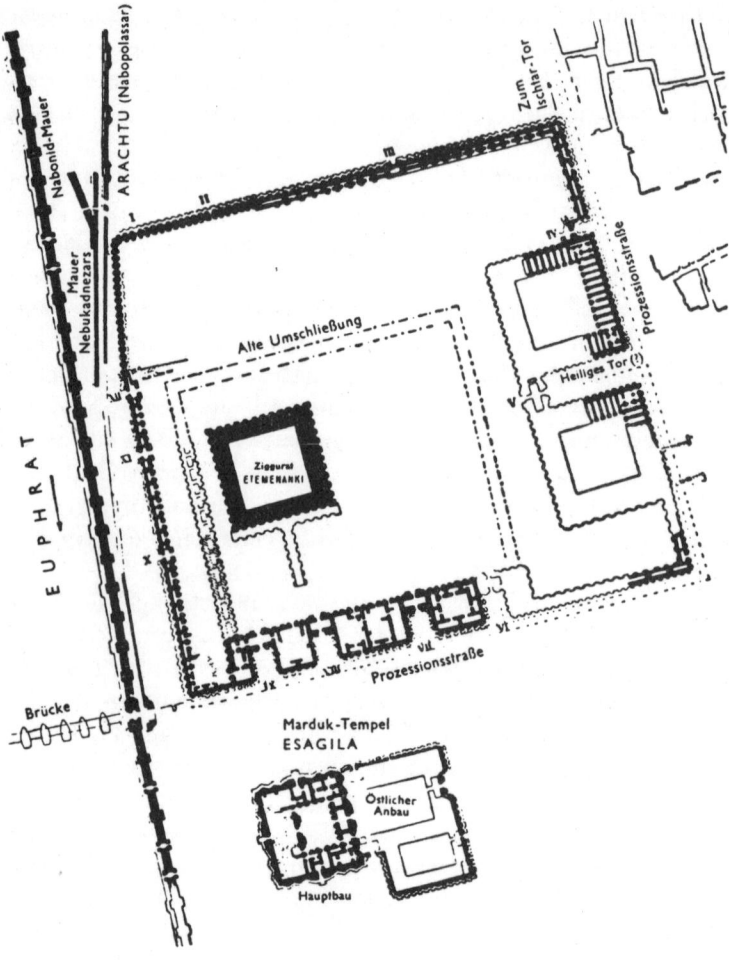

*Lageplan des Tempelbezirks von Babylon mit dem Hochtempel Etemen-
anki und dem Tieftempel Esagila, voneinander getrennt durch die Prozessionsstraße.*

duks nämlich) – wie Esagila in neubabylonischer Zeit genannt wurde – und war von Nebukadnezar mit Goldplatten abgedeckt worden; die Simse schmückten Alabaster und Lapislazuli, die Decke bestand aus goldüberzogenen Zedernbalken, das Getäfel der Wände war voller Edelsteine.

Angesichts dieser Pracht würde es gar nicht überraschen, wenn die Statue Marduks nebst seinem ebenfalls im Tempel aufgestellten Bett, Tisch und Thron aus purem Gold gewesen wäre. Doch bei Bett und Thron (laut einer Inschrift Assurbanipals 1,66 Meter hoch und 0,83 Meter breit), die beide im sogenannten »Haus des Bettes« (einem 4,5 mal 2 Meter großen Raum) standen, handelte es sich um goldverkleidetes Holz, und wenn das angeblich 5,5 Meter hohe Standbild wirklich massiv Gold gewesen wäre, hätte es mehr als 50 Tonnen gewogen (vom Gegenwert eines solchen Stückes ganz zu schweigen) und wäre damit für den alljährlichen Wagen- und Barkentransport zum Neujahrsfest völlig untauglich gewesen. Auch die Statue wird man daher aus Holz mit einem Blattgold-überzug gefertigt haben – genau läßt sich das freilich nicht mehr sagen, da weder diese noch eine andere Statue Marduks gefunden wurde.

Dennoch können wir uns ein Bild von dem Gott machen, da wir einige Abbildungen und Täfelchen mit Marduk-Darstellungen kennen. Das berühmteste ist ein in Esagila entdecktes Bild aus Lapislazuli (s. Abb. S. 233), ähnlich dargestellt ist er auf einer Tafel aus dem 12. Jahrhundert v. Chr.: Ein bärtiger Gott, eine federge-schmückte Krone oder Tiara auf dem Kopf, bekleidet mit einer langen Robe und in den Händen Zepter, Ring und Stab – so darf man sich Marduk in seinem Haupttheiligtum in Babylon sitzend (oder stehend) vorstellen, als dessen »Pfleger« oder »Wohltäter« sich Nebukadnezar in allen seinen Inschriften rühmt: *Zanin Esagila u Ezida.*

Und zwischen den beiden Teilen des heiligen Komplexes, zwischen Etemenanki und Esagila, zwei miteinander verbundenen und dennoch getrennten Anlagen, verlief die Prozessionsstraße in ihrer ostwestlichen Linie: Südlich der Straße liegt der Tieftempel, nördlich der Turm in einem Hof, der ein etwas verzerrtes Trapez von rund 400 mal 400 Metern bildete, und über 12 Tore zugänglich war. Im Süden der Umfassungsmauer lagen die Wohnungen der Priester, im Osten der Markt, Stände, Läden und Magazine – ebenfalls zum Teil ausgegraben.

Und natürlich hat man auch eine Reihe der übrigen in der babylonischen Stadtbeschreibung erwähnten 53 Tempel entdeckt – am bekanntesten davon der sogenannte Tempel »Z«, den Koldewey keinem Gott zuordnen konnte, und das Heiligtum Epatutila, das dem Kriegsgott Ninurta geweiht war.

Alle diese Tempel, über deren Anlage wir uns ja bereits an Hand des Grundrisses vom Ninmach-Tempel orientiert haben (s. S. 130), waren weiß verputzt, während das Ischtar-Tor in leuchtendem Blau erstrahlte, die Wände des aus gebrannten Ziegeln erbauten Stadtschlosses wohl rötlich schimmerten und die Stadtmauern das Gelb der Lehmziegel zeigten. Ein Bild, das durch seine Farbenpracht mindestens ebenso begeistern konnte wie durch die Monumentalität der Architektur.

Aber Babylon bestand natürlich nicht nur aus Palästen und Tempeln, Brücken, Toren und »Weltwundern«, nicht nur Könige, Götter und Priester lebten in dieser Stadt. Und so stieß Koldewey denn auch in der Gegend östlich von Etemenanki, die den arabischen Namen »Merkes«, das heißt »Lager«, trug, auf mehrere Privathäuser.

Die Grabungen in dem 750 mal 350 Meter großen Areal ergaben, daß der Grundwasserspiegel jetzt höher lag als im Altertum. Zunächst traf man auf spärliche Reste aus der Partherzeit, dann, in etwa 4 Meter Tiefe, kamen die Ruinen aus persischer, griechischer und neubabylonischer Zeit. Die Mauern der eng aneinander gebauten Häuser an schmalen Straßen waren aus Lehmziegeln, ebenso die Fußböden und die Rundbrunnen. Die geraden, meist ungepflasterten Straßen der Stadt schnitten sich fast rechtwinklig – wie schon Herodot berichtet hatte.

Zu den interessantesten Entdeckungen in diesem Stadtteil gehörte neben dem Tempel der Ischtar von Akkad, dessen Plan, etwas vereinfacht, dem des Ezida-Tempels von Borsippa entspricht, das sogenannte »große Haus«. Es wurde von drei Straßen flankiert, hatte aber nur einen Eingang, und von seinen vier Mauern waren drei durch »Sägezahn«-Reihen – wahrscheinlich zur

Auflockerung und Verschönerung der sonst sehr eintönigen Fassade – unterteilt. Ansonsten entsprach sein Grundriß wie der der anderen Privathäuser im großen und ganzen dem Grundriß königlicher Wohnungen (bzw. kleiner Tempel): ein Innenhof mit umliegenden Zimmern. Im Grunde waren die babylonischen Tempel, architektonisch betrachtet, alle überdimensionale Wohnhäuser – eben Wohnungen der Götter.

So wohnten sie also – die Götter und ihre Priester, der stolze König und Bauherr sowie jene, die in der Metropole Babylon das große und mittlere Geld verdienten. Wie aber lebten sie, was liebten und fürchteten sie, was erwarteten sie von diesem und dem jenseitigen Dasein, wie sahen ihre Alltage und wie ihre Festtage aus, vor allem die Tage derer, die diese Stadt, die Herodot »so wunderbar« fand, daß man keine mit ihr vergleichen könne, wirklich bauten: die die Ziegel brannten, die Festungen fügten, die Kunstwerke schufen – um sie dann Stein für Stein mit dem Namen Nebukadnezars zu signieren? Sie liebten ihre große und schöne Stadt; und ein geflügeltes Dichterwort sagte: »Wer von Babylon etwas Schlechtes redet, ist wie ein Mann, der seine Mutter ermor-

Rekonstruktion des von Koldewey ausgegrabenen »großen Hauses«. Die »Sägezahn-Reihen« auf den Mauern dienten wohl zur Auflockerung der sonst ziemlich monotonen Fassade (nach E. Klengel).

det. Babylon ist wie eine süße Dattel, eine Frucht, lieblich anzuschauen.« Hatten sie aber wirklich Zeit, Lust und Gelegenheit, ein Leben zu führen, das ihrer Stadt – und damit natürlich ihren Einwohnern – das moralische Verdikt der Autoren des Alten Testaments eintrug: »Große Hure Babylon« – oder waren sie einmal mehr Opfer biblischer Zweckpropaganda?

»Der Sklave ist der Schatten des Menschen...«

»Mann + Berg« und »Frau + Berg« waren im Sumerischen die Zeichen für »Sklave« und »Sklavin«, und damit wird gleich unmißverständlich klargemacht, woher diese Angehörigen der untersten Klasse der babylonischen Gesellschaft ursprünglich kamen: Es waren Kriegsgefangene, Angehörige jener barbarischen Stämme, die aus den angrenzenden Berggebieten immer wieder ins fruchtbare »Schwarzland« einfielen.

Ein anderes Wort für Sklave war SAG = »Kopf«. Pro »Kopf«, pro »Stück« wurden sie, Privatbesitz ihrer Herren, gezählt. Und selbst das für seine Zeit außerordentlich fortschrittliche Gesetz König Hammurabis zeigt deutlich, daß ein Sklave ein Mensch »zweiter Klasse« war:

> Gesetzt, ein Mann hat das Auge eines Freigeborenen zerstört, so wird man sein Auge zerstören. Gesetzt, er hat das Auge des Sklaven eines anderen zerstört oder den Knochen des Sklaven eines anderen zerbrochen, wird er die Hälfte seines Kaufwertes zahlen.

Da machte es auch keinen Unterschied, ob es ein »fremder« Sklave war oder ein Babylonier, ein kleiner Bauer oder Handwerker, der, bis über beide Ohren verschuldet, Sohn oder Tochter in seiner Not in die Sklaverei verkaufte. Oft geriet auch der Betreffende selbst – vorübergehend – in »Schuldknechtschaft«, wenn er ein Darlehen nicht zurückzahlen konnte. Dann mußten er und seine Familie in den Dienst des Gläubigers treten oder sich von diesem einem anderen Herrn »verpfänden« lassen, um den Kredit abzuarbeiten. Da die Zinsen immens hoch waren – bis zu 20 Prozent bei geliehenem Geld, bei geborgtem Getreide gar 33 Prozent –, hat das in alter

Zeit oft zu lebenslanger Schuldknechtschaft geführt. Hammurabi versuchte, diesem Unrecht ein Ende zu machen, indem er in Paragraph 117 seines Gesetzeskodex bestimmte:

> Gesetzt, einen Mann hat eine Schuldverpflichtung erfaßt, und er hat seine Gattin, seinen Sohn und seine Tochter für Geld verkauft oder in Schulddienst gegeben, so werden sie drei Jahre im Hause ihres Käufers oder Dienstherrn arbeiten, im vierten Jahre wird ihre Freilassung ausgeführt werden.

Neben Kriegsgefangenschaft und Verschuldung konnte auch Strafe für kriminelle Delikte zur Sklaverei führen. Zumal ein Dieb mußte oft in jenem Haus, das er zu berauben versucht hatte, den entstandenen Schaden abarbeiten, sei es durch Hilfsdienste in Wohnbereich und Werkstatt oder, wenn es sich um eine Frau handelte, als Konkubine im Bett des Hausherrn oder im Bordell. Erhaltene Kaufverträge – manchmal getarnt als »Adoptionsabkommen«, die der (Puff-)Mutter volle Gewalt über die »doptierte« geben – belegen, daß dieser Weg, sich von Schulden freizukaufen, durchaus üblich war.

Unfrei waren auch die in der Sklaverei geborenen Kinder, während Kinder aus »Mischehen« zwischen Freien und Sklaven unter Berücksichtigung gewisser Gesetzesvorschriften (§§ 170, 171, 175, 176)* den Status eines freien Bürgers erhielten. Ansonsten war es für einen Leibeigenen schwer, freier Bürger zu werden, war er doch manchmal schon als ein Unfreier gebrandmarkt durch die eintätowierte Sklavenmarke oder das geschorene Haar auf der vorderen Hälfte des Kopfes. Meist trug er das Sklavenzeichen – den Namen des Besitzers – aber nur auf einer um den Hals hängenden Tafel, die im Falle der Freilassung zerbrochen wurde.

Doch wer sollte ihn freikaufen? Zu Hammurabis Zeiten kostete ein Sklave 20 Sekel Silber – soviel wie ein Rind –, unter Nebukadnezar war er im Zuge der allgemeinen Preissteigerungen bereits 50

---

* Die Angaben von Gesetzesparagraphen beziehen sich stets, wenn nicht ausdrücklich eine andere Quelle genannt wird, auf den Gesetzeskodex Hammurabis.

Sekel wert. War der Unfreie in irgendeiner Weise qualifiziert – künstlerisch begabt oder in einem Handwerk ausgebildet –, erhöhte sich seine »Ablösungssumme« entsprechend. Am einfachsten hatten es da noch die Sklavinnen: Durch Heirat mit ihrem Besitzer wurden sie frei, ebenso die von ihnen geborenen und vom Mann anerkannten Kinder. Dieser Weg wurde denn auch des öfteren beschritten; sonst ist es nur wenigen Unfreien gelungen, wieder frei zu werden. Und wer es mit »Gewalt« versuchte, dem brannte man, nach mißglückter Flucht, die Zeichen »Entflohen, Verhaftet« ins Gesicht – er blieb ein »Gezeichneter« sein Leben lang.

Nur während des Neujahrsfestes »schritt der Sklave neben seinem Herrn, die Sklavin war gleich ihrer Herrin, der Reiche schlief mit dem Armen nebeneinander«, wie es in der Inschrift Gudeas von Lagasch heißt.

Aber niemand hätte Grundsätzliches gegen die Institution der Leibeigenschaft, der Sklaverei einzuwenden gehabt, auch jene aus den oberen Schichten, die sie für »nicht menschenwürdig« hielten – solche »Außenseiter der Gesellschaft« gab es wohl zu jeder Zeit –, mußten sich damit begnügen, die gröbsten Mißstände zu beseitigen. Die Sklaven selbst muckten zwar immer wieder auf, indem sie ihre Arbeit bei staatlichen Bauten einfach nicht antraten oder die Arbeitsplätze massenweise verließen, aber zu einem Sklavenaufstand à la Spartakus ist es in Babylon nie gekommen. Ein einziges der überlieferten Dokumente – ein Brief aus neubabylonischer Zeit – berichtet von einer Art Streik: Die Steinmetzen, seit zwei Monaten ohne Lohn, weigerten sich, weiterzuarbeiten, und er, der Aufseher, möchte der Palastverwaltung doch dringend anraten, so bald wie möglich zu zahlen, da die Lage offensichtlich bedrohliche Formen annähme. Angesichts der hohen Normen wollte man wenigstens nicht umsonst arbeiten: »Die Last hier ist hart«, schreibt der Aufseher. »Das Tagespensum an Ziegelsteinen, für das wir verantwortlich sind, ist enorm! Es beträgt 110 Ziegelsteine täglich pro Arbeiter!«

Der großen Gruppe der weitgehend Recht- und Besitzlosen stand die »vollbürtige«, freie Bevölkerung gegenüber, deren Wohlstand auf Landwirtschaft, Viehzucht, Handel und Handwerk beruhte und die die Arbeitskraft der Unfreien zu ihrem Nutzen einsetzte. Allerdings war die Gesellschaft der Freien in sich wiederum deutlich geschichtet – angefangen vom König an der Spitze dieser Hierarchie von Macht, Besitz und Ansehen bis hinunter zum einfachen freien Handwerker.

Der König und seine Familie, die Hofbeamten und Offiziere sowie die Priesterschaft waren auch zugleich die reichsten Grundeigentümer des Landes. Ihnen folgten die Besitzer der riesigen Latifundien, die Großkaufleute und Werkstättenbesitzer, die es ebenfalls zu beträchtlichem Reichtum bringen konnten. Erst dann kam die »breite Mittelschicht« der kleinen Händler, Handwerker und (Pacht-)Bauern sowie der gewöhnlichen freien Stadtbürger, die ihr Leben mehr schlecht als recht fristeten.

Daß frei nicht gleich frei war, bringen die Paragraphen 202–205 der Hammurabischen Gesetzgebung deutlich zum Ausdruck:

> Gesetzt, ein Mann hat einem anderen, der höher steht als er, auf die Wange geschlagen, so wird er in der Gerichtsversammlung sechzig Schläge mit dem Ochsenziemer bekommen. Gesetzt, ein Freigeborener hat einen anderen Freigeborenen, der ihm gleichsteht, auf die Wange geschlagen, so wird er eine Mine Silber zahlen... Gesetzt, der Knecht eines Mannes hat einen Freigeborenen auf die Wange geschlagen, so wird man ihm ein Ohr abschneiden.

Eine interessante Bevölkerungsgruppe, die sozusagen »zwischen« Freien und Sklaven stand, waren die *muschkenu*. Auch die Hammurabischen Gesetzestexte nennen den Muschkenum in der Regel *vor* dem Leibeigenen, aber *nach* dem Freien, wenn es um Strafzumessung und dergleichen geht. Er besaß eigenen Grund und Boden oder eine Werkstatt, mußte aber bestimmte Abgaben an den Palast entrichten; er hatte Sklaven und eigenes Vermögen, durfte aber sein »Terrain« nicht verlassen und mußte im Falle eines Feldzugs Kriegsdienst leisten. Er war kein Unfreier, aber einer, der »sich beugte« – das Verb *schukenu*, »sich beugen«, ist zweifellos im Begriff Muschkenum enthalten, so daß man vielleicht auf etymologischem Weg die gesellschaftliche Stellung dieser Leute be-

stimmen kann. Ob die Muschkenu sich aus einer spezifischen eth-
nischen Bevölkerungsgruppe rekrutierten, ob sie, wie manche Forscher vermuten, der mesopotamischen »Urbevölkerung« angehör-
ten, ist bis heute eines der ungeklärten soziologischen Rätsel Babylons.

Alltag in Babylon

Die unterschiedliche soziale Lage drückte sich natürlich auch im
Wohnstandard aus. Die Hütten und kleinen Häuschen der Ärme-
ren bestanden aus nichts als Rohrstangen, -bündeln und -matten.
Die normale Wohnstätte des »Durchschnittsbürgers« war ein ein-
faches, weißgekalktes Lehmhaus, dessen Mauern nur bei reicheren
Leuten durch Verzierungen wie Vorsprünge und Nischen oder
auch schmückende Spiralen und Zickzacklinien aufgelockert waren – wie zum Beispiel bei dem von Koldewey freigelegten »großen Haus« in Babylon (s. S. 167).

Die eng nebeneinanderstehenden Häuser hatten – als Schutz vor
der sengenden Sonne und vielleicht auch aus Sicherheitsgründen –
grundsätzlich keine Fenster und nur eine Tür, die auf die Straße
führte. Licht fiel durch die Türöffnungen innerhalb des Hauses in
die einzelnen Räume – je nach Wohlstand des Besitzers mehr oder
weniger zahlreich –, die sich auf einen nicht überdachten, mit
schattenspendenden Bäumen und Sträuchern bepflanzten Hof öff-
neten. Außerdem ließ man zwischen dem meist flachen Dach aus
Palmstämmen, Schilfrohr und Palmblättern und dem oberen Rand
der Hausmauer eine Lücke – eine Art Licht- und Luftschacht für
die Wohnräume. Da mehrstöckige Häuser die Ausnahme waren,
genügte dieses Versorgungssystem.

Die Innenaufteilung der Häuser war ebenso einfach wie zweckmäßig: ein kleines Vestibül, ein Hauptwohnraum, der stets nach
Norden hin lag, also von der Sonne abgewandt, eine aus Backstei-
nen gemauerte Herdstelle und ein Innenhof, wo auch gekocht und
Brot gebacken wurde. Bei luxuriöserer Ausstattung kamen zu den
eben erwähnten Räumlichkeiten noch Empfangs-, Gäste- und

Schlafzimmer sowie eine Toilette und eine aus Ton hergestellte, halb in den Erdboden versenkte Badewanne, die man mit Asphalt abdichtete.

Ansonsten war auch in den »besseren Häusern« die Einrichtung eher bescheiden. Auf dem Fußboden aus gehärtetem Lehm – nur sehr Wohlhabende konnten sich Fliesen aus gebranntem Ton leisten – standen Bettstellen, Hocker, Fußschemel, Truhen – bis auf Ausnahmen alles aus geflochtenem Rohr, denn Holz war ein kostbares, da in Babylon seltenes Material. Was sonst noch zum Leben notwendig war – Lebensmittel, Getränke, ja sogar Kleidung –, wurde in verschieden geformten, großen und kleinen, tragbaren oder in die Erde eingelassenen Tongefäßen aufbewahrt. Und auch für zwei Ausnahmefälle im Alltag war vorgesorgt: Wollte man trotz mangelnden Tageslichts im Haus etwas sehen, so gab es zur Beleuchtung schuhförmige kleine Öllampen, an deren Spitze sich ein Loch für den Docht befand; und brachte der Winter trotz des allgemein milden Klimas doch einmal kältere Tage, so sorgte für die nötige Wärme ein großes Holzkohlebecken.

Stürzte einmal ein Haus ein, so waren unter Umständen keineswegs nur der Eigentümer und seine Familie die Leidtragenden: Konnte dem Baumeister ein Verschulden an dem Unglück nachgewiesen werden, wurde dieser, war der Hausbesitzer beim Einsturz erschlagen worden, zum Tode verurteilt; war auch noch der Sohn umgekommen, mußte auch der Sohn des Baumeisters dran glauben. So jedenfalls steht es in Hammurabis Gesetzessammlung, doch besteht berechtigte Hoffnung, daß derart harte Urteile selten oder nie vollstreckt wurden (s. S. 203 f.).

Das Haus war – wie in jeder patriarchalischen Gesellschaft – das »Reich der Frau« bzw. der Frauen, denn obwohl der Babylonier meist nur eine Frau hatte, durfte er, wenn der Geldbeutel es ihm gestattete, Nebenfrauen heiraten. »Hausfrauenarbeit« jenseits der Hausmauern wie etwa Einkaufen übernahm allerdings der Mann. Nur auf dem Lande, zur Zeit der Ernte und der Saat, durfte die Frau auch außerhalb des Hauses tätig sein – und hatte dadurch natürlich noch weniger Zeit als die Städterin, auch mal etwas für sich zu tun, also sich zu pflegen und zu verschönern.

Dabei gab es auf den Gebieten der Körperpflege und der dekorativen Kosmetik damals schon so manches. Man nahm Bäder und Dampfbäder (zur Dampferzeugung wurden erhitzte Steine mit Wasser begossen) und benutzte dabei eine Seife, die aus Natron oder Pottasche, versetzt mit Öl und feinem Lehm, hergestellt wurde. Anschließend rieb man sich von Kopf (im wahrsten Sinne des Wortes, denn auch die Haare wurden dabei reichlich bedacht) bis Fuß mit Öl ein, um einerseits die von der trockenen Luft und den häufigen Sandstürmen strapazierte Haut zu schützen und andererseits Nissen und andere Parasiten durch das Öl zu »ersticken«.

Während dieses hygienische Pflegeprogramm von Männern und Frauen gleichermaßen absolviert wurde, war das Schminken und Parfümieren Vorrecht der letzteren, und Schminkgefäße mit Wimpern- und Brauenschwärze, grünem Lidschatten und leuchtendem Lippenrot gehörten neben dem bronzenen Handspiegel auf den Kosmetiktisch jeder gepflegten Frau, ebenso wie das Henna, mit dem sie sich Fußsohlen und Handflächen färbte oder gar Muster eintätowierte. Der Haartracht wiederum – Kämme stellte man aus Holz und Elfenbein her – widmeten beide Geschlechter größte Aufmerksamkeit, wobei die Männer auch ihren Bart miteinbezogen, den sie in jüngeren Jahren modisch kurz stutzten. Kamen sie dann ins reifere Alter, trugen sie ihn lang und viereckig zurechtgeschnitten. Aber gerade auf diesem Gebiet wechselte die Mode häufig, und auch glattrasiert war zeitweise »in«.

Die Kleidung war von modischen Schwankungen weniger betroffen. Männer wie Frauen trugen lange bzw. kniekurze lockere Gewänder, mal gegürtet, mal nicht, ein wollener Umhang schützte vor Kälte und eine Riemchensandale die Wohlhabenderen vor dem steinigen Boden. Der Arbeiter ging barfuß und begnügte sich während der Arbeit meist mit einem kurzen Schurz als Kleidung, was bei der Hitze ja auch durchaus angebracht war. »Ehrbare« verheiratete Frauen trugen auf der Straße ein Kopftuch, wie es heute noch in islamischen Ländern üblich ist, und zogen einen dünnen Schleier vors Gesicht, was Sklavinnen und Dirnen bei Strafe untersagt war.

Schmuck galt im alten Babylon ebenso wie in unseren Tagen als Geldanlage und »Putz« zugleich. Selbst die Armen versuchten,

*Szenen aus dem babylonischen Alltag. Oben: Darstellung eines mesopota-
mischen Pfluges; Ausschnitt aus einem Relief Asarhaddons (680–669
v. Chr.; Britisches Museum London). Mitte: Eine Spinnerin mit ihrer
Sklavin; Ausschnitt eines Reliefs aus Susa (9.–8. Jh. v. Chr.; Louvre, Paris). Unten: Dämonen mit Adlerkopf befruchten Dattelpalmen; Ausschnitt
eines Reliefs Assurnasirpals II. (883–859 v. Chr.) aus Kalchu (Britisches
Museum, London; alle drei Zeichnungen nach J. Klima).*

durch dünne Kupferreifen und Ketten aus einfachen bunten Steinen ein wenig Glanz in den Alltag zu zaubern. Aber bereits der »normale« Bürger besaß meist ein ansehnliches Arsenal an oft ausgefallen geformten Ohrringen, Perlen, silbernen und goldenen Armreifen für Handgelenk und Oberarm, Fußspangen, kunstvoll gefertigte Fibeln und Knöpfe, geschmückt mit wertvollen Steinen.

Das Grundnahrungsmittel der babylonischen Bevölkerung, vom ärmsten Unfreien bis zum König, war die Gerste – Basis zur Herstellung des Brotes wie des Bieres, nach Wasser das Hauptgetränk. Das ungesäuerte Fladenbrot wurde in jedem Haushalt selbst gebacken, in zylinderförmigen Tonöfen, die im Innenhof standen.

Neben Gerste waren auch Hirse und Weizen in der babylonischen Küche vertreten, und an Festtagen wurden daraus süße Kuchen, gefüllt mit Nüssen, Datteln und Feigen, gebacken. An Obst gab es außerdem den heimischen Granatapfel und, aus den kühleren Gefilden Assyriens eingeführt, Weintrauben, Äpfel und Birnen. Das Hauptgemüse war die Zwiebel, aber auch Linsen, Bohnen und Erbsen wurden viel gegessen, und Kürbisgewächse, Kohl und Kopfsalat sorgten für weitere lebensnotwendige Vitamine.

Fleisch war, da ziemlich teuer, nur der festlicheren Speisenfolge vorbehalten, vor allem Schaf, Ziege oder gar Rind gab es nur an hohen Feiertagen, während alles, was jeder selbst leicht halten konnte, wie Tauben, Enten und Gänse, öfter mal Abwechslung in den Küchenzettel brachte, ebenso wie das Schwein, das billiger war, da es als unrein galt. Die fischreichen Flüsse und Kanäle mußten den Fleischmangel wettmachen. Denn auch Wild – Hasen, Antilopen, Wildesel – gab es nur, wenn der Hausherr mit Jagdbeute heimkam.

Auch kannten die Babylonier schon zu Beginn des 2. Jahrtausends das Huhn, den »Vogel, der täglich gebiert«, und auch Milch gehörte zum Alltagsessen. Da sie in dem heißen Klima jedoch rasch sauer wurde, kam sie meist als Joghurt, Butter oder Käse auf den Tisch.

Zur Aufnahme flüssiger Nahrung benutzte man einen Löffel aus Knochen, auch Schöpfkellen aus Terrakotta sind gefunden worden. Bei festen Speisen – dem täglichen Fladenbrot zum Beispiel – genügten zweifellos die Finger, aber man hat auch viele einzinkige

Knochengabeln ausgegraben. Vor allem Trinkgefäße gab es jedoch in Hülle und Fülle – aus Keramik, Stein, Metall und manchmal Holz. Denn fürs Trinken scheinen die Babylonier besonders viel übrig gehabt zu haben. Im Bierbrauen – man kannte etwa sechzehn verschiedene Biersorten, von denen das »Schwarzbier« am beliebtesten war – haben sie es bereits zu beträchtlicher Meisterschaft gebracht. Beim Keltern von Trauben scheinen sie eine weniger glückliche Hand gehabt zu haben, denn wirklich guter Wein mußte für teures Geld aus Armenien oder Syrien importiert werden. Daher sprach man vor allem gern dem einheimischen hochprozentigen Palmwein zu, was zur Folge hatte, daß die Männer »sich berauschten, daß ihre Leiber schwollen und sie gar sehr schwankten« – nach Hause nämlich, denn getrunken wurde schon damals vornehmlich in Wirtshäusern und unter Ausschluß der Angetrauten, die derweil im Innenhof des Hauses saß, die Spindel drehte und zusammen mit Kindern und Sklavinnen die Kühle des Abends genoß . . .

Die außerordentlich hohen Sommertemperaturen, zuweilen bis auf 50 Grad ansteigend, ließen tagsüber oft jede Aktivität erlahmen, und doch mußte dem Boden in mühsamer Arbeit das Lebensnotwendige abgewonnen werden, denn in einem Schwemmland wie Babylonien, das keine Bodenschätze und keine Wälder besaß – auch Stein, Metall und Edelsteine mußten eingeführt oder in Kriegen erobert werden –, kam der Landwirtschaft eine zentrale Bedeutung zu. Und da für einen fruchtbaren Boden ausreichende Feuchtigkeit erste Voraussetzung ist, mußte in einem so heißen, regenarmen Land – etwa 100 Millimeter Niederschlag im Jahresdurchschnitt, konzentriert auf die kurzen Wintermonate – zunächst einmal für kontinuierliche Bewässerung gesorgt werden.

Kanäle – die Lebensadern Mesopotamiens

Von welch großer Bedeutung es war, dem Volk »Wasser der Fülle« zu beschaffen, zeigen denn auch die Königsinschriften, in denen sich der jeweilige Herrscher nicht nur als Erbauer und Erhalter der

*»Babylonische Weltkarte« aus Sippar. Das Original dieser neubabyloni-
schen Tontafel-Kopie stellte wohl den Versuch dar, das Großreich König
Sargons von Akkad (um 2200 v. Chr.) graphisch darzustellen. Umzeich-
nung und Ergänzung der beschädigten Karte (s. S. 265) geben einigen
Aufschluß über das »Weltbild« der Babylonier (Britisches Museum,
London).*

Tempel, sondern auch als Hüter des lebenswichtigen Kanalsystems rühmt. So ist Nebukadnezar nicht nur der »Pfleger von Esagila und Ezida«, sondern auch »der Bauer von Babylon« und »der Bewässerer der Felder«. Und ein alter babylonischer Fluch wünschte dem Widersacher: »Möge dein Kanal versanden.« Sogar die Regierungsjahre eines Herrschers wurden oft nach der Fertigstellung eines Kanalbaus datiert, so daß die überlieferten Dokumente Namen von Kanälen festgehalten haben, deren einstige Lage heute kaum mehr erahnt werden kann. Andererseits werden noch bis in unsere Tage bestimmte Kanaltrassen wieder und wieder erneuert und ausgebaut wie zum Beispiel das Bett des Hindija-Kanals rechts des Euphrat.

Das Wasser war ja »im Prinzip« vorhanden; Euphrat und Tigris, die beiden »lebenspendenden Ströme«, führten zu jeder Jahreszeit ausreichend Wasser, ja, in den Monaten April und Juni stieg der Pegelstand um 5 Meter und die Fluten setzten, da das Flußbett sowieso bereits höher lag als das umliegende Land, riesige Flächen unter Wasser – und wenn sie wieder abflossen, ließ sich der fruchtbare Schlamm nicht nutzen, da inzwischen der glühend heiße Sommer angebrochen war.

So galt es also, mit drei Problemen fertig zu werden: dem Anlegen und Instandhalten eines Kanalsystems, um die Wasserfluten von Euphrat und Tigris zum Segen des Landes zu lenken, es zweitens vor katastrophalen Überschwemmungen zu schützen und drittens der unerfreulichen Begleiterscheinung dieses Be- und Entwässerungssystems, der Versalzung des Bodens, entgegenzuwirken.

Wir wissen nicht genau, wann mit dem Bau von Bewässerungsanlagen in Mesopotamien begonnen wurde, aber die signifikante Bevölkerungszunahme gegen Ende des 4. Jahrtausends läßt da gewisse Rückschlüsse zu: Nur ein fruchtbares, und das heißt ein mit einer funktionierenden Wasserversorgung versehenes Land war in der Lage, so viele Mäuler zu stopfen.

Das bereits ausgebaute Kanalsystem, das uns zu Nebukadnezars Zeit begegnet, war ziemlich kompliziert, mit zentralen Staubecken und großen Hauptkanälen, von denen viele kleinere Kanälchen abzweigten, so daß sämtliche Felder genügend Naß abbekamen.

Die vom Wasser profitierenden Bauern und Pächter mußten als Gegenleistung zur Instandhaltung der Kanäle ihr Teil beitragen, indem sie für regelmäßige Beseitigung des anfallenden Schlammes sorgten. Die Schlammassen türmten sich schließlich zu beiden Seiten der Kanäle zu hohen Wällen – und selbst bei sorgfältigster Pflege war so ein Kanal im Höchstfall tausend Jahre benutzbar. Dann lohnte sich das Ausheben nicht mehr, und ein neuer Graben wurde gezogen.

Wer seinen Wartungspflichten nicht ordnungsgemäß nachkam, wurde entweder nachdrücklich an seine Pflicht erinnert –

Dem Statthalter Sid-iddinam sage: So spricht Hammurabi. Du sollst die Männer zusammenrufen, deren Felder entlang der Ufer des Damanum-Kanals liegen, auf daß sie den Kanal säubern. Innerhalb des gegenwärtigen Monats müssen sie die Arbeit abschließen...

– oder mußte für die Folgen seines Versäumnisses geradestehen:

Gesetzt, ein Mann hat es vernachlässigt, den Deich seines Feldes zu befestigen, ... und an seinem Deich ist eine Öffnung entstanden, und er hat verursacht, daß das Wasser die Flur wegriß, so wird der Mann, an dessen Deich eine Öffnung entstanden ist, das Getreide, das er vernichtet hat, ersetzen (§ 53). Gesetzt, er kann das Getreide nicht ersetzen, so wird man ihn und seine Habe für Geld verkaufen, und die Bewohner der Flur, deren Getreide das Wasser weggerissen hat, werden teilen (§ 64).

Trotz aller Vorsichtsmaßnahmen, Gesetze und Strafen kam es aber immer wieder zu Deichbrüchen und furchtbaren Überschwemmungen, von den Überflutungen vor der Zeit der Kanalisierung ganz zu schweigen. Und die seit grauer Vorzeit immer wieder berichteten und weiter ausgeschmückten Katastrophen haben dann ja auch ihren literarischen Niederschlag in der Sintfluterzählung des Utnapischtim im Gilgamesch-Epos gefunden – Vorbild für die uns allen bekannte biblische Geschichte von der Sintflut und Noahs Arche (s. S. 305 ff.).

Obwohl die mesopotamische Landwirtschaft ohne dieses Bewässerungssystem wohl kaum denkbar gewesen wäre, barg es zugleich eine große Gefahr: die bereits erwähnte Versalzung infolge der Verdunstung des leicht salzhaltigen Flußwassers, die den Boden immer härter werden ließ, zumal auch der geringe Niederschlag nicht ausreichte, das Salz wegzuschwemmen. Bei einem Salzgehalt von 0,5 Prozent wächst kein Weizen mehr, bei 1 Prozent gedeiht die Gerste nicht länger und bei 2 Prozent muß auch die Dattelpalme passen. Es wird sogar von einigen Wissenschaftlern vermutet, daß zwischen dem Ende des sumerischen Reiches und der fortschreitenden Versalzung des Bodens ein direkter Zusammenhang bestanden habe, da infolge des damit einhergehenden wirtschaftlichen Verfalls die politischen Schwierigkeiten sich häuften, das politische und kulturelle Leben sich mehr und mehr nach Norden verlagerte (was durch die Überlieferung bestätigt wird), und die sumerischen Städte so ihre Unabhängigkeit verloren. Im Norden Mesopotamiens war die Gefahr der Versalzung nicht so groß, da der Grundwasserspiegel dort niedriger lag und außerdem mehr Regen fiel.

Bis in unsere Tage hat sich an den Problemen wenig oder nichts geändert. So schreibt Professor de Froe, der zwei Jahre lang im Irak lebte: »Wenn nach dem Winter der Schnee auf den Kurdischen Bergen schmilzt und eine gewaltige Wassermasse von den Abhängen herabdröhnt, durch die engen Schluchten gepreßt wird und die breiten Flußbetten des Euphrat und Tigris überfüllt, dann gleicht das Wasser mehr Schokoladencreme als sich selbst. Durch Ablagerungen werden die Flußbetten immer höher gelegt, ebenso wie in China. Beide Flüsse liegen heute einige Meter höher als das umliegende Land. Durchbricht der Fluß im Frühjahr die Deiche, was auch heute noch eine gewohnte Erscheinung ist, dann ist mit einfachen Hilfsmitteln eine Reparatur nicht möglich, und der Fluß ändert seinen Lauf. In den südlicheren Gebieten, die wegen ungenügenden Regenfalls durch Bewässerung fruchtbar gemacht werden müssen, ist Versalzung unabwendbar. Das hinabgeführte Wasser versickert nicht immer in dem schweren Ton, sondern verdampft und läßt jedes Jahr ein wenig Salz zurück. Nach vielen Jahrhunderten bedeckt eine dünne blendendweiße Salzschicht den

Boden und macht alle Vegetation unmöglich. Niederländische Ingenieure suchen heute die Bewässerung mit der Drainage zu kombinieren, um der Versalzung zuvorzukommen.«

Hält man sich zusätzlich noch vor Augen, daß außerdem ständig mit Wüstensandstürmen zu rechnen war, die über die kultivierte Ebene hinwegfegten und sogar wandernde Sanddünen bildeten, darf man wohl ohne Übertreibung feststellen, daß das Leben des babylonischen Bauern kein leichtes war.

Die Tamariske und die Dattelpalme oder Jeder nach seinen Fähigkeiten

Die Bestellung der Felder begann im Herbst, im November, mit der Auflockerung des Bodens mittels Spaten, Hacke und Holzpflug. Einer besonderen Düngung bedurfte es nicht, die alljährlichen Anschwemmungen sorgten für alles Nötige. Man versuchte ein übriges zu tun durch verschiedene Fruchtfolgen und Brache in regelmäßigem Turnus. Gesät wurde mit Hilfe eines Holzpflugs, an dem ein trichterförmiger Behälter angebracht war, in den man das Saatgut schüttete.

Im Frühjahr, im April etwa, war Erntezeit. Geschnitten wurde das Getreide – Gerste, Emmer (Zweikorn) und Weizen baute man an, aber weder Roggen noch Hafer – mit Sicheln, gedroschen mit Dreschflegel bzw. Dreschschlitten, oder man ließ das Vieh auf der Tenne die Ähren ausstampfen; die Spreu wurde hinterher durch Worfeln beseitigt.

Hinsichtlich der Ernteerträge greifen Strabo und Herodot entschieden zu hoch: Das Zweihundertfache der Aussaat mag, wenn überhaupt, alle paar hundert Jahre einmal erreicht worden sein. Wie aus keilschriftlichen Belegen ersichtlich, war das Fünfzehn- bis Sechzehnfache die Regel, wenn alles gut lief, konnte auch schon mal das Vierzigfache eingefahren werden.

Da der Ölbaum in Babylon unbekannt war, der Bedarf an Öl jedoch sehr groß – man brauchte es ja nicht nur zum Kochen, auch zur Beleuchtung, Herstellung von Salben usw. –, wurde zwecks Ölgewinnung die Sesampflanze angebaut.

Schon seit sumerischer Zeit stand der Gartenbau, vor allem der Obstanbau in Blüte. Die Hängenden Gärten sind das berühmteste Beispiel dafür. Favoritin war die Dattelpalme, deren vielseitige Verwendbarkeit bereits im Altertum gepriesen wurde. Angeblich war sie auf 360 verschiedene Arten zu verarbeiten und zu nutzen: Die Früchte konnte man essen, aus dem Saft Getränke herstellen oder ihn zu Honig verarbeiten, die Kerne dienten gleichermaßen als Viehfutter und als Brennmaterial für die Schmiede, aus den Blättern ließen sich Körbe flechten und selbst das wenig stabile Holz diente in diesem holzarmen Land als Baumaterial. Aber auch Feigenbäume, Apfel- und Granatapfelbäume gehörten in einen wohlassortierten Obstgarten, so wie in einem Gemüsegarten Zwiebeln, Porree, Knoblauch, Salat, Gurken, Rettich, Dill, Kümmel und andere Gewürze nicht fehlen durften.

Blumen fand man vor allem in Tempel- und Palastgärten – Rosen, Lilien und Lotos in erster Linie –, während das Rohr, das die Babylonier für alles mögliche vom Hausbau bis zum Korbflechten zu nutzen wußten, vor allem in den Deltagebieten von Euphrat und Tigris gedieh. Entlang den Flüssen wuchsen auch Tamarisken und Buchsbaum, und da die Tamariske neben der Dattelpalme zu den wenigen einheimischen Nutzhölzern zählte, wurde ihrer beider Bedeutung für den damaligen Alltag in einem »Streitgespräch unter Pflanzen« höchst anschaulich festgehalten:

Die Tamariske tat ihren Mund auf zu sprechen: »Ich bin höher als du, ›Vater der Weisen‹, durchaus. Der Bauer hat es entschieden. Alles, was er hat, schneidet der Bauer aus meinem Sproß. Aus meinem Schoß läßt er seine Hacke hervorgehen, mit meiner Hacke öffnet er die Erde. Aus dem Schöpfgerät trinkt das Feld, ich schließe es, und trotz der Feuchtigkeit der Erde dresche ich das Korn, und die Ernte, die Freude der Menschen, bringe ich ein.«

Die Dattelpalme antwortete mit noch größerem Munde: »Ich bin höher als du, ›Vater der Weisen‹, durchaus. Der Bauer hat es entschieden. Alles, was er hat, die Haltestricke, die Peitschen, das Zaumzeug... der Strick, das Tuch für den Stier, das Tuch für die Kiste, das Netz... die Geräte des Bauern allesamt. Höher als du bin ich.«

Tamariske: »Merke auf, Wahnwitziger! Was von mir ist im Palaste des Königs aufgestellt? Im Hause des Königs ißt von meiner Tafel der König, aus meinem Becher trinkt die Königin. Mit meiner Gabel essen die Helden, aus meinem Korbe nimmt der Bäcker Mehl, ich bin Weber und meine Fäden webe ich. Ich bekleide das Heer, und des Gottes Oberbeschwörungspriester bin ich und erneure das Gotteshaus. Ich bin Herr. Einen Rivalen will ich nicht haben!«

Dattelpalme: »Bei der Schur, beim Opferdarbringen für die hehren Götter opfert, wo ich stehe, der König nicht mit weisem Herzen. Sprengungen vor mir werden vollzogen, aus meinem Behälter ausgeschüttet auf den Boden, ich bin der Herr. Am selbigen Tage ist die Dattelpalme der Bereiter der Wohlgerüche. Deine Antwort spricht ein Großmaul!«

»Ackerbau und Viehzucht« gehören nicht nur in der Redewendung eng zusammen, die Viehzucht war auch das »zweite Bein« der babylonischen Wirtschaft. Und wie immer, wenn eine Sache oder Tätigkeit für das Gedeihen des Landes besonders wichtig war, machte der König ein Epitheton für sich daraus. Nebukadnezar – und viele andere Herrscher Babylons – nannte sich daher auch »der getreue Hirte« seines Volkes.

Am verbreitetsten war die Zucht von Schafen und Ziegen, deren Haltung wenig Aufwand erforderte – man konnte die Tiere einfach in der Steppe weiden lassen –, aber vielseitigen Ertrag brachte: Sie lieferten Milch, Wolle und Fleisch, und ihre Häute eigneten sich noch zur Herstellung von Schläuchen für die Aufbewahrung der verschiedensten Flüssigkeiten.

Als reicher Viehbesitzer galt jedoch nur ein Mann, der Rinderherden sein eigen nannte. So ein Tier fraß pro Tag außer dem Grünfutter zweieinhalb Liter Getreide – eine ziemlich teure Angelegenheit also –, aber dafür mußte es auch ganz schön schuften: vor dem Pflug, dem Dreschflegel und dem Lastkarren. Außerdem lieferte es Milch und Fleisch, das allerdings nur selten vom Normalverbraucher gegessen wurde, sondern als Opfergabe für die Tempel bestimmt war – wo sich dann die Priester daran gütlich taten.

Als Zug-, Last- und Reittier diente in Mesopotamien seit alters her der Esel, von dem es verschiedene Arten gab – graue mit und ohne Flecken, aber auch weiße, die im Irak noch heute sehr beliebt sind. Das Pferd fand dagegen erst relativ spät seinen Weg nach Babylonien, und es hat offensichtlich einige Zeit gedauert, bis es dort auch zu Ansehen gelangte. Bittet doch ein Würdenträger des Staates Mari seinen Herrn, in Zukunft den Rücken des Pferdes lieber zu meiden:

> Möge mein Herr Rücksicht auf seinen königlichen Status nehmen. Ihr seid der König der Hanäer, aber ihr seid auch der König der Akkader. Mein Herr sollte nicht auf einem Pferd reiten. Möge mein Herr auf einem Streitwagen fahren oder allenfalls auf einem Maulesel reiten, und möge er Rücksicht auf seinen königlichen Status nehmen.

Erst zur Zeit der Kassiten-Herrscher, im Laufe des 2. Jahrtausends, scheint das Pferd in Mesopotamien wirklich heimisch geworden zu sein, und der Aufzucht und Pflege dieses aus den Gebirgen im Osten und Kleinasiens stammenden Tieres wurde von da an alle Sorgfalt gewidmet, wie folgende Wartungsanleitung vom Ende des 2. Jahrtausends zeigt:

> Laß die Pferde frei laufen, in den Fluß hinabsteigen, im Wasser baden. Laß sie sich schütteln, wieder hinaufsteigen und ins Haus eintreten. Dort wirst du eine tüchtige Salbung vornehmen. Im Hause werden sie sich niederkauern, du wirst sie auf dem Bauche liegen lassen ... hinschütten, und sie werden fressen.

So wie die kostspielige Pferdehaltung war auch die Großwildjagd – zum Beispiel auf Löwen, Leoparden und Panther – allein Sache des Herrschers, der hohen Würdenträger und einiger sehr reicher Bürger. Während dagegen das Fischen eine Art »Breitensport mit Nutzanwendung« war, nämlich der Fang eines billigen, gesunden

Nahrungsmittels. Billig – aber natürlich nicht umsonst, denn die Fischgründe bildeten eine lukrative Einnahmequelle für Palast- und Tempelwirtschaft.

Überhaupt waren der König und die Tempel die größten Grundbesitzer des Landes, nur der kleinste Teil des Bodens gehörte freien Bauern. Die dritte »Besitzpotenz« neben dem Herrscher und der Priesterschaft waren die Großgrundbesitzer, die ihr Eigentum an bebaubarem Boden durch die infolge von Mißernten oder familiärem Unglück oft verschuldeten Bauern, das heißt durch Einzug ihrer kleinen Ländereien, langsam, aber stetig vergrößerten. So waren die meisten Landwirte Pachtbauern, die in der Regel ein Drittel des Ernteertrages als Pachtzins abliefern mußten. Nur die Pächter im Gartenbau standen sich noch schlechter:

> Gesetzt, ein Mann hat seinen Baumgarten einem Gärtner zum Befruchten gegeben, so wird der Gärtner, solange er den Garten in Besitz hat, von dem Ertrag des Gartens zwei Drittel dem Eigentümer des Baumgartens geben, ein Drittel wird er für sich nehmen (§ 64).

Wer der eingegangenen Verpflichtung nicht nachkam, mußte mit gesetzlichen Maßnahmen rechnen, die in erster Linie die Grundeigentümer schützten:

> Gesetzt, ein Mann hat ein Feld zur Bebauung gepachtet, hat aber auf dem Felde kein Getreide erzeugt, so wird man ihn, weil er an dem Feld die vereinbarte Arbeit nicht geleistet hat, überführen, und er wird Getreide entsprechend seinem Nachbarn dem Eigentümer des Feldes geben (§ 42).

Nur im Falle einer objektiv unverschuldeten (Natur-)Katastrophe genoß auch der Pächter einen gewissen Schutz: In diesem Fall wurde ihm der für das laufende Jahr vereinbarte Zins erlassen und der Pachtvertrag um ein weiteres Jahr verlängert.

Daß die Lage der Pächter und Bauern wenig beneidenswert war, geht aus all dem wohl klar hervor, und viele mögen infolge Verschuldung unfrei geworden sein. Da die landwirtschaftliche Nutzfläche knapp bemessen war – sie betrug in Babylonien etwa 25 000 Quadratkilometer –, gab es für einen nicht als Besitzender Geborenen eigentlich nur einen Weg, zu eigenem Grund und Boden zu kommen: Er mußte sich als Soldat im Krieg hervortun, dann konnte es sein, daß der König ihn mit einem Lehen belohnte. Von einer solchen Schenkung kündet die Inschrift eines Grenzsteins, in der es heißt:

> Wer immer in Zukunft, sei er König oder Königssohn oder Beamter oder Statthalter . . . diesen Denkstein zu zerstören seinen Sinn richtet . . . das Feld, das Geschenk Marduk-apal-iddinas, Königs von Babylon, das er Bel-ache-riba, dem Bürgermeister von Babylon, geschenkt hat, wegzunehmen seinen Sinn richtet, selbigem Menschen mögen Anu, Bel und Ea, die großen Götter, unlösbaren Fluch, Blindheit, Taubheit, Gelähmtheit antun, so daß er sich schleppe mit Weh . . .

Doch galten die Babylonier seit jeher weder als ein Volk von Akkerbauern noch von Kriegern, sondern stets als Kaufleute par excellence, mußten sie doch von Anfang an versuchen, mit den Überschüssen aus Landwirtschaft und Viehzucht zu handeln, zu tauschen, um so in den Besitz der im Lande nicht vorhandenen, aber begehrten Güter wie Metall, Holz und Stein zu gelangen.

Schon zur Zeit Hammurabis war Babylon daher ein Verkehrsknotenpunkt zu Wasser und zu Lande, denn Karawanenstraßen und Schiffahrtswege von Nord nach Süd und von Ost nach West kreuzten sich hier gleichermaßen, so daß die Babylonier nicht nur mit eigenen Produkten Geschäfte tätigten, sondern auch als Zwischenhändler im Dienste anderer Länder noch einen guten Schnitt machten. Man bezog ja nicht nur Gold aus Ägypten, Zedernholz aus dem Libanon, Silber, Blei, Zinn und Eisen aus Kleinasien und Kupfer vom Sinai, man schickte auch Waren bis nach Zypern und Kreta. Kein Wunder also, daß sich Geld- und Kreditwirtschaft in diesen Breiten schon früh entwickelten und rasch in ausgesprochener Blüte standen.

Vom »Getreidegeld« zum »Silbergeld«

Am Anfang allen Handels stand auch in Mesopotamien der Tausch, doch bereits in sumerischer Zeit gab es »Kaufhandel«, das heißt, den Erwerb einer Ware gegen ein bestimmtes Äquivalent. Als dieses diente zunächst das Hauptprodukt und damit auch Hauptexportgut des Landes: Getreide; aber schon sehr früh trat das Silber als Wertmesser an seine Stelle. Die übliche Gewichtseinheit war die Mine (etwa 0,5 Kilogramm), die man in 60 Sekel einteilte. 1 Sekel (= 8,42 Gramm Silber) entsprach dem Gewicht von 180 Getreidekörnern, woran man noch gut die Entwicklung vom »Getreidegeld« zum »Silbergeld« (in Form von Barren, Ringen oder einfachen Stücken) ablesen kann.

»Alle Handelswaren und die anderen Metalle wurden bald in ein Verhältnis zur üblichen Silberwährung gesetzt. Dieses Verhältnis veränderte sich im Laufe der Jahrhunderte, da die Preise wesentlich stiegen. So bekam man in der Hammurabi-Zeit für 6 Sekel Silber 1 Sekel Gold, in neubabylonischer Zeit war der Preis für 1 Sekel Gold so gestiegen, daß man 10 bis 13 Sekel anlegen mußte. 1 Sekel Silber gab man auch für 120 bis 140 Sekel Kupfer, was den geringen Wert dieses Metalls anzeigt. Eisen war im 2. Jahrtausend noch teuer, und man mußte für 1 Sekel Eisen 8 Sekel Silber bezahlen, im 6. Jahrhundert hatte sich das Verhältnis 1 : 125 geändert, so daß man für 1 Sekel Silber 125 Sekel Eisen bekam. Der Wert des Silbers war auch abhängig von seinem Feingehalt, davon, ob es sich wirklich um reines geläutertes Silber handelte. Um Verfälschungen vorzubeugen, wurden geprüfte Stücke mit einem Stempel versehen und in Umlauf gebracht. Sie stellen die Vorläufer der geprägten Münzen dar« (Evelyn Klengel).

Ob die Preise damals hoch oder niedrig waren, ist schwer zu sagen, deutlich ablesen läßt sich – anhand von Rechnungen, Verträgen und dergleichen – jedoch, daß es so etwas wie eine »schleichende Inflation« gab. Denn während man in der Mitte des 3. Jahrtausends für 1 Sekel Silber noch 300 Sila* (= 121 Liter) Getreide bekam, waren es zu Hammurabis Zeit nur noch 150 bis 180

---

* 1 Sila = 0,842 Liter, das damals gebräuchlichste Raummaß.

und etwas später gar nur noch 90 Sila. Erst zu Nebukadnezars Zeit stabilisierte sich der Getreidepreis wieder bei 180 Sila für 1 Sekel Silber.

In Kriegszeiten und nach Mißernten stiegen die Preise naturgemäß sprunghaft und machten es der überwiegend armen arbeitenden Bevölkerung – mehr als 6 Sekel Silber plus tägliche Kost während der oft saisonbedingten Arbeitszeit gab es nie, meist sogar weniger – noch schwerer als zu normalen Zeiten, das zum Leben Notwendige zu kaufen. Sie waren dann meist gezwungen, sich die nötigen Mittel zu leihen, und machten so die wenigen Familien(-unternehmen), in deren Händen sich der Reichtum des Landes ohnehin schon konzentrierte – zum Beispiel die Bankhäuser »Egibi & Söhne« in Babylon und »Muraschu & Söhne« in Nippur –, noch reicher.

Da das geliehene Geld von denen, die sowieso nichts hatten, ja auch nicht so rasch zurückgezahlt werden konnte, entwickelte sich ein ausgedehntes Kreditwesen mit festen Zinssätzen, Laufzeiten etc. Für die Geldverleiher meist ein höchst einträgliches Geschäft, zumal wenn sie die staatlich festgesetzten 20 Prozent Zins für Geld und 33 Prozent für Getreide großzügig zu ihren Gunsten zu manipulieren wußten. Da über Darlehen, Käufe und Verkäufe meist ein Schriftstück (eine Tontafel) angefertigt wurde – heißt es doch in Paragraph 7 der Gesetze Hammurabis:

Gesetzt, ein Mann hat entweder Silber oder Gold oder einen Sklaven oder eine Sklavin oder ein Rind oder ein Schaf oder einen Esel oder irgend etwas aus der Hand eines Freigeborenen oder jemandes Sklaven ohne Zeugen und Vertrag gekauft oder in Verwahrung genommen, so gilt selbiger Mann als Dieb, er wird getötet.

–, hatten die Geschäfte auch meist ihre Ordnung, nur der Schuldner häufig nicht das Geld, den Gläubiger entsprechend dem geschlossenen Vertrag zufriedenzustellen, so daß er selbst und seine Familie in Schuldknechtschaft gerieten.

Grundbesitz und Geldverleih waren aber nur zwei mögliche Quellen des Reichtums durch »Geschäftemachen«; besonders einträglich war der Warenhandel zu Wasser und zu Lande. Zu den landwirtschaftlichen Erzeugnissen als Handelsware – Getreide, Hülsenfrüchte, Sesamöl und anderes mehr – kamen noch die handwerklichen, die die babylonischen Künstler und Kunsthandwerker (falls eine solche Unterscheidung für die damalige Zeit überhaupt schon zulässig ist) aus den eingeführten Rohstoffen herstellten, zum Beispiel Schmuck, Parfüm, Salben, Keramiken und vor allem die babylonischen Rollsiegel aus Halbedelsteinen, die bis nach Griechenland hin geradezu ein Exportschlager waren.

Ein so rohstoffarmes und daher auf den Handel existentiell angewiesenes Land wie Mesopotamien entwickelte schon früh eine effektive »Infrastruktur« und baute seine Verkehrswege im Dienste möglichst problemloser Abwicklung der weitverzweigten Handelsverbindungen aus. Was übrigens nicht zuletzt auch den Postbeamten zugute kam, die mit ihren Depeschen und Dokumenten von Königshof zu Königshof über diese Straßen eilten – gazellengleich sozusagen, denn zwei Gazellen waren, wie auf ei-

Rollsiegel der neubabylonischen »Reichspost« mit dem Symbol – zwei Gazellen – der königlichen Post (Louvre, Paris; Zeichnung nach B. Brentjes).

nem neubabylonischen Rollsiegel der »obersten Postverwaltung« abgebildet, das Symbol der königlichen Post.

Der »Binnenverkehr« wurde, wenn irgend möglich, nicht mit Hilfe der karawanenerprobten Esel oder Kamele abgewickelt, sondern per Schiff. Da man selbst bei Reisen über Land immer wieder kleinere und größere Flüsse und Kanäle überwinden mußte und daher ständig angewiesen war auf Fähren, Pontonbrücken und eine Art Schlauchbootvorläufer, ein auf aufgeblasenen Hammelhäuten schwimmendes Floß, »kelek« genannt, bestieg man lieber gleich ein Schiff.

Neben dem Kelek wurde vor allem die »guffa« benutzt, eigentlich ein großer runder Korb aus geflochtenem Schilf, mit flachem Boden und bauchigem Rand, überzogen mit Tierhäuten und wasserdicht gemacht mit einem Gemisch aus Wollresten, Sand und Asphalt. Besonders die aus dem Norden kommenden Händler hatten eine außerordentlich praktische Wasser-Land-Lösung gefunden: Bis in den Süden Babyloniens transportierten sie ihre Waren auf der Guffa, verkauften die Ladung am Zielort, zerlegten ihr Schiff, verkauften auch davon noch Teile und nahmen nur noch die Lederhäute mit nach Hause – um schon bald auf einem damit neu bespannten Schiff und frischer Ware zurückzukehren.

Selbstverständlich wird auch ein so wichtiges Gebiet des babylonischen Arbeitsalltags wie die Schiffahrt in der Gesetzgebung Hammurabis berücksichtigt. Da nicht alle Kaufleute eigene Schiffe besaßen – zumal wenn auf ihrer Route jeweils nur ein kleines Stück Wasserweg lag –, wurden Schiffe samt kundigem Führer oft gemietet. Erreichte das Wasserfahrzeug nicht ordnungsgemäß und wie vereinbart sein Ziel, kam Paragraph 237 zur Anwendung:

Gesetzt, ein Mann hat einen Schiffer und ein Schiff gemietet und hat es mit Getreide, Wolle, Öl, Datteln oder irgendwelcher Fracht beladen, selbiger Schiffer ist nachlässig gewesen und hat das Schiff versenkt und seine Ladung zugrunde gerichtet, so wird der Schiffer das Schiff, das er versenkt hat, und alles, was er darin zugrunde gerichtet hat, ersetzen.

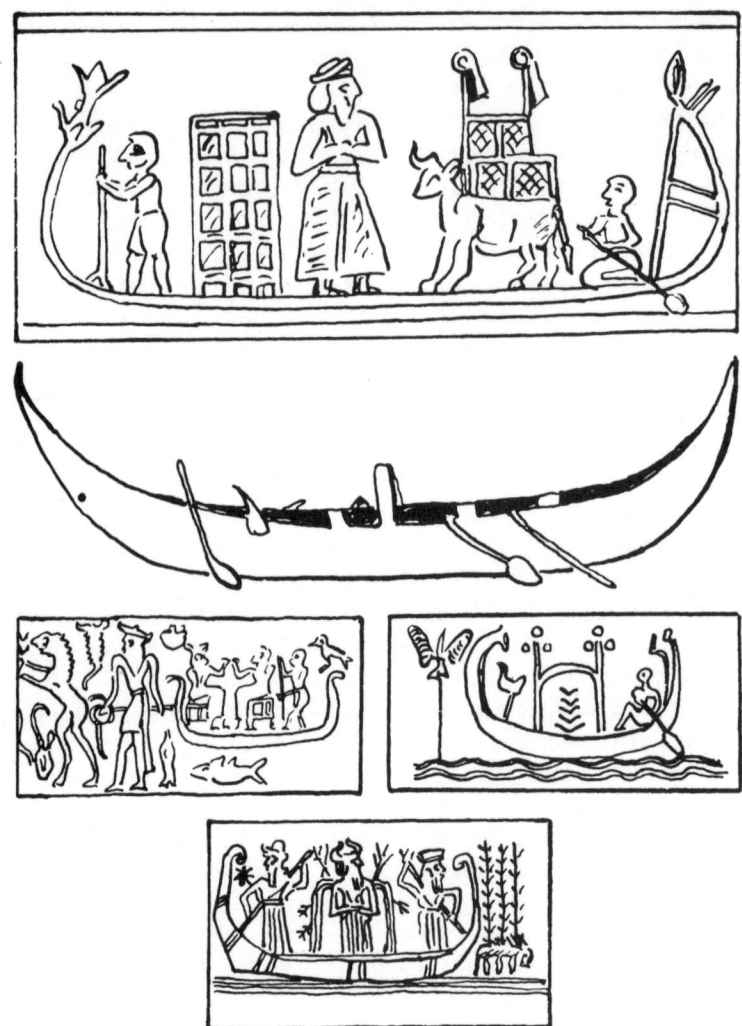

Darstellungen verschiedener mesopotamischer Bootsformen (nach H. H. Schmid).

Vielleicht hat der König dabei auch ein bißchen an seinen eigenen Vorteil gedacht, denn natürlich war er an den Handelseinnahmen in Form von Steuern nicht unbeträchtlich beteiligt. Schließlich hatte er einem jeden Kaufmann erst einmal die allerköniglichste Erlaubnis zum Handeltreiben erteilt und sorgte außerdem durch Posten, Patrouillen und Befestigungen für dessen Schutz und Sicherheit vor bzw. bei räuberischen Angriffen in den Wüsten- und Steppengebieten. Trotzdem kam es immer wieder zu Überfällen, was zunächst »diplomatische Protestnoten« der babylonischen Könige an den jeweiligen Landesherrn, in dessen Gebiet den Kaufleuten Unrecht geschehen war, zur Folge hatte oder/und, wenn das nichts fruchtete, auch Strafexpeditionen nach sich zog.

»Und Ea schuf den Ziegelgott, den Zimmermannsgott, den Schmiedegott ...«

Neben den (wohlhabenden bis reichen) Grund- und Viehbesitzern und den ebenso gutsituierten Kaufleuten gab es auch einen Stand, der es durch seiner Hände Arbeit zu Ansehen und Wohlstand bringen konnte: die Handwerker bzw. Künstler. Sie konnten ihre Arbeitskraft bzw. ihre Produkte zum Teil gleich auf mehreren Märkten feilbieten: dem inländischen und dem ausländischen, dem privaten und dem staatlichen, wozu neben den königlich-öffentlichen Bauten auch die Tempel und andere Kultstätten einschließlich deren Bedarf an Kleinkunst zählte.

Wenn auch die Inschrift, die behauptet, daß »die Künstler an der Spitze der Regierung eines Landes gehen, und wenn der König sie nicht achtet, fällt das Land von ihm ab«, wohl nur eine Idealvorstellung formuliert, so steht doch fest, daß ein guter Handwerker und ein begabter Künstler auch hohes gesellschaftliches Ansehen genossen, wurde ihren Berufen doch göttliche Herkunft zugeschrieben: Ea, der Gott des Wassers und der Weisheit, hat den Menschen die verschiedenen Fertigkeiten gelehrt und ist daher auch der Schutzpatron der Baumeister, Töpfer, Metallarbeiter, Schmiede, Weber, Schiffsbauer usw. Noch Berossos weiß in seinen

Babyloniaka von einem Fischwesen mit menschlichem Kopf zu berichten, das den Namen »Oannes« trägt und den Menschen nicht nur die elementarsten Kenntnisse der Kunst, der Schrift und der Wissenschaften beigebracht hat, auch Städte und Tempel hat es sie bauen gelehrt, Gesetze verfassen, den Boden bearbeiten und die Herstellung technischer Geräte. In der babylonischen Schöpfungsgeschichte wird jedem Handwerk sogar ein Extragott zugewiesen, das heißt, die verschiedenen Aspekte Eas werden sozusagen personifiziert:

> Als der Gott Anu den Himmel geschaffen, der Gott Nudimmud den Ozean als seine Wohnung geschaffen, kniff Ea dem Ozean Lehm ab, schuf den Ziegelgott zur Erneuerung der Tempel, schuf Rohr und Holz zu Bauarbeiten, schuf den Zimmermannsgott, den Schmiedegott und den Gott Arazu zur Vollendung der Bauarbeit, schuf Gebirge und Meere für allerlei Wesen, schuf den Goldschmiedegott, den Steinschneidergott und den Gott Ninkurra zu Werken und ihren reichlichen Ertrag zu Opfergaben...

Auch im alten Babylon waren die Handwerker schon in »Zünfte« eingeteilt, und man konnte eine »Goldschmiedegasse«, eine »Webergasse« usw. aufsuchen und auf diese Weise bequem echte Qualitäts- und Preisvergleiche vornehmen. Noch heute findet man ja in vielen südlichen Ländern solche Straßen oder gar ganze Viertel, die einem bestimmten Handwerk vorbehalten sind.

Allerdings besaßen nur die wenigsten eine eigene Werkstatt, viele waren noch nicht einmal »fest angestellt« in einem Betrieb, sondern wurden vom König und hohen Würdenträgern, von den Tempeln oder reichen Privatleuten direkt engagiert, mal auf Zeit, oft aber auch auf Dauer – vor allem zu Nebukadnezars Zeit war das üblich.

Um das Know-how seines zukünftigen Berufes zu erlernen, wurde der Junge zu einem Meister in die Lehre gegeben, der sich verpflichtete, ihn in den Grundlagen seines Handwerks zu unterweisen und auch in Tricks und Geheimnisse seiner Arbeit einzuweihen. Natürlich wurde auch damals schon ein Lehrling zu »be-

rufsfremden« Tätigkeiten herangezogen – zwar nicht zum Bier-
und Brotzeitholen, aber etwa zu Haus- und Gartenarbeit beim
Meister. Diese Nebenbeschäftigungen durften aber das eigentliche
Ausbildungsziel nicht beeinträchtigen. Stellte sich heraus, daß der
Meister seinen Lehrling im Rahmen der festgesetzten Lehrzeit –
die Bäckerei erforderte zum Beispiel nur fünfzehn Monate, die
Weberei dagegen fünf Jahre – nicht ordnungsgemäß unterrichtet
hatte, mußte er zur Strafe dem Vater des Jungen eine Entschädi-
gung zahlen. Ein höchst fortschrittliches »Gesetz zugunsten Aus-
zubildender«, möchte man meinen.

Das älteste und für den Alltag wohl wichtigste Handwerk war
die Töpferei. Schon zu sumerischer Zeit arbeitete man dabei mit
der Töpferscheibe, und früh wurde entdeckt, daß gebrannte Töpfe
haltbarer und vor allem wasserundurchlässig sind. Später kamen
dann Verzierungen, Glasurtechniken (man denke an die Emailzie-
geltechnik des Ischtar-Tores) und andere Verfeinerungen in der
Herstellung dazu; begleiteten doch Tongegenstände den Babylonier praktisch von der Wiege bis zum Grabe. Denn nicht nur
dämonenabwehrende Amulette bereits für Kleinkinder, Vasen,
Töpfe und anderes Hausgerät wie Herde und Lampen wurden aus
Ton hergestellt, auch Särge in Form einer elliptischen Wanne oder
eines großen glockenartigen Topfes fertigte man aus Ton.

Ebenfalls von zentraler Bedeutung für das alltägliche Leben waren das Spinnen und Weben. Während das Spinnen Frauensache
war, wurde das Weben, außer für den Privatgebrauch, meist von
Männern übernommen, egal ob es sich dabei um Stoffe – in besonders kostbare Stücke wurden sogar Goldfäden eingeschlagen –
oder die mit geometrischen und Pflanzenmustern verzierten Tep-
piche (fast nur für Paläste und Tempel) handelte. Walker und
Schneider vollendeten dann das Werk.

Die lederverarbeitenden Betriebe fanden ihre Abnehmer in erster Linie im Heer, das Helmkappen, Köcher, Schilde, Peitschen,
Sattelzeug und dergleichen stets in großer Anzahl brauchte; dazu
kamen dann die Dinge des täglichen Bedarfs wie Schuhe und Sandalen, Schläuche für Wasser, Wein und Keleks, Beutel für Silber-
stücke, Behälter für Schreibgriffel, Rasiermesser und Dolche.

Neben den »soliden« Handwerken gab es noch drei Kunst-

Handwerkssparten: die metall-, holz- und steinverarbeitenden Berufe, also die Grob- und Feinschmiede, die Zimmerleute und Tischler sowie die Steinmetze, Bildhauer und Siegelschneider. Von ihren Arbeiten können wir auch heute noch zum Teil besonders schöne Stücke bewundern. Vor allem die Goldschmiede brachten es zu handwerklicher Vollkommenheit und beherrschten die verschiedenen Techniken wie Legieren, Punzen, Granulieren, Einlegen usw.

Die Meisterwerke auf dem holzverarbeitenden Sektor standen natürlich im Palast des Königs: die Thronsessel mit ihren geschnitzten Menschen- und Tierfiguren. Die normalen Möbel dagegen waren selten aus Holz, während es ansonsten auch zur Herstellung von Gebrauchsgeräten verschiedenster Art diente: Der Bogen für Jagd und Kampf bestand ebenso aus Holz wie der Pflug, die Jagd- und Kriegswagen und viele Handelsschiffe und Lastkähne.

Bei dem ebenfalls fast ausschließlich importierten Stein sah es ähnlich aus: Nur was unbedingt aus diesem teuren Material gefertigt werden mußte wie Getreidemühlen, Stößel und dergleichen wurde daraus hergestellt – meist nahm man dafür grobporigen Basalt, während die hochwertigen Steinarten dem Hof- und Tempelbedarf vorbehalten blieben. Doch selbst König und Priesterschaft scheinen, anders als in Assyrien, wenige Statuen oder Reliefs in Auftrag gegeben zu haben. Von Nebukadnezar selbst kennen wir, wie zuvor schon erwähnt, außer den Reliefs im Felsen von Wadi Brisa kein einziges Bildnis. Aber da war das Material ja auch bereits vorhanden und mußte nicht erst teuer besorgt werden! Und auch die Vorgänger Nebukadnezars ließen sich offensichtlich selten in Stein verewigen. Die Darstellung Hammurabis auf seiner Gesetzesstele gehört zu diesen wenigen Stücken.

Bei weitem mehr Arbeit als die babylonischen Bildhauer hatten die Siegelschneider – ein ebenfalls seit frühsumerischer Zeit geübtes Handwerk –, die aus Alabaster und Speckstein, aber auch viel aus Halbedelsteinen wie Achat, Jaspis und Karneol Stempel, Petschafte und vor allem die in der alten Welt weltberühmten Rollsiegel fertigten, deren eingravierte Szenen man als »Endlosbild« in Lehm oder Ton abrollen kann. Die Motive der Abbildungen änderten sich freilich im Laufe der Jahrhunderte – mal war dieser

Gott besonders beliebt, mal jener. Und in neubabylonischer Zeit wurde wohl, mit immer wieder variierenden Epitheta, kein Name häufiger in Stein graviert als »Nebukadnezar, der König von Babylon, der demütige, der ergebene, der Ehrfurcht hat vor den großen Göttern, der erlauchte Priesterfürst, der Erhalter der Tempel von Esagila und Ezida, der Sohn des Nabopolassar, des Königs von Babylon, bin ich«.

Denn der König war ja nicht nur »Landesherr«, im sozusagen »königlichen Alltag« stand er an der Spitze einer gut funktionierenden Bürokratie, einer zentralen Verwaltung, deren Macht und Funktionalität sich auf drei Pfeiler stützte, die praktisch »den Staat« – personifiziert im König – bildeten: das Heer, die Beamten und die Priesterschaft. Überhaupt ist im neubabylonischen Reich die Machtkonzentration in der Hand des Königs wesentlich geringer als in den Jahrhunderten vorher oder gar zur Zeit Hammurabis. Vor allem die verschiedenen Tempelzentren mischten sich nach Nebukadnezars Tod kräftig in die Politik ein und sollten schließlich als (Pyrrhus-)Sieger aus dem Machtkampf hervorgehen.

Machtfaktor Armee

Nebukadnezar selbst jedoch hatte seinen Staatsapparat noch fest im Griff. Der größte Machtfaktor des »obersten Befehlshabers« war das stehende Heer – vorwiegend Söldner aus aller Herren Länder, vor allem aber aus den umliegenden Gebirgsgebieten. Die Wehrpflicht, der zu Hammurabis Zeiten noch bei Todesstrafe unbedingt nachzukommen war, wurde, wenn überhaupt noch obligatorisch, locker gehandhabt, und der Bürger konnte sich (so er konnte) mit einer bestimmten Summe Geldes freikaufen. So wie das Volk überhaupt durch Natural- und wohl auch Geldabgaben für den Unterhalt des Heeres aufkommen mußte. Besonders verdiente Soldaten wurden vom König mit einem Stück Land belehnt, das sie allerdings weder verkaufen noch vererben, sondern nur nutzen durften. Trat der Sohn jedoch ebenfalls in die Armee ein, konnte das Grundstück in Familienbesitz bleiben.

Gekämpft wurde zu Fuß, zu Wagen und zu Pferde, wobei die Infanterie stets das größte Kontingent stellte. »Arbeitsteilung« und Spezialistentum sorgten auch beim Heer für größtmögliche Effektivität. So gab es Bogenschützen – die den Hauptanteil an den Fußtruppen hatten –, Schildträger, um diese Bogenschützen abzuschirmen, Schleuderer, die Steine oder brennende Fackeln in belagerte Festungen katapultierten, leichte Reiter für wilde Verfolgungsjagden, Wagenlenker für die zweirädrigen leichten Kampfgefährte, die von zwei bis drei Pferden gezogen wurden und mit einem Bogenschützen – Experte für das »Schießen im Fahren« – bestückt waren.

Die Wagenkämpfer waren die schlagkräftigste, aber auch kostspieligste Truppe, denn nicht nur die Männer mußten mit Helm, Leder- oder Metallkoller und Wadenschutz ausgestattet werden, auch die Pferde brauchten Satteldecken oder gar Wollpanzer, und die Wagen bedurften einer kontinuierlichen Wartung, um stets einsatzbereit zu sein.

Pioniereinheiten, zuständig für den raschen Bau von Ponton- oder Holzbrücken und für die Bedienung der Belagerungsmaschinen sowie den Auf- und Abbau des Lagers, vervollständigten zusammen mit Troß- und Wagenknechten, Köchen und Dienern das Heer.

Eine Elitetruppe, die Königliche Garde, bewachte in Kriegs- wie in Friedenszeiten den König, seine Familie und seinen Palast, den Kasr, in dessen weitläufigen Gebäuden praktisch alles untergebracht war, was zum Hof und zur »Königlichen Verwaltung« gehörte: die Werkstätten für die Handwerker; die Amtsräume der hohen Beamten, die die diplomatische Post ebenso überwachten wie den ordnungsgemäßen Eingang der Steuern und Abgaben; der Thronsaal für die großen offiziellen Empfänge; die privaten Gemächer des Königs und seiner Frauen; die Quartiere für Sklaven und Bedienstete; Schatzkammern und Vorratsräume.

Zwar liefen die Fäden aller »Abteilungen« beim König zusammen, der über alles informiert war und wichtige Botschafter und Vasallen natürlich selbst empfing – wie zum Beispiel Zedekia, den König von Juda, sollte er wirklich in Babylon gewesen sein, bzw. dessen Gesandten –, aber da der Herrscher seine Augen nicht überall haben kann und besonders in Kriegszeiten häufig lange fern der Hauptstadt weilt, ist ein gut organisierter, zuverlässiger Hofstaat (die in den Provinzen stationierten Gouverneure und Präfekten eingeschlossen) unerläßliche Voraussetzung für ein funktionierendes Staatswesen.

Der älteste Hof- und Staatskalender

Auf den weitreichenden Einfluß der Beamtenschaft auch bereits zur Regierungszeit Nebukadnezars weist ein großes achtseitiges Tonprisma aus den Jahren um 570 v. Chr. hin, das Robert Koldewey im westlichen Teil des Stadtschlosses gefunden hat. Am Ende der Urkunde, die eine Beschreibung der vom König veranlaßten Tempel- und Palastbauten gibt, steht eine in ihrer Art bisher einmalige Liste von sämtlichen Hof- und Staatsbeamten mit Namen und Titeln – »gleichsam der älteste Hof- und Staatskalender der Welt... Zu Anfang stehen die ›Oberhofbeamten‹ und an ihrer Spitze der ›Großwesir‹ mit dem altertümlichen Titel ›Oberbäkker‹... Der ›Oberbäcker‹ ist Nabu-zeri-idinnam, der schon aus der Bibel bekannt ist [allerdings als ›Oberster der Leibwache‹]. Dann folgt der ›Oberbefehlshaber‹, der Generalissimus namens Nabu-zeri-ibni, ferner der ›Palastvorsteher‹, der ›Tempelvorsteher‹, das ist wahrscheinlich der spezielle Ministerrat, Großwesir, Kriegsminister, Hausminister und Kultusminister. Weiter folgt Adija, der ›Oberhofbeamte des Palastharems‹, Bel-uballit, der ›Schreiber des Harems‹, vielleicht der Verfasser der Urkunde selbst, dann Silla, der ›Obervorsteher des Schemels‹, Nabu-schiußur, der ›Oberbarbier‹ und vier ›Vorsteher der Sklavinnen‹, Nergal-rißua, der ›Oberkapellmeister‹, Ardi-Nabu, der ›Sekretär des Kronprinzen‹ Awel-Marduk... endlich zwei ›Oberproviantmeister‹ Ea-idanni und Rimutu. Den Beschluß der Oberhofbeamten machen: Nabu-mar-scharri-ußur, der ›Oberschiffer‹, und zuletzt Hanunu, der ›Oberbankier‹, der vielleicht ein Angehöriger des phönizischen Handelsvolks war« (E. Unger).

In den Händen dieser Männer lag die gesamte Verwaltung des

Landes, vom Abschluß der Staatsverträge bis zum »bloßen« Aufschreiben der großen und kleinen Vorkommnisse im Land und bei Hofe.

Gerade die Schreiber, aus deren Reihen viele bis in die obersten Ämter emporstiegen, nahmen damals, als nur so wenige Menschen die Kunst des Schreibens beherrschten, eine bedeutende Stellung ein. Sie führten Buch über Geburt und Tod, Einnahmen und Ausgaben und nicht zuletzt über den jeweiligen Vermögensstand des einzelnen Bürgers. Denn außerordentlich wichtig – und für den König offensichtlich von besonderem Interesse, wie die Menge der überlieferten Mahnbriefe zeigt – war der Komplex »Steuern«. So heißt es zum Beispiel in einem dieser sich im Tenor ziemlich ähnelnden Briefe:

Zu Marduk-naßir und den Richtern von Sippar-Amnanum sprich: also sagt Abi-eschuch: Der Lämmer-Eintreiber hat mir gesagt, daß ihr eure aus dreißig Lämmern bestehende Abgabe nicht nach Babylon gebracht habt. Weshalb habt ihr bis jetzt die dreißig Lämmer, eure Abgabe, nicht nach Babylon gebracht? Wie konntet ihr es wagen, so zu handeln? Einen Reiter schicke ich jetzt zu euch, sobald ihr diesen meinen Brief seht, schickt eure aus dreißig Lämmern bestehende Abgabe nach Babylon. Wenn ihr eure Abgabe nicht nach Babylon bringt, so wird man euch für ein Lamm einen Sekel Silber darwägen lassen.

Um die Steuern des einzelnen so genau festsetzen zu können, mußte man ebenso genau wissen, was er besaß, ob man ihm am besten Geld oder Naturalien abknöpfte, oder ihn seine Steuerschuld in Form von Frondienst bei öffentlichen Bauvorhaben – Palästen, Tempeln, Kanalsystem – abarbeiten ließ. Doch spielte sich stets alles im Rahmen schriftlich fixierter Legalität ab, und alle Untertanenpflichten waren streng gesetzlich geregelt – wie das in Babylon seit alters her der Brauch war.

» ... der Mensch ist der Schatten Gottes, aber der König ist das Ebenbild des Gottes«

Oberster Gesetzgeber und Richter des Landes war der König, und Nebukadnezar, der sich so bewußt und ausdrücklich als Erbe des großen Hammurabi verstand, wollte auch wie dieser ein »König der Gerechtigkeit« sein. Der berühmte »Kodex Hammurabi« war ihm gewiß bekannt, auch wenn außer vier Fragmenten keine Abschriften der Gesetzessammlung aus neubabylonischer Zeit auf uns gekommen sind. Doch ist es dem Assyriologen W. G. Lambert gelungen, einige Keilschrifttexte aus den Beständen des Britischen Museums Nebukadnezar zuzuordnen, Texte, die eindeutig die Qualitäten eines Königs als Gesetzgeber und Richter preisen und Verordnungen und Urteile überliefern, die, »wenn unsere Identifikation korrekt ist«, wie Lambert mit der Vorsicht des Wissenschaftlers formuliert, »es gerechtfertigt erscheinen lassen, Nebukadnezar als zweiten Hammurabi zu betrachten«.

Auch Nebukadnezar I., der Erneuerer Babylons, der um 1120 das Land regierte, hatte schon in Hammurabi sein Vorbild gesehen, und noch der letzte König von Babylon, Nabonid, rühmt sich mehrfach, Gründungsstein und Namensinschrift des großen Vorgängers in den Fundamenten des Schamasch-Tempels von Larsa gefunden zu haben – »ich erschauerte und fürchtete mich« –, und »ehrfürchtig« setzt er seinen Namen zu dem Hammurabis auf die neue Gründungsurkunde.

Die überlieferten juristischen Dokumente lassen übrigens vermuten, daß die meist drastischen Strafen, die in dem Kodex für verhältnismäßig geringfügige Vergehen angesetzt waren, in der Praxis selten oder gar nie zur Anwendung kamen und vielleicht nur der Abschreckung dienen sollten – was ebenfalls dafür sprechen würde, daß Nebukadnezar sich als ein wirklich gerechter König zu profilieren versuchte, ebenbürtig jenem Herrscher, der

Babylon zu seiner ersten Blüte und größten Machtstellung in der
Alten Welt verholfen hatte und am Ende seiner 43 Jahre währen-
den Regentschaft – genauso lange sollte Nebukadnezar regieren –
fast ganz Mesopotamien unter seiner Herrschaft vereinigt hatte:

> Diejenigen, die gegen mich feindselig waren, habe ich getötet,
> ihre Waffen zerbrochen, ihr Land habe ich zerschlagen, ihre
> Einwohner habe ich gefangengenommen, ihre Truppen habe ich
> niedergeworfen, diejenigen, die mir ungehorsam waren, habe
> ich unter meinen Fuß gebeugt. Der König, der den Kampfes-
> wunsch des Gottes Marduk erfüllt hat, der seinem Feind die
> vernichtende Kraft ausgehen läßt, bin ich. Den Feindseligen
> habe ich vertrieben, das Böse habe ich ausgerissen, die Men-
> schen meines Landes habe ich auf üppiger Wiese liegen lassen,
> meinen Menschen habe ich keinen, der ihnen Schrecken einge-
> jagt, übriggelassen.

So heißt es in einer »Selbstpreisung« des Hammurabi, die in einer
sumerischen sowie einer zweisprachigen sumerisch-akkadischen
Fassung überliefert ist und in Ur gefunden wurde.

Aber nicht als bloßer, rücksichtsloser Machthaber wollte er sich
verstanden wissen, sondern als »Hirte der Menschen«, der seinen
Feinden gegenüber Gnade übt und seinem Volk als »Füllespen-
der«, »Beleber« und »Träger von Überfluß« gegenübertritt. Und
wirklich erscheint er in den überlieferten Dokumenten, vor allem
in seinen Briefen, als eine Persönlichkeit, die so manche Reform
zum Wohle des Volkes durchgeführt hat und zum Teil mit Recht
als »treusorgender Landesvater« und »ragendste Gestalt unter den
Herrschern Babyloniens auch vom Standpunkt der Fürsorge für
seine Untertanen« bezeichnet werden kann, ein Mann, der sich,
wie etwa auch Karl der Große, als »Friedensbringer« und im
Grunde »unkriegerisch« empfand und seinem Reich den »Charakter eines Rechtsstaats« verliehen hat. Hammurabi selbst hätte sich
über diese historischen Urteile – die sein Biograph Horst Klengel
anführt, jedoch nur mit Einschränkung gelten läßt – sicherlich
gefreut, entsprachen sie doch völlig seiner Selbsteinschätzung am
Schluß seiner 288 Paragraphen umfassenden Gesetzessammlung,

wo er ein Königsbild zeichnet, dem nachzueifern jeder Herrscher gewiß allen Grund hatte:

> Hammurabi, der König, der vollkommene, bin ich. Für die »Schwarzhäuptigen« [die Babylonier], die Enlil mir geschenkt, deren Hirtenamt Marduk mir gegeben hat, war ich nicht säumig, legte die Hände nicht in den Schoß. Stätten der Wohlfahrt suchte ich ihnen, drückende Drangsal löste ich auf, Licht ließ ich über ihnen aufgehen. Mit der Waffe, die Zababa und Ischtar mir verliehen, mit der Einsicht, die Ea mir als Los gegeben hat, tilgte ich aus die Feinde oben und unten, löschte ich aus die Widerstände, dem Lande zum Wohlgefallen. Die Menschen ließ ich wohnen in geschützten Stätten, einen, der sie aufscheuchte, ließ ich nicht über sie kommen. Die großen Götter haben mich berufen: So bin ich der Hirte, der wohl hütet, dessen Stab gerade ist. Mein guter Schatten ruht über meine Stadt gebreitet, in meinen Schoß habe ich die Menschen des Landes Sumer und Akkad genommen. Mit meinem Schutzgott, der des Landes Bruder ist, sorge ich für sie in Frieden, berge ich sie in meines Wissens Tiefe. Vom Starken den Schwachen nicht entrechten zu lassen, der Witwe, der Waise Recht zu schaffen, habe ich in Babylon, der Stadt, deren Haupt Anu und Enlil hoch aufgerichtet haben, in Esagila, dem Hause, dessen Grundfesten gleich Himmel und Erde ewig stehen, um Recht des Landes zu richten, Entscheidungen des Landes zu entscheiden, dem Entrechteten Recht zu verschaffen, meine köstlichen Worte geschrieben und vor meinem Bildnis als König der Gerechtigkeit festgelegt. Der König, der unter den Königen überragend ist, bin ich.

Als der französische Archäologe Jacques de Morgan auf der Akropolis der elamitischen Hauptstadt Susa die Stele, auf der diese Worte stehen, entdeckte, war das eine regelrechte Sensation: »Im Dezember 1901 und Januar 1902 grub man hier kurz hintereinander in drei bequem zusammensetzbaren Teilstücken eine Dioritstele von 2,25 Meter Höhe aus, deren bekrönendes Relief einen Fürsten vor dem Sonnengott Schamasch zeigte, deren gesamte übrige Fläche – bis auf eine nachträgliche Rasur – von einem umfangreichen, auf Fächer und Kolumnen aufgeteilten Text in altbabylonischer Monumentalschrift bedeckt war. V. Scheil, der Assyriologe der Expedition, erkannte in ihm nicht mehr und nicht weniger als eine Niederschrift von Hammurabis Gesetzwerk mit Prolog und Epilog, und es bleibt die einzigartige philologische Leistung dieses Gelehrten, daß er die grandiose Urkunde binnen eines Jahres fast fehlerlos entzifferte und publizierte (ein Tempo, das die Assyriologen heute kaum je mehr vorlegen). So erfuhr die Welt vom Kodex Hammurabi (die juristisch nicht ganz zutreffende, von Scheil geprägte Begriffsbestimmung ›Kodex‹ wurde beibehalten), jenem gewaltigen legislativen Akt etwa der Zeit um 1700 v. Chr., den man heute als ›Reformgesetz‹ zu verstehen gelernt hat« (H. Schmökel).

Auge um Auge, Zahn um Zahn oder Hammurabi und Moses

Denn der »*erste* Gesetzgeber« war Hammurabi, wie lange Zeit angenommen wurde, nicht. Aber auch jener Mann, an den jetzt vielleicht so mancher bibelkundige Leser denken mag und an den er sich schon des öfteren beim Zitieren des einen oder anderen Paragraphen erinnert haben wird, kann diesen Titel nicht für sich in Anspruch nehmen: Moses, der die Zehn Gebote von Jahwe entgegengenommen und dann zur allgemeinen Gesetzgebung erweitert hat.

Die zum Teil geradezu verblüffenden Parallelen zwischen den beiden Gesetzestexten[14] lassen sich aufgrund der uns heute zur Verfügung stehenden Dokumente und Überlieferungen vielmehr als umgekehrte Abhängigkeit nachweisen, da das hebräische Recht erst *nach* der Einwanderung in Kanaan – der Kodex Hammurabi stammt ja aus dem 17. Jahrhundert v. Chr., der Zeit des biblischen Abraham also! – erweitert und ergänzt wurde, und zwar unter Berücksichtigung oder zumindest in Kenntnis lokaler Gegebenheiten, Sitten und Gebräuche. Denn das judaische Gesetz war ja nicht wie das babylonische für ein Volk bestimmt, das sich bereits mit vielen anderen Völkern vermischt hatte, das schon vor langer

Zeit seßhaft geworden war und abgegrenzte Stände gebildet hatte. Neuere Entdeckungen haben nachdrücklich bestätigt, daß die hebräische Gesetzgebung vor dem Hintergrund des mittelorientalischen Rechts entstand und sich von diesem in keiner Weise unterschied. Die Grundlagen dieses Rechts lassen sich anhand vorliegender, überlieferter Texte nachweisen.

Außerdem ist trotz einer weitgehenden Übereinstimmung mit den juristischen und ökonomischen Dokumenten von Nuzi und Arrapcha aus der Zeit etwa um 1500 v. Chr. und der Gesetzgebung der Hethiter (um 1200 v. Chr.) und Assyrer (um 1100) anzunehmen, daß die biblischen Texte während der Jahre der Babylonischen Gefangenschaft noch einmal erweitert wurden.

Das »Auge um Auge, Zahn um Zahn«, die sogenannten Talionsgesetze sind also älter als Moses' Gesetz und keineswegs auf den palästinischen Raum beschränkt, vor allem jedoch ist es, wie Friedrich Delitzsch mit dem Eifer dessen, der gegen ein Heer von (Alttestamentler-)Gegnern zu kämpfen hatte (s. S. 292 ff.), feststellt, »rein menschlichen Ursprungs . . . Oder sollte jemand wagen zu behaupten, daß der dreimal heilige Gott, der mit seinen eignen Fingern ›Du sollst nicht töten‹ in die Steintafel gegraben, im selben Atemzug die Blutrache sanktioniert habe, die bis heute wie ein Fluch auf den Völkern des Ostens lastet, während schon Hammurabi ihre Spuren fast völlig getilgt hatte? . . . Wir begreifen nach orientalischer Denk- und Redeweise sehr wohl, daß die mancherlei Satzungen für alle möglichen kleinsten Vorkommnisse des täglichen Lebens, wie wenn ein stößiger Ochse einen Menschen oder einen anderen Ochsen tötet (2. Mose 21, 28 f., 35 f.), daß die Speiseverbote, die minuziösen medizinischen Vorschriften für Hautkrankheiten, die detaillierten Bestimmungen für die priesterliche Garderobe hingestellt werden als von Jahwe selbst herrührend, aber das ist eine rein äußere Form – der Gott, dem die liebsten Opfer sind ›ein geängsteter Geist, ein geängstetes und zerschlagenes Herz‹ (Ps. 51, 19) und der an dem ganzen Opferkult nach Art der heidnischen Götter kein Gefallen hatte (Ps. 40, 7), hat sich gewiß nicht die Rezepte für Salböl und Räucherwerk ›nach Apothekerkunst‹, wie es heißt (2. Mose 30, 25, 35), ausgedacht.«

Wir müssen also, um auf das erste uns bekannte, schriftlich

fixierte Gesetz zu stoßen, noch etwas weiter als bis zu Moses oder Hammurabi zurückgehen – und treffen dann auf die Reformen des Urukagina von Lagasch aus der Zeit um 2300 v. Chr. Und auch hier weist schon die Tatsache, daß es sich um sogenannte »Reformen« handelt, unzweideutig darauf hin, daß es bereits ältere Gesetzeswerke gegeben haben muß, die aber nicht erhalten sind. Die auf drei Tonkegeln überlieferten Texte – die eigentliche »Reform« – zielen vor allem ab auf Beseitigung sozialer und wirtschaftlicher Mißstände, Steuererleichterungen und Wahrung der öffentlichen Sicherheit.

Ferner sind aus der Zeit um 2000 ein Prolog und fünf Paragraphen eines Gesetzes des Königs Urnammu erhalten. Die stark beschädigte Tontafel mit dem Rechtswerk des Gründers der 3. Dynastie von Ur wurde zwar schon vor 75 Jahren in Nippur entdeckt, aber erst 1952 hat der amerikanische Sumerologe S. N. Kramer ihren Inhalt und seine Bedeutung erkannt. Dieses Los war Keilschrifttexten immer wieder beschieden, und wer weiß, welche noch ungehobenen, sprich unübersetzten Schätze das Britische Museum nach wie vor birgt!

Aus der Zeit des Verfalls des sumerischen Reiches sind mehrere Gesetzesfragmente erhalten, und zwar (in chronologischer Reihenfolge) die akkadisch geschriebenen Gesetze Bilalamas von Eschunna (um 1850)[15], dessen 60 Bestimmungen das Bild einer bereits voll entwickelten Klassengesellschaft widerspiegeln, wie der Prager Historiker Josef Klima meint:

»Die Sklaven waren mit einer Marke versehen und nicht berechtigt, die Stadt ohne Zustimmung ihres Herrn zu verlassen. Sie konnten verkauft oder für die Schulden ihres Herrn dem Gläubiger als Pfand bestellt werden. Für einen gestohlenen, getöteten oder körperlich verletzten Sklaven (oder für eine vergewaltigte Sklavin) stand dem Herrn Anspruch auf Ersatz wie im Fall einer Sachbeschädigung zu. Einige Bestimmungen beziehen sich auf die Muschkenu, die auch den Boden bearbeiteten, der ihnen vom Palast oder vom Tempel zur Bewirtschaftung anvertraut war und den sie nicht eigenmächtig verlassen durften.«

Die letzte Gesetzessammlung »auf dem Wege« zu Hammurabis ist die des Lipit-Ischtar von Isin (um 1870), die, obwohl eigentlich nur für die Gebiete Nippur und Isin bestimmt, in mancher Hinsicht Einfluß auf die Gesetzgebung Hammurabis ausgeübt hat. Freilich sind alle anderen der erwähnten Gesetzeswerke ebenso auf die eine oder andere Weise in Hammurabis Kodex eingegangen, der ja vor allem als große Kompilierung bzw. Modifizierung des bis dahin im mesopotamischen Raum geschriebenen Rechts zu verstehen ist. »Als Rechtskodifikation wurde dieses Werk in seinem formalen Umfang nicht einmal durch die römischen Gesetze der XII Tafeln übertroffen, mit denen es manchmal verglichen wurde; erst die Justinianische Kodifikation aus dem 6. Jahrhundert u. Z. überbot das Gesetzeswerk Hammurabis« (Josef Klima).

Einer ganzen Reihe von Gesetzen des Kodexes sind wir bereits im jeweiligen Sachzusammenhang begegnet, und auch im folgenden wird immer wieder auf einzelne Bestimmungen zurückzukommen sein, da sie den Alltag des Babyloniers besonders deutlich zu illustrieren und uns nahezubringen vermögen. Übrigens waren die Gesetze für den täglichen juristischen Gebrauch auf in vielen Kopien verbreiteten Tontafeln geschrieben – die Hammurabi-Stele, monumentale Zusammenfassung und zugleich »Reflexion« der »Gebrauchstexte« – stammt, wie von der Forschung aufgrund verschiedener Indizien allgemein vermutet, erst aus den letzten Regierungsjahren des Königs.

Frau sein = Leben im Dienste des Mannes

Besonders aufschlußreich für die Struktur der damaligen Gesellschaft ist das babylonische Familienrecht, das unter anderem Eheschließung, Ehescheidung, die väterliche Gewalt, Adoption und Erbfolge regelte. Unzweideutig geht aus den Gesetzen hervor, daß dieser Kodex für eine patriarchalische Gesellschaft verfaßt wurde, denn wenn die babylonische Frau auch nicht rechtlos war, selbständig Verträge schließen und sogar gewisse Positionen in der öffentlichen Verwaltung (zum Beispiel als Schreiberin oder Mitglied des Gerichtskollegiums) bekleiden durfte, so war sie doch keineswegs dem Manne gleichgestellt, weder im öffentlichen Leben – eine wirklich einflußreiche Stellung konnte sie höchstens im

Tempeldienst einnehmen, und selbst das nur, wenn sie den höchsten Gesellschaftsschichten entstammte –, noch im häuslichen Bereich. Wenn auch die Hammurabische Reform deutlich darauf abzielt, der Frau mehr Schutz angedeihen zu lassen, als ihr aufgrund der früheren Gesetzeswerke gewährt wurde, so entspricht die Verteilung von (männlichen) Rechten und (weiblichen) Pflichten allen anderen, meist religiös untermauerten patriarchalischen Gesetzgebungen, die man aus vielen Kulturen kennt und bis in unsere Tage in islamischen oder streng katholischen Ländern, wenn schon nicht als geschriebenes so doch als gesellschaftlich sanktioniertes Gewohnheitsrecht antrifft.

Der Vater suchte den Ehemann aus und versah die Tochter mit der erforderlichen Mitgift, der zukünftige Ehemann zahlte einen Brautpreis. Dann wurde ein Ehevertrag aufgesetzt und von mehreren Zeugen bestätigt, die auch an der Trauungszeremonie teilnahmen. Während der Mann – entsprechend seinen finanziellen Verhältnissen – auch mehrere Nebenfrauen haben durfte, die allerdings immer der einen Hauptfrau rechtlich untergeordnet und daher meist Sklavinnen oder Halbfreie waren, mußte die Frau sich sehr vorsehen, um nur ja keinen Scheidungsgrund zu liefern. Verschwendungssucht oder Vernachlässigung des Haushalts, Unfruchtbarkeit oder schwere Krankheit – ein Grund war schnell gefunden, wenn der Mann es darauf angelegt hatte. Und war er bereit, etwas tiefer in die Tasche zu greifen und ihr die Mitgift plus einem Scheidungsgeld zu zahlen, brauchte er gar keinen Grund für die Trennung anzugeben.

Die Frau dagegen hatte so gut wie keine Möglichkeit, den einmal Angetrauten wieder loszuwerden. Versuchte sie es dennoch und hielt das Gericht die von ihr vorgebrachten Anschuldigungen für nicht stichhaltig, büßte sie ihre Anmaßung, gegen einen Mann ausgesagt zu haben, mit dem Tod. Muß noch ausdrücklich erwähnt werden, daß der Ehebruch des Mannes straffrei blieb, während die Frau für das gleiche Delikt ins Wasser geworfen wurde?

Natürlich waren die Töchter auch grundsätzlich nicht erbberechtigt – sie hatten ja ihre Mitgift bekommen –, und selbst die Witwe besaß keinen Erbanspruch auf die Hinterlassenschaft ihres Gatten. Gerade in diesem Punkt versuchte Hammurabi, mehr gesetzliche Gerechtigkeit herzustellen: So erhielt die Witwe nun lebenslanges Wohnrecht im Hause des verstorbenen Mannes (das immer allein sein Eigentum blieb, ihnen nie gemeinsam gehörte) und das Nutzungsrecht der Mitgift und Geschenke, sofern der Gatte ihr beides testamentarisch vermacht hatte. Verkaufen durfte sie jedoch nichts davon – und nach ihrem Tod fiel alles den Söhnen zu. Waren keine Geschenke vorhanden, erhielt sie zum Lebensunterhalt einen dem Erbe der übrigen Erbberechtigten entsprechenden Anteil am hinterlassenen Gesamtvermögen.

Frau zu sein hieß im Babylon Hammurabis (und natürlich genauso unter den Vorgängern Hammurabis) und Nebukadnezars gleichermaßen von der Wiege bis zur Bahre ein von der (Un-) Gunst des Mannes – Vater, Gatte, Bruder, Sohn – abhängiges Leben zu führen, nur notdürftig geschützt durch eine Gesetzgebung, die sich bemühte, wenigstens die größten Härten zu mildern. Folgender Ehevertrag, der aus der Zeit Samsu-ilunas, dem Sohn Hammurabis, stammt, macht gerade durch seine ungewöhnliche »Härteklausel« deutlich, wie die Gewichte von Recht und Pflicht zwischen Mann und Frau wirklich verteilt waren:

> Baschtum, die Tochter des Belizunu, der Tempelpriesterin des Gottes Schamasch, hat Rimum, der Sohn des Schamchatum, zur ehelichen Gemeinschaft genommen . . . Sekel Silber als ihre Mitgift hat sie früher bekommen. Ihr Herz ist befriedigt. Wenn Baschtum zu Rimum, ihrem Ehemann: »Nicht bist du mein Ehemann« sagt, wird man sie, nachdem man sie gebunden, in den Fluß werfen. Wenn Rimum zu Baschtum, seiner Ehefrau: »Nicht bist du meine Ehefrau« sagt, wird er 10 Sekel Silber als ihr Scheidegeld erlegen. Bei Schamasch, Marduk, Samsu-iluna und der Stadt Sippar haben sie geschworen.

Das Dokument ist unterzeichnet von sechs Zeugen – und einer Zeugin. Was die Strafe selbst angeht, muß allerdings dahingestellt bleiben, ob sie wirklich vollzogen worden wäre und nicht nur Abschreckung durch Strafandrohung beabsichtigt war, ebenso wie bei den vielen anderen Talionsstrafen des Kodexes. So wird in über dreißig Fällen die Todesstrafe gefordert, und zwar keineswegs nur für Verbrechen wie Mord oder Kindesraub, sondern auch für Diebstahl, Hehlerei, Unredlichkeit der Gastwirtin usw. Auch wenn ein Mann eine Schwangere schlägt und diese stirbt, steht darauf die Todesstrafe – für die Tochter des Täters (§ 210)!

Hartmut Schmökel kommt allerdings aufgrund verschiedenster Anhaltspunkte zu der Ansicht, daß Hammurabis Reformgesetz »offenbar niemals und nirgends *praktische Geltung* erlangt hat«, zumal »in den Tausenden von gleichaltrigen Prozeßakten und sonstigen juristischen Dokumenten, die uns erhalten geblieben sind, kein einziges Mal auf den Kodex Hammurabi Bezug genommen wird . . ., und nirgends sind Anzeichen eines Bruches oder Neuanfanges im Rechtswesen zu spüren.«

Sollte das wirklich zutreffen – und offensichtlich sprechen alle Forschungsergebnisse dafür –, so ist das im Hinblick auf einige von Hammurabi gewollte Reformen im Rechtswesen zu bedauern, im Hinblick auf die Talionsstrafen jedoch nur zu begrüßen. Vor allem hierin aber besteht die eigentliche Diskrepanz zwischen der realen juristischen Praxis, die aus den überlieferten Dokumenten hervorgeht, und den Forderungen des Kodex. Das ändert jedoch nichts daran, daß die Sammlung ein genaues Bild von den Grundlagen des babylonischen Rechtswesens gibt und gerade aufgrund ihrer vielleicht rigoros-idealtypischen Abfassung ein überscharfes Bild von der soziologischen Struktur der babylonischen Gesellschaft, ihren wesentlichen Vorstellungen und »Glaubenssätzen« vermittelt. Außerdem wurden die bereits (und weiterhin) bestehenden Gesetze, auf denen dieses Reformwerk ja fußt, vor und nach Hammurabi, vor und nach Nebukadnezar in der alltäglichen Rechtsprechung angewandt, wobei Gerechtigkeit in Urteil und Strafzumessung jedem Richter von Fall zu Fall überlassen blieb.

»Gesetzt, ein Richter hat ein Urteil gefällt . . .«

Die Rechtsprechung, der Prozeß, lag in Händen eines juristischen Beamten – viele Urkunden über gerichtliche Entscheidungen werden mit der Formel eröffnet: »Das Urteil, das [der Beamte N. N.]

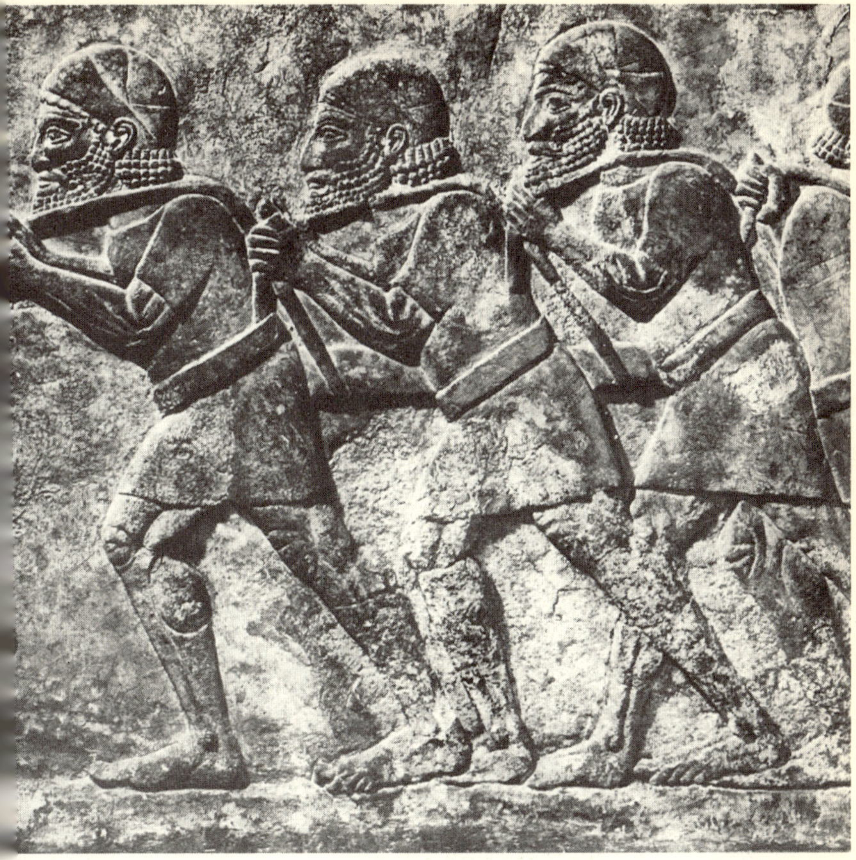

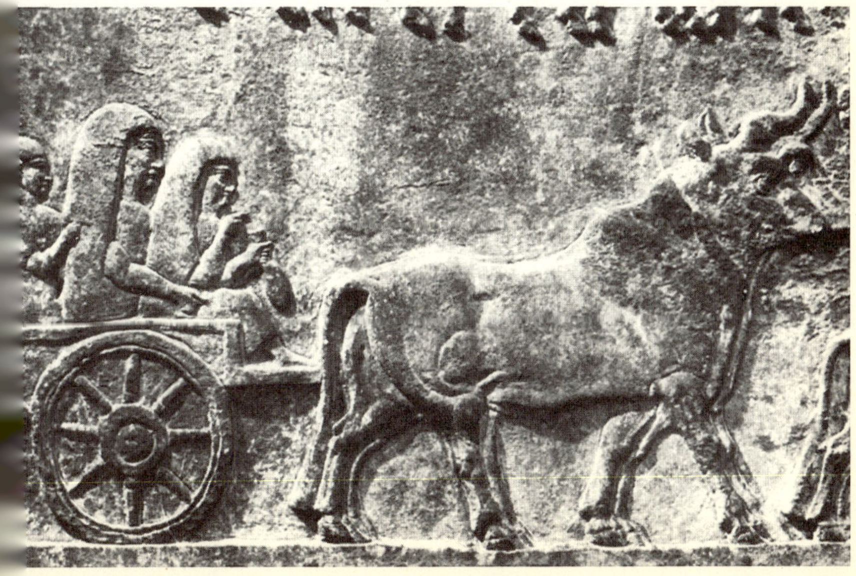

Oben: Ausladen von wertvollen Hölzern. Neuassyrische Reliefplastik (Ausschnitt) vom Palast König Sargons II. (722–705 v. Chr.) in Dur Scharrukin (Louvre, Paris).
Unten: Abtransport der Beute und Wegführung der Bevölkerung einer besiegten Stadt. Neuassyrisches Alabasterrelief (Ausschnitt) aus dem Zentralpalast König Tiglatpilesers III. (745–727 v. Chr.) in Kalchu (Britisches Museum, London).

gefällt hat« –, dennoch galt als oberster Grundsatz, daß alle Pro-
zeßbeteiligten mit der Entscheidung einverstanden sein sollten, so
wie überhaupt die Richter stets zunächst versuchten, die streiten-
den Parteien zu einem gütlichen Vergleich zu bringen. Kam es
trotzdem zum Prozeß, mußte sich der Richter, dem immer einige
»Älteste« – angesehene Bürger des jeweiligen Ortes – als Beiräte
zur Seite standen, dabei um größtmögliche Gerechtigkeit
bemühen:

> Gesetzt, ein Richter hat ein Urteil gefällt, eine Entscheidung
> gegeben, eine Urkunde ausstellen lassen, nachher hat er aber
> sein Urteil abgeändert, selbigen Richter wird man überführen,
> daß er das Urteil, das er abgegeben hat, verändert hat, dann wird
> er den Anspruch, der bei jenem Prozesse in Frage kommt,
> zwölffach geben, und in der Gerichtsversammlung wird man
> ihn von seinem Richterstuhl aufstehen lassen, und er wird nicht
> wieder mit den Richtern bei einem Prozesse sitzen« (§ 5).

Dieses Gesetz Hammurabis gegen korrupte Richter könnte eines
von den »idealtypischen« sein, das im juristischen Alltag wenig
Luft zum Gedeihen gefunden haben dürfte ...

War der Prozeß zu Ende, das Urteil gesprochen – schriftliche
Unterlagen oder Zeugen, die die Parteien beibringen konnten, gaben dabei den Ausschlag –, wurde der Fall meist in folgender Form
dokumentiert:

> Die Rechtssache, die A gegen B wegen der Beschädigung seines
> Hauses vorgebracht hat. Der Schaden, den B am Haus angerich-
> tet hat, ist vollständig beglichen worden (an A). Es herrscht
> Friede zwischen beiden. Einer soll nicht mit dem anderen dar-
> über streiten, ob etwa noch weitere Zahlungen fällig sind. Wer
> diese Bestimmung dem anderen gegenüber verletzt, soll 10 Mi-
> nen Silber zahlen; die Götter Schamasch, Bel und Nabu sind die
> Oberherren dieser Rechtssache (Datum, Zeugenunterschriften).

Das Gericht tagte wahrscheinlich meist in der Nähe des Stadttores,
manchmal wohl auch im Tempel – zum Beispiel wenn ein Prozeß

durch einen Eid, der stets auf die Gottheit geschworen werden mußte, entschieden wurde, da keine schriftlichen Unterlagen bzw. Zeugen vorhanden waren. Und in Ausnahmefällen, bei Vergehen gegen die staatliche Sicherheit etwa, fand eine Verhandlung wohl im Palast, unter Vorsitz des Königs, statt.

Auch Nebukadnezar mußte sich, wie wir folgendem Text entnehmen können, mit »ungetreuen Dienern« auseinandersetzen, die den gelobten Gehorsam gebrochen und, aus welchem Grund auch immer, offensichtlich am Thron des Herrschers gesägt hatten:

Baba-achu-iddina, der Sohn des Nabu-ache-bullit, veranlaßte Missetat und Frevel, und auf Unheil richtete er seinen Sinn. Die Eidesbestimmung des Königs, seines Herrn, hielt er nicht ein, sondern plante Hochverrat. In diesen Tagen überprüfte Nebukadnezar, der König von Babylon, der Fürst, der Berater, der Hirte der weitausgedehnten Menschen, der gleich dem Sonnengott die Gesamtheit der Länder überschaut, der festsetzt Recht und Gerechtigkeit, der vernichtet Übeltäter und Bösewichte, die bösen Taten des Baba-achu-iddina, und auf seiner Verschwörung ertappte er ihn, der Schandtat, die er begangen hatte, in der Versammlung des Volkes überführte er ihn. Zornig schaute er ihn an, Nicht-Leben sprach er über ihn aus, und man schnitt ihm die Kehle durch.

Treueide mußten alle Amtsinhaber des Staates dem König leisten – nur nicht die religiösen Würdenträger. Und so wie eine dem Regenten wohlgesonnene Priesterschaft eine Hauptstütze seiner Macht bildete, so war ein König, der den »Tempelherren« nicht paßte, praktisch schon ein toter Mann. Nebukadnezars Nachfolger Awel-Marduk und Nabonid sollten das auf schmerzhafte Weise erfahren.

Ein Gottesstaat im Staate

So ist es wohl nicht nur reine Gottesfürchtigkeit, wenn der König sich als »Pfleger von Esagila und Ezida«, der religiösen Zentren des Landes also, rühmt und in Bau und Restaurierung von Tempeln und Heiligtümern einiges investiert. Außerdem waren die Tempel nicht nur Mittelpunkt des geistigen und religiösen Lebens, sondern auch, neben dem Königshof, die größten Wirtschaftsunternehmen des Landes.

»Man hat sich den wirtschaftlichen Betrieb der großen Tempelverwaltung in Babylonien und Assyrien ganz ähnlich dem großer Klöster in der Feudalzeit zu denken. Die Tempel sind Großgrundbesitzer, lassen von Hörigen ihre Felder bebauen, ihre Herden versehen und sammeln aus den Abgaben ihrer Grundholden und den Erträgnissen des unmittelbar verwalteten Besitzes große Reichtümer; sie scheinen auch gewisse Privilegien zur Auflage direkter und undirekter Steuern gehabt zu haben. Sie besaßen Häuser, die sie vermieteten. Ihre wirtschaftliche Betätigung hat sie zu den kapitalistischen Zentren des ganzen Landes gemacht. Die Verwaltungsakten der Tempel lassen sich am besten vergleichen mit den wirtschaftlichen Bestandteilen der alten Klosterarchive, den Geschäftsurkunden, Güterbeschrieben, Salbüchern, Zinsregistern, Bestandsregistern usw.« (Otto Weber).

Zusätzliche Privilegien wie Steuerfreiheit und die Freigebigkeit vieler Könige hat die Tempel zu den bedeutendsten Grundbesitzern des Landes gemacht. »Die Tempelschätze dürften«, so vermutet die Assyriologin Evelyn Klengel, »häufig die Mittel des Königs beträchtlich überschritten haben, und es ist kein Wunder, daß die Priester mit diesem Rückhalt in der Politik eine bedeutende Rolle spielten.«

Und ihr »nichtmaterieller« Besitz, jahrhundertelang von Generation zu Generation weitergegeben, war für ihre Macht und ihren Einfluß in einem derart von Dämonenfurcht und Sternengläubigkeit beherrschten Lande von mindestens ebenso großer Bedeutung: Bildung und Wissen.

Drei Voraussetzungen hatte ein Priester-Aspirant zu erfüllen: Er mußte aus der »richtigen« Familie kommen (jedenfalls, wenn er später mal ein höheres Amt bekleiden wollte), er mußte alle Stufen der Ausbildung durchlaufen haben, das heißt in allen damals bekannten Wissenschaften beschlagen sein, die Schreibkunst beherrschen und der sumerischen Sprache mächtig sein, und er mußte drittens frei sein von körperlichen Gebrechen – dann stand der feierlichen Einweihung nichts mehr im Wege.

Damit war der Betreffende aber nicht etwa einfach nur Priester – der streng hierarchisch aufgebaute Klerus umfaßte über dreißig Ränge und Arten von religiösen Würdenträgern. Und seiner Stellung innerhalb dieser Stufenleiter an einem Tempel bzw. der Größe und Bedeutung des Tempels überhaupt entsprach auch sein Einkommen. Da keineswegs alle Priester im Tempelbereich wohnten und die meisten wohl Familie hatten, spielten Position und Bedeutung des »Hauses«, bei dem man »angestellt« war, natürlich keine geringe Rolle.

Fest steht jedenfalls: Sie lebten nicht schlecht, die Priester, denn der Verdienstmöglichkeiten gab es viele. Zu den laufenden Einnahmen aus Ländereien und Geschäften kamen die zum Teil festgesetzten Gebühren für Beerdigungen, Krankenbehandlungen und dergleichen mehr sowie die »freiwilligen« Gaben einzelner Ratsuchender aus Dankbarkeit für eine Heilung, eine erfolgreiche Dämonenbeschwörung oder eine eingetroffene Wahrsagung.

Für jedes dieser Gebiete waren bestimmte Priester zuständig, wieder andere widmeten sich allein dem Kult, also der Durchführung der Tempelrituale, der Pflege der Kultgeräte, der Entgegennahme der Opfergaben usw. Es gab Waschpriester – verantwortlich für die magische Reinheit des Tempels – und Salbpriester, die die Statuen und Geräte mit Öl einrieben, Klagepriester, Sänger, Magier, Seher, Traumdeuter, Beschwörer und noch viele, viele mehr. Ihre einzelnen Funktionen und deren Bedeutung sind heute oft nicht mehr genau festzustellen, da wir über die Rituale und deren Ablauf nichts Genaues wissen. Das zahlreiche Tempelpersonal – Handwerker, Schreiber, Diener, Aufseher, Sklaven – machte den »Gottesstaat im Staate« komplett.

An der Spitze eines jeden Tempels stand der *sanga* (die sumerische Bezeichnung für »Priester«), der »Oberverwalter«, dessen Einsetzung ein so wichtiges Ereignis sein konnte, daß man das entsprechende Jahr danach benannte. Der Sanga kümmerte sich um die Tempelpfründe, um Verträge und Abgaben ebenso wie um die Abwicklung der großen Tempelzeremonien und Opfer.

Zu Ansehen und Bedeutung gelangte auch der *Urigallu*-Priester, der im Rahmen des Neujahrsfestes eine wichtige Rolle spielte und in manchen Tempeln gleich nach dem Sanga kam. Es folgte die breite Mittelschicht der Priester, die man wohl am besten mit der auf sie alle zutreffenden Bezeichnung *erib biti*, »Hausbetreter«, erfaßt, das heißt jene, die in das Haus des Gottes eintreten durften, zumal in die Räume des Tempels, die dem gemeinen Volk verschlossen waren. Ihnen oblagen die bereits erwähnten verschiedenen Tätigkeiten im Rahmen des Kults, besonders auch das Tragen der Götterstatuen bei feierlichen Prozessionen.

Gottesherrin, Götterbraut

In vielen Tempeln gab es neben den Priestern auch Priesterinnen – ebenfalls streng hierarchisch in etwa zwanzig Ränge unterteilt. Die Oberpriesterin – sumerisch *nindingirra*, akkadisch *entu* – war ebenso zur Kinderlosigkeit verpflichtet wie die ihr im Rang folgende *naditu*; alle durften sie jedoch heiraten. Wollte der Gatte nun doch Nachwuchs, so engagierte man zur Erfüllung dieses Wunsches eine Priesterin niederen Ranges, eine *schugitu* oder eine Sklavin zur Austragung des dann als ehelich anerkannten Kindes. Manche dieser niederen Priesterinnen mußten auch die Aufgabe der Tempelprostitution erfüllen – trotzdem durften sie heiraten und im Gegensatz zur weltlichen Dirne auf der Straße den Schleier tragen.

Das Kapitel Tempelprostitution ist in mehr als einer Hinsicht ein »heikler« Punkt der babylonischen Geschichte. Beruht doch Babylons Image als einer »sündigen« Stadt nicht zuletzt auf den Berichten der Bibel, die die Ausschweifungen »rund um die Tempel«, und zwar sowohl von Tempel-Liebesdienerinnen als auch von ganz gewöhnlichen Babylonierinnen, genüßlich schaudernd wiedergeben.

Hier sahen die alttestamentlichen Autoren einen ebenso einfachen wie nachhaltig erfolgreichen Weg, sich für all die Schmach zu rächen, die das jüdische Volk durch Babylon erdulden mußte; und der mehr oder weniger bewußte Neid des Fast-noch-Nomadenvolkes auf diese alte Kultur, der sie auch noch so viel verdankten, vor allem auf dem Gebiet der schriftlichen Überlieferung, mag ebenfalls eine nicht geringe Rolle dabei gespielt haben. Ihre Rechnung ist ja auch durchaus aufgegangen: Die »Hure Babylon«, Ergebnis ihres propagandistischen Rachefeldzuges, hat bis heute einen festen Platz in Vorstellungswelt und Redensart, und kein wissenschaftlicher Gegenbeweis könnte daran mehr etwas ändern. Zumal die alten Griechen kräftig in dieselbe Kerbe hieben und das Treiben im Umkreis der Tempel »sensationslüstern übertrieben«, wie Professor Böhl de Liagre angesichts der heutigen Quellenlage feststellt.

Vor allem Herodots bekannte Erzählung über den (angeblichen) Brauch, daß jede Jungfrau sich vor der Eheschließung im Heiligtum der Göttin Ischtar dem erstbesten Fremden, der sie begehrt, für Geld, das dem Tempel anheimfällt, hinzugeben habe, hat entscheidend mit dazu beigetragen, daß aus »Babylon, süß wie eine Dattel, eine Frucht, lieblich anzuschauen«, die »Hure Babylon« wurde. Dabei war dieser »Fruchtbarkeitskult auch bei anderen Vorderasiaten, ferner an der Malabarküste in Indien, in Kalikut und Tenasserim, bei einigen Negerstämmen und bei gewissen altmalaiischen Völkern ausgeübt worden. Herodot wußte wenig von den orientalischen Göttinnen Aschtoret, Anath, Aschera und Athtar, in deren Tempeln es ähnlich zuging, und gar nichts von der ›gastlichen Prostitution‹ der Bergdama und Polynesier . . . [Babylons Sitte, so sie überhaupt bestanden hat, wäre zu verstehen als] letzter Abglanz eines uralten und oft mißverstandenen Menschheitsbrauches, demzufolge die Gottheit, vertreten durch einen anonym bleibenden Fremden, eine Art ›Jus primae noctis‹ bei allen mannbar gewordenen Mädchen ausüben durfte« (Herbert Wendt).

In Anbetracht der Tatsache, daß diese Sitte in anderen Gebieten belegt und so ein »größerer religionsgeschichtlicher Zusammenhang« herzustellen ist, muß man »mit der Möglichkeit rechnen, daß auch in Babylon ein solcher Brauch in einem beschränkten, aber nicht mehr näher zu bestimmenden Umfang bestand« (Walter Baumgartner) – und mehr als diese Vermutung, Bibel hin, Herodot her, ist nach der bisherigen Quellenlage einfach nicht drin.

Nimmt man nun noch hinzu, daß Herodots Schilderung der öffentlichen Pflichtversteigerung der heiratsfähigen Töchter »trotz all ihrer Anschaulichkeit... Lügen gestraft wird; denn zahllose Heiratsurkunden bezeigen die völlige Freiheit des Vaters über seine Tochter zu verfügen und ihre Verheiratung zu regeln« (Baumgartner), bleibt von der »Hure« nur noch ein kümmerlicher Rest: die in einer Weltstadt ja wohl zu jeder Zeit ausgeübte Prostitution und die Tatsache, daß es vereinzelt Tempelprostitution gab, vor allem beim Tempel der Göttin Ischtar in Uruk. Von dieser sakralen Prostitution wird im Gilgamesch-Epos und auch in den Weisheitssprüchen Utnapischtims berichtet – allerdings keineswegs zustimmend, sondern das wüste Treiben um die Göttin und deren »Buhldirnen« strikt ablehnend.

Ansonsten waren die Funktionen der zum Teil verheirateten Priesterinnen von Tempel zu Tempel verschieden – je nachdem, welchem Gott sie geweiht waren. Es sind zahlreiche »Gottesherrinnen« aus allen babylonischen Jahrhunderten bezeugt, und »die uralte Institution, eine königliche Prinzessin zur Ober-Hierodule oder ›Götterbraut‹ des Mondgottes in Ur einzusetzen, stand im 19. Jahrhundert v. Chr., zur Zeit der Könige von Isin und Larsa, noch in voller Blüte, sie ist bis ins 11. Jahrhundert bezeugt und wurde um die Mitte des 6. Jahrhunderts v. Chr. durch Nabonid, den letzten König von Babylon, wieder zu Ehren gebracht. Diese Frauen mit ihrem Gefolge, die ihr Leben – in ältester Zeit wohl auch im wörtlichen Sinne – dem Gotte weihten und opferten, lebten in Keuschheit und in einer (wenn auch äußerlich glänzenden) strengen Absonderung. Ausdrücklich schreibt Nabonid, er habe – nachdem er seine Tochter geweiht und den Göttern zu eigen gegeben – das Ruhegemach der alten Götterbräute mit einer Mauer wie vor alters umgeben und so dies Haus zu einer festen Klausur werden lassen« (Böhl de Liagre).

Damit war die Schwester des Kronprinzen Belsazar zur Gemahlin des Mondgottes Sin geworden. Der König hatte einen längst

vergessenen Kult in den »letzten Stunden« eines Zeitalters noch
einmal neu belebt, nachdem der Gott ihm, »Nabonid, dem König
von Babylon, dem Pfleger von Esagila und Ezida, dem frommen
Hirten, der bedacht ist auf die Heiligtümer der großen Götter«,
durch ein Orakel »das Verlangen nach einer Götterbraut« kundge-
tan hatte:

> So möge denn Sin, der heilige Gott, der Herr des Diadems, das
> Licht der Menschheit,
> der erhabene Gott, dessen Befehl gerecht ist,
> sich über meine Werke freuen, mein Königtum lieben,
> ewiges Leben und reichen Kindersegen möge er mir zu eigen
> geben!
> Keinen wie mich möge er ins Leben rufen, einen Rivalen möge
> ich nicht haben!
> An jedem Neumondstag mögen meine glücklichen Vorzeichen
> erstrahlen!
> Das königliche Diadem möge er für immer auf mein Haupt
> setzen!
> Den Thron meiner Herrschaft befestige bis in ferne Zukunft!
> Sooft du dich am Neumondstag erneuerst,
> möge ich dein glückliches Omen beständig erblicken!

Doch Sin konnte des Königs Wunsch nicht erfüllen – vielleicht
hätte Nabonid doch nicht so bedingungslos auf diesen einen Gott
setzen sollen, Auswahl hatte er wahrlich genug . . .

Land der Götter und Dämonen

Wohl keine der uns bekannten Religionen kann mit so vielen Göttern aufwarten wie die sumerisch-assyrisch-babylonische. Und das nicht nur, weil sie so lange Bestand hatte und stets bereit war, neue, fremde Götter in ihren Pantheon aufzunehmen – die Götter der Akkader, Elamiter und anderer Völker, mit denen sie in Berührung kam. Bereits der älteste der uns (fragmentarisch) überlieferten sogenannten »Götterkataloge« aus Schuruppak, führt in zwanzig Kolumnen etwa 500 Götternamen auf, und die umfangreichste dieser Götterlisten dürfte in ihrer vollständigen Form – wir kennen leider nur Bruchstücke der in Assurbanipals Bibliothek gefundenen Abschriften – 2500 Namen umfaßt haben. Daß da die Ursprungs- und Familienlegenden sowie die »Zuständigkeiten« der einzelnen Götter unklar bzw. variabel sind, verwundert kaum.

Wie die Griechen so stellten sich auch die Babylonier das Leben ihrer unsterblichen Götter durchaus »menschlich« vor: Sie wurden von Leidenschaften bestimmt, waren mit Fehlern behaftet und einer übergeordneten Weltordnung unterworfen. »Die Organisation der vielen Götter entsprach genau der des irdischen sumerischen Staates. An der Spitze stand der dem König entsprechende höchste Gott, der sich in Anbetracht seiner höchsten Verantwortung ... aber nicht um alle Einzelheiten des Weltregiments kümmern konnte; er wurde daher ebenso wie der König durch die Stadtfürsten durch die Stadtgötter und ihre Familien unterstützt. Aber auch die Stadtgötter konnten ihre Pflichten nicht allein bewältigen, sondern brauchten wie der irdische Fürst einen großen Beamtenstaat, dessen einzelne Glieder nicht nur bestimmte sachliche Aufgaben zu erledigen, sondern auch jeweils eine Familie bzw. Sippe der Menschen besonders zu betreuen hatten. An diese Familienschutzgottheiten mußte sich der einzelne Mensch in seinen Nöten auch immer zuerst wenden; die Stadtgötter oder gar der oberste Gott hatten höhere Aufgaben als die Fürsorge für die kleinen Menschen im Alltag« (Wolfram von Soden).

Um überhaupt noch einen »Durchblick« zu haben, begannen die Priester etwa ab Mitte des 2. Jahrtausends damit, einen bestimmten Götterkanon auszuarbeiten, in dem sie »die untereinander wesensverwandten Gottheiten der verschiedenen Städte und Bezirke – also etwa die Muttergöttinnen oder die jugendlichen Kriegs- und Fruchtbarkeitsgötter – zusammenstellten und als Beinamen oder Hypostasen des Gottes unter ihnen erklärten, dessen Kult bei den Babyloniern die weiteste Verbreitung erlangt hatte; auf diese Weise gelang es ihnen, unter grundsätzlicher Beibehaltung des ganzen sumerischen Pantheons doch die Zahl der ›großen‹ (das heißt nicht untergeordneten) Götter so herabzusetzen, daß sie mit ihrer Vorstellung von der weitreichenden Macht eines Gottes einigermaßen in Einklang kam « (W. v. Soden).

Die auf dem Wege dieser sogenannten »Gleichsetzungstheologie« zustande gekommenen zwanzig bis dreißig »großen« und mehrere hundert untergeordneten Götter wurden – zumindest regional – auch in neubabylonischer Zeit verehrt, wobei der »Kurswert« der einzelnen Gottheit im Laufe der Jahrhunderte oft beträchtlichen Schwankungen unterlag. Während Marduk zum Beispiel in sumerischer Zeit ein Gott von lokal begrenzter Bedeutung war, wird er auf der Hammurabi-Stele bereits in Prolog und Epilog der Gesetzessammlung an herausragender Stelle genannt, und zur Zeit Nebukadnezars ist der Stadtgott Babylons – das zu sumerischer Zeit ja ein kleiner unbedeutender Ort war – zum obersten Gott der babylonischen Götter aufgestiegen, was die eminent politische Rolle dieses Machtwechsels an der Götterspitze deutlich macht. Nabonid wiederum scheint ernsthaft den Versuch unternommen zu haben, Marduk zugunsten des Mondgottes Sin aus seiner beherrschenden Position zu verdrängen.

Der »harte Kern« der Großen Zwölf

Selbst der »harte Kern« der Großen Zwölf des traditionellen Göt-
terkatalogs, die Hammurabi im Epilog seiner Gesetzessammlung
anruft, indem er den Fluch jedes einzelnen dieser Götter auf jeden
zukünftigen ungerechten Herrscher herabruft, hat die Jahrhunderte nicht unbeschadet überdauert. Trotzdem stellt diese Fluchli-
tanei, verbunden mit einem kurzen erläuternden Kommentar, einen höchst brauchbaren Führer durch die babylonische Götterwelt dar:

> Wenn ein künftiger Herrscher auf meine Worte, die auf mein
> Denkmal geschrieben sind, nicht achtgibt, vielmehr meine Flü-
> che mißachtet und die Flüche der Götter nicht fürchtet, sondern
> das Recht, das ich gegeben, tilgt, meine Worte unterdrückt,
> meine Darstellungen ändert, meinen Namenszug auslöscht und
> seinen hinschreibt oder auch einen andern dazu veranlaßt – dem
> Betreffenden, sei er nun König oder Herr oder Vizekönig oder
> sonst eine beliebige Person, möge Anu, der Große, der Vater der
> Götter, der meine Regierung berief, den königlichen Glanz neh-
> men, sein Zepter zerbrechen, sein Schicksal verfluchen!

Anu, der »Herrscher der Götter«, wurde zwar von jeher an erster
Stelle der Götterliste geführt, doch bleibt der Herr des Himmels,
der Vater vieler Götter-Kinder, seltsam blaß, nur wenige Heiligtümer waren ihm geweiht, und wenn er den Menschen überhaupt
irgendwie »nahekam«, dann durch die Angst, die er ihnen ein-
flößte. Galt er doch als Urheber vieler Plagen, den Menschen
feindlich gesonnen, und mußte durch besondere Opfer günstig
gestimmt werden. Den einfachen Gläubigen stand dieser oberste
der Götter fern; sein Hauptanliegen war das Königtum, er hütete
die Insignien der Macht – Zepter, Tiara (der königliche Kopf-
schmuck) und Hirtenstab –, die der König aus seinen Händen
empfing.

> Enlil, der Herr, der die Geschicke bestimmt, dessen Befehl un-
> wandelbar ist, der mein Königtum groß macht, möge ununter-

drückbare Wirren als Veranlassung seines Untergangs in seiner Wohnstätte gegen ihn entfachen! Qualvolle Regierung, an Zahl beschränkte Tage, Jahre der Teuerung, unerleuchtbare Finsternis und augenblicklichen Tod möge er ihm zum Schicksal bestimmen! Den Untergang seiner Stadt, die Auflösung seines Volkes, die Unterdrückung seines Königtums, die Tilgung seines Namens und Gedächtnisses im Lande möge er mit dem gewichtigen Anspruch seines Mundes befehlen!

»Der Herr des Windhauchs« – so die Übersetzung des sumerischen »Enlil« –, Sohn des großen Anu, Schutzgott von Nippur und, wie sein Name schon sagt, Herr der Stürme sowie anderer Naturgewalten – der Heuschreckenplage etwa und der großen Flut –, war wie sein Vater ein strafender, den Menschen zumindest ambivalent gegenüberstehender Gott. Ursprünglich auch im Besitz der Schicksalstafeln, die das Geschick sowohl der Götter wie der Menschen bestimmten, war ihm fast uneingeschränkte Macht über die Erde verliehen: Er war der Urheber der Sintflut und brachte Unheil über die Helden Gilgamesch und Enkidu (s. S. 299 ff.).

Ninlil, die große Mutter, deren Geheiß in Ekur [Tempel Enlils in Nippur] gewichtig ist, die Fürstin, die gnädige Fürsprache für ein Sinnen und Trachten einlegt, möge an die Stätte des Gerichts und der Entscheidung von Enlil seine Sache schlecht machen! Verheerung seines Landes, Untergang seines Volkes, Ausschüttung seines Lebens gleich Wasser, möge sie Enlil, dem Könige, in den Mund legen!

Enlils Gemahlin Ninlil, der ja auch von Hammurabi nurmehr »vermittelnde« Funktion zugeschrieben wird, gehört zu den »großen« Göttern, die im Zuge der Gleichsetzungstheologie auf der Strecke blieben: Sie ging in einem der Aspekte Ischtars auf.

Ea, der große Fürst, dessen Schicksalsbestimmungen an der Spitze gehen, der Weise der Götter, der alles Erdenkliche weiß, der meine Lebenszeit lang macht, möge Verstand und Weisheit ihm nehmen und ihn in Vergessenheit führen! Seine Ströme

möge er an der Quelle verstopfen, in seinem Lande möge er
Brotkorn, das Leben des Volkes, nicht gedeihen lassen!

Ea, ein Sohn Enlils, von den Sumerern Enki genannt, Gott des
Wassers, aber auch der Weisheit und der Magie, ist der den Menschen wohlgesonnene in der Göttertrias an der Spitze und einer
der vielseitigsten Götter überhaupt. Da die »Tiefen des Süßwasserozeans« nach dem Glauben der Babylonier der Sitz der Weisheit
waren, führte man praktisch alle menschlichen Erungenschaften
auf diesen Gott zurück: Handwerk und Wissenschaft, Schreib-
und Heilkunst, Orakel, Beschwörung und Zauberei – kein Geheimnis zwischen Himmel und Erde blieb seiner Klugheit verborgen. Sogar die Erschaffung des Menschen aus Ton und dem Blut
des Ungeheuers Kingu wird ihm zugeschrieben – und als dann
Marduk als oberster Gott alles für sich beanspruchte, auch das
Verdienst, den Menschen erschaffen zu haben, konzidiert das
Weltschöpfungsepos *Enuma elisch* Ea zumindest immer noch die
Rolle des Ratgebers und Helfers bei diesem schwierigen Werk.
Selbst den Ursprung der Vegetation erklärt ein alter Mythos aus
der Vereinigung Eas, des Wassergottes, mit Ninhursag (»Bergher-
rin«), der als lebendige Gottheit betrachteten Erde.

Und so ist es eigentlich nur logisch, daß dieser Gott, der eigentlich alles, was da kreucht und fleucht, erschaffen und »gebildet«
hat, es auch retten will, als sein Vater Enlil die Erde und Menschen
verheerende Sintflut plant. Obwohl ihm verboten war, die von der
Götterversammlung beschlossene Vernichtung von Mensch und
Tier einem lebenden Wesen mitzuteilen, gelingt es dem listig-klu-
gen Enki, eine rettende Warnung »an den Mann« zu bringen, indem er der Rohrhütte Utnapischtims folgende Mitteilung zukommen läßt:

Rohrhaus, Rohrhaus! Wand, Wand! Rohrhaus höre, Wand be-
greife! Mann von Schurripak ... Reiße ab das Haus, erbau ein
Schiff. Laß fahren Reichtum, dem Leben jag nach! Besitz gib
auf, der Seele erhalt das Leben! Heb hinein allerlei beseelten
Samen ins Schiff. Das Schiff, welches du erbauen sollst – dessen
Maße sollen abgemessen sein, gleichermaßen seien ihm Breite
und Länge ...

Dieser ersten Göttertrias, den (Welt-)Herrschern über Erde, Wasser, Luft und Himmel, folgen als nächstes Dreigespann Schamasch, der Sonnengott, Sin, der Mondgott, und die vielseitige Göttin Ischtar, die Liebe und Krieg gleichermaßen in ihren besonderen Schutz genommen hatte. Auch den Fluch dieser drei ruft Hammurabi auf den »ungetreuen Erben« seines Vermächtnisses herab. Vor allem der Sonnengott Schamasch spielt in diesem Zusammenhang eine zentrale Rolle, gilt er doch auch als Entdecker aller bösen Taten, als Offenbarer der göttlichen Geheimnisse und Gott der Wahrsagekunst. »Die Sonne bringt es an den Tag« – diese Warnung an den Mörder ohne Zeugen ist vielleicht ein später Nachklang an die Funktion der alles aufdeckenden Sonne, gedacht als Gott und göttlicher Richter.

Schamasch, der große Richter des Himmels und der Erde, der die Lebewesen rechtleitet, der Herr, meine Zuversicht, möge sein Königtum stürzen, ihm sein Recht nicht geben, seinen Weg in die Irre gehen lassen, die Grundlage seines Volkes ins Wanken bringen, bei seiner Opferschau ein böses Omen von der Ausrottung der Wurzel seines Königtums und dem Untergang seines Volkes ihm zuteil werden lassen! ...
Sin, der Herr des Himmels, der Gott, der mich geschaffen, dessen Glanz unter den Göttern aufstrahlt, möge Krone und Königsthron ihm nehmen ..., die Tage, Monate und Jahre seiner Regierung ihn in Qual und Jammer dahinbringen lassen ...
Inanna, die Herrin von Schlacht und Kampf, die meine Waffe entblößt, meine gnädige Schutzgottheit, die meine Regierung liebt, möge in ihrem zornigen Herzen, in ihrem großen Grimm sein Königtum verfluchen, seine guten Taten zu bösen verdrehen, in Schlacht und Kampf seine Waffe zerbrechen, Wirren und Revolution ihm bereiten, seine Krieger zu Boden werfen, mit ihrem Blut die Erde tränken, haufenweis die Leichen seiner Kriegsvölker aufs Schlachtfeld werfen, seinem Heere kein Erbarmen verschaffen, ihn selbst der Hand seines Feindes überantworten und ihn in Feindesland gefesselt fortführen!

In diesem Fluch kommt – verständlicherweise – nur der gewalttä-
tige Aspekt Inanna-Ischtars zum Ausdruck – der einzigen Göttin
übrigens, die eine wirklich bedeutende und vor allem selbständige
Rolle in der babylonischen Götterwelt spielt. Ansonsten treten
Göttinnen eigentlich nur als Ehefrauen auf, die ihren »Göttergat-
ten« bei der Erfüllung ihrer Aufgaben helfend zur Seite stehen.

Folgende altbabylonische Hymne besingt höchst anschaulich
die angenehmeren Seiten der Tochter des Mondgottes Sin, der
Konkubine und späteren Gemahlin des obersten Gottes Anu:

Eine Göttin besingt, besonders ehrfurchtgebietend unter den
Göttinnen; gerühmt werde die Herrin der Menschen. Die Ischtar besingt, besonders ehrfurchtgebietend unter den Göttinnen;
gerühmt werde die Herrin der Weiber. Sie ist mit schwellender
Kraft und Liebreiz angetan, hat Fruchtbarkeit die Fülle, verfüh-

*Die babylonische Göttin Ischtar, dargestellt als Göttin des Krieges (links)
mit dem Ischtar-Stern und sechs hinter ihrer Schulter hervorragenden
Pfeilen (vielleicht aus einem Köcher) und als Muttergöttin ohne Gewand
und ohne Schmuck (links: Felsrelief aus Zohab, um 2300 v. Chr.; rechts:
Terrakotta-Figur aus Babylon; beide Zeichnungen nach H. H. Schmid).*

rerischen Reiz und Üppigkeit. Honigsüß ist sie an ihren Lippen, Leben ist ihr Mund, an ihrer Erscheinung wird voll das Lachen.

Hier erkennt man die »Venus-Göttin« schon eher, deren Kult Babylon nicht zuletzt seinen schlechten Ruf (mit) zu verdanken hat. Göttin des Krieges und Göttin der Liebe und der Fruchtbarkeit zugleich – Tod und Leben als Einheit gesehen, als stetes Vergehen und Wiederkehren, ein Kreislauf ohne Ende. Die Aspekte der sumerischen Muttergöttin Inanna und der kriegerischen semitisch-assyrischen Ischtar sind verschmolzen zur babylonischen Ischtar, die alles in sich vereint. Kommt doch selbst die Liebe dieser Ischtar-Inanna, die Liebe der Fruchtbarkeitsgöttin zum immer wieder sterbenden und erneut auferstehenden Vegetationsgott Tammuz, in ihrer Unersättlichkeit und Ausschließlichkeit einem Gewaltakt gleich, wie folgende Verse aus dem Gilgamesch-Epos zeigen:

> Welchen Geliebten hast Du immer geliebt?
> Welcher Deiner Hirten hat Dir immer gefallen?
> Tammuz, Deinem Jugendgeliebten –
> ihm hast Jahr für Jahr Du zu weinen bestimmt.
> Da Du den bunten Vogel liebtest,
> hast Du ihn geschlagen, ihm den Flügel zerbrochen, . . .
> Dann liebtest Du einen Löwen, vollkommen in seiner Kraft;
> Du grubst ihm Gruben, sieben abermals sieben.
> Da Du liebtest das schlachtenfromme Roß,
> hast ihm Peitsche Du, Stachel und Peitschenschnur bestimmt,
> sieben Doppelstunden zu rennen bestimmt,
> Aufgewühltes zu saufen bestimmt!

Kaum zu glauben, daß als Vater dieser feurigen Frau der Gott des »sanften Gestirns«, Sin, der Mondgott, gilt, der Geheimnisvolle, der seine Gestalt stets wechselt, der »Herr, der festsetzt Tag, Monat und Jahr«, und bei dessen Erscheinen die Menschen aufatmen konnten, denn dann hatte der »Richter des Himmels«, Schamasch, der Sonnengott, seine oft unbarmherzig auf die Erde herabbrennenden Strahlen eingezogen und sich auf seinem Wagen in die Unterwelt begeben, um den Toten Licht und Nahrung zu bringen. Denn er, der eigentlich »moralische Gott«, dessen hellem Licht

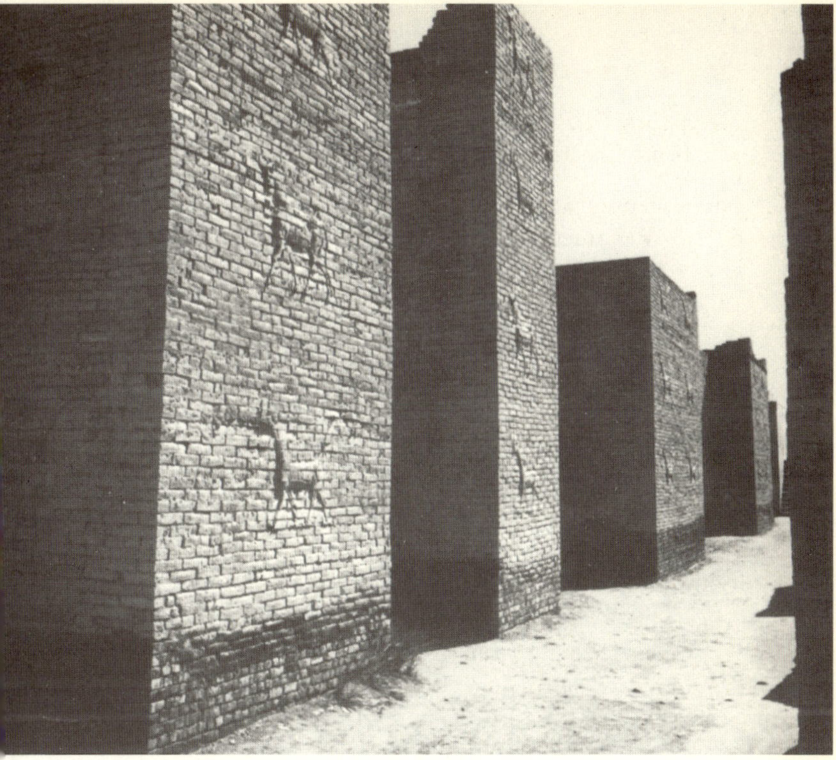

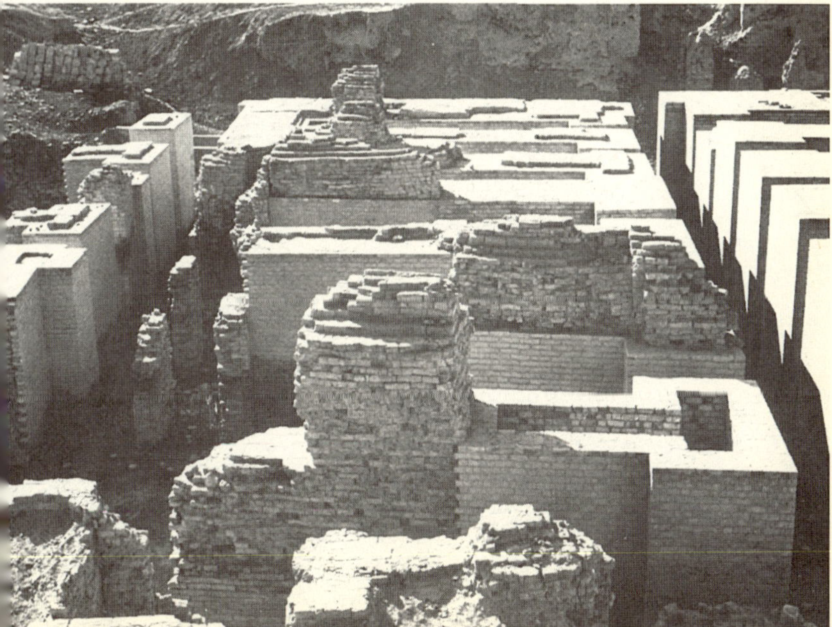

Oben: Freigelegte Ziegelfassaden zu beiden Seiten der auf das Ischtar-Tor zuführenden Prozessionsstraße.
Unten: Die ausgegrabenen Fundamente der Hängenden Gärten mit Umfassungsmauer (Nordwestseite).

alles offenbar wurde, Gegenwart und Zukunft, Gutes und Böses, hielt »droben und drunten alles in Ordnung«.

In engem Zusammenhang mit Schamasch und Ischtar – und manchmal auch anstelle Sins mit den beiden eine Trias bildend – stand Adad, der Wettergott. Blitz und Donner, Regen, Sturm und Hagel waren seine Elemente – gebündelte Blitze und die Axt seine Symbole. Auf seine herausragende Bedeutung weist ebenfalls hin, daß Hammurabi ihn sowohl in Prolog und Epilog des Kodexes erwähnt als auch in den Gesetzen selbst.

Adad, der Herr des Überflusses, der Verwalter von Himmel und Erde, mein Helfer, möge die Regengüsse am Himmel und die

Links: Der Wettergott Adad mit Zikkurat-Abbild auf der Brust; 20 Zentimeter hohes Gottessiegel aus der Zeit Asarhaddons (680–669 v. Chr.; Vorderasiatisches Museum, Ost-Berlin). Rechts: Ein bei Ausgrabungen von Esagila gefundenes kunukku (Täfelchen) mit einer Darstellung Marduks, zusammen mit dem »Drachen«, der urweltlichen Tiamat (Vorderasiatisches Museum, Ost-Berlin).

Hochflut am Quellorte ihm nehmen, sein Land durch Teuerung und Hungersnot zugrunde richten, über seiner Stadt grollend donnern, und sein Land in eine Sintflutruine verwandeln!

Wie Jahwe (Jesaja 19, 1) »fährt« auch Adad, »der Kontrolleur der Schleusentore des Himmels und der Erde« (der bezeichnenderweise von den semitischen Stämmen besonders verehrt wurde), auf den Wolken, und der Donner ist seine Stimme, vor der alles erzittert.

Ähnliche Attribute wie Adad wurden auch dem Kriegs- und Jagdgott Ninurta zugeschrieben. Der »starke Held« möge des Treulosen »Waffe in der Schlacht zerbrechen, den Tag ihm in Nacht verwandeln und seinen Feind auf ihn treten lassen«. Und von Ninkarrana (Gula), Ninurtas Gattin, der Göttin der Heilkunst – es spricht für »ökonomisches« Denken, dem Gott, der Wunden schlägt, gleich die Göttin, die sie wieder heilt, zur Seite zu stellen –, verlangt Hammurabi, ihrer eigentlichen Aufgabe zuwiderzuhandeln und »zu verursachen böse Krankheit, schmerzhafte Verletzung, die nicht heilt, deren Wesen der Arzt nicht kennt, die man mit Verbänden nicht zur Ruhe bringt, die wie der Biß des Todes nicht herausgerissen werden kann . . .«

Und auch Ninmach, der Göttin der Geburt, der »Mutter, die mich geschaffen«, mutet der König zu, dem ehrlosen Nachkommen »den Erben zu nehmen und so ihm keinen bleibenden Namen zu verschaffen«!

Einer der mächtigsten und der am meisten gefürchtete der Götter war Nergal, der Gott der Pest und der Unterwelt, der als Gatte der Herrin über »das Land ohne Rückkehr«, der Göttin Ereschkigal, zum Beherrscher der Unterwelt wurde, während er gleichzeitig mit der Oberwelt verbunden blieb, wo er neben der Pest und anderen Seuchen und Krankheiten unangenehme Naturerscheinungen wie zum Beispiel die sengende Sonnenhitze verkörperte. So wünscht sich Hammurabi denn auch von ihm, daß er mit »seiner Kraft wie ein grimmiger Röhrichtbrand« das Volk des ungetreuen Erben verbrennen möge, »mit seiner starken Waffe ihn selbst zerspalten und seine Gliedmaßen wie ein tönernes Bildnis zerschmeißen«!

Marduk, der »junge Sonnenstier«, »Herr zu Babel«

Aber keiner dieser mächtigen, weisen, starken und gefürchteten Götter konnte seine Stellung in neubabylonischer Zeit behaupten, denn Nebukadnezar machte nicht nur seine Stadt schöner und größer als alle anderen, er ernannte auch ihren Gott zum obersten der Götter, der nun all jene Charakteristika und Fähigkeiten, bis dahin auf so viele verteilt, in sich vereinigte. Marduk war nun der Weltenschöpfer, er der Gute und Weise – eben *der* Gott schlechthin, die übrigen nur noch Erscheinungsformen dieser einen überragenden Göttergestalt. Er war »Herr der Länder, kampfgewaltiger, ehrfurchtgebietender, prächtiger, der stets wieder neu wird, vollkommener, überaus fähiger, hervorragender, hocherhabener, dessen Ausspruch unabänderlich ist, fähiger, überaus klüger, strahlender ...« Und natürlich waren sein Tempel, Esagila, und sein Tempelturm, Etemenanki, die schönsten und größten religiösen Bauten ganz Babyloniens, die selbst Ischtars Tempel in Uruk und Sins Tempel in Ur und Harran in den Schatten stellten.

Mit dem politischen Aufstieg Babylons war auch die Karriere des Stadtgotts von Babylon, des Erstgeborenen von Ea, dem Gott des Wassers und der Weisheit, auf ihrem Höhepunkt angelangt – zusammen mit seiner Frau, der Göttin Sarpanitum (»die Glänzende«), Helferin und Beschützerin in allen Lebenslagen, und seinem Sohn und Vertrauten Nabu, Gott der Schreiber und Schutzpatron der Wissenschaften. Als Schreiber der Schicksalstafeln besaß er neben seinem Vater Marduk wohl die größte Macht im neubabylonischen Götterreich, was sich ebenfalls daran zeigt, daß sein Tempel in Borsippa, Ezida, stets in einem Atemzug mit Esagila genannt wird. Auch seine zentrale Rolle beim Neujahrsfest weist darauf hin. Und als die babylonische Kultur mit den neuen Ideen aus Persien, Griechenland und Palästina rang und schließlich unterging, da hatte sich mittlerweile Nabu an die Spitze des Pantheons gesetzt, als letzter in der jahrtausendealten Ablösungsreihe der Macht: Anu – Enlil – Marduk – Nabu.

Doch als »Bel zu Babel«, als »Herr zu Babel«, hat Marduk, der »junge Sonnenstier« (so die Übersetzung seines sumerischen Namens Amar-utu), in der antiken Überlieferung überlebt, auch nachdem der persische König Xerxes seine Statue beseitigen ließ, so daß wir sie heute nur noch aus Beschreibungen wie der Herodots kennen, der ja von einer sechs Meter hohen Sitzstatue spricht. Die Babylonier statteten ihre Götter mit durchaus menschlichen Zügen aus – sie kannten Neid, Streit und Eifersucht, schätzten Wein, Weib (bzw. Mann) und Gesang sowie eine gewisse Bequemlichkeit bei Nacht und Hygiene am Morgen. Also wuschen und salbten die dafür bestimmten Priester die Götterstatuen und zogen die tagsüber bekleideten Standbilder zur Nacht aus. Diese menschlichen Züge stellte man sich jedoch in jeder Hinsicht überdimensional vor. So waren die Götter größer, schöner, leistungsfähiger, ausdauernder, stärker – aber auch rachsüchtiger, unerbittlicher, furchtbarer als der Mensch. Und die Statue – entsprechend »riesig« – verkörperte diesen Gott, machte ihn stets präsent: Wenn der König im Rahmen der Krönungszeremonie die Hand der Statue Marduks ergriff, dann ergriff er die Hand des Gottes, und wenn beim Neujahrsfest die Statue in der Prozession mitgeführt wurde, dann weilte der Gott selbst unter seinen Anhängern.

Entsprechend langwierig und kompliziert waren die Zeremonien vor »Inbetriebnahme« einer neuen Götterstatue. Als erstes wurde die sogenannte »Öffnung des Mundes« vorgenommen – noch in der Werkstatt wurde dem gerade fertiggestellten Standbild mit Weihwasser der Mund ausgewaschen. »Von nun an sollst du vor deinen Vater Ea treten«, lautete die dabei deklamierte Beschwörungsformel. In der folgenden Nacht brachte man den Gott zum Flußufer, setzte ihn gen Osten gerichtet auf eine Schilfrohrmatte, wiederholte die Mundwaschung, sprach weitere Beschwörungstexte und brachte Opfer dar. Dasselbe wurde mit der nach Westen ausgerichteten Statue wiederholt. Am Morgen opferte man einen Widder, und dann folgte die »Öffnung der Augen« durch Berühren derselben mit einem Zweig der magischen Tamariske. Schließlich ging es zurück zum Tempel, und nach erneuten Zeremonien am Eingangstor trug man den Gott endlich zu seinem Thron. Eine 14. (!) und letzte Mundwaschung wurde vorgenommen – dann legte man der neuen Statue ihre speziellen Insignien an (die ja keineswegs immer gleich mit »drangeschnitzt« wurden), und der Verehrung durchs Volk stand nichts mehr im Wege.

Die zentrale Bedeutung der Götterstatuen im Glaubenssystem Mesopotamiens ist auch der Grund für die zahlreichen Verschleppungen, die sie im Laufe der Jahrhunderte immer wieder erfuhren. Glaubten die Eroberer doch, wenn sie den Götterstatuen des besiegten Feindes opferten, könnten sie sich den fremden Gott geneigt machen. Die Statue Marduks hat auf diese Weise die Reise zwischen Assyrien und Babylonien mehr als einmal gemacht. Und der Mitanni-König Tuschratta sandte dem ihm befreundeten, erkrankten Pharao die heilbringende Statue der Ischtar von Ninive nach Ägypten. Lourdes, Fatima, und wie die Madonnenorte alle heißen, erfüllen mit ihren Muttergottes-Skulpturen, heilbringenden Quellen oder gottgeweihten Bäumen heute dieselbe Funktion.

Ein anderes Moment der babylonischen Religion ist der christlich-jüdischen ebenfalls nicht fremd: die Zahlensymbolik, die vor allem in der Kabbala, der jüdischen Geheimlehre, und bei den christlichen Mystikern eine große Rolle spielte. In Babylon, der »Wiege der Geheimwissenschaften«, hatte man für Zahlenspielereien – sozusagen die »dunkle Seite« der bereits hochstehenden Wissenschaft der Mathematik (s. S. 271 ff.) – eine Menge übrig. So war jedem Gott eine symbolische, heilige Zahl zugeordnet – in manchen Keilschrifttexten steht sogar nur diese Zahl als Bezeichnung für den betreffenden Gott: für Anu die 60 (die Vollzahl des Sexagesimalsystems), Enlil die 50, Ea die 40, Sin die 30 (bezugnehmend auf die Zahl der Tage des Mondmonats), Schamasch die 20 und Ischtar die 15. Allerdings konnte die 50 auch für Ninurta stehen, und Marduk, der »Spätaufsteiger«, muß sich ebenso wie Adad mit der 10 begnügen.

Denn »weggenommen« wurde selbst einem Gott, der seine Macht in der Zeiten Lauf an andere hatte abtreten müssen, seine Zahl nicht, auch Symbole, Gestirne und heilige Tiere blieben ihm, einmal zugeordnet, erhalten. Nur der Gott als solcher konnte sozusagen »vergessen« werden und sein(e) Attribut(e) schlug man dann einem anderen, mehr im Zentrum der Verehrung stehenden, zu dessen bereits vorhandenen noch hinzu.

So wie jeder der großen Götter »seine« Zahl und »sein« Gerät besaß – Nabu zum Beispiel den Schreibgriffel, Ea von lebensspendendem Naß überquellende Gefäße –, so hatte er auch sein heiliges

Tier. Wir sind Ischtars Löwen und Adads Stier ja bereits beim Ischtar-Tor begegnet, ebenso wie dem seltsamen Marduk-Drachen, dem Sirrusch. Und nicht nur die »Gestirnsgötter« waren einem bestimmten Himmelskörper assoziiert, die astronomiebewanderten und astrologiegläubigen Babylonier hatten auch ihren anderen wichtigen Göttern je ein Gestirn zur Seite gestellt: Marduk, dem obersten Gott, Jupiter, Nergal, dem Furchtbaren, den Mars, Ischtar den Venusstern und Nabu den Merkur.

Den eigens in Götterlehre ausgebildeten Priestern war das alles natürlich geläufig, aber wie stand »der kleine Mann« zu seinen Göttern? Machte er die politische Erhöhung Marduks mit? Verehrte er vielleicht seine Stadtgötter weiterhin an erster Stelle? Oder standen ihm gar die Helden, Halbgötter und Dämonen näher?

Die vielen kleinen Ton- und Holzfiguren, die »Hausgötter«, Fabelwesen verschiedenster Gestalt, die allgemein verbreitet waren, lassen letzteres vermuten. Die Familiengötter wurden vom Vater auf den Sohn weitervererbt, und wer im Besitz dieser kleinen Statuetten war, galt als voll zur Familie gehörend und erbberechtigt. Von daher, so meint Edward Chiera, erhält der Diebstahl der »Teraphim« oder Hausgötter des Vaters durch Rachel einen höchst einleuchtenden Sinn: Dadurch »wollte Rachel erreichen, daß ihr Gatte ein Familienmitglied im engeren Sinne werde und infolgedessen ein Anrecht auf das Erbe ihres Vaters habe. Es handelte sich also nicht um zwei Figürchen, sondern um einen beträchtlichen Teil des Familienvermögens.« So wiederholt sich hier der Statuenraub der großen Politik und seine Bedeutung auf privater Ebene.

Im Alltag wandte sich der Babylonier an die Familienschutzgottheiten als »Vermittler« zu den großen Göttern bzw. als deren Stellvertreter. Einen solchen »Gott ihres Vertrauens« hatte man bitter nötig, denn bei der unübersehbaren Menge von Tabus, Vorschriften, Verboten etc., die er buchstäblich auf Schritt und Tritt zu beachten hatte, mußte er sich eigentlich ständig irgendeines Verstoßes oder einer Unterlassungssünde schuldig machen und war daher auch ständig auf Vergebung und Wiedergutmachung angewiesen. Versäumte er nur ein einziges der vorgeschriebenen Gebete oder Opfer, konnten Krankheit, Unglück und Tod als Strafe des Gottes die Folge sein.

Kein Tag ohne Tabu

Schließlich waren die Götter auf Speis(opfer) und Trank(opfer) durch die Menschen angewiesen, deren Aufgabe es laut *Enuma elisch*, dem Weltschöpfungsepos, ist, die Götter zu erhalten, für sie zu arbeiten, ja: Nur zu diesem Zweck waren sie überhaupt geschaffen worden! Und die Priester wiederum wachten eifersüchtig darüber, daß sie als Mittler zwischen Göttern und Menschen stets in Anspruch genommen (und natürlich bezahlt) wurden. Sie sahen es gar nicht gern, wenn der Gläubige sein Opfer – ein Lamm, feines Mehl, Datteln usw. – selbst dem Gott darbrachte. Erstens kam der Priester dann um seinen Braten, und zweitens fiel es dem Opfernden leichter, ein schon etwas zähes Tier (oder nicht ganz so feines Mehl) für die Zeremonie auszuwählen – ein schweres Vergehen gegen die Gottheit, das diese bzw. der für sie zuständige Priester sonst sofort bemerkt und geahndet hätte!

Übrigens sind im 1. Jahrtausend v. Chr. bereits verschiedene Anzeichen eines schwindenden Glaubens zu verzeichnen. So drohte man in Verträgen aus dem 7. Jahrhundert nicht mehr mit dem Fluch der Götter, sollte der Vertragspartner wortbrüchig werden, sondern mit handfesten irdischen Strafen – etwa damit, 2 Liter auf den Boden geschütteter Senfkörner mit der Zungenspitze auftupfen zu müssen!

Der einfache Mann freilich war auch in jenen Jahrhunderten vollauf damit beschäftigt, den Göttervorschriften gerecht zu werden. Da galt es etwa die sogenannten Hemerologien, die Verzeichnisse der Tage mit guten und schlechten Vorzeichen, zu beachten, wie zum Beispiel folgende Anweisungen für die ersten neun Tage des Monats Taschritu:

Am 1. Tag soll er sich auf einem Feld dem Sturmwind nicht aussetzen. Knoblauch soll er nicht essen: Herzkrampf würde er bekommen. Am 2. Tag soll er nicht auf ein Dach steigen: Ardat Lili [ein Dämon] würde ihn finden. In eine Grube soll er nicht hinabsteigen: Das Böse würde ihn finden. Gebratenes Fleisch soll er nicht essen: Er würde mit Aussatz überdeckt werden. Am 3. Tag soll er sich nicht einer Frau nähern: Die Frau würde ihm seine Manneskraft nehmen. Fisch soll er nicht essen; es ist eine Unehrerbietigkeit: Ein Krokodil würde ihn anfallen. Datteln soll er nicht essen: Er würde magenkrank werden. Ein Sesamfeld soll er nicht bewässern: Die Sesamraupe würde ihn überkommen. Eine Frau soll ihn nicht suchen: Sein Vorhaben würde nicht glücken. Am 4. Tag soll er einen Fluß nicht überqueren: Seine Vollkraft würde ihm entfallen. Nach auswärtigen Orten soll er nicht gehen: Ein Feind würde ihn bekämpfen. Rind-, Ziegen- und Schweinefleisch soll er nicht essen: Kopfschmerzen würde er bekommen. Den Ort, auf dem ein Esel umhergelaufen ist, soll er nicht betreten: Er würde Ischias bekommen. Am 5. Tag soll er nicht in einen Obstgarten gehen: Igi-sig-sig, der Gärtner Enlils, würde ihn treffen. Senfkraut soll er nicht essen: Der Schiku [ein Dämon] würde ihn greifen. Den Platz, auf dem ein Mörser niedergesetzt ist, soll er nicht betreten: Er würde an der Wassersucht erkranken. Am 6. Tag soll er keinen Streit machen. Die Toilette soll er nicht betreten: Der Rabizu [ein Dämon] würde ihn treffen. Ziegenfleisch soll er nicht essen: Mamitu [ein Dämon] würde ihn treffen. Am 7. Tag soll er von allerlei nicht essen: Es ist ein Tabu von Ninurta und Ninegal. Er soll nicht schwören: Die Gottheit würde ihn treffen. Am 8. Tag soll er reine Wäsche anziehen und sich reinigen. Dem Wesir möge er Freude schenken. Ein Trankopfer möge er nehmen. Seine Nahrung möge er vor seinen Göttern niedersetzen: Dann wird Ninegal bei Ninurta Fürsprache für ihn halten. Am 9. Tag soll er ein Opfer bringen: Seine Nahrung möge er niedersetzen; in den Himmel und auf die Erde möge er sein Auge strahlen lassen; das ganze Jahr möge das Böse sich ihm nicht nähern.

Wenn man nun noch bedenkt, daß das Jahr nicht 9, sondern 365 Tage hat, kann man schon verstehen, daß der Unglückliche oder Kranke, der sein Leiden ja als Strafe für irgendeine Übertretung ansah, nicht wissend, was genau er falsch gemacht und welchen Gott oder Dämon er beleidigt hatte, gleich ganze Sündenregister – auch »babylonische Beichtspiegel« genannt – im wahrsten Sinne des Wortes herunterbetete, um sicher zu sein, daß sein Vergehen mit darunter war und ihm vergeben wurde (s. S. 253 f.). Diese Kataloge sozialer und individueller Sünden haben sich übrigens in ähnlicher Form bis ins abendländische Mittelalter gehalten! Mit Recht klagt da der arme Sünder:

> Das, was meinem Gott ein Greuel ist, habe ich unwissentlich gegessen..., o bekannter oder unbekannter Gott, meiner Missetaten sind viele, groß meine Sünden! Die Missetat, die ich beging, ist mir nicht bekannt..., den Greuel, den ich gegessen, kenne ich nicht; das Frevelhafte, auf das ich getreten, ist mir nicht bekannt...

Jenseits ohne Hoffnung

Und doch war für den Babylonier dieses höchst komplizierte und schwierige Leben noch immer das reinste Paradies gegen das absolut trostlose Jenseits, das ihn erwartete. Die Vorstellung eines besseren, diesseitige Leiden womöglich belohnenden oder wenigstens ausgleichenden Lebens nach dem Tode war ihm unbekannt. Daher war verständlicherweise sein größter Wunsch, möglichst lange zu leben, und er hoffte, durch Frömmigkeit und Opferwilligkeit das nun mal unausweichliche Ende, so lange es nur ging, hinauszuschieben und die ihm auf Erden vergönnte Zeit, so gut es ging zu nutzen.

Armut oder Reichtum in diesem Leben hatten auf das Leben im Jenseits kaum Einfluß, höchstens die Todesart mochte eine gewisse Vergünstigung in der Unterwelt bewirken: Wer zum Beispiel in treuer Pflichterfüllung im Kampf gefallen war, durfte auch im Schattenreich jene, die ihm auf Erden lieb und teuer gewesen, um sich haben – »eine sympathische, wenngleich etwas nüchterne Vorstellung von der ewigen Seligkeit«, wie Böhl de Liagre treffend bemerkt.

Über den »Umweg« von Bestattung und Totenopfer gelang es den wohlhabenderen Bürgern jedoch, wenigstens einen kleinen Vorteil für sich herauszuschlagen. Denn während die Armen einfach in Rohrmatten gewickelt wurden, konnten sich die besser Situierten Tonsärge und Grabstätten leisten, in die man ihnen Dinge des täglichen Bedarfs und des persönlichen Besitzes mitgab sowie Nahrung und Getränke. Klagefrauen und musizierende Priester begleiteten den Leichenzug, und bevor die Erde auf den Sarg (oder auf die Strohmatte) geschüttet wurde, brachte der Priester ein Tier- und Trankopfer dar.

Die Könige wurden natürlich auch in Mesopotamien in prunkvollen Sarkophagen und steinernen Grüften beigesetzt, Gold, Silber und Schmuck ihnen ins Grab mitgegeben (die Fürstengräber von Ur aus sumerischer Zeit, die Sir Leonard Woolley ausgegraben hat, sind da ein besonders eindrucksvolles Beispiel), und auch diese Gräber entgingen allen Flüchen und Beschwörungen zum Trotz meist ebensowenig ihrem »Plünderungsschicksal« wie die Pyramiden und Felsengräber der Pharaonen. Allerdings war es im Gegensatz zu ägyptischem und assyrischem Brauch in Babylonien nicht üblich gewesen, den Namen des Toten beim Grab festzuhalten – die Fürstengräber von Ur bilden da eine Ausnahme –, und darum besteht vielleicht noch die Hoffnung, eines Tages auch das Grab Nebukadnezars in Babylon zu finden. Zumal die babylonischen Begräbnisstätten keine Grabmäler über der Erde aufwiesen, begrub man doch die Toten in allen dafür geeignet erscheinenden Orten – unter Straßen und Plätzen, an Festungsmauern und in Häuserruinen.

Koldewey hat im Stadtteil Merkes, nahe den Festungsmauern, eine ganze Reihe Gräber freigelegt, und Tausende von kleineren Objekten – Werkzeuge, Rollsiegel, Figürchen, Keramik –, die er in ihnen fand, haben viel zu unserer Kenntnis vom babylonischen Alltag beigetragen. Die Toten, die meist gleich bei bzw. unter ihren Häusern begraben wurden, lagen in den ältesten, tiefsten Kulturschichten, »entweder unmittelbar in der Erde oder höchstens in eine Schilfmatte gewickelt oder von Lehmziegeln flüchtig umbaut, fast immer lang ausgestreckt und öfter in einer Lage, die den Eindruck erweckt, als seien die Leichen in derselben Situation und an demselben Ort verblieben, wo sie ihr Leben verließ« (Koldewey). In späterer Zeit (seit etwa 2000 bis 300 v. Chr.) wurden die Toten in hockender Stellung mit angezogenen Knien in hohen,

topfähnlichen Gefäßen mit runden Deckeln beigesetzt – den sogenannten Hockersärgen.

»Nur die altkassitische Zeit, als ein indogermanisches Volk, die
Kassiten, die Vorherrschaft über Babylon innehatte, zwischen
2000 und 1500 v. Chr., zeigt in einfachen Erd-, Lehm- und mit
Ziegeln ausgemauerten Gruben die Hocker- und die Langstellung
der Leichen nebeneinander, eben wohl eine fremde mitgebrachte
Sitte der kassitischen Eroberer. In der spätkassitischen Zeit von
1400 bis 1000 v. Chr. sind Doppeltopfgräber Sitte: Zwei mit breiter Öffnung in horizontaler Stellung aneinander gefügte Vorrats-
gefäße von ca. 70 Zentimeter Höhe, worin die Leiche, in Binsen-
matten oder Kleider gehüllt, in der Hockerstellung eingezwängt
wurde. Eine langsam sich vollziehende Abwandlung dieser Sitte
läßt sich im Verlaufe der nächsten Jahrhunderte recht deutlich
verfolgen: Zwischen 1000 und 800 v. Chr. ist es Sitte, die Topfgräber mit flacherem Schalendeckel zu versehen und sie schräg aufrecht zu stellen; von 800 bis 540 v. Chr., in der assyrischen und
neubabylonischen Zeit, jedoch begnügt man sich, die Topfgräber
mit einem einfachen Palmenholzdeckel zu schließen. Sie werden
nunmehr aufrecht senkrecht gestellt. Die Form dieser ›Hocker-
särge‹ verlängert sich um die Zeit des Königs Nebukadnezar II.
(600 v. Chr.), noch mehr in der persischen Periode (540 bis 330 v.
Chr.), und es bilden sich in dieser letztgenannten Zeit die sogenannten ›Stülpgräber‹ heraus, das heißt lange Tontröge, die man
über die Leichen stülpte, die in Hockerstellung niedergelegt worden waren« (E. Unger).

Die Seele dessen, den das »unentrinnbare«, »nächtliche« Geschick ereilt hatte, das »nach uraltem Gesetz« aller menschlichen
Herrlichkeit ein Ende bereitet, war bereits während der Trauerze-
remonie auf dem Weg in die Unterwelt. Seine Gebete haben ihm
vielleicht langes Leben gebracht und zahlreiche Nachkommenschaft beschert, aber sein Wunsch nach Unsterblichkeit ist ebensowenig in Erfüllung gegangen wie der seines Königs Nebukadnezar
erfüllt werden wird, der, ganz Baumeister, den Gott bittet: »Dau-
erhaft wie die Backsteine von Ibarra mache meine Jahre, dehne
sie aus in Ewigkeit.« Vergeblich auch wird Nabonid für sich und
seinen Erstgeborenen den Mondgott anrufen: »Bewahre mich vor

Versündigung an deiner großen Gottheit, und ein Leben ferner Tage schenke mir zum Geschenk«, und für Belsazar bittet er: »Die Furcht vor deiner erhabenen Gottheit laß in seinem Herzen wohnen, daß er nicht in Sünde willigen möge; mit Überfluß an Leben werde er gesättigt.«

Sie alle müssen sich auf den demütigenden Weg in die Unterwelt begeben und nackt vor die Herrin der Schatten, Ereschkigal, treten. Selbst Ischtar blieb die Erfahrung nicht erspart, daß mit dem Tod alle Kraft und Herrlichkeit schwinden. Im Mythos von der »Höllenfahrt der Ischtar« wird beschrieben, wie die Göttin im wahrsten Sinne des Wortes Stück für Stück ihres »irdischen« Besitzes ablegen muß, bevor ihre Seele eintreten darf »in das Haus der Finsternis . . ., das nicht verläßt, der's betreten, . . . darin wohnend man des Lichts entraten muß, wo Erdstaub die Nahrung ist, Lehm die Speise, . . .«

Nachdem der Unterweltsfluß – der babylonische Styx – überwunden ist, erwartet Ischtar ein Wächter »mit vier Händen und vier Füßen und dem Kopf eines Sturmvogels«, dessen sprechender Name »Nimm schnell hinweg« lautet:

Das erste Tor ließ er sie betreten, entkleidete sie, die große Krone nehmend von ihrem Haupte.

»Warum, o Wächter, nimmst du die Krone von meinem Haupte?«

»Tritt ein, meine Herrin, denn also lauten der Todesgöttin Befehle.«

Das zweite Tor ließ er sie betreten, entkleidete sie, die Gehänge von ihren Ohren nehmend.

»Warum, o Wächter, nimmst du die Gehänge von meinen Ohren?«

»Tritt ein, meine Herrin, denn also lauten der Todesgöttin Befehle.«

Und so nimmt er ihr bei jedem weiteren Tor ein Schmuckstück nach dem anderen ab – die Halskette, das Brustgeschmeide, den edelsteinbesetzten Gürtel, die Arm- und Fußreifen –, bis er ihr am siebten und letzten Tor schließlich das Hemd vom Leibe zieht. Dann ist Ischtar bereit, vor Ereschkigal zu treten.

Die Todesgöttin residiert in einem Palast, der inmitten ihres Reiches, das man sich im Westen, in der Wüste, liegend vorstellte, dort, wo die Sonne untergeht und Finsternis herrscht. Vor ihr kniet die Schreiberin der Unterwelt, die den Namen des Verstorbenen in ein Buch schreibt und die Seele dann den Richtern des Schattenreichs überläßt, die den endgültigen Todesspruch fällen, den Tod sozusagen auch für die Unterwelt »amtlich« machen.

Das einzige »Licht« in diese jenseitige Düsternis, wo man nur Lehm und Staub zu essen bekam und nach einem kühlen Trunk dürstete, brachten die Totenopfer, vor allem die Wasserspende. Sie gehörten denn auch zu den wichtigsten Pflichten der Erben, und jeder Babylonier trachtete danach, wenigstens einen adoptierten Sohn zu haben, der den Totenkult erfüllen konnte. Vielleicht spielt die Adoption und ihre gesetzliche Regelung auch deshalb eine so zentrale Rolle in Hammurabis Gesetzgebung, weil sie in Babylon von so großer » nach-existentieller« Bedeutung war. So wird zum Beispiel in einer Grenzurkunde dem Zerstörer des Grenzsteins gewünscht: »Ninib, der Herr der Grenzen, möge ihn des Sohnes, des Wasserausgießers, berauben.«

Das Totenritual, die sogenannte »Libation«, fand wohl regelmäßig am Todestage statt, und zwar direkt beim Grab des Verstorbenen. Dieser Gedächtnistag hieß »Tag der Totenfeier«, »Tag der Niedergeschlagenheit«, »Tag der Wehklage« oder »Tag der Trauer«. »Während der Trauerfeier des Wasserausgießens für die Manen meiner königlichen Vorfahren«, heißt es in einem Text Assurbanipals, »legte ich Trauergewänder an und erwies eine Wohltat Gott und den Menschen, Toten und Lebendigen«. Und an anderer Stelle sagt er: »Termine für die Totenfeier der Wasserspendung für die Totengeister der Könige meiner Vorfahren, die aufgehört hatten, setzte ich fest; Gott und Menschen, den Toten und Lebendigen erwies ich damit eine Wohltat.« Als schlimmste Strafe für den erschlagenen Feind erwähnt er in seinen Annalen die Verweigerung des Wasserausgießens.

Wer keine Erben hatte, die Totenopfer darzubringen, oder wer als Verbrecher und damit ohne Begräbnis und ohne Anspruch auf die Libation ins »Land ohne Rückkehr« gehen mußte, der war schlimm dran. Hungrig und durstig mußte er im Schattenreich umherirren, sich von weggeworfenen Speiseresten ernähren und an brackigen Pfützen seinen Durst löschen. Um sich für dieses erbärmliche Totendasein zu rächen, brachte er dann als einer der gefürchteten Totengeister Krankheit und Unheil über die Menschen und konnte nur unter großem Opfer- und Gebetsaufwand wieder in die Unterwelt zurückgebannt werden. Wann immer ein Kranker sein Leiden auf einen dieser schrecklichen Plagegeister zurückführte, ließ er gleich nach dem entsprechenden Priester rufen, dem »Beschwörer der Totengeister« oder »Totenbefrager«.

Nun waren die Totengeister wohl besonders unerfreuliche Dämonen, aber keineswegs die einzigen – im Gegenteil.

Jedes Halsweh eine Strafe

Waren die Babylonier schon mehr als großzügig, was die Zahl ihrer Götter angeht, so kannten sie bei Geistern und Dämonen schier gar keine Grenzen mehr. Und daß die »guten Geister«, von denen es immerhin auch einige gab, dabei völlig unterrepräsentiert waren, dürfte uns, nun schon ein wenig vertraut mit der babylonischen Vorstellungswelt, eigentlich nicht erstaunen.

Es war oft gar nicht leicht und, da man zu Beschwörung und Beschwichtigung des Dämons natürlich priesterliche Hilfe brauchte, meist auch gar nicht billig, den verärgerten Geist wieder zu besänftigen. Für einen Babylonier war die Welt von Geistern und Dämonen (über-)bevölkert und er selbst von der Wiege bis zur Bahre damit beschäftigt, sich die vorwiegend unerfreulichen Gesellen vom Leibe zu halten bzw. wieder loszuwerden. Magie- und Omenkunde, Metier der Beschwörer- und Seherpriester, beherrschten daher das Geistesleben in Babylonien in mindestens ebenso großem, wenn nicht größerem Maße als die »eigentliche« Religion und die alten Mythen.

In der dezidiert anthropozentrisch-animistischen Weltsicht des Babyloniers wurde praktisch jede Besonderheit in der Außenwelt, und sei sie noch so »zufällig« oder »natürlich«, als direkt bezogen auf ein persönliches Unglück, als Zeichen für eine ganz bestimmte, nur ihn betreffende Entwicklung verstanden – und ebenfalls einem der unzähligen Dämonen als Verursacher zugeschrieben.

»Es gab einen wütenden Dämon, der sich in dem aus der Wüste hereinbrechenden Sandsturm manifestierte, und wer sich ihm entgegenstellte, mußte damit rechnen, von einer bösartigen Sinusitis [Nebenhöhlenerkrankung] befallen zu werden. Das Feuer war eine Gottheit. Auch das Wasser war eine Gottheit, und beim Gottesurteil, bei dem ein Angeklagter ins Wasser springen mußte, bemächtigte sie sich des niederträchtigen Menschen, der einen Meineid geschworen hatte. Der Lichtschimmer, der vor Sonnenaufgang über den Bergen erschien, setzte sich aus den Glorienscheinen der Skorpionmenschen zusammen, die die Sonne bei ihrem Aufgang bewachten. Eine Schar von Dämonen war stets darauf bedacht, bei

Links: Babylonisches Schutz-Amulett aus braunem Kalkstein. Wie die Inschrift, in der das »Gericht des Lebens der großen Götter« angerufen wird, zeigt, diente es zum Schutz vor einem Totengeist (nach A. Jeremias). Rechts: Bronze-Figurine des tiermenschlichen Sturmdämons Pazuzu (14,5 Zentimeter hoch; Louvre, Paris; Zeichnung nach J. Klima).

bestimmten Gelegenheiten sich eines Mannes oder einer Frau zu bemächtigen, zum Beispiel an einsamen Orten, beim Essen oder Trinken, im Schlaf und besonders bei der Niederkunft. Auch die Götter selbst waren den Angriffen von Dämonen ausgesetzt; wenn eine Mondfinsternis eintrat, glaubte man, der Mondgott Sin sei vorübergehend von solchen Dämonen überwältigt worden« (H. W. Saggs).

Obwohl es unzählige Dämonen gab, sprach man meist nur von den »bösen Sieben«, »Kinder des Anu«, »gezeugt in den Bergen des Westens«:

Sieben sind sie, sieben sind sie! In der Tiefe des Ozeans, sieben sind sie! Lagernd im Himmel, sieben sind sie! In der Tiefe des Ozeans, in einer Behausung wuchsen sie heran. Nicht männlich sind sie, nicht weiblich sind sie. Sie, vernichtende Wirbelwinde sind sie. Ein Weib haben sie nicht genommen, Kinder haben sie nicht gezeugt. Schonung und Mitleid kennen sie nicht, Gebet und Flehen hören sie nicht, Rosse, die im Gebirge aufgewachsen sind, sind sie. Sie sind die feindlichen Gewalten des Ea, die Thronträger der Götter sind sie. Den Steig zu zerstören, treten sie auf die Straße. Böse sind sie, böse sind sie! Sieben sind sie, sieben sind sie, zweimal sieben sind sie!

Da war zum Beispiel »der böse Utukku«, der sich den Nacken des Menschen als »Zielscheibe« auserwählt hatte; Lamaschtu, der das Kindbettfieber brachte oder die Neugeborenen der Mutter von der Brust stahl, und der besonders gefürchtete Sturmdämon Pazuzu, der Kopfweh und Übelkeit verursachte.

Betrachtet man übrigens die noch erhaltenen Dämonenabbildungen, zum Beispiel gerade eine Darstellung des tiermenschlichen Sturmdämons Pazuzu, dann kann man die Angst vor diesen greulichen Gestalten noch heute nachempfinden.

Aber nicht nur auf Dämonen wurde die Schuld an Krankheit und Leid zurückgeführt. Die bis in unsere Tage virulente Vorstellung, irgendwie »unnormale« oder gar nur mißliebige Mitmenschen besäßen geheime, böse Kräfte – den »bösen Blick« –, sie seien Hexen oder Zauberer, war auch in Babylonien weit verbrei-

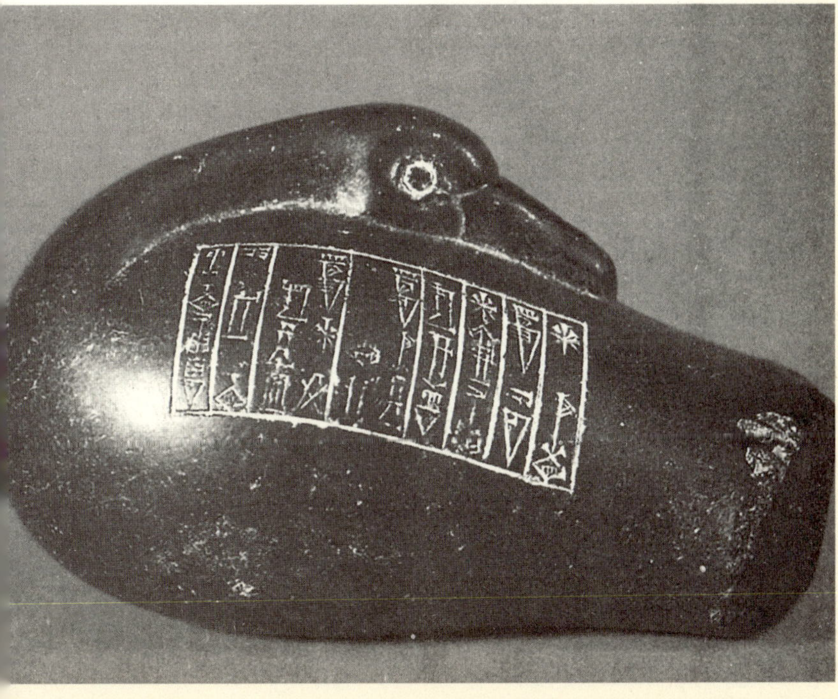

Oben: *Der Schreiber Dudu. Die 45 Zentimeter hohe, aus feinporigem Basalt gefertigte Tempel-Weihestatuette stammt wahrscheinlich aus dem Gebiet von Lagasch (um 2500 v. Chr.; Irak Museum, Bagdad).*
Unten: *Aus schwarzem Stein gefertigte Gewichtsente (14 Zentimeter lang) König Schulgis von Ur (um 2000 v. Chr.; Irak Museum, Bagdad).*

tet. Angeblich raubten sie dem Mann die Zeugungskraft, dem
Mädchen Liebreiz und Leibesfrucht.

Es kam offensichtlich keineswegs selten vor, daß ein Nachbar
dem anderen, auf den er aus irgendeinem Grunde nicht gut zu
sprechen war, »etwas« anhängte, um sich so auf bequeme Weise zu
rächen, einen Rivalen oder Konkurrenten loszuwerden, denn der
Kodex Hammurabi enthält eigens ein Gesetz gegen Überführte
»Anschwärzer«:

> Gesetzt, ein Mann hat einem anderen Zauberei vorgeworfen,
> hat ihn aber nicht überführt, so wird derjenige, dem Zauberei
> vorgeworfen wurde, zum Flusse gehen, in den Fluß untertau-
> chen. Gesetzt, der Fluß hat ihn erreicht, so darf derjenige, der
> ihn bezichtigt hat, sein Haus wegnehmen. Gesetzt, selbigen
> Mann hat der Fluß gereinigt und er ist unversehrt geblieben, so
> wird derjenige, der ihm Zauberei vorgeworfen hat, getötet. Der-
> jenige, der in den Fluß untergetaucht ist, darf das Haus dessen,
> der ihn bezichtigt hat, nehmen.

Hexerei, Dämonen, Besessenheit, Teufelsaustreibung – kommt
uns das nicht sehr bekannt vor? Vor allem, wenn man hört, daß
laut dem *Maqlu* (»Verbrennung«) betitelten, acht Tafeln umfassenden Keilschrifttext nur *Feuer* die unheilvolle Macht der Hexe aufzuheben, zu zerstören vermag? Es ist gut möglich, daß der abendländische Hexenwahn, wie Friedrich Delitzsch meint, chaldäischen Ursprungs ist. Aber während es in Babylon wohl nie oder
höchst selten zum Feuertod der »Hexe« kam, man sich vielmehr
mit der Verbrennung *in effigie*, der Verbrennung ihres Bildes also,
begnügte, erhob christlich-abendländischer Fanatismus den Volks-
aberglauben zum kirchlich-offiziellen Glaubenssatz. Heißt es
doch in der ominösen Bulle von Papst Innozenz VIII. vom
5. Dezember 1484:

> Wir haben neulich nicht ohne große Betrübnis erfahren, daß es
> in einzelnen Teilen Oberdeutschlands, in Städten und Dörfern,
> viele Personen beiderlei Geschlechts gebe, die mit buhlerischen
> Nachtgeistern sich leiblich vermischen, durch zauberische Mit-

tel mit Hilfe des Teufels die Geburten der Weiber, die Fruchtbarkeit der Tiere, die Früchte der Erde zugrunde richten und
vernichten, welche Männer, Weiber und Tiere mit heftigen inneren und äußeren Schmerzen quälen, und die Männer am Zeugen, die Weiber am Gebären, beide in der Verrichtung ehelicher
Pflichten zu hindern vermögen.

Es sind, in der Sprache unseres Mittelalters, dieselben Vorwürfe,
die im *Maqlu* erhoben werden, aus dem wir gerade zitiert haben;
man könnte es fast eine zeitgemäße Umschreibung nennen.

Andere »christliche« Vorstellungen finden sich ebenfalls bereits
im alten Babylonien; daß zum Beispiel ein aus dem Körper ausge-
triebener Dämon eine neue Heimstatt benötigt, wissen wir von
den Dämonen, die Christus austrieb und in die Säue fahren ließ.
Und daß man bis heute glaubt, ein Mensch könne vom Teufel oder
von »bösen Geistern« besessen sein, die von einem Priester »fach-
gerecht« ausgetrieben werden müssen, hat der erst vor einigen
Jahren in Würzburg stattgefundene Prozeß um die bischöflich ab-
gesegnete tödlich endende »Behandlung« eines psychisch kranken
jungen Mädchens durch einen Pfarrer auf erschütternde Weise
gezeigt.

Nur der Priester kennt das Heil

Auch in Babylon wandte man sich an den Zauberpriester und
Beschwörer – *aschipu* und *maschmaschu* –, wenn Unglück oder
Krankheit einen ereilt hatte. Dieser versuchte zunächst einmal her-
auszufinden, welcher Dämon hinter der Sache steckte und was
getan werden mußte, um alles wieder ins reine zu bringen. Zu
diesem Zweck schilderte der Priester einem der großen Götter – in
neubabylonischer Zeit meist Marduk – als erstes die Symptome
des Ratsuchenden: »Ein benommenes Schweigen ist über ihn gekommen, ein verderbliches Schweigen, ein böser Fluch, ein Zau-
berbann, ein Kopfschmerz; sein Gott hat ihn verlassen, seine Göttin, die ihn beschützt, ist zur Seite getreten . . .«

Auf diese Weise wurde Marduks Aufmerksamkeit auf den Mann gelenkt, er geht zu seinem Vater Ea und schildert diesem die Situation. Ea antwortet ihm stets mit den formelhaften Worten: »Mein Sohn, was wüßtest du nicht, was könnte ich dir noch sagen?« – um dann jedoch, wie immer, detaillierte Anweisungen für die Heilung zu geben:

> Geh hin, mein Sohn Marduk,
> Führe ihn zum Absolutionsraum des Tempels,
> Löse seinen Bann, löse seinen Bann,
> Den bösen Geist, der in seinem Körper umtreibt,
> Sei es der Fluch seines Vaters, der Fluch seiner Mutter,
> Fluch seines älteren Bruders oder der Fluch des Mords an einem Mann, den er nicht kennt,
> Durch die Zauberkraft von Ea
> Laß den Fluch sich abschälen wie diese Zwiebel,
> Laß ihn sich auseinanderreißen wie diese Dattel,
> Laß ihn sich entflechten wie dieser Docht.

Der Priester nimmt nun entsprechende symbolische Behandlungen vor, verbunden mit Zauberformeln, die sich auf die erwähnten Gegenstände – Zwiebel, Dattel und Docht – beziehen. Es folgen Reinigungszeremonien, zum Beispiel das Besprengen eines bestimmten Ortes mit Wasser, und das Bild des als schuldig erkannten Dämons oder der Hexe wird verbrannt – *falls* man den »Feind« kennt und sich nicht mit allgemeinen Beschwörungen und Gebeten begnügen muß, einem sogenannten »Bann«, der alle übernatürlichen Mächte zusammen erfaßt.

Will der Ratsuchende genau wissen, warum er »krank, elend, bekümmert, betrübt« ist, genügt ihm also die eben geschilderte »erste Stufe der Beschwörung« nicht, die nur allgemeine Anweisungen zur Folge hatte, dann wendet sich der Beschwörungspriester im Beisein des Kranken erneut an die »großen Götter«, die »Herren der Erlösung« und fragt:

> Hat er seinen Gott, seine Göttin beleidigt? Hat er statt Ja Nein, statt Nein Ja gesagt? Hat er auf … mit dem Finger gedeutet? Böses gesprochen? Unlauteres gesprochen? Ungerechtes ersin-

nen lassen?... Hat er Vater und Sohn entzweit? Mutter und
Tochter entzweit?... Hat er Vater und Mutter verachtet, die
ältere Schwester beleidigt? Falsches Geld genommen?... Falsche Grenze gezogen?... Seines Nächsten Weib sich genaht?
Seines Nächsten Blut vergossen? Seines Nächsten Kleid ge-
raubt?... Gegen einen Vorgesetzten sich erhoben?...

So geht es noch endlos weiter, bis der Priester schließlich ruft:
»Gelöst werde, wodurch er auch immer gebannt ist!«, und betet
daraufhin noch einmal eine lange Litanei von Möglichkeiten her-
unter, die das Unglück bewirkt haben könnten. Waren Kranker
und Priester im Zuge dieser Befragung – eine Art assoziationspsy-
chologische Übung – schließlich der Ansicht, den richtigen Grund
bzw. den Beleidigten, Bestohlenen oder Entehrten herausgefunden
zu haben, ging man an die Vorbereitung des Beschwörungsopfers.
Wurde der Kranke daraufhin gesund, ging es im Beruf wieder
aufwärts, hatte man richtig »getippt«; wenn nicht, mußte man
wieder von vorn anfangen!

Beschwörung und Opfer konnten an den verschiedensten Plätzen – im Tempel, im Haus des Kranken, am Fluß – stattfinden, auf
eher einfache – ein Gebet, eine Figurenverbrennung – oder höchst
komplizierte Weise durchgeführt werden, mit tagelang sich hinzie-
henden, peinlich genau zu beachtenden Ritualen und ziemlich
kostspieligen Tieropfern verbunden sein. Zu einer zünftigen Be-
schwörer-Ausstattung gehörte deshalb auch eine Reihe unbedingt
erforderlicher Gerätschaften wie etwa Fackel, Räucherbecken,
Mehlwasser, Farben, Zedernstab usw. sowie mehrere immer wieder beim Ritual gebrauchte Dinge wie zum Beispiel die weiter
oben erwähnten Zwiebeln, Datteln und Dochte. Hatte der Priester
den zum Gegenstand passenden Spruch nicht im Kopf, mußte er
ihn in einem eigens dafür zusammengestellten Katalog nachschla-
gen. Denn der richtige Spruch war sozusagen Conditio sine qua
non: Die aufwendigste Zeremonie war für die Katz, wenn nicht
die genau (zu-)treffende Formel gesprochen – oft auch »geflüstert«
– wurde, und zwar meist dreimal hintereinander und dem Kranken
ins Ohr bzw. auf den erkrankten Körperteil.

Damit man diesen kostspieligen Beschwörungsapparat so selten wie möglich in Bewegung setzen mußte, versuchte man, sich die guten (Schutz-)Geister, die »sieben Weisen«, geneigt zu stimmen. Schedu zum Beispiel, oder Lamassu, die in Gestalt von geflügelten fünfbeinigen Stier- und Löwenkolossen die Palast- und Tempeleingänge bewachten – denn was einem Durchschnittsbabylonier recht war, mußte dem König natürlich mehr als billig sein, waren doch sein Haus bzw. die Häuser der Götter, für die der »Pfleger von Esagila und Ezida« verantwortlich zeichnete, noch viel schützenswerter als Haus und Hof selbst des reichsten Mannes im Lande.

Der kleine Mann schützte sich und sein Haus mit bescheideneren, aber deswegen nicht weniger wirkkräftigen Mitteln. So trug fast jeder Babylonier ein Amulett zur Unheilabwehr um den Hals oder in der Tasche, auf dem neben dem Bild eines der guten Geister meist noch eine Zauberformel in den Stein geritzt war, die den »Schreckgespenstern«, die sich dem Hause näherten, mitteilten, unter wessen Schutz dieser Besitz stand.

Außerdem brachte man Tontäfelchen mit Beschwörungsformeln oder geometrischen Figuren über der Eingangstür des Hauses an, hängte kleine Holz- oder Terrakottafigürchen zwischen die Türpfosten, vergrub sie unter der Schwelle, in den vier Ecken des Hauptraums oder in der Mitte des Zimmers, in dem Bett oder Stuhl des Hausherrn stand. Auf diese Weise bewachten und beschützten die guten Geister das Haus und die Menschen, die darin wohnten. In Ur hat man eine Reihe dieser Figürchen gefunden, die zum Teil gekalkt, zum Teil rot und schwarz bemalt waren. Unter den kleinen Statuetten gab es die auch sonst in der babylonischen Mythologie bekannten Fischmenschen, Vogelmenschen, Darstellungen des Sirrusch, aber auch rein menschliche Götterbilder, zum Beispiel ein langbärtiges göttliches Männlein mit ausgesprochen wohlwollender Miene.

An ihre Stelle gehängt, gelegt oder vergraben wurden die Figuren im Rahmen eines »Gründungsrituals« bei der Hauseinweihung. Dabei brachte der Priester bestimmte Opfer dar und nahm eine rituelle Reinigung des Hauses vor. Die priesterlichen Anweisungen an den Besitzer des neuen Hauses zeigen, daß diese Dämonen-Prophylaxe alles andere als billig war:

Du sollst mit heiligem Wasser besprengen; errichte einen Weihaltar; biete Lämmer als Opfergabe dar und bringe Schinken, Schweinefett und gebratenes Fleisch; verteile Datteln und ein gutes Mahl; richte ein Konfekt aus Honig und Butter an; stelle ein Weihrauchgefäß mit Wacholderharz auf; bringe ein Trankopfer mit Wein dar; huldige dem Gott, reinige Weihrauchgefäß, Fackel, Weihwassergefäß und Tamariskenholz ...

Neben dem Amulett- und Hausschutzzauber sowie der Dämonenbeschwörung im Unglücks- und Krankheitsfalle war es wohl der Liebeszauber, der am eifrigsten in Anspruch genommen wurde. Kam doch der Sexualität in der babylonischen Vorstellungswelt eine ganz zentrale Bedeutung bei: Enkidu, der Wilde, Unzivilisierte, wird erst durch seine Begegnung mit der Dirne, durch den sexuellen Akt also, zum Menschen. Erst als *Geschlechts*wesen wird Enkidu wirklich *Mensch* – und die Potenz und Ausdauer, die er bei dieser »Menschwerdung« an den Tag (und die Nacht) legt, scheint das geheime Ideal eines jeden Babyloniers gewesen zu sein: Sechs Tage und sieben Nächte verweilt Enkidu bei der Dirne, erst dann ist seine Begierde gestillt.

Geschlechtliche Enthaltsamkeit galt als etwas Unglückbringendes, und eine versagende Potenz oder eine sich versagende Geliebte wurden gleichermaßen dem Einfluß böser Dämonen zugeschrieben, den man mit Hilfe der richtigen Beschwörungsformel aufzuheben, zu bannen suchte. Während dem »Geschwächten« zur Wiedergewinnung seiner Manneskraft vor allem höchst widerliche Mittelchen verschrieben wurden – zum Beispiel ein Getränk, gemixt aus Kräutern, Stiergeifer, bestimmten Vogelteilen und Bier –, mußten bei fehlender Gegenliebe Sprüche, verbunden mit bestimmten magischen Handlungen, ihre Kraft beweisen:

Wenn jene Frau nicht kommt, sollst du Mehl nehmen, dem Ea, dem Könige, in den Fluß werfen, Ton von beiden Ufern des Flusses, von diesseits und von jenseits, sollst du nehmen, ein Bild jener Frau machen, ihren Namen auf seine linke Weiche schreiben. Vor Schamasch die Beschwörung: »Eine schöne Frau ...« darüber rezitieren, am Haupttore, am Tore des Westens es vergraben. Der am frühen Morgen, mittags und abends Kommende wird darauf gehen. Die Beschwörung: »Eine schöne Frau . . .« sollst du dreimal rezitieren, jene Frau wirst du, wenn sie kommt, lieben.

Angesichts der Kompliziertheit und Vielfalt der magischen Handlungen und all dem Wissen, das der Beruf des Zauberpriesters voraussetzte, verwundert es eigentlich nicht, daß die Magie in Babylonien als Wissenschaft galt, für deren Ausübung langjähriger Schul- und »Universitäts«-Besuch Voraussetzung waren, genau wie für alle anderen Natur- und Geisteswissenschaften auch.

Wissenschaft zwischen Handel und Sternenwandel

Von der Kindheit bis zur Reife drückte ein Schüler im alten Babylon die Schulbank aus Lehm, da versteht sich fast von selbst, daß dieser Ausbildungsweg nur Söhnen aus »besseren Familien« offenstand. Damals wie heute noch in fast allen Ländern der Dritten Welt mußten die Kinder der Bauern, Händler und Arbeiter nämlich so früh wie möglich zum Lebensunterhalt der Familie beitragen. So zeigen die Schullisten der Schreiber – neben dem Priesterstand *der* Beruf, für den die Schulen ausbildeten – denn auch, daß die Väter der Schüler zumeist hohe Würdenträger in Palast oder Tempel waren, Großgrundbesitzer, Großkaufleute, Stadtälteste oder eben Schreiber.

Obwohl man immer mal wieder von Schreiberinnen hört – auch Ereschkigal, der Herrin der Unterwelt, diente ja eine Schreiberin als Protokollführerin –, findet man bis zur Zeit Hammurabis keine einzige Schülerin in den Listen. Auch die Bezeichnungen für alle übrigen Mitglieder des »Tafelhauses« – so wurde die Schule seit sumerischer Zeit genannt – lassen auf eine rein männliche Erziehungsanstalt schließen: Der Leiter des Tafelhauses hieß »Schulvater« oder »Vater des Tafelhauses«, die Schüler »Söhne des Tafelhauses« und die Lehrer waren die »Größeren« oder »Älteren Brüder«.

Zum Unterrichtsstoff gehörten Schreiben, Lesen, Rechnen, Zeichnen und später, als man es nicht mehr sprach, das Erlernen des Sumerischen. Der Schüler mußte mündliche und schriftliche Übungen absolvieren, und wer seine Hausaufgaben nicht gewissenhaft gemacht hatte, wurde vom »Großen Bruder« mit Nachsitzen, Karzer und in besonders hartnäckigen Fällen mit Prügel bestraft.

Als Schreiben noch eine Kunst war

Man hat bei Ausgrabungen nicht nur Schulräume freigelegt – André Parrot stieß im Palast von Mari auf zwei durch eine Tür verbundene Klassenzimmer mit zwei bzw. drei Reihen von Lehmbänken ohne Lehne –, sondern auch eine Menge Schultafeln entdeckt, die mehr oder weniger erfolgreiche Schriftübungen von »Söhnen des Tafelhauses« zeigen oder von ungenügend gelernten Hausaufgaben zeugen: *Ul idi,* »weiß ich nicht«, steht dann des öfteren von Schülerhand vermerkt am Rand der Klassenarbeit.

Und auch »Tafelhaus-Literatur«, sogenannte »Schulepen« sind zum Vorschein gekommen, die nicht ohne Humor Einblick in den Schulalltag gewähren, die zeigen, daß schon damals Väter nicht immer zufrieden waren mit dem schulischen Fleiß, den ihre Sprößlinge an den Tag legten, und daß Lehrer, offensichtlich schlecht bezahlt, kleinen Gaben von seiten freigebiger Schüler-Väter höchst aufgeschlossen gegenüberstanden. Vor allem der aus 21 Tafel-Fragmenten wieder zusammengesetzte Aufsatz »Ein Schultag« verrät uns eine Menge über Freud und Leid eines babylonischen Schülers und Lehrers:

»Schüler, wo bist du vom frühesten Tage an hingegangen?« – »Ich ging zur Schule.« – »Was hast du in der Schule getan?« – »Ich sagte meine Tafel auf, aß mein Essen, bereitete meine Tafel vor, schrieb sie, machte sie fertig. Dann gab man mir eine mündliche Arbeit und am Nachmittag eine schriftliche Arbeit. Als der Unterricht zu Ende war, ging ich nach Hause, betrat das Haus, und dort saß mein Vater. Ich erzählte ihm von meiner schriftlichen Arbeit, sagte ihm dann meine Tafel auf, und mein Vater war hocherfreut ...

Der nächste Schultag des Knaben verläuft weniger erfolgreich. Von seiner Mutter mit zwei Brötchen als Pausenbrot versorgt, macht er sich auf den Weg, kommt jedoch zu spät und wird streng gerügt. Dann ist der Lehrer mit seiner Handschrift gar nicht zufrieden und gibt seinem Unmut »handgreiflichen« Ausdruck. Der Schüler kommt heim, berichtet dem Vater von seinem Mißgeschick, und man beschließt, den Lehrer einzuladen, großzügig zu bewirten und zu beschenken. Alles verläuft nach Plan: der Lehrer erscheint, erhält den Ehrenplatz am Tisch des Hauses, der Schüler wartet ihm auf, der Vater erzählt dem Lehrer, wie tüchtig sein Sohn mittlerweile das Schreiben geübt habe, und gibt seinen Worten Nachdruck, indem er dem »Großen Bruder« ein neues Gewand überzieht und einen Ring an den Finger steckt. Schließlich verabschiedet sich der Lehrer mit den wahrscheinlich nicht anders erwarteten Worten:

> »Junger Mann, mögest du, da du mein Wort nicht vernachlässigst, noch es in den Wind geschlagen hast, die Zinnen der Schreibkunst erklimmen, mögest du es restlos schaffen ... Deinen Brüdern mögest du ein Führer, deinen Freunden ein Oberhaupt und der erste unter den Schülern sein ... Du hast deine Schularbeit gut gemacht, du bist ein gelehrter Mann geworden.«

Hatte der gelehrige Schüler vor, in den »diplomatischen Dienst« zu treten oder die obersten Stufen der Tempel- oder Palasthierarchie zu erreichen, mußte er nach der Elementarschule eine höhere Lehranstalt besuchen, die Kenntnisse in Lesen, Schreiben und Rechnen bereits voraussetzte. Dort wurde er dann – neben Mythenlehre und Liturgie – mit den Grundlagen der Astronomie und Astrologie, Physik und Chemie, Heil- und Arzneikunde vertraut gemacht. Auch Buchhaltung, Rechts- und Wirtschaftskunde stand für die zukünftigen Palast- und Tempelverwalter auf dem Lehrplan, und durch das ständige Abschreiben bzw. Neuverfassen von geschichtlichen und literarischen Listen und Texten eigneten sie sich ein umfassendes Wissen an.

Ein voll ausgebildeter Schreiber konnte in die Dienste einer reichen Kaufmannsfamilie treten, dort die geschäftliche Korrespondenz mit dem In- und Ausland erledigen sowie Verträge abfassen. Er konnte ferner in den Dienst eines Tempels gehen, wo er vor allem religiöse Literatur wieder und wieder kopierte, sammelte und neu zusammenstellte. Jeder Tempel war stolz darauf, wenn schon nicht Originale aus sumerischer Zeit, so wenigstens zahlreiche Abschriften der wichtigen religiösen Texte zu besitzen.

Das »Höchste« für einen Schreiber war jedoch eine einflußreiche Stellung bei Hofe, zum Beispiel als »Privatsekretär« einer Prinzessin oder gar als Oberschreiber des Königs, der oft selbst des Schreibens nicht kundig war, und seine Briefe und Antwortschreiben diktieren mußte. Darum wird die Tatsache, daß Assurbanipal und Nebukadnezar Schreiben und Lesen beherrschten, auch immer ausdrücklich hervorgehoben. Und es erklärt ebenfalls, warum die Schreiber als besonders exklusive Zunft galten und im Gegensatz zu anderen Handwerker-Künstlern nicht anonym blieben, sondern die von ihnen angefertigten Schriftstücke oft signierten.

Die Kunst des Schreibens zu erlernen und immer weiter zu vervollkommnen, stand denn auch am Anfang und im Mittelpunkt der ganzen Ausbildung. Mit viel Intelligenz, Fleiß und Geduld mußte der Schüler wieder und wieder seine Schriftzeichen mit Holz- oder Rohrgriffel in den feuchten Ton der meist rechteckigen Täfelchen drücken. Wie mühsam und langwierig dieser Lernprozeß war, davon legen die Tontafelfunde, von denen Edward Chiera berichtet, beredtes Zeugnis ab:

»Wir haben einige von Schülern selbst angefertigte Tafeln gefunden, deren Schrift so schlecht ist, daß nur wenige Zeichen entziffert werden können. Offenbar hatte der Lehrer seinem Schüler zuviel zugetraut, als er ihn schon selbständig arbeiten ließ, obgleich er sich eigentlich noch mit leichteren Schreibübungen hätte befassen sollen. Diese beschriebenen, ›ausradierten‹ und neuerdings beschriebenen Tafeln mit Schularbeiten sind die frühesten Beispiele von Palimpsesten, die wir besitzen. Eine bestimmte Art dieser Übungen ist geradezu das Muster eines solchen. Der Schüler machte sich da gar nicht erst die Mühe, eine Tontafel in der üblichen rechteckigen Form anzufertigen. Er nahm einfach einen Tonklumpen, rollte ihn in der Hand, bis er zu einer Kugel wurde, strich die eine Seite an irgendeiner Stelle glatt und schrieb nun auf dem flachen Teil. Hatte er seine Arbeit beendet, so rollte er die Tafel wiederum zu einer Kugel zusammen, strich sie aufs neue glatt, und schon hatte er das Material für die nächste Übung bereit. Dies konnte den ganzen Tag so weitergehen, und das Schreibmaterial blieb immer gleichmäßig gut. Wir haben eine große Anzahl solch ›linsenförmiger‹ Tafeln gefunden; im Anfang bereiteten sie den Archäologen, die nicht wußten, was sie bedeuteten, ernstliches Kopfzerbrechen, um so mehr, als der Inhalt höchst verschiedenartig war.«

Dabei hatte sich zur Zeit Nebukadnezars die »Alltagskeilschrift« schon weitgehend vereinfacht, nur bei den Prunkinschriften achtete der traditionsbewußte König darauf, daß noch die an sich bereits veralteten, schwierigeren Zeichen aus der Epoche Hammurabis in Fels und Ton gemeißelt und geritzt wurden.[16]

Im 6. Jahrhundert setzte sich in Babylon außerdem zugleich mit der aramäischen Sprache auch die aramäische Buchstabenschrift mehr und mehr durch. Diese gegen Ende des 2. Jahrtausends entstandene, 22 Lautzeichen umfassende Schrift, die nur die Konsonanten, nicht die Vokale aufführt – weshalb wir Jhv heute als Jahve oder Jehova lesen können –, verdrängte die komplizierte Keilschrift nach und nach, so daß auf manchen Tonurkunden neben den Keilschrifttext eine kurze aramäische Zusammenfassung gesetzt wurde für jene, die der Keilschrift nicht mehr mächtig waren.

Wenn schon das Erlernen der Grundvoraussetzungen allen höheren Wissens so schwierig war, kann man sich vorstellen, daß die »weiterführenden Schulen« wirklich nur noch einer ausdauernden und finanzkräftigen Elite vorbehalten waren. Solche »wissenschaftlichen Akademien« gab es – außer natürlich in Babylon selbst – in Ur und Nippur sowie einigen anderen größeren Städten, wobei das eine Lehrzentrum mehr Gewicht auf »Geisteswissenschaften« wie Religionskunde und Magie legte, das andere mehr die Naturwissenschaften pflegte, zum Beispiel Zoologie, Botanik und Chemie.

Babylon, »Nabel der Welt«

Trotz jahrtausendelanger, detaillierter Einzelforschung ist es in Babylonien jedoch zu einer übergreifenden Theoriebildung in dem einen oder anderen Wissenszweig nie gekommen. Jedes Ergebnis wurde isoliert, empirisch als solches genommen und in die entsprechende »Liste« eingefügt, die man gewissenhaft, aber ohne einen inneren Zusammenhang oder gar einen »Fortschritt« in der Reihe der einzelnen Forschungsergebnisse zu sehen bzw. herzustellen, immer wieder abschrieb, ergänzte und der Nachwelt überlieferte. Der sumerisch-babylonischen Wissenschaft war die Vorstellung einer Erkenntnis um der Erkenntnis willen völlig fremd, sie war lediglich Mittel zum Zweck. Die sumerische Wissenschaft läßt sich daher, wie Wolfram von Soden es ausdrückt, »ihrer literarischen Gestaltung nach als *Listenwissenschaft* und ihrer Zielsetzung nach als *Ordnungswissenschaft* kennzeichnen. Damit ist schon gesagt, daß sie sich nicht eigentlich um die Erklärung der Welt bemüht, sondern nur ihre Ordnung nach bestimmten Gesichtspunkten erstrebt, die letztlich in theologischen Gedanken wurzeln; als Listenwissenschaft aber ist sie *satzlos* und ohne logische Verknüpfungen oder Erläuterungen anreihend.«

Dem entspricht, daß auch der dynamische, vorwärtsschreitende Charakter unseres Geschichtsverständnisses dem statischen »Kreislaufdenken« des Babyloniers völlig fremd war. So wurde zum Beispiel die sumerische Königsliste, beginnend mit den Königen »vor der Flut«, denen man Regierungszeiten bis zu 72 000 Jahren zumaß, ohne den Übergang mythisch-historisch in irgendeiner Weise zu markieren, selbst in geschichtlicher Zeit einfach weitergeführt. Erst nach 800 v. Chr. begann man jene realistischen Chroniken der laufenden Ereignisse zu verfassen, die außerdem historisch wertvolle und aufschlußreiche Informationen über das damalige politische Geschehen geben. Die assyrischen Nachbarn hatten dagegen von jeher etwas für weitschweifige Kriegs- und Eroberungsberichte übrig gehabt, samt dazugehörigen »geschichtlichen Betrachtungen« zur ideologischen Rechtfertigung ihrer – natürlich gottgewollten – Expansionspolitik.

Auch das geographische Weltbild des Babyloniers war, wie eine uns überlieferte Weltkarte aus dem 6. Jahrhundert zeigt, durchaus »mythisch«. Auf der etwa 12 mal 8 Zentimeter großen Darstellung ist die Welt, eine kreisrunde Scheibe, von einer ebenfalls kreisförmigen Zone umschlossen, dem Ozean, von den Babyloniern »Bitterfluß« genannt. Im Zentrum des Kreises – als »Nabel der Welt« sozusagen – liegt Babylon, nördlich davon Assyrien. Aus dem

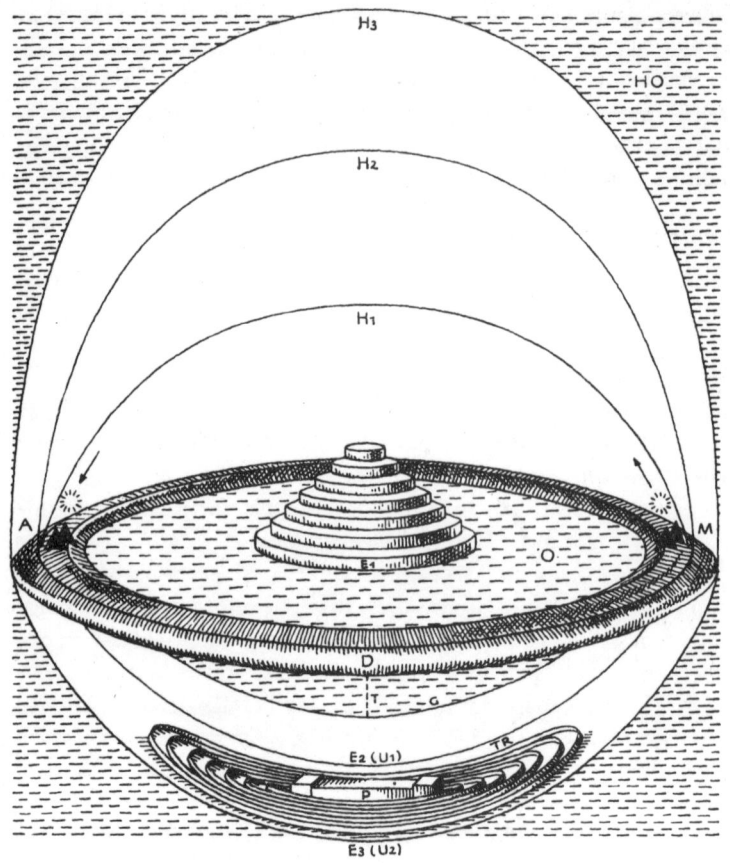

E1 Erde (Oberwelt)
E2, E3 2. u. 3. Erde (Unterwelt)
H1, H2, H3 1. 2. 3. Himmel
HO Himmlischer Ozean
O Irdischer Ozean
T.G Tiefe u. Grund des irdischen
Ozeans

A Abend (Westen); die beiden
Berge des Sonnenuntergangs
M Morgen (Osten) die beiden
Berge des Sonnenaufgangs
D Damm des Himmels
TR Die 7 Mauern u. d. Palast
(P) des Totenreiches

Das Weltbild der Babylonier (nach E. Klengel).

Gebirge kommend und in nordsüdlicher Richtung fließend, teilt
der Euphrat die Welt in zwei Hälften. Weit entfernt liegende Länder werden in Form von 7 Dreiecken in der äußeren »Ozeanzone«
gekennzeichnet; von einem dieser Länder wird gesagt, dort sei
»die Sonne nicht zu sehen«. Will man diese Charakterisierung
nicht von vornherein in den Bereich des Mythischen verweisen –

Umzeichnung und Ergänzung der »Babylonischen Weltkarte« (s. S. 179):
Die runde Scheibe der Erde ist umgeben vom »Bitterfluß«, mit dem so-
wohl das Meer wie auch der »himmlische Ozean«, der Regen, gemeint ist.
Die nördlichste der sieben »Regionen« der Welt wird als »Land, wo die
Sonne nicht zu sehen ist«, bezeichnet. Als »Nabel der Welt« liegt Babylon,
durchflossen vom Euphrat, (fast) im Mittelpunkt dieses Kosmos (nach
A. Parrot).

als »Reich der Finsternis« –, so könnte man vermuten, daß die Mesopotamier eine Vorstellung von der Polarnacht hatten.

Ansonsten scheint diese Karte von der Realität denkbar unberührt zu sein, wenn man sich vergegenwärtigt, daß zur damaligen Zeit das ganze Gebiet vom Persischen Golf bis zum armenischen Gebirge und vom Indus bis zum Mittelmeer und Nil bereits bekannt war. Die mythische Weltsicht wurde nur dann außer Kraft gesetzt, wenn das den praktisch denkenden Handelsleuten von Nutzen war. So sind die Itinerare, Verzeichnisse der Routen und Stationen, mit ihren zum Teil sehr ausführlichen Beschreibungen der am Handelsweg liegenden Städte sowie den Entfernungsangaben zwischen den einzelnen Orten und der Aufzeichnung des Wegverlaufs, einschließlich der Kennzeichnung von Rastplätzen, weitgehend von realitätsgerechter Exaktheit. Im übrigen lieferte auch die »Geographie« in erster Linie genaue Listen – in diesem Fall von Flüssen, Gebirgen und Städten.

Die Neigung zur bloßen Systematisierung beherrschte nicht minder die Naturwissenschaften und verhinderte mit, daß die Babylonier ihre zum Teil erstaunlichen Beobachtungen auch auf den Begriff brachten. So blieb es bei einer Auflistung von Pflanzen-, Tier- und Steinnamen, aus der man jedoch schließen kann, wie groß etwa die botanischen Kenntnisse damals gewesen sein müssen. Das sogenannte »Gartenbuch« des babylonischen Herrschers Marduk-apal-iddina aus dem ausgehenden 8. Jahrhundert, in dem neben vielen Blumenarten, Gemüsesorten und Futterpflanzen eine ganze Reihe von Gewürzen aufgeführt sind, ist dafür ein besonders gutes Beispiel.

Auch eine ganze Reihe chemischer Prozesse waren in Mesopotamien offensichtlich nicht unbekannt und fanden bei der Herstellung von Medikamenten, Parfüms, Salben und Schminken ebenso Anwendung wie bei Metallegierungen, der Erzeugung von Glas und künstlichen Halbedelsteinen. Das wissen wir aus der »Tor des Ofens« betitelten Schrift, von der in Assurbanipals Bibliothek einige Fragmente gefunden wurden. Und einem Brief des Kassitenherrschers Burnaburiasch I. an Pharao Amenophis II. ist zu entnehmen, daß die Chemiker ihr Wissen auch zum eigenen Gewinn einzusetzen wußten: Burnaburiasch beklagt sich nämlich,

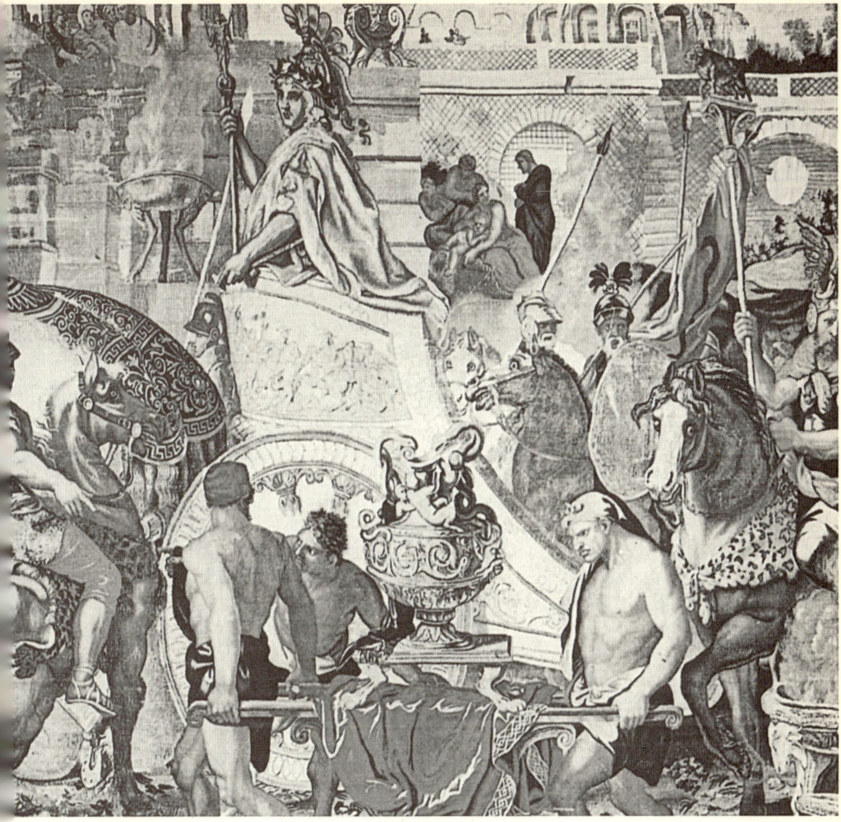

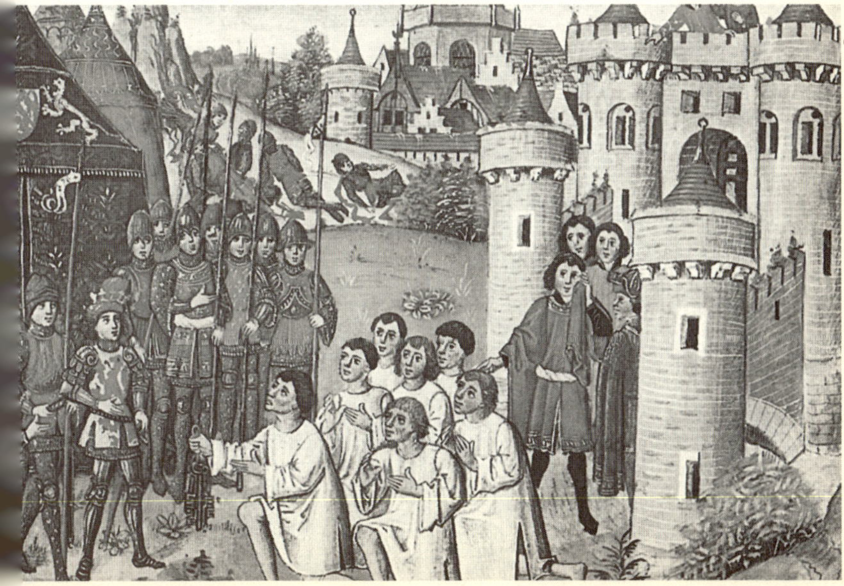

Oben: Alexanders Einzug in Babylon (Gobelin nach einer Zeichnung von Charles Lebrun; Versailles).
Unten: Die Babylonier ergeben sich dem siegreichen Makedonier (aus einer französischen Handschrift des 11. Jahrhunderts).

daß das ihm aus Ägypten gesandte Geschenk keineswegs, wie avisiert, 20 Minen Gold ausgemacht habe, sondern nur klägliche 5 Minen, wie man nach Einschmelzen der »Goldgabe« entdecken mußte. Die Differenz war im Labor eines »tüchtigen« Chemikers geblieben – wie konnte er auch ahnen, daß man das Pharaonen-Geschenk in Babylon sozusagen auf Herz und Nieren prüfen würde.

Die Speise des Wurms oder Wie der Zahnschmerz in die Welt kam

Relativ hoch entwickelt war im alten Babylonien auch die ärztliche Kunst, wobei die Grenze zwischen Ärzten und Beschwörungspriestern wohl weitgehend fließend war, wie ja heute wieder die Grenzen zwischen schulmäßig ausgebildeten Ärzten, alternativen Heilpraktikern und bloßen Scharlatanen sich teilweise verwischt haben. Als Zeichen der Ärzte, die ihr Wissen und Können auf den weisen Gott Ea und die Heilgöttin Gula zurückführten, galten die sich umeinanderringelnden Schlangen, Symbol des sumerischen Heilgottes Ningischzida und Prototypus des bis heute verwendeten Äskulapstabes als ärztliches Zunftzeichen.

Wenn Herodot also behauptet, daß die Babylonier »keine Ärzte haben« und die Kranken deshalb auf den Markt gebracht würden, wo jeder Vorübergehende – durch eigene Erfahrung klug geworden – den Leidenden gute Ratschläge gäbe, so muß man das zumindest als Übertreibung bezeichnen. Es mag allerdings vorgekommen sein, daß manch verzweifelter Kranker, dem kein Arzt und kein Priester mehr zu helfen vermochte, diesen letzten Schritt getan hat, und auch Herodot meint ja, daß dieser Brauch zum Besten des Kranken war.

Das medizinische Wissen der Ärzte war freilich kaum sehr viel größer als das der Beschwörungspriester, denn da man nie Leichen sezierte, kannte man innere Organe nur, insoweit sie – wie etwa Herz, Leber, Galle und Nieren – bei Tieropfern zu sehen waren. So diagnostizierten die Ärzte lediglich nach äußeren Symptomen und stellten auch ihre Therapie darauf ab. Über Krankheitssymptome und Rezepte wurden wieder die obligaten Listen zusammengestellt. Da man aber leider Krankheiten und Medikamente (teils aus tierischen Substanzen wie Milch, Schildkrötenpanzer und Schlangenhaut, teils aus Mineralien wie Natriumchlorid und Kaliumnitrat gemixt) ordentlich, jedoch wenig aufschlußreich meist in *getrennten* Listen erfaßte, wissen wir nicht, was bei welcher Krankheit verschrieben wurde. Und wenn einmal für eine Krankheit entsprechende Heilmittel angegeben werden, dann gleich 70 (!) zur gefälligen Auswahl.

Vielleicht wirkte jedes mit einem bestimmten Spruch kombiniert erst richtig? Sahen doch auch die Ärzte in erster Linie in Dämonen und übernatürlichen Mächten die »Krankheitserreger«, so daß ein Rezept stets aus einem »praktischen« und einem »religiösen« Teil bestand:

Wenn ein Mensch Fieber hat und kalter Schweiß seinen Körper bedeckt, und wenn er Schmerzen im Magen hat und ihn fröstelt, nimm die Wurzel dieser Pflanze, lege sie in einen Mörser und zerstoße sie zu feinem Staub; dann nimm eine Fingerspitze jener [einer anderen] Pflanze; mische sie mit dem Staub der ersten; mache daraus einen Absud und gib ihn dem Kranken am Abend zu trinken. Dann sprich das folgende Gebet an die Götter...

Und über den Verursacher des Zahnwehs gab es sogar einen kleinen »Wurm-Mythos«:

Als Anu den Himmel erschaffen, der Himmel die Erde erschaffen, die Erde die Ströme erschaffen, die Ströme die Kanäle erschaffen, die Kanäle den Sumpf erschaffen, der Sumpf den Wurm erschaffen, da ging der Wurm weinend vor Schamasch, vor Ea flossen seine Tränen.
»Was gibst du mir zu meiner Speise? Was gibst du mir zum Saugen?«
»Ich gebe dir eine reife Feige und eine Aprikose.«
»Was soll ich mit einer reifen Feige und einer Aprikose? Erheb mich und laß mich zwischen Zähnen und Kiefer wohnen! Der

Zähne Blut will ich schlürfen, des Kiefers Zahnwurzel will ich fressen.«

Und der Gott entsprach den Wünschen des kleinen Wurmes – wie wir alle nur zu gut wissen.

Eine ähnliche Volksplage wie das Zahnweh waren offensichtlich Ohren- und Augenkrankheiten, vor allem eine Geschwulst oberhalb des Auges, heute als sogenannte »Bagdad-Beule« bekannt; sie wurde häufig durch einen kleinen chirurgischen Eingriff entfernt. Auf die »Chirurgen« unter den Ärzten, ihre Honorierung und Verantwortung beziehen sich übrigens auch alle »Ärzte-Gesetze« des Kodex Hammurabi – schon damals also die Creme des Ärztestandes oder nur besonders mißtrauisch beobachtet ob ihres blutigen Handwerks?

Neben dem »Chirurgen« und dem »Internisten« gab es seit alters her noch den Beruf der Hebamme, sumerisch *schab-zu,* »die des Mutterleibes Kundige«, der in der mesopotamischen Gesellschaft hohes Ansehen genoß und dem gewissermaßen amtlicher Charakter zukam – registrierte die Hebamme doch Tag und Stunde der Geburt.

Thales und Pythagoras kamen zu spät

Eine gewisse Sonderstellung unter den babylonischen Wissenschaften nimmt die Mathematik ein, deren systematisches, tabellarisch erfaßbares »Wesen« der sumerisch-babylonischen Listenwissenschaft ganz offensichtlich entgegenkam. Außerdem war es eine Wissenschaft, die den Bedürfnissen des praktischen Lebens, vor allem der Landwirtschaft und dem Handel diente, und zweifellos hat sie ihren Ursprung in so wichtigen Aufgaben wie Feldvermessung, Kredit- und Zinsberechnung.

Aber auch auf diesem Gebiet zeigt sich deutlich das »Prinzip Ordnung« bei fehlendem theoretischen Bewußtsein der Babylonier, denn nie haben sie aus Einzelergebnissen Lehrsätze oder Formeln destilliert. Mathematische Gesetzmäßigkeiten schienen sie nicht zu interessieren, sondern nur, wie man diese oder jene Aufgabe unter den gegebenen Bedingungen am besten und schnellsten löst.

Sowohl für den täglichen Gebrauch – für Beamte etwa, die immer wieder ähnliche Berechnungen vornehmen mußten – als auch für den Schulunterricht gab es Tabellen, die die Rechenarbeit erleichterten, sowie Aufgabensammlungen (mit und ohne dabeistehende Lösung), mit deren Hilfe der Schüler lernte und übte. Aufgabenbeispiele gab es also in Hülle und Fülle, die waren schließlich sachgerecht und zweckdienlich. Aber nicht eine einzige der im Zuge dieser Rechnungen »entdeckten«, offen zu Tage liegenden mathematischen Regeln wurde als eine solche aufgestellt. So wußten die Babylonier zum Beispiel, wie aus den überlieferten Aufzeichnungen zweifelsfrei hervorgeht, daß der Winkel am Kreis über einem Durchmesser ein rechter ist, was später der Grieche Thales exakt »formulierte«; und auch den Lehrsatz des Pythagoras, daß »das Quadrat über der Hypothenuse gleich der Summe der beiden Kathetenquadrate ist«, »wußten« sie, ohne dieses Wissen auch nur einmal expressis verbis festzuhalten.

Gerechnet wurde sowohl mit dem Dezimalsystem wie mit dem Sexagesimalsystem, das wahrscheinlich das ältere ist und lange Zeit neben dem Dezimalsystem seine Vorrangstellung behauptete. Das Sexagesimalsystem, heute nur noch bei der Winkel- und Zeiteinteilung in Minuten und Sekunden gebräuchlich, ist auf der Zahl 60 aufgebaut.

Daß im Dezimalsystem ein aufrecht stehender Keil die 1, im Sexagesimalsystem aber die 60 bedeutete, und man zudem kein Zeichen für Null hatte (erst in der Seleukidenzeit wird ein Null-Zeichen eingeführt, aber auch dann nur im Rahmen der Astronomie), macht dem Forscher die Lösung dieser Keilschriftrechnungen außerordentlich schwer, obwohl manchmal anstelle der Null – die die Babylonier im Gegensatz zu allen anderen alten Zivilisationen sehr wohl »gekannt« haben – einfach ein bißchen Platz freigelassen wurde oder zwei kleine Schrägkeile eingesetzt waren.

Mit beiden Zahlsystemen ließen sich alle Grundrechnungsarten problemlos durchführen – für Bruchzahlen, Hohl- und Flächenmaße gab es besondere Zeichen –, und bereits die Sumerer konnten

Keilschriftstein mit mathematischem Beweis – dem »Satz des Pythagoras«
(Irak Museum, Bagdad).

addieren und substrahieren, multiplizieren und dividieren, potenzieren sowie Quadrat- und Kubikwurzeln ziehen. Sogar der Wert der Zahl π (= 3,141; Verhältnis des Kreisumfangs zum Kreisdurchmesser) war ihnen mit 3,125 annähernd richtig bekannt – während man zum Beispiel im Israel König Salomos, fast ein Jahrtausend später, noch immer mit dem weit ungenaueren Wert 3 operierte.

»Als geistesgeschichtliches Phänomen ist die babylonische Mathematik in ihren Leistungen und ihren zum Teil engen Grenzen unwiederholbar einmalig und alles andere als eine notwendige Zwischenstufe auf dem Wege von primitiven Rechenmethoden zu einer wissenschaftlichen Mathematik in unserem Sinn. Der Weg der griechischen Mathematik war ein ganz anderer. Schon früh, als ihre Leistungsfähigkeit in der Lösung von Aufgaben im Vergleich mit der in Babylonien erreichten recht gering war, haben die Griechen die vorhandenen Einsichten in Sätze zu fassen versucht und sich um deren logische Verknüpfung bemüht. Die euklidische Geometrie wurde so bei allen ihren Mängeln zu einem System, an das man später anknüpfen konnte, um zu ganz neuen Erkenntnissen durchzustoßen. An die babylonische Mathematik hätte man höchstens in Einzelfragen und -methoden anknüpfen können, obwohl sie vor allem in der Algebra oft wesentlich weiter gekommen war als selbst Diophant. Eben diese innere Unausgeglichenheit der babylonischen Mathematik war wahrscheinlich der Hauptgrund dafür, daß sie nach der altbabylonischen Zeit unproduktiv wurde und später nur noch in den der Astronomie dienenden Rechnungsarten Fortschritte erzielte« (W. v. Soden).

»Sternstunden« der Astronomie

Astronomie und Astrologie nehmen im Kreise der babylonischen Wissenschaften eine herausragende Stellung ein, waren sie doch im Rahmen der babylonischen »Gestirnsreligion« Götterkunde und Gottesdienst zugleich. Und von den Anfängen sumerischer Forschung bis in die letzten Tage der Chaldäer wurden die beiden eng miteinander verbundenen Disziplinen intensiv und mit erstaunlichen Ergebnissen betrieben.

Beide Fächer, Astronomie und Astrologie, wurden praktisch nur an Tempelschulen gelehrt, und es waren auch in erster Linie die Priester, die sich auf diesen Gebieten auskannten und ihr Wissen weitergaben. Und so waren die sumerisch-babylonischen Tempeltürme, wie immer wieder behauptet wird, wahrscheinlich *auch* Observatorien, die dazu beitrugen, die astronomischen Kenntnisse auf einen Stand zu bringen, der von keinem anderen Volk des Altertums erreicht wurde und bis in unser Mittelalter unerreicht blieb.

Ein astronomischer Text von der Wende des 3. zum 2. Jahrtausend aus Nippur zeigt, daß man schon damals verblüffend genaue Messungen von Fixsterndistanzen – es wurde zwischen Fix- und Wandelsternen unterschieden – vorgenommen hat und man sich eines Äquatorialsystems bediente, mit dessen Hilfe Entfernungen am Himmel berechnet werden konnten.

»Die Chaldäer behaupten nun, daß die Welt ihrem Wesen nach ewig sei und weder zu irgendeiner Zeit entstanden noch auch jemals vergehen werde, daß aber die Ordnung und Gesetzmäßigkeit des Ganzen durch den Willen der göttlichen Vorsehung entstanden sei und daß auch jetzt alles am Himmel nicht nach Zufall oder aus eigenem Antrieb, sondern nach einem bestimmten und unabänderlich gültigen Entscheid der Götter geschehe. Da sie nun schon seit langer Zeit Beobachtungen der Gestirne angestellt und die Bewegungen und Kräfte eines jeden ... sehr genau erforscht haben, so können sie den Menschen vieles von dem voraussagen, was sich in der Zukunft ereignen soll.«

Diodor, der im weiteren Verlauf seines Berichts alle wichtigen Momente der babylonischen Astronomie aufführt – unter anderem Fixstern- und Planetenbeobachtung, Berechnung von Sonnen- und Mondfinsternissen, Aufstellen des Katalogs der zwölf Tierkreiszeichen –, nennt nicht von ungefähr gerade die *Chaldäer*, die »letzten Babylonier«, als *die* Astronomen. Denn die Wissenschaft von den Sternen, obwohl seit sumerischer Zeit geübt, erreichte ihren Höhepunkt erst in neubabylonischer und nachbabylonischer, also persischer und seleukidischer Zeit.

Im 7. Jahrhundert gelang es den Chaldäern erstmals, Mondfinsternisse und später dann auch Sonnenfinsternisse vorauszuberechnen und genaue Angaben über den Lauf der Planeten zu machen. Das Zeitalter Nebukadnezars war also eine »Sternstunde« der Astronomie im wahrsten Sinne des Wortes. Und während die Astrologie weiter im »Bilderbuch des Himmels« las, machte die »profane« chaldäische Astronomie derartige Fortschritte, daß sich noch in römischer Zeit alle, die ihr Sternenwissen angeblich auf Babylons Astronomen zurückführten, »Chaldäer« nannten.

Im Laufe der Jahrhunderte sollte die Ehrenbezeichnung, Nachklang längst entschwundener Größe, freilich zu einem fast abschätzig gemeinten Sammelbegriff für eher unseriöse »Sterngukker«, Wahrsager und Alchimisten verkommen. Trotzdem stand die chaldäische Astronomie und Astrologie noch im 16. Jahrhundert, bei Nostradamus zum Beispiel, in hohem Ansehen. Erst die Archäologen und Assyriologen jedoch verschafften der alten babylonischen Sternenkunde wieder ihren angestammten Platz im Kreise der ernst zu nehmenden Wissenschaften. Heute ist man sogar der Ansicht, daß die Chaldäer die »astronomisch fundierte« Astrologie in Ägypten einführten, und bald nach dem Tod Alexanders des Großen fanden die babylonischen Lehren auch ihren Weg nach Griechenland. Denn Berossos, dem Reste der babylonischen Tempelbibliotheken zugänglich waren, ließ sich 280 v. Chr. mitsamt seinem eifrig angesammelten Sternenwissen auf der Insel Kos nieder, wo er eine Schule für Astrologie gründete, deren es zu jener Zeit auch in Babylonien noch eine Menge gab. Denn nachdem im 37. Regierungsjahr Nebukadnezars die erste uns bekannte Ephemeride erstellt wurde, mit »großartig genauen astronomischen Beobachtungen, ... besitzen wir astronomische Texte in ununterbrochener Folge bis auf den Beginn unserer Zeitrechnung herab« (Ernst F. Weidner).

Eine der praktischen Folgen der mit übrigens sehr einfachen Hilfsmitteln betriebenen Himmelsbeobachtung – Suchrohr, Wasseruhr [17] und Sonnenuhr – war die Entstehung des Kalenders, und zwar des an der Mondumlaufzeit orientierten Mondkalenders. Der Monat begann an dem Abend, an dem die neue Mondsichel kurz nach Sonnenuntergang erschien. Da jedoch 12 Mondmonate nur etwa 354 Tage im Jahr ausmachen, also etwa 11 ¹/₄ Tage zum Sonnenjahr fehlen, wurde diese Differenz durch einen »Schaltmonat« – meist alle sechs Jahre – ausgeglichen.

Erst seit der Zeit Hammurabis gab es allerdings einen für ganz Mesopotamien einheitlichen Kalender. Bis dahin hatte jede größere Stadt ihren eigenen. Hammurabi erhob den Kalender von Nippur, dem alten sumerischen Kult(ur)zentrum, zum landeseinheitlichen, der in seinen Grundlagen bis in die neubabylonische Zeit gültig blieb und im Prinzip auch von den Juden übernommen wurde. Seit Ende des 3. Jahrtausends begann das Jahr also mit dem Monat Nisan (Mitte März – Mitte April), wenn die Frühlings-Tagundnachtgleiche eintritt.

Lesen im »Bilderbuch des Himmels«

Die religiöse Komplementärdisziplin zur Wissenschaft Astronomie war die Astrologie, und so wie man die Götter mit menschlichen Zügen ausstattete, so teilte man auch den Himmel nach irdischem Vorbild ein: Am Firmament gab es Akkad, Elam und Amurru – und selbstverständlich ein Gestirn »Babylon«. Umgekehrt wurden außergewöhnliche Himmelserscheinungen, allen voran natürlich die spektakulären Sonnen- und Mondfinsternisse, als Omen für irdische Belange verstanden, wobei noch zusätzlich von Bedeutung war, zu welchem Zeitpunkt die Finsternis eintrat:

> Findet im Monat Nisan eine Finsternis während der ersten Nachtwache statt, so wird Zerstörung eintreten, und ein Bruder wird den anderen töten. Geschieht es im Ajar, so wird der König sterben, und die Söhne des Königs werden nicht zum Thron ihres Vaters gelangen. Geschieht es im Ab, so wird Adad im Lande eine Überschwemmung anrichten.

Aufgrund solcher »Entsprechungs-Omina« wurde aus Stellung und Bewegung der Sterne die Zukunft vorhergesagt, und die Ausführung verschiedener ritueller Handlungen war abhängig von einem bestimmten Gestirnstand. In dem etwa 70 Tafeln umfassenden Werk »Als Anu, Enlil...« – auch als »Tafeln Sargons« bekannt – ist ein großer Teil der Omina zusammengestellt worden. Diesem astrologischen Handbuch – ein Pendant zum Katalog der Beschwörungsformeln – konnten die Priester stets die der astronomischen Beobachtung »entsprechende« Wahrsagung entnehmen. Vor allem Nabonid, der sich besonders intensiv mit Astrologie beschäftigte, hat viele seiner Entscheidungen von der Stellung der Sterne abhängig gemacht.

Nach unserem Verständnis »richtige«, das heißt individuelle Horoskope gab es jedoch erst seit dem 5. Jahrhundert v. Chr., wie zum Beispiel das folgende aus dem Jahre 263 v. Chr.:

Im Jahr 48 (der Seleukidenzeit), im Adar, in der Nacht des 23. wurde das Kind geboren. Zu diesem Zeitpunkt stand die Sonne auf 13°30' im Widder, der Mond auf 10° im Wassermann, Jupiter am Beginn des Löwen, Venus mit der Sonne, Merkur mit der Sonne, Saturn im Krebs. Mars am Ende des Krebses... Es wird ihm an Reichtum fehlen... Seine Nahrung wird seinen Hunger nicht stillen. Der Wohlstand, den es in seiner Jugendzeit hat, wird ihm nicht erhalten bleiben. 36 Jahre lang wird es wohlhabend sein. Es wird lange leben...

Zur Zeit Nebukadnezars beschränkte man sich aber noch auf astrologische Omina, vorzugsweise Mondorakel, denn diesem Gestirn schrieb man geheimnisvolle Wirkungen auf die Erde und ihre Bewohner zu. Selbst der Hof um den Mond unterlag den verschiedensten Deutungen, wie etwa: »Ist der Mond von einem Hofe umgeben, und steht der Skorpion darin, so werden die Vestalinnen sich Männern nähern; oder Löwen werden morden, und der Verkehr im Lande wird gehemmt werden.«

Die Sonnenorakel spielten zur Zeit Nebukadnezars eine geringe Rolle und gingen in der Fülle der Mondorakel fast unter. Auch die Stellung der Fixsterne galt nur selten als »zukunftsrelevant«, während dem Einfluß der Planeten wiederum größere Bedeutung beigemessen wurde. Je stärker der eine oder andere am Firmament sichtbar war, um so bessere (handelte es sich um die »günstigen«

Planeten Jupiter und Saturn) bzw. unheilvollere – erschien dagegen der Unglücksplanet Mars – Auswirkungen hatte das auf die
Erde.

Eine zentrale Stellung nahmen auch »atmosphärische Omina«
ein, die Sturm, Regen, Blitz und Donner interpretierten und
manchmal frappierend an unsere noch heute oft zitierten Bauern-
regeln erinnern: »Läßt der Wettergott am Neumondstage seine
Stimme erschallen, so wird die Ernte gedeihen; die Kurse werden
fest sein. Regnet es am Neumondstage, so wird die Ernte hoch-
kommen, und die Kurse werden fest sein.«

Und natürlich fanden auch so elementare Ereignisse wie Erdbe-
ben, Orkane und sintflutartige Regengüsse Eingang in den Weissa-
gungskanon: »Bebt die Erde den ganzen Tag, so bedeutet es Auflösung des Landes. Bebt die Erde im Schebat, so wird sich ein
anderer Fürst im Palast niederlassen ... Regnet es im Nisan acht
Tage lang, so bedeutet es Reichtum des Volkes. Regnet es im Siwan
acht Tage lang, so wird der König sterben.«

»Wenn der Rand des Öles zur Sonne hin hell ist ... «

Auch alles, was da kreucht und fleucht, wurde in seinen Bewegungen und Reaktionen gedeutet, jedes Ereignis wurde in Beziehung
zum Menschen gesetzt – kein Tier, vor allem kein Haustier, hätte
auch nur noch einen unbefangenen Schritt tun können, hätte es
geahnt, was die Zweibeiner aus seinem Verhalten für weitreichende Schlüsse zogen:

Wenn ein Skorpion unter jemandes rechtem Fuße hervor-
kommt,
    so wird es ihm drei Jahre lang gut gehen.
Fällt eine Schlange rechts vor einem Menschen nieder,
    so bedeutet es Sturz seines Gegners.
Fällt eine Schlange links vor einem Menschen nieder,
    so trifft ihn ein Fluch.

Gehen Ameisen in jemandes Hause geschäftig hin und her,
  so wird der Hausherr sterben und das betreffende Haus einstürzen.
Brüllen Schafe in ihrer Hürde kläglich,
  so wird die betreffende Hürde zerstört werden.
Löscht ein Hund in jemandes Haus ein angezündetes Feuer aus,
  so wird ein Befehl an das Haus ergehen.
Betritt ein weißer Hund einen Tempel,
  so wird jenes Tempels Fundament fest sein.
Betritt ein schwarzer Hund einen Tempel,
  so wird jenes Tempels Fundament nicht fest sein.

Da praktisch nichts dieser »ominösen« Weltsicht des Babyloniers
entging, so waren körperliche Mißbildungen bei Mensch und Tier
natürlich ebenfalls im wahrsten Sinne des Wortes »ominös«: »Gebiert ein Weib Zwillinge, die mit ihrem Rückgrat zusammengewachsen sind, so wird das betreffende Land von seinen Göttern
verlassen werden ... Gebiert ein Weib ein Kind ohne Ohren, so
wird Drangsal im Lande herrschen und das Land wird verkleinert
werden.« Aber auch das »wissenschaftliche« Interesse wurde
durch solche babylonischen »siamesischen Zwillinge« offensichtlich geweckt; Aberglaube und Forschereifer schlossen sich auf diesem Gebiet ebensowenig aus wie im Falle von Astronomie und
Astrologie, was ein Text aus dem 7. Jahrhundert, unterzeichnet
von einem gewissen Nergal-etir, zeigt:

Hat eine Mißgeburt acht Füße und zwei Schwänze, so wird der
Fürst des Königreiches Macht erlangen. Der Schlachter Uddanu
sagt folgendes: Als eine Sau warf, hatte das Junge acht Füße und
zwei Schwänze. Ich habe es in Salz gelegt und zu Hause aufgestellt.

Vogelflug und Pflanzenwelt, Wasser und Gestein – die ganze Natur, vom Schimmelpilz bis zum gestirnten Himmel, war für den
Babylonier »ein großes Buch, dessen geheimnisvolle Schrift dem
Kundigen das Dunkel der Zukunft enthüllte« (Arthur Ungnad).
Lesen konnten in diesem Buch, wie gesagt, nur die Eingeweihten,

die Wahrsage- oder Baru-Priester. Ihnen oblag auch die Ausrichtung und Deutung der »künstlich« oder »willkürlich« hervorgerufenen Omina, der sogenannten »Opferschau-Omina«, allen voran die Hepatoskopie, die Leberschau, und die Lekanomantie, die Becher- oder Ölwahrsagung.

Die »Opferschauer« traten allerdings nur in Aktion, wenn es darum ging, den Rat oder die Meinung der Götter zu einem königlichen oder sonstwie offiziellen Vorhaben einzuholen, da für jede Leberschau umfangreiche, peinlich genau zu beachtende rituelle Vorbereitungen getroffen werden mußten, bevor man überhaupt zur Schlachtung des Tieres und zur Untersuchung seiner Leber (oft auch zusätzlich der Galle) schreiten konnte: »An einem günstigen Tag sollst du dich heiligen, ... ein reines Kleid sollst du anlegen. Vor Sonnenuntergang sollst du eine Opferzurüstung für die Göttin Gula bereiten: reines Wasser, süße Brote, und zwar dreimal zwölf, also sechsunddreißig ...«

Bevor ein Wahrsagepriester anhand einer »lebendigen« Leber prophezeien durfte, mußte er am Tonmodell üben, sich mit den verschiedenen Leberformen und deren Bedeutungen vertraut machen und lernen, welche Symptome positiv und welche negativ zu interpretieren sind. So eine Leber hatte nämlich stets eine stattliche Anzahl von günstigen und ungünstigen Vorzeichen zu bieten, die zum Schluß, wenn alle Beobachtungen zusammengetragen waren, gegeneinander abgewogen wurden, bevor man »offiziell« das endgültige Fazit der Opferschau verkündete.

Der Mikrokosmos Leber, jenes Organ, das den Alten als Sitz des Lebens galt, spiegelte nach babylonischer Auffassung den Makrokosmos wider, und die Kreisläufe der Natur fanden so eine Entsprechung in den Kreisläufen des organischen Lebens. Die einzelnen Teile von Leber und Galle hatten verschiedene, höchst komplizierte Namen, und die Zuordnung mancher Begriffe ist uns heute nicht mehr ganz klar. Doch mit *ubanu,* »Finger«, hat man eindeutig den fingerartigen Auswuchs der Leber *(processus pyramidalis)* gemeint, und sein Einfluß auf Krieg und Frieden, auf Ernte und Preise, auf Wohl und Wehe der königlichen Familie war offensichtlich nicht zu unterschätzen:

*Lebermodell aus der Zeit um 1100 v. Chr. mit der Darstellung verschiede-
ner Leberbildungen. Es diente dem zukünftigen Opferschauer als Lehr-
material, bevor er sich am »lebenden« Objekt versuchen durfte (20,6 Zentimeter hoch; Vorderasiatisches Museum, Ost-Berlin).*

Gesetzt, der Finger ist wie das Ohr eines Löwen, während der linke Teil der Rückseite fehlt, so wird das Heer des Fürsten nicht seinesgleichen haben.

Gesetzt, der Finger ist wie die Zunge eines Rindes, so werden die Generäle des Fürsten sich gegen ihn empören.

Gesetzt, der Finger ist wie der Kopf eines Schafes, so wird der Fürst zu vollster Macht gelangen.

Desgleichen konnte die Form der Gallenblase – wenn sie nach irgendeiner Seite hin geschwollen war, oder »so schmal wie eine Nadel« sich präsentierte – Gutes oder Böses anzeigen.

Weniger aufwendig und daher eine der verbreitetsten und beliebtesten Möglichkeiten, einen Blick in die Zukunft zu tun, war die Becherwahrsagung, die vor allem als Ölwahrsagung praktiziert wurde. Schamasch, der Sonnengott, und Adad, der Wettergott, die »Herren des Orakels« oder »Herren der Entscheidung«, haben den Menschen die Ölwahrsagung geschenkt, wie im sogenannten »Emmeduranki-Text« überliefert ist: Schamasch und Adad lehrten Emmeduranki, den König von Sippar, »Öl auf Wasser zu beschauen« – denn nichts anderes geschieht bei der Ölwahrsagung. Der Baru-Priester gießt Öl in einen mit Wasser gefüllten Becher oder eine Schale – manchmal auch Wasser auf einen mit Öl gefüllten Behälter – und deutet die Formen, die das Öl auf der Wasseroberfläche bildet.

Fiel das Omen ungünstig aus, das heißt, hatten die Götter nicht wie gewünscht geantwortet, wurde das Ganze wiederholt – das gilt übrigens ebenfalls für alle anderen Arten der Orakelstellung. Aber da der Priester ja einen gewissen »Deutungs-Ermessens-Spielraum« hatte, werden wohl die günstigen Prognosen gleich beim ersten Mal überwogen haben, obwohl natürlich auch diese »göttliche Wissenschaft« ihre detaillierten Bedeutungskataloge hatte:

Machst du die Ölwahrsagung wegen einer Heirat: Du gießt 1 Öltropfen für den Mann, 1 Öltropfen für die Frau je für sich und wenn die Öltropfen sich immer wieder zusammenschließen, dann lautet der Orakelspruch: Sie werden einander heiraten. Wenn die Öltropfen sich zusammenschließen und dann der des Mannes zerrissen wird, heißt das: Der Mann wird sterben. Wenn der der Frau zerrissen wird: Die Frau wird sterben. Wenn der Rand des Öles zur Sonne hin hell ist … dann heißt das: Das Heer auf dem Feldzuge wird Beute machen. Wenn der Rand des Öles nach rechts hin hell ist, dann heißt das: Guter Genius; der Kranke wird genesen. Wenn der Rand des Öles nach links hin hell ist, dann heißt das: Böser Genius; der Kranke wird sterben. Wenn das Öl sich nach rechts hin auflöst und eine Blase bildet und diese Blase in der Masse aufleuchtet, aber nicht herauskommt, dann heißt das: Der Betreffende wird aus Bedrängnis und Not entkommen.

Der Traum – »Königsweg« der Prophezeiung

Den »Königsweg« der Prophezeiung bildeten die Träume – und das sowohl im übertragenen wie ganz konkreten Sinne, denn die Träume der Könige und deren Auslegung haben von alters her eine große Rolle im politischen Leben eines Landes gespielt. Viele Inschriften zeigen, daß der Schlüssel zu den Träumen oft der Schlüssel zur babylonischen Politik ist, gerade während der drei Jahrhunderte vom Beginn des 8. bis Ende des 6. Jahrhunderts, als infolge der Ausbreitung und Vorherrschaft der chaldäischen Divinationslehren die Traumgläubigkeit die Entscheidungen der Regierenden an Euphrat und Nil, ja, bis hin zu den äußersten Grenzen Kleinasiens hin beherrschte.

Durch einen Traum gab Assur, Gott von Ninive, Gyges, dem König von Lydien, den Befehl, sich Assurbanipal zu unterwerfen. Durch einen Traum kündigte Sin dem Schamasch-umukin, assyrischer König auf Babylons Thron, das traurige Ende seiner Revolte gegen seinen Bruder Assurbanipal an. Und die Ischtar von Arbeles nannte auf diesem Weg Assurbanipal den Monat, in dem er Tiuman, den König von Elam, angreifen mußte, um einen glänzenden Sieg davonzutragen.

Nebukadnezar wurde angeblich, wie einer Tontafel zu entneh-

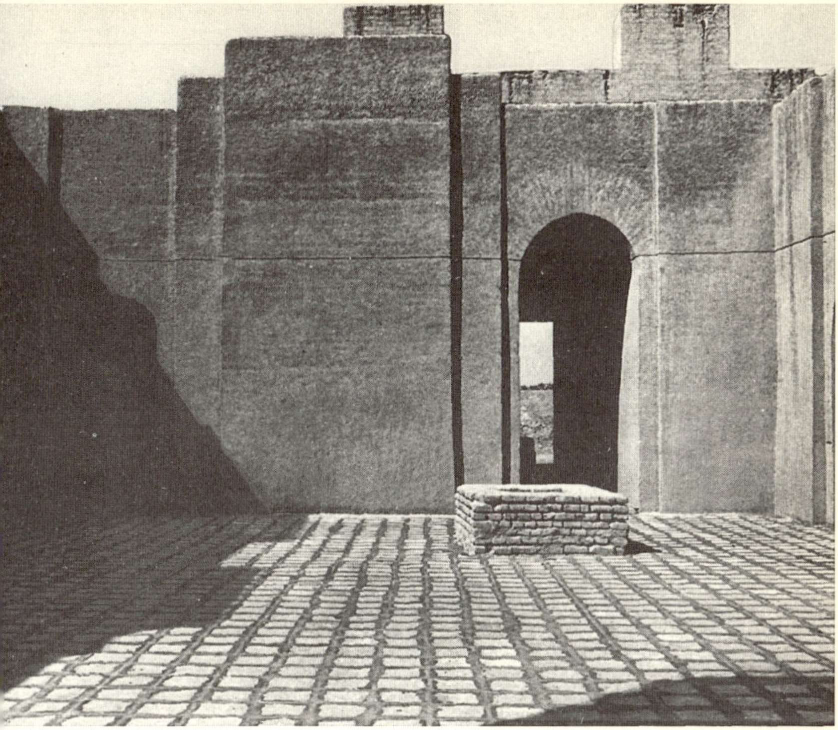

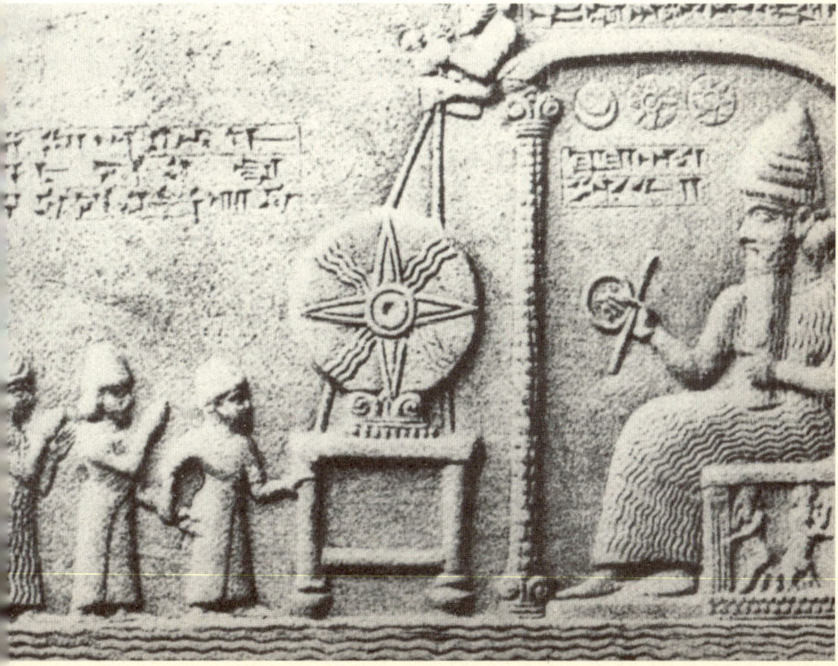

Oben: Der rekonstruierte Ninmach-Tempel zu Babylon; Blick von der Cella in den Tempelhof mit Zisterne.
Unten: Anbetung des Sonnengottes Schamasch in Sippar. König Nabu-apple-iddin (um 870 v. Chr.) zwischen Schutzgöttin und Priester vor dem Altar mit der Sonnenscheibe und dem Gott (Britisches Museum, London).

men ist, in einer Nacht des Jahres 590 v. Chr. die Zerstörung Jerusalems durch seine Truppen angekündigt. Und in derselben Nacht hatte angeblich der Prophet Hesekiel einen Traum, in dem der Herr ihm offenbart, daß Nebukadnezar auf eine Wahrsagung hin gegen Jerusalem ziehen wird (21, 26 f.). Sogar im Traum standen also beide, Marduk und Jahwe, auf Babylons Seite, und so warnt Jeremia denn auch sein Volk, nicht jenen falschen Propheten und Traumdeutern zu glauben, die da sagen: »Ihr werdet nicht dienen müssen dem König zu Babel« (27, 9).

Dieser Traum vor dem Zug nach Jerusalem ist der einzige Traum Nebukadnezars, von dem wir wissen. Die Traumdeutungen des Buches Daniel, das erst etwa vier Jahrhunderte nach Nebukadnezars Tod entstand, beziehen sich, falls überhaupt historisch fixierbar, auf Nabonid und dessen Sohn Belsazar, unter deren Herrschaft Babylon in die Hände der Perser fiel.

Wie eng freilich die Beziehungen zwischen Israel und Babylon, zwischen sumerisch-babylonischer und jüdischer Geisteswelt waren, dafür ist auch das Buch Daniel ein beredtes Zeugnis, und dank jüdisch-christlicher Überlieferung reichen nicht nur babylonische Wissenschaft und babylonischer Aberglaube bis in unseren Alltag hinein, wenn wir zum Beispiel das zwölfteilige Zifferblatt der Uhr betrachten, Planeten und Fixsterne bei ihren Namen nennen, es als böses Omen betrachten, wenn eine Katze (womöglich von links) unseren Weg kreuzt, oder wir einen bestimmten Traum als unheilschwanger deuten. Auch die doch eigentlich »untergegangene« babylonische Religion lebt weiter in Mythen und Geschichten, die uns christliche, bibelkundige Abendländer von klein auf begleiten, wenn auch nicht ganz in ihrer ursprünglichen Form. Nur daß wir eines Tages zu den Quellen selbst vorstoßen könnten, damit freilich haben die Autoren des Alten Testaments nicht gerechnet . . .

Babel und Bibel

Eine Reihe literarischer Werke, die man heute wohl mit Recht zu den größten der Weltliteratur zählt, entstand in Mesopotamien; die meisten dieser Mythen und Epen sind sumerischen Ursprungs. Zunächst mündlich überliefert, wurden die Texte seit Ende des 3. Jahrtausends schriftlich fixiert und erhielten dann im Laufe des 2. Jahrtausends ihre »endgültige« Form, das heißt: In dieser Form wurden sie bis in die Zeit des neubabylonischen Reichs tradiert, erzählt, gelesen. Denn eine Weltsicht wie die sumerisch-babylonische, die auf der Vorstellung vom »ewigen Kreislauf« alles Lebens, auf geistigem Gebiet ebenso wie in der Natur, beruhte, kann auch in der Literatur keine »Fortschritte« oder große Veränderungen durchmachen, ja, noch nicht einmal anstreben.

»So stehen wir tatsächlich vor der Erscheinung, daß es in der babylonischen Literatur im großen und ganzen keine Antike und keine Moderne und keine Mittelglieder, die von der einen zur anderen führen, gibt, sondern der fast dreitausendjährige Zeitraum, durch den uns die Denkmäler begleiten, zeigt ein in allem Wesentlichen stets gleichartiges Bild des geistigen Lebens. Wenn wir die rein äußerlichen, den literarischen Charakter der Dichtung völlig unberührt lassenden Zusätze und Interpolationen außer acht lassen, läßt sich in den allermeisten Fällen nicht entscheiden, ob ein Text aus dem 20. oder dem 7. Jahrhundert v. Chr. stammt« (Otto Weber).

Weltliteratur 2000 v. Chr.

Wie für so viele alte Literaturen ist auch für die sumerisch-babylonische ihre Anonymität kennzeichnend. Nur ausnahmsweise wird mal der Name eines Schreibers angeführt, und in den Königsinschriften und historischen Texten ist natürlich der Name des betreffenden Herrschers gebührend herausgestellt.

Zu den ältesten Werken mesopotamischen Schrifttums gehören die Hymnen, die Festgedichte kultischen Charakters. Einer der bedeutendsten Texte dieser Gattung ist gewiß der »Hymnus an Gudea«, der die Errichtung eines dem Hauptgott von Lagasch, Ningirsu, geweihten Tempels schildert. Seine etwa 1350 Verse zieren einen fast einen Meter hohen Tonzylinder. So wie Gebete und Beschwörungsformeln – ebenfalls zum ältesten Literaturgut gehörig – waren die Hymnen in erster Linie zur Rezitation bei Tempel- und Palastfesten bestimmt.

Weit verbreitet waren auch die Klagelieder – am besten erhalten und besonders erschütternd in der eindringlichen Schilderung von Elend, Trauer und Not das »Klagelied über die Zerstörung von Ur«. Daneben gab es Spruchdichtungen, didaktische Werke und die sogenannte »Weisheitsliteratur«, die wir vor allem aus neuassyrischen und neubabylonischen Abschriften kennen. Als »didaktisch« bezeichnete man die in Form von »Streitgesprächen« abgefaßten Texte – zum Beispiel Dialoge wie den zwischen Tamariske und Dattelpalme (s. S. 185 f.), Sommer und Winter, Silber und Kupfer, Ochse und Pferd darüber, wer von beiden denn nun der »Nützlichere« sei. Solche Streitgespräche und Fabeln wie der kleine »Wurm-Mythos« (s. S. 270 f.) wurden vor allem im babylonischen Alltag – in der Schule etwa – gern zitiert. Man fand in den Bibliotheken von Assur und Ninive eine Reihe größerer Fabelsammlungen, und sicher sind viele dieser oft sprichwortartig kurzen »Prosastücke« nur mündlich weitergegeben worden.

Als »Krone der Literatur« aber galten die großen Mythen und Epen, und die bis heute berühmtesten von ihnen sind zum einen das sieben Gesänge umfassende, wahrscheinlich zu Beginn des 2. Jahrtausends in der uns bekannten Form entstandene Weltschöpfungslied *Enuma elisch* (so genannt nach seinen Eingangsworten *enuma elisch*, »Als droben...«) und natürlich das wohl bekannteste literarische Werk sumerischer Herkunft, das Gilgamesch-Epos.

Neben diesen beiden wäre noch der »Mythos von Adapa« zu erwähnen, ein kürzeres akkadisches Werk, in dessen Mittelpunkt wie im Gilgamesch-Epos das Motiv der Sehnsucht und Suche nach der Unsterblichkeit steht. In dem aus dem 14. Jahrhundert v. Chr. stammenden, im Amarna-Archiv gefundenen Text, zerbricht Adapa, ein Sohn des Gottes Ea, dem Südwind, der ihn beim Fischen ins Meer »geworfen« hatte, voller Zorn die Flügel. Als Anu, der oberste Gott, den Frevel entdeckt, als er merkt, daß kein Südwind mehr weht, soll Adapa bestraft werden und wird deshalb zu Anu befohlen. Doch Ea hilft seinem Sohn; er heißt ihn Trauergewänder anlegen und schärft ihm ein, ja keine der ihm von Anu angebotenen Speisen zu kosten. Außerdem sichert sich Adapa die Fürsprache der Wächter des Himmelstors, Dumuzi und Ningizzida, auf deren Bitten hin Anu dem Frevler nicht, wie zunächst geplant, ein tödliches Mahl vorsetzt, sondern vielmehr Lebensspeise und -trank. Doch Adapa, eingedenk des väterlichen Rats und nicht wissend, daß Anu ihn mittlerweile von seiner Schuld freigesprochen hat, weist das Essen zurück – und damit die Unsterblichkeit.

Nicht die Pflanze der Unsterblichkeit (wie Gilgamesch), sondern »das Kraut des Gebärens« sucht im »Mythos von Etana« der legendäre Herrscher von Kisch für seine Frau, damit sie ihm endlich den ersehnten Sohn schenken möge. Auf seine Bitten hin rät ihm der Sonnengott Schamasch, sich an den Adler zu wenden, dem allein der Weg zum Gebärkraut, das im Himmel wuchs, offen stehe. Da Etana den Adler aus tödlicher Gefahr retten kann – eine Schlange, deren Brut er gefressen hatte, war gerade dabei, ihn zu vernichten –, trägt der dankbare Vogel Etana auf seinen Schwingen zum Himmel. Hier bricht das uns bekannte Fragment des Mythos leider ab, so daß wir über den Ausgang des Unternehmens nichts mehr erfahren. Im Gegensatz zu den »Auf der Suche nach der Unsterblichkeit«-Epen, die ja realitätsnotwendig unglücklich enden mußten, könnte der Suche nach dem Kraut des Gebärens durchaus Erfolg beschieden gewesen sein.

W. F. Albright, der Archäologe und Historiker, der sich in der

Bibel ebensogut auskennt wie in der mesopotamischen Literatur, meint, daß »die mythischen Dichtungen von Adapa und Etana in ihrer Anlage mit der biblischen Geschichte vom Sündenfall verwandt sind, obwohl in Einzelheiten verschieden«, und eine große Zahl der babylonischen Hymnen und Klagelieder erinnern ihn stark an biblische Verse, etwa an die Klagen des Jeremia und die Psalmen Davids, und die Anfangszeilen von teilweise zum Ischtarkult gehörenden Liebesliedern ließen erkennen, wie nah diese akkadischen Gesänge dem Hohelied Salomos stehen. Babylonische Spruchweisheiten wie »Gottesfurcht erzeugt Gutergehen, Opfer macht das Leben reichlich lang, auch löst Gebet die Sündenschuld« entsprechen völlig der alttestamentlichen Vorstellung, daß es dem Frommen gut, dem Gottlosen aber schlecht gehe, und wie der biblische Hiob so leidet auch Laluralimna, der »babylonische Hiob«, in dem Gedicht »Ich will den Herrn der Wahrheit preisen«, ohne Schuld; sein Lohn für stete Gottesfurcht und Frömmigkeit sind Not und Erniedrigung. »Hiob sowohl wie der babylonische Dulder«, stellt J. J. Stamm fest, »erfuhren in ihrem persönlichen Geschick, daß ihrer Frömmigkeit der zu erwartende Segen versagt geblieben ... Durch ihr eigenes Erleben werden die beiden Angefochtenen weiter zum Zweifel an der göttlichen Gerechtigkeit überhaupt geführt. Die Gerechtigkeit, die ihnen persönlich versagt ist, finden sie auch im Geschehen der Welt nicht.«

Solchen Texten, Spruchweisheiten und den »massenhaft gefundenen Ritualen, Liturgien, Zaubersprüchen« mißt auch Albright »beträchtlichen Vergleichswert« bei, »da sie manche Berührungen mit dem Pentateuch [den Fünf Büchern Mose] haben«.

Hätten Stamm und Albright derartige Analysen und Urteile zu Beginn unseres Jahrhunderts »gewagt«, man hätte sie als schändliche Vertreter des von allen »Rechtgläubigen« bekämpften Lagers der »Panbabylonisten« betrachtet. Heute ist der sumerisch-babylonische Ursprung zahlreicher biblischer Erzählungen unbestritten, wenn auch die Akzente in dieser Diskussion natürlich nach wie vor unterschiedlich gesetzt werden und manchmal sogar bis in unsere Tage ein bißchen von dem »Babel und Bibel«-Grollen vom Anfang des Jahrhunderts widerzuhallen scheint – der Panbabylonismus gehört der Vergangenheit an.

Ex oriente lux oder Ein wissenschaftlicher Schaukampf

Begonnen hat alles in den Jahren 1872 bis 1876 mit der Veröffentlichung der ersten Texte aus Assurbanipals Bibliothek, vor allem jener Fragmente einer sumerisch-babylonischen Schöpfungsgeschichte und einer Sintfluterzählung, die so frappierende Parallelen zur mosaischen Genesis wie zum Noahbericht aufweisen. Und im Jahre 1902 war man schließlich so weit, mit den ersten Forschungsergebnissen an die Öffentlichkeit zu treten: Friedrich Delitzsch, der Begründer der babylonisch-assyrischen Sprachforschung, hielt in Berlin seinen ersten Vortrag über »Babel und Bibel«, in dem er die These vertrat: Das Alte Testament ist keine selbständige oder gar »geoffenbarte« Schrift, sondern auf vielfältige Weise abhängig von den sehr viel älteren sumerisch-babylonischen Werken. Anders ausgedrückt: Ex oriente lux – und nicht aus Israel. Die Bibelautoren schienen plötzlich nichts anderes mehr zu sein als eifrige Kopisten der schöpferischen Sumerer und Babylonier, fleißige Epigonen, die die Mythen um Schöpfung und Sintflut bereits vorgefunden und für ihre Zwecke nur – mal mehr, mal weniger – umgemodelt hatten.

Daß sich daraufhin vor allem von kirchlicher Seite ein Sturm der Entrüstung erheben mußte, war klar. Und da Delitzsch derjenige war, der die brisante »panbabylonische« Theorie so allgemeinverständlich und öffentlich zu vertreten gewagt hatte, konzentrierten sich die Angriffe in den folgenden Jahren ganz auf ihn. Wissenschaftler wie Hugo Winckler, der meist als »Vater des Panbabylonismus« apostrophiert wird, Alfred Jeremias und Peter Jensen, der wohl radikalste Vertreter dieser Forschungsrichtung, blieben mehr im Windschatten des von Delitzsch, oder, genauer gesagt, von seinen Gegnern, ausgelösten Pressewirbels.

Etwa ein Jahr nach Erscheinen seiner Vorträge – dem ersten, rund 30 Oktavseiten umfassenden war kurz darauf noch ein zweiter von ähnlichem Umfang gefolgt – schreibt Delitzsch:

»Als ich mich im September des Jahres 1903 für kurze Zeit nach London zurückzog, packte ich an deutscher ›Babel und Bibel‹-Literatur, nach Ausscheidung alles völlig Wertlosen, ca. 1350 kleinere und über 300 große Zeitungs- und Zeitschriftenartikel, dazu

28 Broschüren ein, eine nicht zu bewältigende Fülle ausländischer
Zeitungsausschnitte zurücklassend. Und die Briefe, die ich infolge
beider Vorträge erhielt, umspannen die ganze Erde, von Kalkutta
bis an ›die letzte Farm der Prärien Kaliforniens‹ und von Norwe-
gen bis zur Kapstadt. Aus allen Ständen, hohen wie niedrigen,
dauern die brieflichen Äußerungen unausgesetzt bis heute fort.
Beide Vorträge wurden ins Englische, Italienische, Dänische,
Schwedische, Tschechische, Ungarische übersetzt. Die ›Babel und
Bibel‹-Bewegung hat die ganze, für religiöse Dinge sich interessie-
rende Menschheit ergriffen ...«, die nun leidenschaftlich Partei
nahm *Im Kampfe um Babel und Bibel* – so der Titel der 1903
erschienenen Schrift von Delitzschs Mitstreiter Alfred Jeremias,
die ein höchst lebendiges, »atmosphärisches« Bild von der damaligen öffentlichen Stimmung und deren Hintergründen gibt, das
Zeugnis eines, wenn auch natürlich »parteilichen« Augenzeugen
des coram publico ausgetragenen Schaukampfs Panbabylonisten
contra Alttestamentler, Wissenschaft contra Theologie:

»In immer neuen Auflagen wird das anschaulich geschriebene,
fein disponierte und prächtig illustrierte Schriftchen gedruckt. Fast
allmonatlich erscheint jetzt eine Gegenschrift, während in der ersten Zeit die Tagesblätter zum großen Teil von uneingeschränkter,
freilich vielfach kritikloser Zustimmung widerhallten ... [Vor al-
lem] die Vertreter der alttestamentlichen Theologie haben sich
zahlreich gegen Delitzschs Babel und Bibel erhoben. Von der äußersten Linken bis zur äußersten Rechten ist Verwahrung einge-
legt worden gegen die Schlußfolgerungen, die Delitzsch in bezug
auf die Entstehung der alttestamentlichen Literatur und in bezug
auf die Geisteswelt der alttestamentlichen Schriftsteller gezogen
hat ... Aus einer größeren Anzahl der von kritisch-theologischer
Seite gegen Delitzschs ›Babel und Bibel‹ gerichteten Schriften
spricht die Besorgnis: die junge Wissenschaft rüttle an dem Heiligtum der biblischen Urkunden. Es ist merkwürdig, wie sich die
Situation im Laufe der Jahre geändert hat. In den ersten Jahrzehnten der Keilschriftforschung wurden die Aussagen der Denkmäler
in marktschreierischer und reklamehafter Weise für die traditionelle Bibelforschung nutzbar gemacht. In voreiliger Weise wollte
man die Fundresultate zur Bestätigung biblischer Angaben ausnut-

zen. Das Herrnwort von den ›schreienden Steinen‹ wurde bis zur
Ermüdung mißbraucht. Man stellte sich, als ob jeder babylonische
Backstein etwas zu schreien haben müßte zu Gunsten des Alten
Testaments... Auch nicht alle Forscher haben sich von der Sucht
nach Sensation frei machen können, und sie haben unter praktischen Theologen, die dem wissenschaftlichen Betriebe fernstehen,
immer dankbare Zuhörer gefunden. Auch Mißverständnisse haben
mitgespielt, bei denen der Wunsch der Vater des Gedankens war.
So erinnere ich mich aus neuerer Zeit, in den Blättern gelesen zu
haben: Die Wand sei jetzt in Babylon bloßgelegt, auf der Belsazar
das *mene mene tekel upharsin* geschrieben sah; oder: Ein Backstein sei gefunden, auf dem die Persönlichkeit Abrahams bezeugt
sei.«

Doch diese positive, ja, begeisterte Reaktion von kirchlicher
Seite änderte sich schlagartig in dem Moment, als man die Assyriologie nicht mehr als »Die Bibel hat doch recht«-Apologetin für
sich reklamieren bzw. eine Abhängigkeit Babels von der Bibel
konstatieren konnte. Nur zu gern hatte man nämlich die Schöp-
fungs- und Sintfluterzählung des Berossos als aus dem Alten Testament »abgeschrieben« bezeichnet. Eine umgekehrte ideelle Be-
einflussung, bei der »die babylonische Literatur die Quelle ist, aus
welcher die biblischen Urgeschichten geschöpft sind«, konnte –
genauer: durfte – es nicht geben. Und gerade das wollte Delitzsch
nachweisen. Er behauptete, daß die Erschaffung oder besser: die
Bildung der Welt aus einem finsteren und wässrigen Chaos namens
Tiamat und dessen Scheidung in Himmel und Erde ein *babylonischer* Gedanke ist, »den der Verfasser der ›elohistischen‹[18] Schöp-
fungserzählung, ohne zu fragen, woher denn das Chaos stamme,
übernommen hat, sich darauf beschränkend, das babylonische Gedicht in eine Erzählung umzusetzen und das Ganze zu monothei-
sieren (letzteres ähnlich wie schon im babylonischen Weltschöpfungsepos Marduk als der Eine Weltbildner erscheint), und daß für
die biblische Sintfluterzählung die babylonische Rezension nicht
nur als die ungleich ältere, sondern auch weitaus ursprünglichere
anzuerkennen ist.«

Die Genesis: Offenbarung Gottes oder epigonale Fleißarbeit?

Wenn auch viele der panbabylonischen Thesen heute aufgrund weiterer und genauerer archäologischer und historischer Kenntnisse nicht mehr haltbar sein mögen – die enge Beziehung zwischen Babel und Bibel gerade bei den Erzählkomplexen Schöpfung und Sintflut hat sich im Zuge jahrelanger wissenschaftlicher Arbeit nachhaltig bestätigt und gilt heute, wie man so schön sagt, als »anerkannte Forschungsmeinung«. Da beide Geschichten außerdem im Rahmen des Alten Testaments, vor allem jedoch im Rahmen der babylonischen Literatur mit zu den eindrucksvollsten Denkmälern gehören – und zwar ungeachtet aller Diskussionen um direkte oder vielfach vermittelte Abhängigkeiten im Kontext der allgemein verbreiteten altorientalischen Vorstellungen –, wollen wir uns diese Dichtungen, das *Enuma elisch* und das Gilgamesch-Epos, etwas näher anschauen.

> Als droben die Himmel nicht genannt waren,
> Als unten die Erde keinen Namen hatte,
> Als selbst Apsu, der Uranfängliche, der Erzeuger der Götter,
> Mummu Tiamat, die sie alle gebar,
> Ihre Wasser in eins vermischten,
> Als das abgestorbene Schilf sich noch nicht angehäuft hatte,
> Rohrdickicht nicht zu sehen war,
> Als noch kein Gott erschienen,
> Mit Namen nicht benannt, Geschick ihm nicht bestimmt war,
> Da wurden die Götter aus dem Schoß von Apsu und Tiamat geboren.

So beginnt das sumerisch-babylonische Weltschöpfungslied. Aus der Verbindung der beiden Urgötter, Apsu, dem Gott des Süßwasserozeans, und Tiamat, der Göttin des Salzwasserozeans, gehen zwei göttliche Paare hervor: Lachmu und Lachamu, Wasserdämonen, Personifizierungen der Überschwemmungen, sowie Anschar, die »Gesamtheit der oberen Elemente«, und Kischar, die »Gesamtheit der unteren Elemente«. Ihr Sohn Anu, der Gott des Himmels,

zeugt wiederum Ea, den »Herrn der Wasser und der Weisheit«
sowie eine Reihe weiterer Götterkinder.

Aber die übermütigen und naturgemäß lauten kleinen Götter
stören die Ruhe des Apsu, der die zunächst widerstrebende Tiamat
dazu bringt, ihre Zustimmung zur Vernichtung der jungen Götter
zu geben. Da tritt Ea als Retter auf den Plan: Er senkt Apsu in
tödlichen Schlaf, nimmt Wohnung im Schoße Apsus, »im Zimmer
der Geschicke, im Heiligtum der Archetypen«, und zeugt mit seiner Gattin Damkina Marduk, den bevorzugten Göttersohn: »Er
saugte an der Brust der Göttinnen, eine Wärterin pflegte ihn, füllte
ihn mit Fruchtbarkeiten. Üppig ist seine Gestalt, glänzend der
Blick seiner Augen. Vornehm ist sein Gang, gebieterisch ist er von
jeher ... Unmöglich kunstvoll sind seine Maße, zu verstehen unmöglich, anzusehen schwierig. Vier sind seine Augen, vier seine
Ohren, wenn seine Lippe in Bewegung gesetzt wird, erglüht
Feuer.«

Er ist es auch, der die erzürnte Tiamat, die den Tod ihres Gatten,
unterstützt von einem »ihrer erstgeborenen Götter«, Kingu, rächen will, schließlich besiegt, nachdem weder Ea noch Anu ihr
beikommen konnten: Bei einem Gastmahl, berauscht vom Wein,
übertragen alle Götter zusammen Marduk die Weltherrschaft, der
nun, da diese seine Bedingung für die Kampfaufnahme erfüllt worden ist, sich unüberwindliche Waffen schmiedet und seinen Wagen
mit dem Gespann von vier giftsprühenden Fabelwesen besteigt:

Da traten zusammen Tiamat und Marduk, der weiseste der
Götter,
Stürzten sich aufeinander und begegneten sich im Kampf.
Es breitete der Herr sein Netz aus, fing sie darin,
Er ließ vor ihr los den schlimmen Wind, den er aufbewahrt
hatte,
Als Tiamat das Maul auftat, um ihn zu verschlingen,
warf er den Sturm hinein,
Damit sie ihre Lippen nicht wieder schließen könne.
Die grimmigen Winde füllten ihren Leib.
Ihr Leib blähte sich auf, und ihr Maul blieb offen.
Er schoß einen Pfeil ab, zerriß ihr den Bauch,

Ihr Inneres zerriß er und durchbohrte ihr Herz.
Als er sie bezwungen hatte, tilgte er ihr Leben aus,
Ihren Leichnam warf er zu Boden und stellte sich darauf.

Dann überwältigte er auch ihren Verbündeten und nahm die wertvollen Schicksalstafeln an sich. Schließlich spaltete er Tiamats Leib in zwei Teile, bildete daraus Himmel und Erde und legte die Weltordnung, »die Ordnung der Weisheit« fest: »Er ersann Standorte für die großen Götter. In Sternbildern ordnete er ihre Entsprechungen, die Sterne. Er bestimmte das Jahr, teilte Abschnitte ein...« Er erschuf den Mond und andere Himmelskörper sowie Pflanzen und Tiere der Erde. Und zum Schluß, als »Krone der Schöpfung«, formte Marduk auf Anweisung Eas aus Ton und dem Blut des erschlagenen Kingu den Menschen – »ihm soll die Fronarbeit für die Götter auferlegt werden, zu deren Erleichterung«.

Dann erst gönnt Marduk sich etwas Ruhe, und die überglücklichen Götter huldigen ihm und errichten ihm aus Dankbarkeit den Tempel Esagila, in dessen Bezirk auch sie Wohnung nehmen und sein Lob singen mit dem großen »Preislied auf die fünfzig Namen des Marduk«, seine Taten und überragenden Fähigkeiten.

Bei jedem Neujahrsfest wurden das *Enuma elisch* und dieser Hymnus zur größeren Ehre Marduks vorgetragen, wobei man in neubabylonischer Zeit die Rolle des Schöpfers und Retters Marduk besonders hervorhob, ja, die Schöpferkraft Tiamats geradezu »dämonisierte«, um Marduk noch strahlender erscheinen zu lassen, hatte er doch auch seine Stadt Babylon aus assyrischen Händen gerettet und wieder groß und reich gemacht.

Wenn wir uns nun den biblischen Schöpfungsbericht (1. Mose 1, 1–2, 3) ansehen, der seine heute vorliegende Form im 5. Jahrhundert v. Chr. erhalten hat, so springen Parallelen und deutlich erkennbare Modifikationen ebenso ins Auge wie offensichtliche Unterschiede.

Wie im babylonischen Epos war auch im biblischen Schöpfungsbericht die Welt zunächst wüst und leer (hebräisch: *tohu wu bohu*), und Finsternis lag über den »Wassern«, das heißt, Apsu über Tiamat, diese befruchtend und so das »Land« entstehen lassend. Die Schöpfung Marduks (und Jahwes), ist also ursprünglich

keineswegs eine »creatio ex nihilo«, eine Schöpfung aus dem
Nichts, sondern Formung von, wenn auch »gestaltlos«, bereits
Vorhandenem. Weiter schafft Gott Pflanzen, Tiere und Gestirne;
schließlich, sich selbst auffordernd: »Lasset uns Menschen machen...« – und nicht wie Marduk durch einen anderen, Ea, dazu
aufgefordert –, bildet er aus Lehm den Menschen und gönnt sich
dann, wie Marduk, nach vollendetem Werk die wohlverdiente
Ruhe.

»Beim Babylonier schwängert Marduk die Tiamat durch Winde,
im biblischen Mythos schwängert die Ruach Elohims die Wasser.
Das hebräische Wort ›Ruach‹ bezeichnet nämlich sowohl den
Geist wie auch den Wind, und das Verb, das auch mit ›schweben‹
übersetzt wird, meint ›hin- und herbewegen, berühren‹. Im Syrischen bedeutet dieselbe Vokabel auch ›brüten‹. Aber die archaische
Umgebung stellt sicher, daß eine Tätigkeit gemeint sein muß, die
beim Koitus ausgeübt wird. Marduk schafft die Menschen aus dem
göttlichen Kingu; Elohim, so ist zu vermuten, schafft sie aus sich
selber. Beide Mythen bezeugen, daß der Mensch göttlicher Natur
ist. Ein Unterschied besteht aber in der Bestimmung des Menschen: Der Babylonier sieht in ihm den Diener der Götter, der
biblische Autor den göttergleichen Herrn der Welt« (Walter
Beltz).

Diese Beispiele mögen genügen, um sowohl Ähnlichkeit wie in
ihrer Bedeutung nicht zu unterschätzende Differenzen der Erzählungen aufzuzeigen. Die vielfältige Problematik der verschiedenen
Beziehungen zwischen beiden Texten können wir hier nicht weiter
verfolgen. Doch welchen Zündstoff die These von der Genesis als
»babylonische Sage« für eine Welt bieten mußte, die ihren »Affen-
prozeß« um die Vereinbarkeit der Darwinschen Evolutionstheorie
mit den Lehren der Bibel erst einige Jahrzehnte später führen
sollte, hat diese kurze »Parallelisierung« vielleicht deutlich
gemacht.

»Zu den bevorzugten Tummelplätzen nahezu aller Versuche biblischer Archäologie« (H. H. Schmid) und Textkritik gehört jedoch der Sintflutbericht – Teil des Alten Testaments ebenso wie
Teil des sumerisch-babylonischen Gilgamesch-Epos.

Wer immer strebend sich bemüht
oder Gilgamesch, Faust in Sumer

Die zwölf Keilschrifttafeln (heute im Besitz des Britischen Museums), auf deren elfter die Sintfluterzählung steht und die uns zunächst vor allem durch Abschriften aus der Zeit Assurbanipals bekannt wurden,[19] berichten von den Fahrten und Abenteuern des Gilgamesch auf seiner Suche nach der Unsterblichkeit, dieser Sehnsucht der Menschheit seit Anbeginn.

Ursprünglich eine historische Gestalt, ein König von Uruk in der ersten Hälfte des 3. Jahrtausends, wurde Gilgamesch im Laufe der Jahrhunderte, in denen sich viele mehr oder weniger zusammenhängende, mündlich überlieferte Legenden um seine Person rankten, zum Prototyp dessen, der »immer strebend sich bemüht«, ein babylonischer Faust, dem es ebensowenig wie dem abendländischen gelingt, sein Ziel zu erreichen.

Seine endgültige Ausformung, in der es dann bis in die neubabylonische Zeit weiterlebte, fand das Epos erst gegen Ende des 2. Jahrtausends, als von einem oder mehreren Autoren aus den verschiedenen einzelnen Gilgamesch-Sagen ein großes, einheitliches Werk geschaffen wurde.

Schon Gilgameschs Geburt und Jugend sind von Weissagungen und Zeichen begleitet, wie es sich für einen zukünftigen Helden gehört: Da man seinem Großvater prophezeit hatte, der Enkel würde ihn vom Thron stoßen, ließ dieser das Kind von einem Turm herabstürzen. Doch ein Adler fing den Knaben auf, brachte ihn zu einem Gärtner, der ihn aufzog, bis Gilgamesch stark genug war, die Weissagung zu erfüllen, das heißt, den Großvater zu entmachten und sich selbst zum König von Uruk zu machen.

Aber der an Gestalt göttergleiche junge König war ein tyrannischer Herrscher, dessen Bau- und Kriegsleidenschaft alle Untertanen zu ständiger Fronarbeit trieb. Da erbarmte sich der Himmelsgott Anu der Klagen des Volkes, und mit Hilfe Ischtars (hier Aruru genannt), der Göttin von Uruk, erschafft er Enkidu, den »unschuldigen Wilden«, der mit den Tieren lebt und die Netze und Fallen der Jäger zerstört:

Enkidu, den gewaltigen, schuf sie, einen Helden,
Einen Sprößling der Nachtstille, mit Kraft beschenkt von
Ninurta,
Mit Haaren bepelzt am ganzen Leibe;
Mit Haupthaar versehen wie ein Weib:
Das wallende Haupthaar, ihm wächst's wie der Nisaba [Getrei-
degöttin]!
Auch kennt er nicht Land noch Leute:
Bekleidet ist er wie Sumukan [Gott der Tiere]!
So frißt er auch mit den Gazellen das Gras,
Drängt er hin mit dem Wilde zur Tränke,
Ist wohl seinem Herzen mit des Wassers Getümmel!

Um die seine Hilfe erbittenden Jäger von dem ungebärdigen Wald-
menschen zu befreien, schickt Gilgamesch ihm eine Dirne, und
nachdem Enkidu sechs Tage und sieben Nächte mit ihr verbracht
hat, hingerissen von den weiblichen Reizen die Natur um sich
herum vergessend, flieht ihn das Wild – durch die Liebe hat sich
Enkidu den Tieren des Feldes und des Waldes entfremdet. Die
Dirne vollendet ihr Werk der »Menschbildung«, indem sie den
tierähnlichen Enkidu vollends »zivilisiert«, ihm beibringt, wie man
ißt, trinkt und sich kleidet. Dann schickt sie ihn zu Gilgamesch,
dem die Ankunft Enkidus bereits durch mehrere Träume angekündigt wurde. Nach einem unentschieden ausgehenden Zweikampf
schließen die beiden Freundschaft. Gemeinsam ziehen sie auf
Abenteuer aus und besiegen den Riesen Chumbaba, den Wächter
des Zedernwaldes.
    In seinem Übermut weist der Held Gilgamesch sogar das Ange-
bot Ischtars, ihr Bett zu teilen, zurück, außerdem weiß er, wie es
früheren Liebhabern der Göttin ergangen ist:

Eine unfertige Türe [bist du], die Wind und Blast nicht abhält!
Ein Palast, der niederschmettert den Helden,
Ein Elefant, der da abreißt seine Decke!
Erdpech, das seinen Träger besudelt,
Ein Schlauch, der seinen Träger durchnäßt!
Ein Kalkstein, der die steinerne Mauer sprengt,

Ein Jaspis, der das feindliche Land herbeilockt!
Ein Schuh, der seinen Besitzer kneift!
Welchen deiner Buhlen behältst du für allezeit lieb?
Welches deiner Vögelchen, das hinaufgekommen wäre?

Zwar gelingt es Enkidu, den sieben Jahre Dürre ankündigenden Himmelsstier, den Anu auf Drängen seiner erbosten Tochter Ischtar zur Erde sendet, zu töten, so daß dieser kein Unheil anrichten kann, aber damit ist auch sein Schicksal besiegelt: Die Götter, voller Zorn über die Ermordung des Riesen Chumbaba und des Himmelsstiers, haben Enkidus Tod beschlossen. Schwermut überfällt ihn, böse Träume suchen ihn heim, bis er schließlich an einer Krankheit stirbt. In einer ergreifenden Klage trauert Gilgamesch um den toten Freund:

»Um Enkidu weine ich, um meinen Freund,
Wie ein Klageweib bitterlich klagend!
Du Axt an meiner Seite, so verläßlich in meiner Hand!
Du Schwert an meinem Gurt, du Schild, der vor mir ist!
Du mein Festgewand, du Gurt für meine Kraftfülle!
Ein böser Dämon stand auf und nahm ihn mir weg!
Mein Freund, du flüchtiger Maulesel, Wildesel des Gebirges, Panther der Steppe!
Enkidu, mein Freund, du flüchtiger Maulesel, Wildesel des Gebirges, Panther der Steppe!
Nachdem wir, alles gemeinsam verrichtend, den Berg erstiegen, Den Himmelsstier packten und töteten,
Auch den Chumbaba umbrachten, der da wohnte im Zedernwald!
Was ist das nun für ein Schlaf, der dich gepackt hat?
Du wurdest umdüstert und hörst mich nicht mehr!«
Der aber schlägt die Augen nicht auf,
Und da er nach seinem Herzen faßte, schlug es nicht mehr!

Selber von Todesfurcht ergriffen, macht Gilgamesch sich auf die Suche nach dem Lebenskraut, das er findet – und wieder verliert. Nach vielen gefahrvollen Umwegen trifft er auf den Urahnen des

Menschengeschlechts, Utnapischtim, dem die Götter – zusammen mit seiner Frau – als einzigen Überlebenden der Sintflut Unsterblichkeit verliehen haben. Doch da es ihm nicht gelingt, den Rat Utnapischtums zu befolgen und sieben Nächte und sechs Tage ohne Schlaf zu bleiben, erweist er sich als der Unsterblichkeit unwürdig. Denn ein Mensch, der noch nicht einmal vermag, diese Spanne Zeit ohne Schlaf, das »Spiegelbild des Todes«, auszuharren, darf nicht wagen, den ewigen Schlaf zu besiegen. Gilgamesch darf zwar im »Lebenswasser« baden, aber dann muß er die »Insel der Seligen«, Utnapischtim und seine Frau, wieder verlassen.

Schließlich findet er das Lebenskraut mit Namen »Als Greis wird der Mensch wieder jung« doch noch: In der Tiefe des Apsu, des Urozeans, pflückt er es, und voller Freude will er die Pflanzen mit heimnehmen nach Uruk, um andere ebenfalls in den Genuß des kostbaren Gewächses kommen zu lassen. Als er jedoch unterwegs in einem kühlen Wasser ein erfrischendes Bad nehmen will, züngelt eine Schlange heran und frißt das am Ufer abgelegte Lebenskraut. Sie häutet sich und kriecht »erneuert« weiter. Das Lebenskraut, dem Menschen für immer verloren, hat an ihr seine Kraft gezeigt – an der Schlange, die auch Adam und Eva um das ewige Leben brachte . . .

So werden weiterhin nur zwei Menschen, Utnapischtim und seine Frau (die im wahrsten Sinne des Wortes so wenig »zählt«, daß immer nur von *einem* Unsterblichen die Rede ist), sich des Göttergeschenks Unsterblichkeit erfreuen können. Die Geschichte seiner Rettung – vor der großen Flut und dem Tod überhaupt – erzählt Utnapischtim dem Helden Gilgamesch, als dieser bei ihm auf der Insel der Seligen weilt.

Keilschrifttexte contra Altes Testament oder Wessen Sintflut ist die bessere?

Die Erinnerung an eine große Wasserkatastrophe kennen fast alle Völker der Erde. Flutüberlieferungen wie die im Gilgamesch-Epos und in der Bibel gibt es nicht nur im Alten Orient und in Grie-

Stele Nabonids (555–539 v. Chr.), des letzten Königs von Babylon (Britisches Museum, London).

chenland, auch die Ureinwohner Amerikas wissen davon zu berichten und aus Australien, Indien, Polynesien und anderen mehr sind entsprechende Erzählungen bekannt – auf über sechzig Sintflutsagen kann die Forschung mittlerweile verweisen. Die bei allen Abweichungen vorhandenen Parallelen zwischen der babylonischen Darstellung im Gilgamesch-Epos und der Noaherzählung im Ersten Buch Mose (6–8) sind jedoch so frappierend wie in keinem anderen Fall.

Auf die Frage des Gilgamesch, der die »Andersartigkeit« Utnapischtims wohl erkannt hat: »Wie tratst du in die Schar der Götter und gingst dem Leben nach?« antwortet Utnapischtim: »Ein Verborgenes, Gilgamesch, will ich dir eröffnen, und der Götter Geheimnis will ich dir sagen.« Er berichtet nun vom Beschluß der Götter, die Menschheit zu vernichten, von der Warnung, die Enki ihm »per Rohrhaus« zukommen ließ, von Bau und Beladen des Schiffes. Und schließlich war der Tag X da:

Jener Zeitpunkt brach an:
Eines Abends gossen die Unwetterwolken
einen Gießregen aus.
Ich erkannte die Art des Unwetters
und fürchtete mich, nach dem Unwetter zu blicken;
ich ging in das Schiff, machte die Luke dicht.
Pusur Amurru, dem Schiffer, der das Schiff kalfatern sollte,
vertraute ich die Arche mit dem Inhalt an.
Sobald der Morgen zu schimmern begann,
kommt von dem Fundament des Himmels eine düstere Wolke auf,
in der Adad brüllt, der Gott des Sturms!
Schullat und Chanisch ziehen vor ihm her,
die Herolde ziehen über Gebirge und Ebene.
Nergal riß die Schleusenpfähle aus,
Ninurta ließ den Staudamm überlaufen!
Die Götter der Tiefe schwangen Fackeln,
das Land mit ihrer brennenden Glut zu entflammen!
Das Entsetzen vor Adad drang bis zum Himmel:
Was Licht war, haben sie in Finsternis verkehrt,

was auf dem Land war, fiel wie in Scherben auseinander.
Einen Tag wütete der Orkan, wehte der Wind,
heulte der Sturm, daß das Wasser auf den Bergen stand;
wie in einer Feldschlacht überfiel die Menschheit der Tod!
Kein Mensch sah den anderen;
vom Himmel aus konnte man keinen Menschen erkennen.
Vor dieser Sturmflut gerieten die Götter in Bestürzung,
suchten oben einen Schlupfwinkel im Himmel des Anu;
wie Hunde krochen die Götter dort gegen die Mauer!
Ischtar aber schreit wie in Kindesnöten,
die Gebieterin der Götter wehklagte mit wohllautender Stimme:
Die Welt von gestern ist verwandelt in Lehm! . . .
Sechs Tage und sieben Nächte
bedeckten Sturm und Sturzflut
je länger desto höher das Land.
Als nun der siebente Tag anbrach,
ließ der Sturm nach und stellte die Sturzflut den Kampf ein,
den sie wie ein Heer gestritten hatten.
Ruhig wurde die See; der Wirbelwind stand still,
und die Sturzflut hörte auf.
Als ich auf das Wetter achtgab, war es still ringsum,
aber das ganze Menschengeschlecht war verwandelt in Lehm,
eine Ebene wie ein Dach war die Flur geworden!
Ich öffnete den Fensterladen, daß das Tageslicht auf meine Wangen schien,
und niedergekauert fing ich an zu weinen,
die Tränen liefen mir über die Wangen.
Ich spürte nach Land im Gebiet der See:
Und eine Insel tauchte auf, nur zwölfmal zwölf Ellen entfernt.
Nach dem Berg Nisir lenkte das Schiff den Kurs.
Das Gebirge von Nisir hielt es fest, unbeweglich.
Während ein und zwei Tagen
hielt das Nisirgebirge das Schiff fest, unbeweglich.
Während drei und vier Tagen
hielt das Nisirgebirge das Schiff fest, unbeweglich.
Während fünf und sechs Tagen
hielt das Nisirgebirge das Schiff fest, unbeweglich.

Als nun der siebente Tag anbrach,
ließ ich eine Taube ausfliegen.
Die Taube flog weg, aber kam sogleich zurück:
Es gab noch keine Ruhestätte, also kehrte sie um.
Dann ließ ich eine Schwalbe ausfliegen.
Die Schwalbe flog weg, aber kam sogleich zurück:
Es gab noch keine Ruhestätte, also kehrte sie um.
Dann ließ ich den Raben ausfliegen.
Der Rabe flog weg, bemerkte das Abfließen des Wassers,
pickt Nahrung auf, scharrt, mistet und kehrt nicht zurück.
Dann ließ ich sie hinausgehen in die vier Winde;
bereitete ein Rauchopfer auf der höchsten Spitze des Berges.
Zweimal sieben Räucherbecken setzte ich nieder
und ordnete in ihren Schalen Schilf, Zedernholz und Myrte.

Wer die entsprechenden Bibelpassagen in Erinnerung hat oder zur Hand nimmt, erkennt unschwer Übereinstimmungen und Unterschiede zwischen den beiden Texten. Und er wird wohl auch feststellen, daß die sumerisch-babylonische Erzählung eine poetische Dichte und Kraft besitzt, die die alttestamentliche Version nicht erreicht.

Dafür informiert uns die Bibel genauer über die Gründe für die furchtbare Flut. Sie wird laut Altem Testament eindeutig als Strafe für gottloses Handeln der Menschen geschickt – nur Noah fand »Gnade vor dem Herrn«. Aus Utnapischtims Bericht geht dagegen nicht hervor, warum sich die Götter zu diesem schwerwiegenden Schritt entschlossen haben. Auch erhält Utnapischtim keine offiziell-göttliche Kunde vom Bevorstehenden, sondern Ea (Enki), das Schweigegebot der Götter geschickt umgehend, teilt ihm mit, was er zu tun habe: ein Schiff bauen und entsprechende Vorsorge für die Zeit nach der Flut treffen.

Auch über die Dauer der Flut sind sich Gilgamesch-Epos und Bibel nicht einig: Während die Babylonier die Katastrophe zweimal sieben Tage währen lassen, spricht der Jahwist von 61 Tagen, die Priesterschrift von einem Jahr und zehn Tagen. Wie nämlich der Alttestamentler H. H. Schmid, der sich eingehend mit den verschiedenen Überlieferungs- und Abhängigkeitsfragen zwischen

Noah- und Utnapischtimerzählung beschäftigt hat, feststellte, setzt sich der uns geläufige biblische Bericht aus zwei Überlieferungssträngen zusammen – eben der Jahwisten-Fassung und der Priesterschrift[18] –, die im Detail nicht nur vom Gilgamesch-Epos, sondern auch voneinander abweichen. Doch ob die Arche nun auf dem Berg Nisir in Kurdistan (Gilgamesch-Epos) oder dem Ararat in Armenien (Priesterschrift) gelandet ist, ob der ausgesandte Vogel nun eine Taube, eine Schwalbe oder ein Rabe war (im Gilgamesch-Epos werden alle drei erwähnt, vom Jahwisten die Taube und in der Priesterschrift der Rabe) – die Parallelen wiegen schwerer als die Abweichungen, die im Zuge einer über Jahrtausende sich erstreckenden mündlichen und schriftlichen Weitergabe fast selbstverständlich sind. Auch der Schluß der Sintflut-Episode gleicht sich in allen drei Versionen: Den Göttern bzw. dem Gott werden Opfer dargebracht und der Held der Geschichte wird gesegnet und belohnt – Utnapischtim mit der Unsterblichkeit, Noah mit dem Versprechen, daß keine Sintflut mehr über die Erde hereinbrechen soll.

»Wie bei der Schöpfungsgeschichte sind die Ähnlichkeiten zwischen Babel und Bibel zu groß, als daß sie auf Zufall beruhen könnten. Und wieder ist deutlich, wo die Prioritäten liegen: Einzelne mesopotamische Texte[20] sind mehr als 1000 Jahre älter als der Jahwist. Man kommt um den Schluß nicht herum, daß die alttestamentliche Erzählung von der Sintflut nicht auf eigener Erinnerung beruht, sondern das Wissen um eine Flut von den Mesopotamiern übernommen hat« (H. H. Schmid).

Die Frage der Abhängigkeit zwischen Babel und Bibel kann heute also getrost als beantwortet ad acta gelegt werden, zumal man ja mittlerweile kirchlicherseits gelernt hat, geschickt zwischen der Bibel als »historisch gewachsenem Werk« und der darin enthaltenen »göttlichen Offenbarung« zu unterscheiden. Heute hätten Delitzsch, Jeremias und die anderen Panbabylonisten sich weitgehend auf innerfachliche Diskussionen beschränken und das unwägbare Terrain des Glaubens großzügig umschiffen können.

Nichts Neues auf dem Ararat

Eine Frage ist jedoch nach wie vor ungeklärt: Wie steht es um die Geschichtlichkeit der mesopotamischen Sintflut? 1929 glaubte der englische Archäologe Sir Leonard Woolley, bei Ausgrabungen in Ur auf jene »jungfräuliche« mächtige Tonschicht gestoßen zu sein, die er als sicheres Indiz für die große Flutkatastrophe betrachtete: 2,5 Meter angeschwemmter Flußsand ohne ein Anzeichen menschlichen Lebens, darunter dann jedoch erneut Reste menschlicher Siedlungen.

»Wenn wir alle diese Tatsachen in Erwägung zogen, so konnte kein Zweifel sein, daß die Flut, von der wir so den einzig möglichen Beweis gefunden hatten, eben die Flut der sumerischen Geschichte und Sage war, die Sintflut, auf der die Geschichte von Noah beruht.« So lautete Woolleys kühne Schlußfolgerung – doch kurz darauf behauptete sein Kollege Stephen Langdon, der in Kisch auf eine 50 Zentimeter dicke Lage mit Süßwassermuscheln versetzten Flußsandes gestoßen war, er habe die »wahre« Sintflut ausgegraben.

Auf dieselbe Flut können die Ablagerungen indessen nicht zurückgehen, da die von Kisch in die Zeit um 2800 v. Chr. datiert werden – das heißt, viele Jahrhunderte jünger sind als die von Ur. Außerdem hat eine Laboruntersuchung des Sinkstoffes von Ur gezeigt, daß die Sandkörnchen eher auf Staub aus der Steppe denn auf »Urschlamm« hindeuten.

Ebensowenig wie »die Sintflut« hat man bis heute »die Arche« gefunden, die auf dem Berg Ararat bzw. Nisir gelandet sein soll, in Armenien also oder in Kurdistan. Berossos blieb es vorbehalten, die beiden, einige hundert Kilometer auseinanderliegenden Orte geschickt zu einem zusammenzuziehen, indem er vom »Kurdistan-Gebirge in Armenien« spricht – »gleichsam von den Schweizer Bergen in Böhmen« (H. H. Schmid). Dabei wurden seit Beginn des 19. Jahrhunderts keine Kosten und Mühen gescheut, immer neue Schiffswracks auf dem Ararat zu sichten – dem in einer »bibelgeprägten« Gesellschaft natürlich der Vorrang als Landeplatz gebührte –, und amerikanische und sowjetische Militärpiloten hatten ihre große Stunde, wenn sie melden konnten, am Ararat »etwas

Ähnliches wie ein Schiff« entdeckt zu haben. Die Suche nach der Arche, zunächst nur auf dem Ararat, später dann auch auf dem Berg Dschudi nahe der Grenze Mesopotamiens, ist eine Kette zum Teil geradezu amüsant-blamabler Mißerfolge.

»Am 2. August 1969 wurde die Arche wieder einmal geortet. Ein sechsköpfiges Team der amerikanischen ›Stiftung für wissenschaftliche und archäologische Forschung‹ fand in zwanzig Meter Tiefe eines Gletschers ... behauenes Eichenholz ... Die Erregung wuchs ... Anfang Januar 1970 wurde in Los Angeles bekanntgegeben, daß die ›Search Foundation Inc.‹ in Washington eine Million Dollar für eine Expedition im Sommer 1971 zur Verfügung gestellt habe ... Nach Berichten der *Welt* und der *Neuen Zürcher Zeitung* sollte die Expedition versuchen, einen 150 Meter langen, 33 Meter breiten und 30 bis 140 Meter dicken Gletscher aufzuschmelzen, um das auf dem Grunde des vereisten Gebietes vermutete Wrack zu bergen. Man hat von diesem gigantischen Unternehmen bis jetzt nichts mehr gehört ...« (H. H. Schmid).

Wer weiß, vielleicht hat sogar Nebukadnezar, der so bewußt an die alten Traditionen anknüpfte, versucht, das Schiff Utnapischtims zu finden – schließlich hatte die Erzählung, mündliche Überlieferung mitgerechnet, schon zu seiner Zeit das stattliche Alter von über zweitausend Jahren. Aber Babylons großer König wird, nachdem die Schlachten geschlagen und seine Stadt zum glänzenden Mittelpunkt der alten Welt geworden war, ganz andere Sorgen gehabt haben – jedenfalls wenn man den Autoren des Alten Testaments glauben will.

Das Menetekel

Dir, König Nebukadnezar, wird gesagt: Dein Königreich soll dir genommen werden; und man wird dich von den Leuten verstoßen, und du sollst bei den Tieren, so auf dem Felde gehen, bleiben; Gras wird man dich essen lassen wie Ochsen, bis daß über die sieben Zeiten um sind – auf daß du erkennest, daß der Höchste Gewalt hat über der Menschen Königreiche, und sie gibt, wem er will.

Von Stund an ward das Wort vollbracht über Nebukadnezar, und er ward verstoßen von den Leuten hinweg, und er aß Gras wie Ochsen, und sein Leib lag unter dem Tau des Himmels, und er ward naß, bis sein Haar wuchs so groß wie Adlerfedern, und seine Nägel wie Vogelklauen wurden.

Nach dieser Zeit hob ich, Nebukadnezar, meine Augen auf gen Himmel, und kam wieder zur Vernunft, und lobte den Höchsten . . . Und kam auch wieder zu meinen königlichen Ehren, zu meiner Herrlichkeit und zu meiner Gestalt (Dan. 4, 28–34).

Wir alle haben wohl schon einmal diese Geschichte gelesen und uns, wie bei so vielen Erzählungen des Alten Testaments, über die Wahrheit oder auch nur Wahrscheinlichkeit des Berichteten relativ wenig Gedanken gemacht. Wenn wir diese Stelle jetzt, »Babel und Bibel«-geschult, wieder lesen, fällt uns natürlich sofort auf, daß da, vom Wahnsinn des Königs einmal ganz abgesehen, etwas nicht stimmen kann: Daß Nebukadnezar, geliebt von Marduk, plötzlich Jahwe, den »König des Himmels« preist. Sollte da etwa die Babylonische Gefangenschaft der Kinder Israels ganz unverhoffte Früchte getragen haben? Der Jude Daniel scheint am Hof zu Babylon ja als Traumdeuter und Ratgeber einigen Einfluß gehabt zu haben . . .

Daniel hatte diesen Einfluß jedoch nicht, jedenfalls nicht am Hofe Nebukadnezars, der ja in der Bibel auch fälschlicherweise als Vater Belsazars auftritt; das heißt, mehrere Generationen überspringend wird ein direkter Familienzusammenhang hergestellt, der noch nicht einmal in vermittelter Form bestand. Es ist sogar zweifelhaft, ob Daniel – sein Name heißt soviel wie »Gott ist Richter« – überhaupt eine historische Gestalt ist und nicht vielmehr wie Hiob eine »Kristallisationsfigur«, der man alle möglichen Tugenden wie Klugheit, Tapferkeit und Frömmigkeit zuschrieb.

Die Sage vom Wahnsinn Nebukadnezars

Bis ins 18. Jahrhundert stand die Glaubwürdigkeit des Buches Daniel bei Juden wie Christen gleichermaßen außer Frage. Heute weiß man, daß das Werk erst etwa um das Jahr 164 v. Chr. entstanden ist, als der syrische König Antiochus IV. in Palästina regierte. Kein Wunder also, daß der Autor in babylonischer Geschichte – einen *König* Belsazar zum Beispiel, von dem er spricht, hat es nie gegeben – nicht mehr so ganz sattelfest war, obwohl er seinen Text natürlich anhand historischer Überlieferungen verfaßte. Daß man mit einem so furchtbaren Schicksal wie Wahnsinn – oder, um den medizinischen Ausdruck für die geschilderte Krankheit zu gebrauchen: Lykanthropie – jenen König geschlagen sein ließ, der Israel die vielleicht größte Niederlage seiner Geschichte beigebracht hat, liegt nahe. Ebenso die Behauptung, daß er erst wieder zur »Vernunft« kommt, als er die Macht des größeren, israelitischen Gottes anerkennt.

Vor allem aber konnte sich der Verfasser des Daniel-Buches auf eine babylonische Quelle als für die eigenen Zwecke ausgezeichnet zu verwertende Arbeitsvorlage stützen, eine babylonische Sage, die durch den Kirchenschriftsteller Eusebius von Cäsarea (ca. 260–340 n. Chr.) wie folgt überliefert wird:

Nachdem Nebukadnezar Kriegszüge nach Libyen und in eine Reihe anderer Länder siegreich hinter sich gebracht hatte, sei er, so wird bei den Chaldäern erzählt, auf die Königsburg gestiegen und habe, von einem Gotte begeistert, ausgerufen und gesagt:

> Ich hier, Nebukadnezar, kündige euch den Eintritt des Unheils an ... Kommen wird Perses, das persische Maultier, der eure Gottheiten zu Verbündeten haben wird: er wird aber die Knechtschaft bringen ... O möchte doch, bevor die Mitbürger zugrunde gehen, ... das Meer ihn aufnehmen und gänzlich vernichten, oder er, anderswohin sich wendend, durch die Einöde gejagt werden, wo weder Städte noch die Fußspur eines Menschen angetroffen werden, wohl aber wilde Tiere weiden und Vögel umherschweifen, während er allein in Felsklüften und Schluchten umherirrt.

Die Babel-Bibel-Parallele liegt angesichts der beiden Texte ebenso klar zutage wie die dem Autor zweckmäßig erschienenen Manipulationen. Und in Vers 16 (»Ach, mein Herr, daß der Traum deinen Feinden und seine Deutung seinen Widersachern gölte«) läßt der Autor seine babylonische Textkenntnis sogar deutlich durchscheinen – meint der Assyriologe Eberhard Schrader, dessen Forschungen wir das Wissen um die »Sage vom Wahnsinn Nebukadnezars« – so der Titel seines Aufsatzes – und ihr biblisches Fortleben verdanken.

»Die Form, welche die Sage in der hebräischen Tradition, bzw. durch den Verfasser des Buches Daniel erhalten hat, geht zu einem Teile auf einfache Mißverständnisse zurück (Beziehung auf den Chaldäerkönig Nebukadnezar, was die Sage von den Feinden der Chaldäer verstanden wissen wollte, und Verwandlung des in der Sage in Aussicht genommenen Aufenthaltes unter Tieren in ein Leben und Werden wie die Tiere); zum anderen Teile ist sie auf das Bestreben des Verfassers der Danielapokalypse zurückzuführen, die gerade in den wesentlichsten Punkten mißverstandene Sage zur Illustrierung des von ihm gepredigten Satzes, daß selbst der Mächtigste der Erde doch gänzlich in der Gewalt des Höchsten sei, dessen Tun Wahrheit und dessen Wege Recht, und der die, so in Hochmut wandeln, zu erniedrigen vermag (Dan. 4, 22; 29; 34), zu benutzen. Die Darstellung im Buche Daniel ist die jüdisch-apokalyptische Umformung der ... in relativ ursprünglicher Gestalt überlieferten babylonischen Volkssage.«

Neuere Forschungen aufgrund der mittlerweile bekannt gewordenen Keilschrifttexte geben außerdem zu der Vermutung Anlaß, daß eigentlich gar nicht Nebukadnezar, sondern nur Nabonid der »wahnsinnige König« der Bibel sein könnte – der wirkliche Vater Belsazars und vielleicht Daniels »Arbeitgeber« –, unter dessen Herrschaft Babylon stand, als »Perses, das persische Maultier«, nämlich Kyros, siegreich in die Stadt einzog. König Nabonid war erst kurz vor seiner endgültigen Niederlage gegen die Perser nach zehnjährigem Aufenthalt »in der Wüste« in die Hauptstadt zurückgekehrt ... (s. S. 328 ff.).

Es hat natürlich auch nicht an Hypothesen gefehlt, mit deren Hilfe man versucht hat, dem historischen Nebukadnezar doch »ein bißchen Wahnsinn« anzuhängen. Allerdings scheint mir keines der dafür angeführten »Indizien« eine solche Vermutung wirklich zu stützen.

Daß die Babylonische Chronik vom 11. Regierungsjahr Nebukadnezars (594) bis zur Regierungszeit Nabonids (556–539) eine große Lücke aufweist (»überbrückt« nur durch eine einzige Tafel mit Nachrichten über das 3. Regierungsjahr [557] König Neriglissars), scheint mir nicht beweiskräftig, obwohl im Rahmen der »Wahnsinns-Diskussion« des öfteren mit dieser Lücke operiert wurde, denn die vielen, zum Teil imposanten Inschriften gerade aus der späten Zeit Nebukadnezars sind gewiß hinreichender.»Ersatz«, um zu zeigen, daß der König sehr wohl noch seine fünf Sinne besammen hatte. Der Abbruch der laufenden Chronik-Mitteilungen – falls es überhaupt ein solcher ist, und man die Lücke nicht vielmehr darauf zurückführen muß, daß wir die entsprechenden Tafeln einfach noch nicht gefunden haben[6] – bei deutlicher Zunahme der Inschriften weist eher darauf hin, daß Nebukadnezar nach seiner »Phase der Schlachten« sich von 586 bis 561 in verstärktem Maße seinem eigentlichen Regierungsziel, der Verschönerung Babylons, widmete. Vor allem das allgemein als Große Steinplatteninschrift oder East Indian House Inschrift[21] bekannte Dokument aus jenen Jahren ist ein eindrucksvolles Denkmal für den gesunden Bauherrn Nebukadnezar.

Es gilt jedoch als wahrscheinlich, daß es während der letzten Regierungsjahre Nebukadnezars, über die wir bis heute keinerlei innerbabylonische Nachrichten besitzen, zu ersten Unruhen unter den unterworfenen Völkern kam, und was Nebukadnezar der Große noch gerade zusammenhalten konnte, sollte unter seinen Erben dann für immer auseinanderbrechen.

Im Jahre 562 v. Chr. starb »Nebukadnezar, der König von Babylon, der ehrwürdige Fürst, der Günstling des Marduk, der erlauchte Priesterfürst, der Liebling des Nabu, der Vorbedachte, der nach Weisheit trachtet, der auf den Weg ihrer Gottheit merkt, der in Ehrfurcht verharrt vor ihrer Herrlichkeit, der auf Erhaltung von Esagila und Ezida täglich bedacht ist, der auf Huld gegen Babylon und Borsippa ständig sinnt, der Weise, Gebetsfreudige, der Erhalter von Esagila und Ezida, der erstgeborene Sohn des Nabopolassar, des Königs von Babylon«.

Und mehr als diese Jahreszahl ist über seinen Tod nicht zu berichten. Ein Sohn war da, das Erbe anzutreten. Doch Awel-Marduk sollte sich nicht lange an der Macht halten. Nach kaum zwei Jahren Regierungszeit folgte ihm Neriglissar, ein Schwiegersohn Nebukadnezars, auf dem Thron, dann, für nur drei Monate dessen Sohn Labaschi-Marduk und schließlich Nabonid, der letzte König von Babylon.

Awel-Marduk, Neriglissar, Labaschi-Marduk – die unfähigen Erben

Es mag bezeichnend sein, daß wir über die letzten, zum Teil nur kurz regierenden Herrscher Babylons sehr wenig wissen. Keiner von ihnen war fähig, den sich schon gegen Ende der Regierungszeit Nebukadnezars abzeichnenden Niedergang des Reiches aufzuhalten. Vor allem die Meder, einstmals Verbündete Babylons, waren zu einer starken politischen Kraft geworden. Zwar gab es zwischen Babylonien und Medien selbst nach der alle Seiten zufriedenstellenden Aufteilung des assyrischen Großreichs keine ernsthaften Konflikte, aber Babylon konnte den steten Machtzuwachs selbst eines »befreundeten« Volkes nur mit Mißtrauen beobachten. So trat Nebukadnezar denn auch als Friedensvermittler zwischen Kyaxares, dem Mederkönig, und Alyattes, dem König von Lydien, auf, nachdem der Kampf der beiden Länder um die Ostgrenze Lydiens nach Kappadokien bereits fünf Jahre währte. Den Ausschlag zum Friedensschluß hat jedoch offensichtlich ein Naturereignis gegeben: die Sonnenfinsternis am 28. Mai 585.

Unter den Friedensvermittlern wird von Herodot ein gewisser Labynetos genannt, ein Babylonier. Bis heute ist nicht geklärt, ob es sich dabei eventuell um Nabonid handelt, der damit bereits zu Nebukadnezars Zeit und mit dessen Einverständnis bzw. in dessen Auftrag politisch hervorgetreten wäre, oder aber um Nebukadnezar selbst. Sollte es wirklich Nabonid gewesen sein, dann hätte der sozusagen ruhig zugesehen, wie seine drei Vorgänger mehr schlecht als recht mit den politischen und wirtschaftlichen Schwierigkeiten fertig wurden, und nur auf seine Stunde gewartet...

Im Jahre 562 v. Chr. trat der Sohn Nebukadnezars, Awel-Marduk, die Nachfolge seines Vaters an. Der genaue Zeitpunkt und die näheren Umstände seiner Inthronisierung liegen nach wie vor im dunkeln. Man nimmt an, daß Nebukadnezar etwa zwischen dem 1. und 7. Oktober 562 starb, aber alles zur Verfügung stehende Quellenmaterial deutet darauf hin, daß Awel-Marduk erst etwa zwei Monate später den Thron bestieg. Um diese zeitliche Diskrepanz zu erklären, wurde vermutet, Nebukadnezar habe seinen Sohn bereits zu seinen Lebzeiten als Mitregenten eingesetzt. Dann hätte es nämlich nach seinem Tod keine Eile mit der offiziellen Krönung Awel-Marduks gehabt, da er ja schon legitimer Herrscher war, der Nachfolger somit feststand.

Die jüdische Legende weiß aber noch eine andere Antwort: Während der angeblichen sieben »wahnsinnigen Jahre« seines Vaters machte sich Awel-Marduk eigenmächtig zum König und wurde von dem wieder genesenen Nebukadnezar zur Strafe für seinen Verrat ins Gefängnis geworfen. Als man nun nach des Königs Tod zu Awel-Marduk kam, um ihm die Herrschaft anzutragen, weigerte dieser sich, das Angebot anzunehmen, da er es für eine Falle seines Vaters hielt, und antwortete den Bittstellern:

»Wenn ich euch erneut nachgebe, ergreift er mich nicht nur und wirft mich in den Kerker, sondern er wird mich töten.« Erst nachdem Nebukadnezars Leichnam, wieder ausgegraben, durch die Straßen Babylons gefahren worden war, bestieg Awel-Marduk, nun überzeugt vom Tod des Königs, den Thron.

Da wir den Wahnsinn Nebukadnezars aber bereits als biblische Sage identifiziert haben, wird man wohl auch diese Erklärung für die Verzögerung der Thronbesteigung als das nehmen müssen, was es ist – eine Legende. Zumal es noch eine andere Legendenversion gibt. Danach war es nämlich nicht Awel-Marduk, der Angst hatte, die Herrschaft anzutreten, vielmehr fürchteten die hohen Würdenträger, Nebukadnezar könnte noch einmal, wie damals, als er »sieben Jahre unter Tieren lebte«, zurückkehren und Rache an Verrätern nehmen.

Fest steht jedenfalls, daß Awel-Marduk eine gewisse Zeit – wahrscheinlich zwei Monate – nach dem Tod des Vaters den Thron bestieg und mit einer seiner ersten Amtshandlungen Jojachin, König von Juda, begnadigte, das heißt, die sowieso nicht allzu strenge Haft des letzten israelitischen Königs ganz aufhob:

Im 37. Jahre nach der Wegführung des Königs Jojachin von Juda, am 27. Tage des 12. Monats, begnadigte Evilmerodach, der König von Babel, im ersten Jahre seiner Regierung den König Jojachin von Juda und entließ ihn aus dem Kerker; und er redete freundlich mit ihm und wies ihm seinen Sitz an über den Königen, die bei ihm in Babel waren. Er durfte seine Gefängniskleider ablegen und beständig an der königlichen Tafel essen, sein ganzes Leben lang. Und sein Unterhalt, der ständige Unterhalt, wurde ihm Tag für Tag, soviel er bedurfte, vom König gewährt, sein ganzes Leben lang« (2. Kön. 25, 27–30; vgl. Jer. 52, 31–34).

Auch in diesem Zusammenhang weiß die jüdische Legende noch weitere interessante Einzelheiten zu berichten. So sollen die babylonischen Würdenträger der Freilassung Jojachins widersprochen haben, da ein König nicht die Entscheidung seines Vorgängers außer Kraft setzen könnte, ohne dessen Leichnam aus dem Grab zu holen. Was Awel-Marduk daraufhin auch prompt tat, um sich

durch diesen Akt der Leichenschändung die völlige Entschei-
dungsfreiheit zu verschaffen. Zu Jojachin aber sagte er: »Sei nicht
unglücklich darüber, so lange im Gefängnis gewesen zu sein. Ver-
giß nicht, der dich gefangennahm, war ein König wie du, nicht ein
gewöhnlicher Mann; aber um die Ungerechtigkeit, die dir durch
ihn widerfahren ist, zu rächen, habe ich seinen toten Körper ent-
ehrt.«

Man darf wohl getrost behaupten, daß diese Legende, vom Fak-
tum der Freilassung abgesehen, vor allem jüdischem Wunschden-
ken entsprungen ist. Es versteht sich fast von selbst, daß Awel-
Marduk auch in der übrigen jüdischen Überlieferung nur das beste
Zeugnis ausgestellt wird, während Berossos seine Herrschaft
»willkürlich und zügellos« nennt. Ein Urteil, das weder zu widerlegen noch zu bestätigen ist, denn außer dieser großmütigen Geste
zu Beginn seiner Regierungszeit wissen wir bis heute nichts Nähe-
res über Art und Verlauf seiner Regentschaft, auch über von ihm
geführte Feldzüge oder andere außenpolitische Aktivitäten ist
nichts bekannt. Seine kurze Herrschaft fand auf jeden Fall ein
abruptes Ende: Laut Berossos wurde er als Opfer einer Verschwörung seines Schwagers Neriglissar ermordet.

Dieser Neriglissar (Nergal-sar-usur) entstammte einer bedeutenden Familie aus der nördlich von Babylon liegenden Provinz
Sinmagir. Er selbst war Großgrundbesitzer und wird in verschiedenen Wirtschaftstexten aus der Zeit Nebukadnezars erwähnt –
zum ersten Mal im Jahre 595, also im 9. Regierungsjahr des großen
Königs, und auch in Verträgen aus der Zeit Awel-Marduks erscheint sein Name. Neriglissar besaß ausgedehnte Ländereien bei
Babylon und Opis, war eine Zeitlang Königlicher Rechnungskom-
missar am Tempel von Sippar und befehligte, wie aus einem Brief
an einen gewissen Anu-sarra-usur hervorgeht, Truppen, und zwar
bei Feldzügen, die Nebukadnezar selbst anführte. Höchstwahrscheinlich war er auch bei der Eroberung Jerusalems 587 dabei.
Während der kurzen Regierungszeit Awel-Marduks erreichten
seine geschäftlichen Aktivitäten ihren Höhepunkt – er kaufte und
verkaufte Land und Häuser und verlieh Geld.

Wie und warum es zu der Verschwörung gegen den legitimen
Nachfolger Nebukadnezars kam und warum gerade Neriglissar,

selbst ja keineswegs aus königlichem Geblüt, der Auserwählte war, liegt nach wie vor im dunkeln. Jedenfalls wird er fünfundfünfzig Jahre – oder sogar noch älter – gewesen sein, als er 559 v. Chr. dem laut Josephus und Berossos höchst unpopulären Awel-Marduk auf dem Thron folgte.

> Neriglissar, der König von Babylon, der hehre, ehrwürdige, der Günstling des Marduk, der demütige, unterwürfige, dem Herrn der Herren in Ehrfurcht ergebene, der weise, gebetsfrohe, der sorgend gedenkt der heiligen Stätten Nabus, seines Herrn, der Priesterkönig, der Erhalter, der Darbringer großer Geschenke für Esagila und Ezida, der überreich machte die ständigen Opfer, der ordnete ihre Satzungen, der Sohn des Belschumischkun, der weise Fürst, der Held, der Vollkommene, der Hüter der Befestigungen Esagilas und Babylons, der wie eine gewaltige Mauer das Angesicht des Landes versperrt, bin ich.

Entsprechend dieser ganz in der Tradition Nebukadnezars stehenden Selbstcharakterisierung zu Beginn einer der wenigen Inschriften, die aus Neriglissars Zeit überliefert sind, verlief die vierjährige Regierungszeit dieses Königs trotz der blutigen Throneroberung offensichtlich wirklich höchst friedlich. Er restaurierte die Tempel von Babylon und Borsippa, wie es die Pflicht eines jeden babylonischen Königs war, sowie andere kultische Bauten im ganzen Land, aber auch Paläste, Kanäle und Uferbefestigungen ließ er ausbessern und verstärken – gerade auf letzteres scheint er, wie ja in seiner Inschrift zum Ausdruck kommt, besonderen Wert gelegt zu haben. So konnte er denn mit einigem Recht von sich behaupten, »Gerechtigkeit im Lande eingerichtet und seine weiten Völkerschaften in Frieden geweidet zu haben«.

Nur gegen Ende seines dritten Regierungsjahres, 557, führte er einen Feldzug in Kilikien, das irgendwann zwischen 595 und 570 von Nebukadnezar tributpflichtig gemacht worden war. Appuaschu, der König von Pirindu, war in das unter der Oberherrschaft Babyloniens stehende Küstengebiet Hume eingedrungen, um dort zu plündern und Gefangene zu machen. Dieses fruchtbare und an den Handelsstraßen nach Syrien strategisch so günstig gelegene

Land, mußte Neriglissar natürlich umgehend wieder in seine Hand bringen.

Es gelang ihm auch, gleich die erste Schlacht so erfolgreich zu beenden, daß Appuaschu sein Heil in der Flucht suchte. Weitere Kämpfe im Gebirge des trachäischen Kilikien bis an die Grenze Lydiens wurden bestritten, doch des Königs von Pirindu konnte man nicht mehr habhaft werden, und Neriglissar kehrte im Adar 556 nach Babylon zurück. Trotz des erfolgreichen Feldzugs war es Neriglissar nur gelungen, eine zweijährige Ruhepause zu erreichen, dann mußte sein Nachfolger Nabonid erneut Truppen nach Hume senden, um eine Revolte niederzuschlagen, die wahrscheinlich von Appuaschu angezettelt worden war.

Neriglissar starb kurz nach seiner Rückkehr in die Heimat, und es spricht eigentlich nichts gegen einen natürlichen Tod, obwohl wir über die genauen Umstände seines Ablebens nichts wissen. Allerdings läßt die Tatsache, daß man seinen unmündigen Sohn Labaschi-Marduk nach nur dreimonatiger Regierungszeit ermordete, auch hinsichtlich des Todes von Neriglissar einen Mord von interessierter Seite als nicht ganz ausgeschlossen erscheinen.

Der junge König besäße »keinen Verstand und schlechte Charaktereigenschaften« wurde behauptet, und er »habe sich gegen den Willen der Götter auf den Thron gesetzt«. Diese letzte Anschuldigung und »Begründung« für den Mord an Labaschi-Marduk weist übrigens ziemlich eindeutig den Weg zu den Tätern – zur Priesterschaft Babylons, die denn auch unverzüglich ihren Favoriten auf den Thron hob, den Sohn einer Priesterin und somit (fast) ihresgleichen: Nabonid. Daß ihre Rechnung nicht aufgehen sollte, mußten sie nur zu bald erfahren, und ihrer Rache sollte mehr zum Opfer fallen als ein unbotmäßiger Priestergünstling.

Ein Priestergünstling setzt auf den falschen Gott

Dabei ließ sich eigentlich alles ganz gut an. Nabonid wehrte sich zunächst einmal mit Nachdruck und Marduk-Beistand gegen den Vorwurf, ein Usurpator zu sein:

Auf Geheiß des Marduk, meines Herrn, ward ich zur Herrschaft über das Land erhoben, während sie den Ruf anstimmen: »Vater des Landes! Seinesgleichen gibt's nicht! Des Nebukadnezar und Neriglissar, meiner königlichen Vorgänger, mächtiger Abgesandter bin ich. Ihre Heerscharen sind meiner Hand anvertraut. Gegen ihr Geheiß bin ich nicht saumselig, ihrem Gemüt bereite ich Freude. Awel-Marduk, der Sohn des Nebukadnezar, und Labaschi-Marduk, der Sohn des Neriglissar... ihre... und... ihre... zersprengten sie, ihre Befehle...

An dieser Stelle wird die Schrift unlesbar, doch ist wohl ziemlich klar, was Nabonid weiter gesagt hat: daß diese beiden Könige gottlose Herrscher waren, die zu Recht den Thron verloren, während er, Nabonid, der eigentliche, legitime Nachfolger Nebukadnezars und Neriglissars sei.

Auf jeden Fall ist diese Legitimität des sich zunächst noch ganz marduk-treu gebenden Nabonids nur als eine geistige, moralische zu verstehen, denn die Rätsel, die diesen Mann auch heute noch umgeben, beginnen bereits mit seiner Herkunft. Obwohl Nabonid selbst zugibt, nicht königlicher Abstammung zu sein, wird in der Forschung immer wieder die Vermutung geäußert, er komme aus dem assyrischen Königshaus, da er das assyrische Erbe des Weltreichs Babylon besonders stark betont, die Herrscher von Ninive »meine königlichen Vorfahren« nennt und sogar teilweise ihre Titel trägt. Aber alles deutet darauf hin, daß dieses »Erbe« doch wohl nur als ein geistig-politisches zu verstehen ist, denn als sein Vater steht der »Statthalter« – vielleicht sogar »Prinz« – Nabu-balassu-iqbi fest. Es ist zu vermuten, daß der Vater, ein reicher Mann, der Scheich eines der größeren aramäischen Stammesverbände Babyloniens war – und Nabonid damit weder Babylonier noch Chaldäer, sondern ein Westaramäer. Warum man gerade ihn für die Herrschaft ausersehen hat, wird durch diese Herkunft nicht erklärlich.

Für die Entwicklung seiner Politik – vor allem seiner Religionspolitik – ist freilich die Person der Mutter viel interessanter und aufschlußreicher: Adda-guppi, Priesterin des Mondgottes Sin von Harran, besaß großen Einfluß auf ihren Sohn und starb erst in hohem Alter im 9. Regierungsjahr Nabonids, also 547 v. Chr.

Sie wurde geboren, als Assurbanipal im Zenit seiner Macht stand; sie hatte die letzten zweiundzwanzig Jahre seiner Herrschaft miterlebt, und Harran, wo sie als Priesterin lebte, war die letzte Hauptstadt des Assyrerreiches, bis es von den Medern endgültig erobert wurde. Adda-guppi floh mit ihrem kleinen Sohn an den Hof nach Babylon, und als er erwachsen war, trat Nabonid in die Dienste Nebukadnezars und Neriglissars.

So scheint eigentlich auf der Hand zu liegen, daß sowohl seine »assyrischen Neigungen« wie auch seine sehr bald zutage tretenden religiösen Präferenzen eindeutig von der Mutter geprägt wurden. Wobei es im übrigen ziemlich gleichgültig ist, ob sie seine leibliche Mutter war, oder, wie Böhl de Liagre annimmt, nur seine Adoptivmutter, da die Oberpriesterinnen des Sin kinderlos bleiben mußten.

Interessant wird die Frage nach der leiblichen Mutter allerdings wieder im Hinblick auf Nabonids vermutete assyrische Herkunft. Denn wenn auch der Vater als nicht dem assyrischen Königshaus zugehörig feststeht, könnte ja vielleicht die Mutter aus assyrisch-königlichem Geblüt stammen. Eindeutig lösen ließe sich das Problem Priesterinnensohn oder Prinzessinnensohn wohl nur aufgrund neuen Quellenmaterials.

Die Politik Nabonids bestimmten vor allem zwei Komponenten: Zum einen sein Wunsch, an die große Tradition Babylons anzuknüpfen, was sich vor allem in seiner ungeheuren Bautätigkeit ausdrückte, so daß man ihn früher, als viele der heute bekannten Dokumente noch nicht publiziert waren, sogar oft etwas abwertend als »gelehrten Antiquar« betrachtete, der am glücklichsten war, wenn er auf irgendwelche antiken Fundamente stieß – um dann an eben diesem Platz seine neue Gründungsurkunde zu der alten zu legen und mit Restaurationsarbeiten oder Neubauten an altehrwürdiger, königlich legitimierter Stelle zu beginnen. Zu den ganz offensichtlich vorhandenen »konservativen« Neigungen Nabonids mag noch sein Bedürfnis gekommen sein, alles zu tun, um den Ruch des Usurpators abzustreifen.

Zum andern wollte er die religiöse Tradition Assyriens wiederaufleben lassen, das heißt, seine zunächst nur heimliche Vorliebe für Sin, Schamasch und Ischtar – die assyrische Trias – anstelle der mittlerweile etablierten neubabylonischen Marduk, Nabu, Nergal wurde im Laufe der Jahre immer offensichtlicher. Wobei Sin, der Gott seiner Mutter (und zwar der *assyrische* Sin, dessen Symbolik und Ritual sich von denen des babylonischen Sin deutlich unterschieden), die beherrschende Position Marduks einnehmen sollte.

In den ersten Jahren war davon freilich noch nicht viel zu spüren, Nabonid hatte sich offenbar auf einen langen Marsch durch die Institutionen eingestellt. Der siegreiche Verschwörer – so kann man ihn wohl bezeichnen, auch wenn wir über die genaueren Umstände des Warum, Wie, mit wessen Unterstützung (außer der der Priester, aber vielleicht hat die ja auch schon gereicht) nichts wissen – ging zunächst mit viel Tatkraft an die Verwirklichung seines immensen Bauprogramms, das allerdings in erster Linie die Tempel des Landes betraf, seine profanen Bauten sind kaum der Rede wert: In Babylon selbst befestigte er die Ufer des Euphrat durch eine zusätzliche Mauer und in Kuta und Kisch »erhöhte ich die Stadtmauern bergegleich«.

Wie es einem Nachfolger Nebukadnezars – der ihm samt Marduk angeblich im Traum erschienen war, ihn als König bestätigt und seiner und des Gottes Hilfe versichert hatte – wohl anstand, begann er als erstes den Marduk-Tempel in der Hauptstadt selbst zu verschönern. Die Türen von Esagila ließ er mit Silber beschlagen und vor dem Tempel der Ninmach »Schlangengreife« und Stiere aus Bronze aufstellen. Prunkvoll beging er das erste Neujahrsfest, ergriff die Hand Marduks zum Zeichen seiner wahren Herrschaft und schenkte dem Gott 100 Talente 21 Minen (3040 Kilogramm) Silber und 5 Talente 17 Minen (160 Kilogramm) Gold sowie 2850 Gefangene als Tempelsklaven. Die Marduk-Priester konnten also zunächst mit ihrem Schützling vollauf zufrieden sein, zumal er auch die anderen Tempelzentren des Landes wie Sippar, Larsa, Uruk und Ur aufsuchte und reich beschenkte. Auch bei dieser Rundreise war er stets auf der Suche nach alten Bauberichten, um an traditionsreichem Ort weiter bzw. neu zu bauen. Und je älter eine Gründungsurkunde war (oder von seinen Vertrauten, die seinen »Spleen« kannten, gemacht wurde), um so freudiger begann er an besagter Stelle mit den Arbeiten.

»Die Berichte über seine Bemühungen, die alten Grundsteinin-

schriften seiner Vorgänger zu finden, muten uns so modern an,
daß wir glauben, eine Mitteilung der Deutschen Orient-Gesellschaft zu lesen, wenn wir aus seinen Inschriften hören, daß er zum
Beispiel in dem Tempel Eulmasch in Sippar, den vor 800 Jahren
der Kossäerkönig Schagaraktischriasch gebaut, nach seiner alten
Gründungsurkunde gegraben, sie auch gefunden und dann darüber den Tempel neu erbaut habe. Als ihm seine Gelehrten die
genaue Zeit des Königs Naram-Sin, des Erbauers des Sonnentem-
pels in Sippar, nicht angeben konnten, hörte er nicht auf mit An-
fragen, bis sie ihm den Bescheid gaben, daß dieser 3200 Jahre vor
ihm gelebt habe. Die Herren hatten sich übrigens um mehr als
1000 Jahre geirrt, aber trotzdem ›freute sich das Herz des Königs,
und es strahlte sein Angesicht‹, weil ihm geglückt war, was alle
seine Vorfahren nicht erreicht hatten, nämlich den Grundstein Na-
ram-Sins zu finden. Aus dieser Ehrfurcht vor der Vergangenheit
erklärt sich auch Nabonids Gewohnheit, die neuen Tempel nach
dem alten Grundplane aufzubauen, ›so daß kein Zoll darüber hin-
ausging oder zurückstand‹« (B. Meißner).

Besonders am Herzen lag ihm Ur in Chaldäa, jene Stadt, für die
sich bereits Nebukadnezar – nach Babylon, versteht sich – am
meisten interessierte. Er hatte anscheinend sogar den Wiederaufbau der ganzen Stadt geplant, aber da Babylon nun einmal vorging,
blieb Nabonid, als er sechs Jahre nach Nebukadnezars Tod die
Regierung antrat, noch viel zu tun übrig. Selbst mit den heute ja
bereits sehr verfeinerten Datierungsmethoden ist oft nicht mehr
auszumachen, welche Teile Urs aus Nebukadnezars Zeit und welche aus den Jahren seines Nachfolgers stammen.

Das Hauptinteresse Nabonids galt natürlich auch in Ur dem
Tempel, zumal es der Tempel des Mondgottes Sin (oder Nanna),
Egischnungal, war. Er errichtete die Zikkurat des Tempels neu –
die ja bis heute ein eindrucksvolles Beispiel der Babelturm-Bau-
weise ist – und baute einen Palast, ein »Kloster« für Priesterinnen:
64 Räume, rund um Lichthöfe gruppiert. Über die Bedeutung des
Bauwerks schreibt der Archäologe Sir Leonard Woolley, der Ausgräber von Ur:

»Als Taylor vor einem Jahrhundert in Ur grub, fand er einen
beschrifteten Tonzylinder Nabonids, der unser Gebäude erklärt:

›Am 13. Tag des Monats Ulul wurde der Mond dunkel und trat in seine Finsternis ein; Nanna wünscht eine Priesterin, das war [die Bedeutung der] außergewöhnlichen Erscheinung.‹ Wiederholte Opfer und Befragungen der Orakel machten es schließlich offenbar, daß niemand anderes als die Tochter des Königs zur Priesterin ausersehen war. Der alte Brauch, der . . . schon zur Zeit Sargons von Akkad und noch früher geübt wurde, sollte in diesen späten Tagen wiederbelebt werden. So weihte Nabonid seine Tochter zur Hohenpriesterin des Nanna in Ur und verlieh ihr den Namen Belschaltinanna. Wie er berichtet, baute er für sie das alte Gebäude Epigar wieder auf, in dem die Priesterinnen von alters her gewohnt hatten. Es kann kein Zweifel sein, daß der von uns aufgegrabene Palast die Residenz der königlichen Priesterin, der Schwester Belsazars, war, jenes Belsazars, der im Buche Daniel als der Gastgeber des Festes erscheint, in dessen Verlauf die Zerstörung Babylons durch den Propheten vorausgesagt wurde. Nabonid errichtete seiner Tochter einen Palast, der den Palästen der Hauptstadt nachgebildet war.«

Wie ernst es Nabonid mit seiner Verehrung für den Mondgott Sin war, geht aus dieser »Geste«, seine Tochter feierlich zur Gottesbraut, zur Ober-Hierodule Sins zu weihen, deutlich hervor. Und es erscheint nur logisch, daß er als Höhepunkt seiner Sin-Verehrung den Tempel Echulchul, das »Haus der großen Freude«, in Harran wiederaufbaute, der 610, als die Meder die Stadt eroberten, zerstört worden war. Als Nabonid den Thron bestieg, war seine Heimatstadt noch immer unter medischer Herrschaft, aber das sollte sich bereits in den ersten Jahren seiner Regierung ändern. Harran kam wieder zu Babylonien, und Nabonid gelang es, den Tempel im alten Glanz wiedererstehen zu lassen, eine Arbeit, für die er »seine weiten Völker von Gaza an der Grenze Ägyptens, vom oberen Meere jenseits des Euphrat [Mittelmeer] bis zum unteren Meere [Persischer Golf], Könige, Fürsten, Statthalter und Untertanen« zur Unterstützung bzw. aktiven Mitarbeit aufbot. Aber dennoch – oder vielleicht gerade deshalb – sollte es Harran sein, wo sich die politischen, wirtschaftlichen und religiösen Probleme der Herrschaft Nabonids gefährlich zusammenballten und damit das Ende des neubabylonischen Reichs eingeleitet wurde.

Harran – der Name bedeutet soviel wie »Straße«, denn hier trafen sich die großen Karawanenwege, die einerseits von Babylonien aus nordwärts gingen und andererseits von Ägypten, Arabien und Palästina her ins Land führten – war bei Regierungsantritt Nabonids, wie gesagt, in Händen der »Ummanmanda«, wie die Meder in den babylonischen Inschriften genannt werden, und so erscheint dem stets traumgeleiteten König denn auch gleich im ersten Jahr nach seiner Thronbesteigung der Gott – in manchen Inschriften spricht Nabonid von Sin, in anderen, verbreiteteren, klugerweise von Marduk – und fordert ihn auf: »Beeile dich, und baue Echulchul, den Tempel von Sin, der in Harran ist, angesichts der Tatsache, daß alle Länder dir zu Gebote stehen.« Woraufhin Nabonid verständlicherweise einwendet:

»Was den Tempel betrifft, dessen Wiederaufbau du befiehlst, so ist er rings von den Ummanmanda umgeben.« [Darauf Marduk überraschenderweise:] »Die Ummanmanda, die du erwähnst, sie, ihr Land und ihre verbündeten Könige werden nicht länger bestehen. Im dritten Jahr, von heute gerechnet, werde ich Kyros, den König von Anschan, ihren Untergebenen, beauftragen, sie zu vertreiben. Mit seinen wenigen Truppen wird er die weitverbreiteten Ummanmanda aus dem Lande werfen.«

Und so geschah es. Allerdings ist nicht klar, ob Kyros, Sohn Kambyses' I., des dritten Königs von Anschan* und einer Tochter des Mederkönigs Astyages (Sohn des einst mit Nabopolassar verbündeten Kyaxares), die Meder allen verwandtschaftlichen Bindungen zum Trotz allein aus Harran vertrieben hat, oder ob Nabonid sich, eingedenk der guten alten Beziehungen zwischen den Herrscherhäusern von Babylonien und Elam mit Kyros gegen die Meder verbündet hat. Auf jeden Fall begrüßte er es, daß Kyros, der »kleine Knecht« des Mederkönigs Astyages, gegen dessen Oberherrschaft revoltierte, denn nun konnte er seinen Eroberungen aus

---

* Ursprünglich eines der Fürstentümer Elams, wo sich die indogermanischen Perser niedergelassen und Mitte des 7. Jahrhunderts ihr Königshaus begründet haben.

den Feldzügen gegen Hama (554/3), Edom und im syrischen Raum auch noch Harran hinzufügen. Sei es als Miteroberer, sei es als »lachender Dritter«, der Kyros im eigenen Interesse eine Art Rückendeckung verschaffte. Vor allem in Anbetracht der weiteren politischen Entwicklung scheint letzteres wahrscheinlicher. Kyros war einfach (noch) nicht stark genug, auch Babylon zu erobern.

Nabonid begann mit Hilfe eigens zu diesem Zweck ausgehobener Truppen unverzüglich mit dem Wiederaufbau des Sin-Tempels. Die Arbeit wurde zwar beendet, war aber von Anfang an von Unruhen im Lande begleitet. Die wirtschaftliche Lage Babyloniens hatte sich bereits unter Nebukadnezar, vor allem aber seit dessen Tod auf geradezu katastrophale Weise verschlechtert. Die ungeheuren militärischen und (tempel)baulichen Unternehmungen Nebukadnezars, die seine Nachfolger ja fortführten, hielten nicht nur jahrelang die Männer von so notwendigen Arbeiten wie Feldbestellung und Kanalwartung ab, sie hatten auch eine ständig sinkende Produktivitätsrate des Landes zur Folge und führten zu einer Inflation, die sich von einer schleichenden zusehends in eine galoppierende verwandelte: Zwischen 560 und 550 stiegen die Preise bis zu 50 Prozent und zwischen 550 und 485 gar um 200 Prozent. In Babylonien kam es zu Hungersnöten, denen Nabonid durch höhere Besteuerung der Tempel zu begegnen versuchte.

Als dann im Jahre 549 sein Sohn, der Kronprinz Belsazar, einen Erlaß verkünden ließ, der weitreichende landwirtschaftspolitische Reformen hinsichtlich der Tempelverwaltung einleiten sollte, die praktisch auf eine totale staatliche Kontrolle der Tempeleinnahmen hinausliefen, da stellten die Priester sich quer. Sie hatten sich in diesem Nabonid, wie sie schon seit einiger Zeit merkten, ganz offensichtlich getäuscht. Und wenn den Priestern in Babylon ein Herrscher nicht (mehr) paßte, war es ihnen ein leichtes, auch das Volk von dieser ihrer Ansicht zu überzeugen, vor allem wenn im Lande derart desolate wirtschaftliche Zustände herrschen wie in Babylon zu jener Zeit.

Im 7. Regierungsjahr Nabonids kam es schließlich zur unvermeidlichen Krise, deren Verlauf in einer der Königsinschriften so geschildert wird:

Die Söhne von Babylon, Borsippa, Nippur, Ur, Uruk, Larsa,
die Priester und Bewohner der heiligen Stätten von Akkad fehlten, vergingen sich und versündigten sich..., sprachen nur
noch falsche, ungerechte Worte und fraßen einander wie die
Hunde. Sie ließen Fieber und Hungersnot in ihrer Mitte entstehen, so daß die Bevölkerung zurückging. Ich aber begab mich
weit weg von meiner Stadt Babylon und schlug den Weg nach
Teima, Dadanu, Padakku, Hibra, Jadiru, ja bis nach Jatribu ein
und wanderte zehn Jahre lang zwischen diesen Städten hin und
her; in meine Stadt Babylon aber kehrte ich nicht ein.

Man sollte meinen, daß der Weg, die Krise zu überwinden, den
Nabonid hier selber andeutet, kaum erfolgversprechend gewesen
sein dürfte: Er betraute einfach seinen Sohn Belsazar mit der Re-

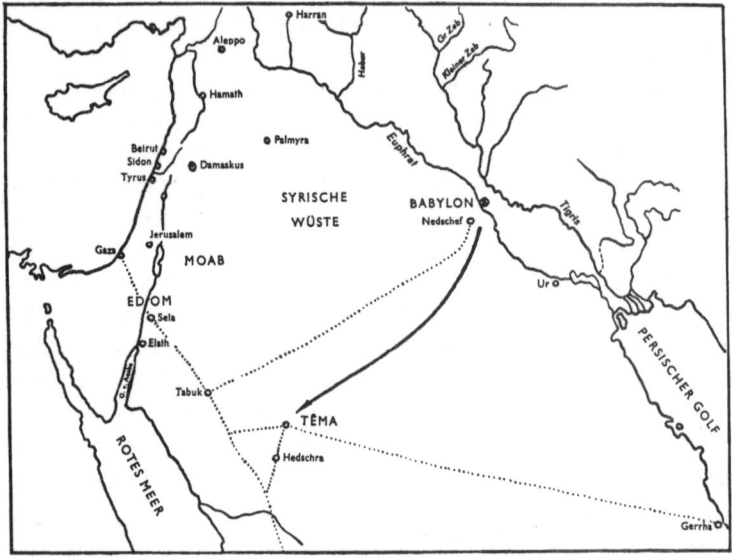

*Die arabische Oasenstadt Teima hatte sich Nabonid für fast ein Jahrzehnt
zur Residenzstadt erkoren, von wo aus er den Warenverkehr und die
Truppenbewegungen zwischen dem Roten Meer und dem Persischen Golf
(gestrichelte Linien) überwachen konnte (nach A. Parrot).*

gentschaft und zog sich samt seinem Heer in die in Nordwestarabien gelegene Oasenstadt Teima zurück, die als Knotenpunkt mehrerer Karawanenstraßen vom Altertum bis heute eine bedeutende Rolle spielte. Den König von Teima ließ Nabonid kurzerhand töten, errichtete in der Stadt einen Palast und schlug dort für die nächsten zehn Jahre seine Residenz auf.

Für Babylon war er praktisch wie vom Erdboden verschwunden, und, was das schlimmste war: Der Kult war unterbrochen, das Neujahrsfest konnte nicht mehr gefeiert, die Hand des Gottes nicht ergriffen werden. Damit hatte der Ketzerkönig, der Anhänger des Mondgottes Sin, den orthodoxen Marduk-Priestern seinen Schuldbeweis sozusagen coram publico geliefert. Es bedurfte nicht viel, ein derart in seinen elementarsten Glaubensvorstellungen verletztes Volk zu gegebener Stunde davon zu überzeugen, daß man sich dieses Königs entledigen mußte, der »die Riten durcheinanderbrachte, die Orakel verwirrte und die festgelegten religiösen Bräuche mißachtete ... für einen Gott, desgleichen man noch nie im Lande gesehen ..., von dem weder Ea, der Schöpfer, [die Gestalt] ersonnen, noch der Weise Adapa den Namen gekannt hat«.

Zunächst aber war dieser König ja für ein Jahrzehnt außer Reichweite, und bis heute wird an den Gründen für diesen Schritt herumgerätselt. Einige Forscher vermuten, daß aufgrund des langen Aufenthalts des Königs »in der Wüste« (auch wenn Teima eine geschäftige Oasenstadt war, mußte es von Babylon aus wohl so erscheinen) die Sage vom Wahnsinn – Nebukadnezars entstand, der, von der menschlichen Gesellschaft ausgestoßen, bei den wilden Tieren lebte. Denn als »Sagenträger« war Nebukadnezar der Große natürlich viel attraktiver und für die Geschichte des jüdischen Volkes außerdem von größerer Bedeutung als Nabonid. Andererseits deutet gerade einer der jüngsten Funde in diesem Zusammenhang deutlich in Richtung des letzten babylonischen Königs als den eigentlichen »Wahnsinnigen«.

Unter den 1955 in Qumran gefundenen »Schriftrollen vom Toten Meer« war nämlich auch ein aramäisch geschriebenes Dokument aus der zweiten Hälfte des 1. Jahrhunderts, in dem von göttlichem Zorn auf einen neubabylonischen Herrscher die Rede ist – auf Nabonid:

Die Worte des Gebets, das Nabu-naid, König von Assyrien und
Babylon, der größe König, sprach, als er in der Stadt Teima auf
Befehl Gottes, des Allerhöchsten, von einer unerfreulichen
Hautkrankheit befallen wurde: »Ich war von einer unerfreulichen Hautkrankheit befallen, sieben Jahre lang ... Aber als ich
meine Sünden und Fehler bekannte, gewährte Er mir ein gnädi-
ges Urteil. Und da war ein Jude aus ..., und er schrieb und sagte
mir, ich solle ehren ... den Namen Gottes, des Allerhöchsten ...«

Mehr als das Fragment mitteilt, weiß man freilich bis heute nicht
über die Sache. Außerdem gehört auch diese Quelle offenbar in
den *Sagen*komplex der jüdischen Überlieferung, nur eben mit dem
(»richtigeren«?) Namen Nabonid und nicht Nebukadnezar verbunden. Weitere Aufschlüsse könnten nur neue Schriftfunde
bringen.

Manche Forscher sind allerdings der Auffassung, daß die Motive für Nabonids arabischen Aufenthalt weder in religiöser Spin-
nerei noch in Krankheit oder Flucht vor den drängenden Problemen des Landes (alle drei Hypothesen werden in der Wissenschaft
vertreten), sondern in wohlerwogenen politischen und wirtschaftlichen Gründen zu suchen seien: Kyros beherrschte nach seinen
Siegen über die Meder (549) und der Eroberung von Sardes, der
Hauptstadt Lydiens, das ganze Gebiet vom Mittelmeer bis zum
Persischen Golf, und jeder konnte sich ausrechnen, daß es nur eine
Frage der Zeit war, wann er das von jenen Ländern eingekreiste,
im Innern geschwächte Babylonien angreifen würde.

»Höchstwahrscheinlich hat Nabonid diese ernste Bedrohung
längst vorausgesehen und Maßnahmen getroffen, um ihrer Herr zu
werden. Dadurch, daß er das Reich dem Schutze eines vom Kronprinzen befehligten Heeres überließ und selbst mit seinen Truppen
auf eine andere mögliche Verteidigungsbasis auswich, konnte er
seinem Defensivsystem eine größere Tiefe und stärkeres Gewicht
verleihen. Zugleich hatte er die Araber bei der Hand, so daß unter
ihm alle semitischen Kräfte gegen die arischen Eroberer vereint
waren.

Der Besitz Arabiens hatte für Nabonid aber auch große wirtschaftliche Bedeutung. Man hat mit Recht darauf hingewiesen, daß um die Mitte des 6. Jahrhunderts v. Chr. der Persische Golf an der Küste versandete, so daß die Seeschiffe nicht länger den Hafen von Ur anlaufen konnten. Der Hafen von Hudimir an der Ostküste des Golfes befand sich unter persischer Kontrolle, während es äußerst schwierig und langwierig war, die Waren auf dem Landweg längs der Westküste heranzubefördern. So spielte sich der Handelsverkehr im wesentlichen auf der Wüstenpiste ab, die über Teima westlich nach Ägypten verlief. Da Nabonid über den wichtigen Umschlagplatz verfügte, den die Oase Teima darstellte, konnte er den Warenaustausch zugunsten des von Hungersnöten geplagten Mesopotamien beeinflussen. Zugleich vermochte er wirtschaftlichen Druck auf Ägypten auszuüben« (René Labat).

Daß weder die Zeitgenossen noch die Nachwelt diese Weitsicht des Königs erkannten, ihn schmähten und wenig schmeichelhafte Legenden um ihn woben (selbst wenn die Sage vom »Wahnsinn Nebukadnezars« doch nicht eigentlich ihn gemeint haben sollte, zeigt das in Qumran gefundene Fragment, das gewiß nur »die Spitze eines Legendeneisbergs« ist, wie man seinen Aufenthalt in Teima in der Überlieferung interpretierte), mag daran gelegen haben, daß sich seine politische Strategie – nehmen wir einmal an, die Hypothese vom Realpolitiker Nabonid stimmt – als absolut erfolglos erwies. Und das nicht zuletzt, weil er in einem Lande, wo die Götter alles waren, die Durchführung der grundlegenden Riten versäumte. War er so sehr »Technokrat«, daß er glaubte, eventueller wirtschaftlicher Aufschwung und militärische Sicherheit würden das Volk schon Einsicht in seine Pläne und Vorhaben lehren? Oder war er so »mondgottsüchtig«, daß er die Macht Marduks, das heißt, die Anhänglichkeit des Volkes an *seinen* Gott, nach Kräften unterstützt und fanatisiert von den um ihre Pfründe bangenden Priestern, fahrlässig unterschätzt hat?

Fest steht jedenfalls, daß er zu spät zurückkehrte. Die Feier des Neujahrsfestes, das Ergreifen der göttlichen Hand – nichts konnte die Untertanen und vor allem die Marduk-Priester mehr versöhnlich stimmen, längst hatten sie Kontakt zu dem als tolerant gerühmten Perserkönig aufgenommen. Und es mußte ihnen wie eine Bestätigung ihrer Handlungsweise erscheinen, daß Nabonid bei sei-

ner Rückkehr nach Babylon in feierlicher Prozession die Statuen
Sins und anderer »unbabylonischer« Götter nach Harran führte
und mit einem glanzvollen Fest Echulchul, das »Haus der
Freude«, einweihte.

Kyros brauchte Babylon nicht zu erobern, es fiel ihm wie eine
reife Frucht in den Schoß. Am 14. Taschritu 539 wurde Sippar
kampflos genommen, am 16. zogen die persischen Truppen unter
ihrem Feldherrn Gobyas in Babylon ein und am 29. Oktober 539
ergriff Kyros von Persien unter dem Jubel der Bevölkerung und
der Priesterschaft die Hand Marduks, nahm den Titel »König aller
Länder« an und verlieh seinem Sohn Kambyses, der auch bei den
ersten Neujahrsfeierlichkeiten den Vorsitz führte, den Titel »König von Babylon«. In guter alter babylonischer Tradition beruft
Kyros sich auf Marduk, als dessen Auserwählter und in dessen
Auftrag er alles zum größeren Ruhme Babylons getan habe:

Ich, Kyros, König des Weltreichs, großer und mächtiger König,
König von Babylon, König von Sumer und Akkad, König der
vier Weltufer, Sohn des Kambyses, des großen Königs, des Königs von Anschan... dessen Regierung Bel und Nabu liebge-
wannen und dessen Königtum sie zur Erfreuung ihrer Herzen
wünschten, als ich friedlich in Babylon eingezogen war, schlug
ich unter Jubel und Freude im Palast des Fürsten den Herr-
schersitz auf... In Babylon und allen seinen Kultstätten hütete
ich in Frieden die Einwohner von Babylon... Über meine guten Werke freute sich Marduk, der große Herr. Mich, Kyros,
seinen Verehrer, und Kambyses, meinen leiblichen Sohn, sowie
alle meine Truppen segnete er gnädig, und wir wandelten in
Frieden freudig vor ihm. Auf seinen erhabenen Befehl brachten
alle Könige, die auf Thronen sitzen, von allen Weltufern, vom
Oberen bis zum Unteren Meer... die Könige von Amurru,
welche in Zelten wohnen, alle zusammen ihren schweren Tribut, und sie küßten in Babylon meine Füße... Und die Götter
von Sumer und Akkad, die Nabonid zum Zorn des Herrn der
Götter nach Babylon hineingebracht hatte, ließ ich auf Befehl
Marduks, des großen Herrn, in Frieden in ihren Heiligtümern
eine Wohnung der Herzensfreude beziehen...

Er war also gekommen, »der Stein, der das Bild schlug« (Dan. 2, 35), das Bild Babylons mit dem Haupt aus Gold, der Brust aus Silber, dem Bauch aus Kupfer, den Beinen aus Eisen und den Füßen aus Eisen und Ton – die letzte Dynastie des Reiches Babylon hätte nicht eindrucksvoller beschrieben werden können. Nabonid – sozusagen einer der Füße aus Eisen und Ton – wurde auf dem Rückzug gefangengenommen und laut Xenophon hingerichtet, laut Berossos jedoch nach Kerman im Ostiran ins Exil geschickt. Wie die Spur des letzten Königs des assyrischen Weltreichs, Assur-uballit, schien sich auch Nabonids Ende unter widersprüchlichen Aussagen im Dunkel der Geschichte zu verlieren. Doch in diesem Fall konnte uns einmal mehr ein (nichtbabylonischer) Keilschrifttext eines Genaueren belehren: Wie einem Kyros-Zylinder zu entnehmen ist, lebte Nabonid bis zu seinem Tod am 1. März 538 in dem von Berossos als Exilstadt angegebenen Kerman – einer Überlieferung im persischen Raum zufolge sogar als Statthalter –, und vom 9. bis zum 22. März wurden ihm zu Ehren, mit Kyros' Billigung, vielleicht sogar auf seinen Befehl, Trauerfeierlichkeiten veranstaltet wie sie seinem Status als (wenn auch besiegter) König entsprachen.

Das Volk, das dem persischen »Befreier« zujubelte und sich um seinen König nicht weiter kümmerte, hat wohl kaum gespürt, daß hier eine Ära zu Ende ging, ein Weltreich das andere ablöste.

Belsazars letzte Nacht

Die Atmosphäre der Schicksals- und Zeitenwende fängt die Bibel-Erzählung von der letzten Nacht Belsazars auf unübertreffliche Weise ein – daß Belsazar nicht König, sondern nur Kronprinz und Regent war und sein Vater nicht Nebukadnezar, sondern eben Nabonid, ist da ein leicht korrigierbares Detail:

König Belsazar machte ein herrliches Mahl seinen tausend Gewaltigen und soff sich voll mit ihnen. Und da er trunken war, hieß er die goldenen und silbernen Gefäße herbringen, die sein

Vater Nebukadnezar aus dem Tempel zu Jerusalem weggenommen hatte, daß der König mit seinen Gewaltigen, mit seinen
Weibern und seinen Kebsweibern daraus tränken. Also wurden
hergebracht die goldenen Gefäße, die aus dem Tempel, dem
Haus Gottes zu Jerusalem, genommen waren; und der König,
seine Gewaltigen, seine Weiber und Kebsweiber tranken daraus.
Und da sie soffen, lobten sie die goldenen, silbernen, ehernen,
eisernen, hölzernen und steinernen Götter. Eben zur selben
Stunde gingen hervor Finger wie einer Menschenhand, die
schrieben, gegenüber dem Leuchter auf die getünchte Wand in
dem königlichen Saal; und der König ward gewahr der Hand,
die da schrieb ... (Dan. 5, 1–5).

Und sie schrieb, so vermutet der Alttestamentler M. A. Beek:
»mnh, tkl, prs, prs«. Diese Worte der aramäischen Konsonanten-
schrift ließen sich nun auf verschiedene Weise vokalisieren. »Wenn
wir diesen Spruch ansehen, begreift jeder, der etwas vom Aramäischen versteht, daß es sehr nahe liegt, daraus zu machen: meneh,
tekel, peres, peres. Das würde die Gewichtseinheiten bedeuten: die
Mine, der Sekel, die halbe Mine und nochmals die halbe Mine.
Eine solche Aufzählung von Reichstalern, Talern und Gulden
müßte jeden Weisen wohl wegen der Unsinnigkeit verrückt machen. Die am meisten auf der Hand liegende Vokalisation machte
die geheimnisvolle Schrift zum Unsinn. Daniel aber las die richtigen Vokale, machte daraus ›menah, tekal, peras, paras‹, und kündigte damit in einigen harten Perfektformen plus einem Nomen
das Ende von Belsazars Reich an« (M. A. Beek). Denn diese Worte
heißen nichts anderes als: »Er hat geteilt, gewogen, getrennt, der
Perser!« Daß in der Überlieferung daraus »mene, mene, tekel,
upharsin« – Gott hat dein Königreich gezählet und vollendet. Man
hat dich in einer Waage gewogen und zu leicht befunden. Dein
Königreich ist zerteilet und den Medern und Persern gegeben –
wurde, hält M. A. Beek für »ganz begreiflich, wenn man bedenkt,
daß die Pointe der Erzählung in der Doppeldeutigkeit eines unvo-
kalisierten Textes gelegen hat«.

Koldewey, bekannt für seinen Humor auch bei »ernsten« Fragen, meint, daß vielleicht doch die einfachste Lesart, die der Münz-

werte, die richtige sein könnte und »einer der anwesenden Perser ganz unschuldig mit Kohle an der Wand seine Forderungen ausgerechnet, der bereits von schlimmen Ahnungen gefolterte König aber daraus neuen Argwohn gegen seine Umgebung geschöpft habe«.

So ist denn Babylon seine Bibel auch in den letzten Stunden nicht losgeworden, und einmal mehr geht auch dieser immerhin eindrucksvolle »Nachruf« der biblischen Autoren auf »die Hure Babel« auf Kosten der historischen Wahrheit, vor allem auf Kosten Nabonids, des letzten Königs von Babylon. Der Eroberer von Jerusalem erhielt zu allen seinen geschichtlich verbürgten Rollen auch noch die des Vaters des Belsazar, des »wahnsinnigen« Königs der Sage und des vom Propheten Daniel beratenen Träumers. Wenn es nach der Bibel gegangen wäre, hätte es keinen der unfähigen Erben mehr gegeben: Glanz und Untergang Babylons, Höhepunkt und Ende einer Kultur und eines Zeitalters hat das Alte Testament in einer großartigen Apotheose mit ein und demselben Mann verbunden – mit Nebukadnezar dem Großen.

Die Perser kommen

Das Leben in Babylon ging weiter. Die Wirtschaft nahm sogar einen beachtlichen Aufschwung, man profitierte vom weiteren Machtzuwachs des Perserreichs, zu dem man ja nun gehörte. Und als Kyros gleich zu Beginn seiner Regierung per Edikt den Deportierten die Rückkehr nach Juda unter Mitnahme der Tempelgeräte erlaubte, sogar die Wiedererrichtung des Tempels in Jerusalem anordnete, zogen es viele der einst unglücklichen jüdischen Exilierten bzw. deren Nachkommen vor, in der neuen Heimat zu bleiben. Sie hatten Fuß gefaßt in Babylon und dachten nicht daran, ihre Geschäfte, Banken, Handwerksbetriebe aufzugeben, um in der »Fremde« einer ungewissen Zukunft entgegenzugehen.

Natürlich fanden sich nicht alle Babylonier mit der neuen politischen Lage ab, einige träumten den Traum von Babylons einstiger

und damit wiederherzustellender Größe weiter. Und so trat 522 v.
Chr. ein gewisser Nidintu-Bel auf, der behauptete, ein Sohn Nabonids zu sein und eigentlich – Nebukadnezar zu heißen. Dareios
schlug den Aufstand im Dezember 522 nieder und ließ den Anführer hinrichten. Ein Jahr später versuchte der Armenier Araka sein
Glück mit derselben Methode: Er sei Nebukadnezar, der Sohn
Nabonids. Aber er hatte nicht mehr Erfolg als sein unglücklicher
Vorgänger. Dareios schickte seinen General Vindafrana, der die Revolte ohne Mühe niederschlug und Araka und seine Anhänger
pfählen ließ.

Für fast fünfzig Jahre herrschte nun Ruhe im Land; die Babylonier schienen sich mit ihrem fremdbestimmten Schicksal abgefun-
den zu haben. Da kam es 479 zu einem erneuten Aufstand unter
Führung eines gewissen Schamasch-irba, und diesmal kannte der
persische König – es war mittlerweile Xerxes – kein Pardon. Die
Stadt wurde geplündert, Befestigungen geschleift und, das
schlimmste von allem: Er ließ Esagila und Etemenanki zerstören,
die Statue des Marduk einschmelzen. Nun war der Vollzug der
religiösen Kulte, besonders die Feier des Neujahrsfestes nicht
mehr möglich, kein König von Babylon konnte mehr die Hand
Marduks ergreifen . . .

Doch die Geschäfte blühten nach wie vor, und die meisten Bauwerke standen noch. Aber nach und nach wandelte sich das Gesicht der Stadt. Herodot erwähnt nicht mehr die Hängenden Gärten, sagt kein Wort über die farbigen Ziegel des Ischtar-Tores.

Ein neuer Eroberer löst die Perser ab: Alexander der Große, der
Makedonier, marschiert nach seinem Siegeszug durch Kleinasien,
Syrien und Ägypten sowie dem entscheidenden Triumph über die
Truppen Dareios' III. in der Schlacht bei Gaugamela (nordöstlich
von Mosul) im Oktober 331 in Mesopotamien ein. Die »Korn-
kammer Persiens«, das fruchtbare Babylonien, gehört nun auch
zum Herrschaftsbereich des frisch akklamierten »Königs von
Asien«.

Ohne einen Schwertstreich zieht Alexander in das Gebiet ein,
dessen Reichtum nicht wenig dazu beitragen soll, dem »Weltherr-
scher« ein standesgemäßes Leben zu ermöglichen. Die Einwohner
Babylons wiederum verbinden mit seiner Person die Vorstellung

von neuem Glanz und Ruhm für ihre Stadt und bereiten dem König einen überwältigenden Empfang, der die jubelnde Begrüßung Kyros' von Persien gut 200 Jahre zuvor noch weit in den Schatten stellt. Und Alexander enttäuscht die Hoffnungen seiner jüngsten Untertanen nicht: Er empfängt die Priesterschaft, erkennt den Kult Marduks an und ergreift in feierlicher Zeremonie die Hand des Gottes zum Zeichen seiner legitimen Herrschaft als »König von Babylon«. Vor allem jedoch ordnet er die Restaurierung der Tempel an, in erster Linie die Wiederherstellung Esagilas und Etemenankis.

Fast fünf Wochen bleibt Alexander in seiner neuen Satrapenhauptstadt. Als Quartier dient ihm Nebukadnezars Südburg; von hier aus unternimmt er zahlreiche Erkundungsgänge durch die für griechische Vorstellungen unermeßlich große Stadt. Besonders die Hängenden Gärten haben es ihm angetan, und er besucht sie wieder und wieder.

Ende November bricht Alexander dann auf zu weiteren Feldzügen und Eroberungen – Susa, Persepolis, die ostiranischen Provinzen. Nach dem Indienfeldzug (327–325), der mit der Unterwerfung des Pandschab endet, zwingt ihn sein zermürbtes Heer zur Rückkehr. 324 erreicht Alexander nach einem mörderischen, verlustreichen Marsch durch die Wüste Gedrosiens (Belutschistan) Westiran. Durch seine Heirat mit der aus dem Ostiran stammenden Baktrerin Roxane und seine Eheschließung mit zwei achämenidischen Prinzessinnen versucht Alexander, die von ihm angestrebte Gleichstellung von (besiegten) Persern und (siegreichen) Makedonen zu forcieren – sehr zum Unwillen der Makedonen. Es kommt zu Verschwörungen und Anschlägen auf den Herrscher, und die Leberomina, die man in Babylon für den König stellt, verheißen angeblich nichts Gutes – wie stets in Krisenzeiten. Und der Unmut der Untertanen, vor allem jedoch auch der prunksüchtige, maßlose Lebensstil, den der »göttliche« Alexander sich mittlerweile zugelegt hat, lassen Schlimmeres als nur eine vorübergehende Krise befürchten.

Die Sterne stehen also denkbar schlecht, als Alexander, sieben Jahre nach seinem triumphalen Einzug in Babylon, die Stadt erneut aufsuchen will. Obwohl die babylonischen Priester ihm ent-

gegenziehen und versuchen, ihn mit allen möglichen düsteren Prophezeiungen davon abzuhalten, nach Babylon weiterzureisen – bis
auf ein paar Aufräumarbeiten war nämlich noch nicht viel geschehen in Richtung Wiederaufbau von Esagila und Etemenanki, die
Priester haben das dafür vorgesehene Geld lieber für sich als für
die Götter arbeiten lassen –, marschiert Alexander in die Stadt ein.
Und was die Priester befürchtet hatten, tritt ein: Unverzüglich
befiehlt der Herrscher die Aufnahme der Bauarbeiten – und die
Abgabe des Zehnten aus dem Tempelgut für die königliche Scha-
tulle.

Voller Energie macht sich der Eroberer auch an die Vorbereitungen weiterer großer Unternehmen. So plant er eine bisher noch
nie geglückte Umsegelung Arabiens und erläßt den Befehl, dafür
bei Babylon einen Hafen auszuheben und Bootshäuser für eine
Riesenflotte von 1000 Schiffen zu bauen. Die Arbeiten gehen zügig
voran, im Frühling 323 werden sogar immer wieder »Manöver«
zum Vergnügen der Mannschaften veranstaltet: Dreiruderer und
Vierruderer bekämpfen einander mit »Apfel-Geschossen«.

Alexander war voller Optimismus, aber beunruhigende Omina,
wie zum Beispiel jener seltsame Fremde, der sich eines Tages einfach auf den Thron setzte und die königlichen Gewänder anlegte,
sowie die Horoskope der Astrologen signalisierten Unheil. Auch
Alexander konnte sein Schicksal nicht mehr abwenden; wohl nicht
zuletzt deshalb, weil man noch zu seinen Lebzeiten schon das
Erbe teilen wollte, weil die Diadochenkämpfe, die Auseinandersetzungen der potentiellen Nachfolger auf dem Thron des Weltreichs, längst in vollem Gange waren.

Hat Alexander sich ganz einfach »zu Tode gesoffen«, wie immer
wieder behauptet wurde, oder hat man ihm bei einem großen
Gastmahl zwölf Tage vor seinem Tod, am 29. Mai also, Gift in den
Becher getan? Oder war wirklich »nur« ein plötzlich ausgebroche-
nes Fieber schuld an seinem Tod? Stimmt es, daß er auf allen
Vieren zum Euphrat kroch, um sich – im Fieber- oder Giftwahn –
hineinzustürzen, jedoch von seiner Gattin Roxane in letzter Minute gerettet wurde – für weitere Tage der Qual?

Die genaue Todesursache wird sich nicht mehr feststellen lassen,
zu viele bewußte Manipulationen von interessierter Seite, zu viele

verklärende Legenden haben sich um die Gestalt dieses Mannes gewoben. In einem sind sich sämtliche Überlieferungen jedoch einig: Zwölf Tage lagen zwischen dem großen Gastmahl und Alexanders Tod, Tage, von denen jeder den Herrscher dem Grab einen Schritt näher brachte. »Als am 10. Juni das Ende bekanntgegeben wurde, sank eine unheilverkündende Düsternis über die Zinnen und die breiten Straßen Babylons. Die Menschen irrten durch die Stadt und scheuten sich, ein Licht anzuzünden: Nicht, daß ihr unbesiegbarer Gott gestorben wäre . . . nein, sie sagten vielmehr, er habe vom ›Leben unter den Menschen Abschied genommen‹, und da er selbst eine sonnenähnliche Gottheit sei, habe er ihnen das Licht fortgenommen, als seine Seele in ihre neue Heimat inmitten der Sterne aufstieg. Sein Geist war unsterblich und entrückt, doch sein Leib lag schutzlos in den verödeten Hallen von Nebukadnezars Palast aufgebahrt . . .« (R. L. Fox).

Babylons kurzer Traum von wiedererstehender Größe und neuem Ruhm war ausgeträumt. Alexanders Nachfolger, Seleukos I., gründete am Tigris, an der Stelle des alten Upi (Opis), seine eigene Stadt Seleukia, läßt die Einwohner Babylons zum Teil dorthin umsiedeln, und Babylon selbst sinkt mehr und mehr in den Rang einer unbedeutenden Provinzstadt des Seleukidenreichs herab. Zwar rühmt sich noch Seleukos' Sohn Antiochus I. Soter, Esagila wiederhergestellt zu haben (268 v. Chr.), und theologische Werke – allen voran das Buch Daniel –, die dort bis kurz vor Christi Geburt entstanden, zeigen, daß das wissenschaftliche Leben noch immer nicht erloschen war. Aber politisch und wirtschaftlich war die Stadt fortan ohne Bedeutung. Als der römische Kaiser Trajan auf seinem Feldzug gegen die Parther in diese Gegend kam, war Babel bereits ein Ruinenfeld und verfiel immer mehr.

Als 227 n. Chr. die Sassaniden, ein ebenfalls aus dem Iran stammendes Herrschergeschlecht, die Parther besiegten, berührte das Babylon nicht weiter. Zuviele Kriege, Raubzüge, Zerstörungen hatte die Stadt im Laufe der Jahrhunderte über sich ergehen lassen müssen, als daß sie im neuen Sassanidenreich oder irgendwann später noch eine Rolle hätte spielen können. Denn es hatte sich erfüllt das Wort des Jesaja (13, 19–22):

So wird es Babel, der Zier der Königreiche und stolzen Pracht der Chaldäer, ergehen wie Sodom und Gomorrha, als Gott sie zerstörte. Ewig unbesiedelt soll sie bleiben und unbewohnt von Geschlecht zu Geschlecht, und es wird daselbst der Beduine nicht zelten, und die Hirten werden dort nicht lagern lassen; sondern Wüstentiere werden daselbst lagern, und ihre Häuser werden voller Eulen sein. Strauße werden daselbst wohnen und Feldteufel daselbst tanzen, Wildhunde heulen in ihren Palästen und Schakale in den Schlössern der Lust.

Aber auch in diesem letzten Fall sollte die Bibel gegenüber Babel nicht recht behalten, einmal mehr sollte ihr die Wissenschaft einen Strich durch die Rechnung machen. Denn im Jahre 1899 n. Chr. kam jemand und scherte sich nicht um die »tanzenden Feldteufel«, die Wildhunde und die Schakale, sondern setzte seinen Spaten an, um die »Schlösser der Lust« Nebukadnezars, die »Hängenden Gärten der Semiramis« und den Tempel Marduks auferstehen zu lassen aus dem Schutt der Zeit, um Bab-ilim, die »Pforte der Götter« wieder zu öffnen, auf das eintreten kann jeder, zu schauen die »Pracht der Chaldäer«.

Anmerkungen

1 Mit Hilfe des keilschriftlichen »Kriegstagebuchs« der babylonisch-assyrischen Kampfjahre – nüchterner: Tafel Nr. 21.901 der »Neubabylonischen Chronik«, auch Chronik Gadd genannt nach ihrem Herausgeber C. J. Gadd (s. Anm. 6) –, einem der wenigen Dokumente des Neubabylonischen Reiches, das etwas über kriegerische Ereignisse berichtet (die meisten der Inschriften aus der Regierungszeit Nabopolassars und Nebukadnezars beschäftigen sich mit Bauplänen und religiösen Zeremonien), ließ sich das Jahr 612 als Datum des Falls von Ninive festlegen. 27 Zeilen bedecken die Vorderseite der Tafel, 39 die Rückseite, und unterzeichnet wurde der Text vom Schreiber zu Babylon: »Einer der Nabu und Marduk liebt«.

2 In der Assyriologie wird mit drei verschiedenen Chronologien gearbeitet: der »langen«, der »mittleren« und der »kurzen« Chronologie. Während die »lange« heute praktisch aufgegeben wurde, werden die »mittlere« und die »kurze« nach wie vor nebeneinander her gebraucht. Als Anhaltspunkt, mit welcher von beiden man es in dem einen oder anderen Werk zu tun hat, dient für gewöhnlich die Regierungszeit Hammurabis. Nach der »mittleren« Chronologie setzt man dafür die Jahre 1792–1750 v. Chr. an, nach der »kurzen« die Jahre 1728–1686 v. Chr., ein Unterschied von etwa 65 Jahren also. Zahlen vor circa 2350 v. Chr. können allen modernen Hilfsmitteln zur Datierung zum Trotz nur geschätzt werden.
Die in diesem Buch angegebenen Daten entsprechen der »kurzen« Chronologie.

3 Akkadisch ist die semitische Sprache Babyloniens und Assyriens, früher meist Assyrisch genannt. Sie ist nach Keilschrifturkunden seit etwa 2500 v. Chr. (und bis kurz nach Christi Geburt) bezeugt, wurde aber als Umgangssprache bereits im 1. Jahrtausend v. Chr. vom Aramäischen verdrängt. Babylonisch und Assyrisch könnte man als Dialekte des Akkadischen bezeichnen. Im 2. Jahrtausend v. Chr. war Akkadisch die internationale Diplomatensprache des Vorderen Orients und wurde auch in Syrien, Kleinasien und Ägypten benutzt.

4 Außer Nebukadnezar I. und »unserem« Nebukadnezar II., auch Nebukadnezar der Große genannt, gab es noch zwei Herrscher gleichen Namens: Nebukadne-

zar III. und IV. behaupteten beide, Söhne Nabonids, des letzten Königs von
Babylon zu sein und versuchten, Babylon von der persischen Oberherrschaft zu
befreien (s. S. 336).

5 Nachdem D. J. Wiseman (Assistant Keeper in the Department of Egyptian and
Assyrian Antiquities) 1956 aus den Tontafelschätzen des Britischen Museums
weitere 4 Tafeln der »Neubabylonischen Chronik« herausgegeben und kom-
mentiert hat, stehen uns nun, in zeitlicher Reihenfolge aufgeführt, folgende
6 Tafeln der Chronik zur Verfügung: »1. Tafel *(Wiseman-Chronik):* Antrittsjahr
bis 3. Jahr des Nabopolassar (626–623; 41 Zeilen). Nach einer Lücke von
6 Jahren (622–617) folgt die 2. Tafel *(Gaddsche Chronik)*: 10.–17. Jahr des
Nabopolassar (616–609; 78 Zeilen). Diese Tafel wird, wie die Kennzeile am
Ende und am Anfang der nächsten zeigt, unmittelbar fortgesetzt durch die 3.
Tafel *(Wiseman-Chronik)*: 18.–20. Jahr Nabopolassars (608–606; 28 Zeilen).
Durch Kennzeile verbunden folgt die 4. Tafel *(Wiseman-Chronik)*: 21. Jahr des
Nabopolassar und Antrittsjahr bis 10. Jahr des Nebukadnezar (605–595; 47
Zeilen). Wir haben also in den Tafeln 2–4 die ganze Chronik der Jahre 616–595
v. Chr.. Aber dann folgt eine große Lücke von 37 Jahren (594–557), die unter
anderem auch die Zerstörung Jerusalems enthalten würde. Die 4. Tafel hat am
Ende noch die Kennzeile mit dem Anfang des Jahres 594. Vielleicht liegt dieses
wichtige Stück der Chronik noch in Mesopotamien oder in einem Museum
vergraben. 5. Tafel *(Wiseman-Chronik)*: 3. Jahr des Neriglissar (556; 27 Zeilen).
6. Tafel *(Chronik des Nabonid)*: Antrittsjahr bis 17. Jahr Nabonids (555–539; 42
Zeilen mit Lücken)« (E. Vogt).

6 Die Monate des babylonischen Kalenders (der Monat begann mit Erscheinen
der neuen Mondsichel):

Nisan	Mitte März – Mitte April (1. Monat des Jahres)
Ajar	Mitte April – Mitte Mai
Siwan	Mitte Mai – Mitte Juni
Tammuz	Mitte Juni – Mitte Juli
Ab	Mitte Juli – Mitte August
Ulul	Mitte August – Mitte September
Taschritu	Mitte September – Mitte Oktober
Arachsamna	Mitte Oktober – Mitte November
Kislim	Mitte November – Mitte Dezember
Telet	Mitte Dezember – Mitte Januar
Schebat	Mitte Januar – Mitte Februar
Adar	Mitte Februar – Mitte März

7 Der Name »Nebukadnezar« wird in den Keilschrifttexten auf ganz verschiedene Weisen geschrieben. Die vollständigste Schreibweise, wie man sie zum
Beispiel in einer Inschrift von Borsippa liest, lautet *Nabu-kudurri-usur*, was

soviel heißt wie »Nabu schütze meinen Erbsohn«. Man erkennt daran, daß die
gräzisierte Form des Namens, Nabuchodonosor, die auch in der Vulgata ver-
wendet wird, eigentlich eher der babylonischen Aussprache nahekommt als das
masoretische Nebukadnezar, das sich jedoch in unserem Sprachgebrauch
schließlich durchgesetzt hat.

8 Nach neueren Forschungen des bedeutenden Assyriologen Wolfram von Soden
scheint die Interpretation von Tod und Auferstehung Marduks allerdings auf
zum Teil fehlerhaft übersetzten Texten zu beruhen und ist in der heutigen
Assyriologie zumindest umstritten.

9 »Große Steinplatteninschrift«, Kolumne 7, Zeilen 22–55.

10 »Die einzelnen Reliefziegel sind vor der Farbengebung wie gewöhnliche Ziegel
gebrannt worden. Darauf sind die Konturen in schmelzweichen schwarzen
Glasfäden aufgetragen, so daß einzelne Felder entstanden. Diese wurden mit
naßflüssigen Emailfarben ausgefüllt, das Ganze getrocknet und danach in einem
zweiten, wahrscheinlich milderen Feuer zum Fluß gebracht. Da die schwarzen
Glasfäden denselben Schmelzpunkt haben wie die Emailfarben, so sind sie mit
den Farben selbst vielfach ineinandergelaufen, was dem Kunstwerk den so außerordentlich lebendigen und doch einheitlichen Charakter verleiht, den wir
heute bewundern« (Robert Koldewey).

11 Weitere Sagen, außerbiblische jüdische und nichtjüdische, vom Turmbau siehe:
Alfred Jeremias, *Das Alte Testament im Lichte des alten Orients*, Leipzig,
4. neubearb. Aufl. 1930, S. 182 ff.

12 Weitere Einzelheiten zur Darstellung des Babylonischen Turms in der bilden-
den Kunst siehe: Walter Andrae/Rolf Fritz, *Der Babylonische Turm. Erläuterungen zum Kabinett des Babylonischen Turms in der Vorderasiatischen Abteilung der Staats-Museen Berlin*, Sonderdruck aus der »Bauwelt«, 1932.

13 »Die sogenannte Esagila-Tafel wurde zuerst von George Smith gesehen, durch-
gearbeitet und ihr Inhalt 1876 in einer englischen Paraphrase bekanntgemacht.
Wo Smith die Tafel gesehen hatte, weiß niemand. Smith, der sich seit Oktober
1875 in Konstantinopel befand, reiste im März 1876 weiter nach Vorderasien
und starb am 19. August 1876 in Aleppo. Die von den Assyriologen lange und
schmerzlich vermißte Tontafel tauchte 1912 in französischem Privatbesitz auf.
V. Scheil hat sie 1913 in Lichtdruck und Autographie (diese von P. Toscanne),
mit Transkription, Übersetzung und kurzem philologischen Kommentar veröf-
fentlicht; rechnerisch und architektonisch versuchte Dieulafoy den Text zu er-
läutern. Die Tontafel wurde 1913 von der Besitzerin den Sammlungen des

Louvre überwiesen, erhielt die Bezeichnung AO 6555 und wurde von Thureau-Dangin in verbesserter Gestalt herausgegeben. Eine ganze Reihe von Gelehrten hat sich seitdem um die Lösung der zahlreichen philologischen und metrologischen Schwierigkeiten bemüht.

Die Tontafel ist an sich schön und deutlich geschrieben, hat aber durch verschiedene Beschädigungen Textverlust erlitten, der sich gegenwärtig nur zum Teil ergänzen läßt. Sie enthält im ganzen 51 Zeilen Schrift, von denen eine in kleineren Zeilen auf den oberen Rand geschrieben ist. Von den übrigen 50 Zeilen stehen 36 auf der Vorderseite, 14 auf der Rückseite, die deshalb sehr viel freien Platz hat. Die Schriftfläche der Vorderseite ist durch sechs Querlinien in sieben Abschnitte zerlegt und enthält noch eine siebente Querlinie ganz unten. Die beiden unteren Querlinien sind zwecklos, weil sie Zusammengehöriges trennen, die unterste Zeile der Vorderseite vielmehr die Überschrift der Rückseite bildet und deshalb als oberste Zeile auf der Rückseite stehen müßte. Die Rückseite selbst weist 3 Querlinien auf. Danach teile ich den Inhalt der Tafelinschrift folgendermaßen ein:

Randschrift, außerhalb der Zählung (Wunsch, daß die Tafel erhalten bleibe); eigentlicher Text in 9 §§, umfassend die Zeilen 1–47;

Unterschrift (Besitzer, Schreiber, Ort und Zeit der Ausfertigung der Tafel), Zeilen 48–50.

Der eigentliche Text handelt in den §§ 1–3 vom Tempel Esagila, in den §§ 4–7 vom Stufenturm Etemenanki. § 8 bezeichnet das Schriftstück als geheim und gibt über die Herkunft der Vorlage (Barsip) Aufschluß. § 9 ist eine metrologische Hilfstafel« (Friedrich Wetzel).

14 Die beiden Gesetzestafeln (E = Exodus, 2. Buch Mose, und KH = Kodex Hammurabi) ähneln und entsprechen sich am stärksten in der Behandlung folgender Punkte: der Sklave oder Knecht (E 21, 2–11; KH 117–118); körperlicher Schade nach Faust- oder Stockschlägen (E 21, 18–19; KH 206); das Gesetz der Wiedervergeltung (E 21, 23–25; KH 196–197, 200); der Abgang der Frucht (E 21, 21–22; KH 209 ff.); das Stoßen eines Ochsen (E 21, 28–32; KH 250–252); der Diebstahl eines Ochsen oder eines Schafes (E 21, 37; 22, 3; Kh 8); Beschädigung und Diebstahl des Eigentums (E 22, 1–2; KH 21); Schaden an einem Acker oder Weinberg (E 22, 4; KH 57–58); Aufbewahrung von Gold oder Geräten (E 22, 6–8; KH 124–136); Bewachung des Viehs (E 22, 9–12; KH 262–267).

15 Hartmut Schmökel meint allerdings, daß »dieser in chaotischer Unordnung erhaltene Kodex ... aufgrund sprachlicher Argumente eher einem der Eschunnafürsten kurz vor Hammurabi, etwa Daduscha, zuzurechnen« ist.

16 »Wenn die akkadische Sprache auch nicht sehr schwierig ist, so ist die Schrift dagegen sehr verwickelt. Die Keilschriftzeichen, die wir heute auf den Tontäfel-

chen sehen, waren ursprünglich Abbildungen von Gegenständen. Diese Art des Schreibens, die man auch bei den alten Ägyptern findet, nennt man Bilderschrift, weil sie die Dinge, die sie ausdrücken will, entweder ganz oder mit Beschränkung auf einen charakteristischen Teil nachbildet. Um zum Beispiel einen Fisch zu bezeichnen, gibt man seinen Umriß an; für einen Stier gebraucht man den Kopf mit zwei Hörnern; für das Getreide eine Ähre. Es gibt auch geistreiche Mittel, um Tätigkeiten auszudrücken: Das Bild des Fußes bedeutet gleichzeitig auch das Gehen, der Kopf des Menschen mit Hinzufügung des Zeichens Brot oder Wasser drückt das Essen oder das Trinken aus usw. Das Einritzen mit Griffeln in den weichen Ton machte es jedoch sehr schwierig, gebogene Linien darzustellen. Die Zeichnungen strebten so in Mesopotamien zu einer Vereinfachung in eine große Anzahl geradliniger Striche, die nur einen Anklang an die alten Darstellungen (Ideogramme) beibehielten. Die Anordnung der Zeichen auf den Täfelchen geschah anfänglich in vertikalen Zeilen von rechts nach links. Dann drehten die Schreiber die Täfelchen um neunzig Grad nach links, um schneller schreiben zu können und um es für die Hand bequemer zu haben, so daß eine horizontale Schrift von links nach rechts herauskam. Das Akkadische ist neben dem Äthiopischen die einzige semitische Sprache, die in dieser Richtung geschrieben wird. Die anderen benützen alle die umgekehrte Richtung.

Neben diesen Eigenheiten war die Keilschrift jedoch mit schweren Mängeln behaftet: Sie konnte nur wenige abstrakte Gedanken ausdrücken, und vor allem fehlte ihr die Möglichkeit, die Zeiten und die Personen des Verbums anzuzeigen. Um dies zu erreichen, machte sie eine wichtige Entwicklung durch: Man begann, die Zeichen nicht mehr für das Bild zu benutzen, das sie darstellten, sondern für den Lautwert, mit dem man sie aussprach. So wurde zum Beispiel das Zeichen, das Milch bedeutete, im Sumerischen *ga* ausgesprochen: Nun aber fing man an, es einfach zum Ausdruck dieser Silbe zu benützen, ohne sein Bild in Betracht zu ziehen. Ebenso geschah es auch mit den anderen Zeichen, die so in jeder gewünschten Weise zusammengesetzt werden und die verschiedenen Formen des Nomens und des Verbs ausdrücken konnten. Wie schrieb man das Zeitwort *gaz*, das »brechen« bedeutet? Man nahm die Zeichen *ga* und *az* und setzte sie nebeneinander unter Außerachtlassung ihres bilderschriftlichen Wertes, der für *ga* »Milch« und für *az* »Bär« sein würde.

Diese in der Geschichte der Schrift neue Phase nennt man phonetisch: Sie bedeutet einen großen Schritt vorwärts zur Vereinfachung und Vervollkommnung der Schrift überhaupt. Die Schwierigkeiten sind jedoch noch außerordentlich groß. Die ideographischen Werte verschwinden nicht ganz, so daß einige Zeichen sowohl den Lautwert als auch die Bedeutung des Bildes in sich vereinigen können, und es muß dann der Kontext entscheiden. Außerdem hat der größere Teil der sehr zahlreichen Ideogramme nicht nur einen phonetischen Wert, sondern mehrere. So kann zum Beispiel das Zeichen, das in Wirklichkeit den menschlichen Fuß darstellt, *gin* (»gehen«), *gub* (»stehen«), *tum* (»tragen«)

und anders gelesen werden. Unterscheidende Zeichen (Determinative) und phonetische Ergänzungen helfen beim Lesen; fehlen diese, dann bleibt noch der Kontext. Aber man versteht nun, daß die Entzifferung der Inschriften, die im übrigen infolge der schlechten Erhaltung manchmal noch weitere Schwierigkeiten aufweisen, ein richtiges Bilderrätsel darstellt. Die mesopotamische Schrift wird dadurch vielleicht zur schwierigsten des ganzen Altertums. Wir, die wir an ein Alphabet mit wenigen Zeichen gewöhnt sind, stehen fassungslos und erstaunt vor einer so wenig praktischen Form des Schreibens. Und doch stellt sie schon einen sehr großen Fortschritt in der menschlichen Schrift dar. Andere, sehr viel spätere Semiten, sollten unsere Welt mit der Erfindung des bedeutend brauchbareren Alphabets beglücken« (Sabatino Moscati).

17 »Seit der historischen Zeit rechnete man in Mesopotamien nach Tagen, deren Anfang und Ende dem Sonnenuntergang (manchmal auch dem Aufgang des Morgensterns) entsprach. Ein Tag wurde in 12 Doppelstunden eingeteilt (man sprach auch von 3 Tages- und 3 Nachtwachen). Die Zeit wurde mit Sonnen- oder Wasseruhren gemessen. Die erstere Art der Zeitmessung hat noch Herodot in Babylon kennengelernt (die mesopotamische Sonnenuhr wurde von den Griechen unter dem Namen Gnomon übernommen). Man maß die Zeit an einem Schatten, den ein aufrechtstehender Stab warf. Als Wasseruhr diente ein Gefäß, das beim Aufgang eines bestimmten Sterns mit Wasser gefüllt wurde, und das man dann bis zum gleichen Zeitpunkt in der nächsten Nacht durch eine kleine Öffnung auslaufen ließ. Die ausgelaufene Wassermenge wurde abgewogen und ebenfalls in 12 Teile eingeteilt. Jeder Teil stellte die Wassermenge dar, die während zweier Stunden ausgelaufen war (nach dem Wassergewicht hießen wohl zwei solcher Doppelstunden 1 Mine). So hatte man ein grundlegendes Verhältnis zwischen Gewicht und Zeitmaß erreicht. Ähnliche Wasseruhren waren auch in Ägypten und Griechenland bekannt; hier nannte man sie Klepsydren« (Josef Klima).

18 Der Pentateuch, die fünf Bücher Mose, entstand aus der Verschmelzung von vier großen Abhandlungen, von denen zwei das Hauptgerüst bilden: dem Jahwisten (in der Wissenschaft kurz »J« genannt), dem Elohisten (E), dem Deuteronomisten (D) und der sogenannten Priesterschrift (P). Die Jahwistenquelle, später als J^3 bezeichnet, stammt von Bearbeitern aus der Zeit des Judäischen Reiches, die sich jedoch auf zwei frühere Sammlungen (J^1 und J^2) stützten. Der Jahwist enthielt Berichte von der Erschaffung der Welt bis zur Thronbesteigung Salomos. Die Elohistenquelle wurde aufgrund dieser vorausgegangenen Schriften zusammengestellt und erzählt vom Schicksal Abrahams bis zu Sauls Tod. Von dieser Sammlung existiert ein Hauptteil (E^1) sowie eine später erfolgte Erweiterung (E^2), die sich auf die Zeit der Propheten und Schriftgelehrten bezieht und wahrscheinlich im 9. Jahrhundert v. Chr. entstanden ist.

19 »Seit geraumer Zeit sind die Bearbeiter des Epos nicht mehr allein auf die Fragmente angewiesen, die die Bibliothek Assurbanipals überlieferte. Wir verfügen jetzt über ein sumerisches Fragment, das aus der Zeit des Königs Schulgi oder Dungi stammt, der kurz vor 2000 v. Chr. regiert hat. Ferner sind altbabylonische Fragmente aus etwas späterer Zeit gefunden worden, dann eine Tafel aus dem 18. Jahrhundert v. Chr. und in Uruk zwei assyrische Fragmente aus dem 6. Jahrhundert v. Chr. Ständig mehrt sich die Kenntnis des Epos. Der junge Gelehrte Dr. Frankena aus Leiden fand im Museum zu Istanbul Tontafeln, die er als Bruchstücke des 7. Gesangs des Gilgamesch-Epos identifizieren konnte. Ganz neu ist auch der Fund von Tafeln aus dem 16./17. Jahrhundert v. Chr. in der Nähe von Megiddo, wodurch wieder ein Stückchen des 6. Gesanges ergänzt werden konnte. Dazu muß noch berichtet werden, daß in Boghazköi, dem Zentrum der Hethiter, mitten in Kleinasien, Fragmente in drei verschiedenen Sprachen aus dem 15. Jahrhundert an den Tag kamen. Hierdurch wurde also bewiesen, daß das Epos während mehr als 15 Jahrhunderten im Bereich des mesopotamischen Kulturkreises bekannt war. Dieser Bereich erstreckte sich geographisch von Kleinasien bis zum Persischen Golf.
Die Tafeln aus Assurbanipals Bibliothek sind häßlich beschädigt und zeigen zahlreiche Lücken. Mit Hilfe der Quellen aus anderen Orten und anderen Zeiten kann man versuchen zu ergänzen ... Man denke also nicht, daß das Epos so schön und vollständig an den Tag gekommen sei, wie die Zitate es vermuten lassen könnten« (M. A. Beek).

20 Mittlerweile sind noch ältere sumerische Texte entdeckt worden, die »von der Sintflut erzählten. Der Held hieß dort Ziusudra. Daneben fand man Reste von vier verschiedenen Versionen eines Mythos, dessen Hauptfigur Atrachasis in der Arche ›Lebensbewahrer‹ ebenfalls eine große, zerstörerische Flut überstanden hat. Darüber hinaus ist die Sintflut in ein paar Listen genannt, welche die Könige von Babylonien von den Anfängen des Königtums bis ins 2. Jahrtausend v. Chr. aufzählen und zwischen den Königen vor und nach der Flut unterscheiden. Schließlich sind Teile einer babylonischen Sintfluterzählung bekannt, die auf den Marduk-Priester Berossos (um 275 v. Chr.) zurückgehen. Aus Ziusudra ist hier Xisuthros geworden. Dieser Bericht ist uns allerdings nur auf sehr verschlungenen Wegen erhalten: Auszüge aus dem Werk des Berossos brachte der griechische Historiker Alexander Polyhistor aus Milet (1. Jahrhundert n. Chr.), den seinerseits der Kirchenhistoriker Eusebius von Caesarea (etwa 260–340 n. Chr.). Davon schließlich wissen wir nur durch einen Mittelsmann aus dem 9. Jahrhundert n. Chr.« (H. H. Schmid).

21 Die East Indian House Inschrift – so benannt nach ihrem Standort im East Indian House in London – ist eine 1 Meter hohe, 10 Zentimeter dicke schwarze Basalttafel, auf der in archaischer Schrift (10 Kolumnen, 621 Zeilen) über die Restauration des alten Palastes und den Bau eines neuen innerhalb der Mauern berichtet wird.

Literaturverzeichnis

Albright, W. F., »King Joiachin in Exile«, in: *The Biblical Archaeologist* 5, 1942, S. 49–55.

–, *Geschichte und Altes Testament*, Aufsätze von W. F. A. u. a., Tübingen 1953.

–, »The Nebuchadnezzar and Neriglissar Chronicles«, in: *Bulletin of the American Schools of Oriental Research* 143, 1956, S. 28–33.

–, *Die Bibel im Lichte der Altertumsforschung*, Stuttgart 1957.

Andrae, Walter, »Der Babylonische Turm«, in: *Die Bauwelt*, Jg. 16, H. 9, 1925.

–, *Babylon. Die versunkene Weltstadt und ihr Ausgräber Robert Koldewey*, Berlin 1952.

–, *Lebenserinnerungen eines Ausgräbers*, Berlin 1961.

–, Fritz, Rolf, *Der Babylonische Turm*. Erläuterungen zum Kabinett des Babylonischen Turms in der Vorderasiatischen Abteilung der Staatlichen Museen Berlin, Sonderdruck aus: *Die Bauwelt*, Berlin 1932.

Auerbach, Elias, »Wann eroberte Nebukadnezar Jerusalem?«, in: *Vetus Testamentum* Bd. 11, Nr. 2, Leiden 1961, S. 128–136.

Bacon, Edward (Hrsg.), *The Great Archaeologists*, London 1976.

Baumgartner, Walter, »Herodots babylonische und assyrische Nachrichten«, in: *Archiv Orientálni* Bd. 18, Prag 1950, S. 69–106.

Beek, M. A., *An Babels Strömen*. Hauptereignisse aus der Kulturgeschichte Mesopotamiens in der alttestamentlichen Zeit, München 1959.

–, *Bildatlas der assyrisch-babylonischen Kultur*, Gütersloh 1961.

–, *Geschichte Israels*. Von Abraham bis Bar Kochba, Stuttgart 1961.

Beltz, Walter, *Gott und die Götter*. Biblische Mythologie, Düsseldorf 1977.

Bibby, Geoffrey, *Als Troja brannte und Babylon fiel*. Das mythische Zeitalter unserer Kultur, Reinbek 1976.

Die Bibel oder die ganze Heilige Schrift des Alten und Neuen Testaments nach der deutschen Übersetzung Dr. Martin Luthers, Stuttgart 1960 u. ö.

Böhl de Liagre, F. M. Th., *Opera minora*, Groningen/Djakarta 1953 (darin u. a.: »Die Tochter des Königs Nabonid«; »Hymne an Nergal, den Gott der Unterwelt«; »Mythos und Geschichte in der altbabylonischen Dichtung«; »Die 50 Namen des Marduk«; »Religion und Sitte der Babylonier und Assyrer«).

Borger, Rykle, »Der Aufstieg des neubabylonischen Reiches«, in: *Journal of Cuneiform Studies* 19, New Haven 1965, S. 59–78.

Bottéro, Jean, *La religion babylonienne*, Paris 1952.

Brentjes, Burchard, *Land zwischen den Strömen*. Eine Kulturgeschichte des alten Zweistromlandes Irak, Heidelberg 1963.

Budge, E. A. Wallis, *Babylonian Life and History*, London ²1925.

Camp, Lyon Sprague de, *Ingenieure der Antike*, Düsseldorf 1964.

–, *New York lag einst am Bosporus*. Metropolen der Antike, Düsseldorf/Wien 1972.

Ceram, C. W., *Götter, Gräber und Gelehrte*. Roman der Archäologie, Reinbek 1972.

–, *Ruhmestaten der Archäologie*. Götter, Gräber und Gelehrte in Dokumenten, Reinbek 1975.

Champdor, Albert, *Babylone et Mesopotamie*, Paris 1953.

Chiera, Edward/Cameron, G. G., *Sie schrieben auf Ton*. Was die babylonischen Schrifttafeln erzählen, Zürich/Leipzig 1941.

Contenau, Georges, *La Magie chez les Assyriens et les Babyloniens*, Paris 1947.

–, *So lebten die Babylonier und Assyrer*, Stuttgart 1959.

Cornfeld, Gaalyahu (Hrsg.), *Von Adam bis Daniel*. Das Alte Testament und sein historisch-archäologischer Hintergrund, Würzburg 1962.

–, Botterweck, G. J., *Die Bibel und ihre Welt*. Eine Enzyklopädie, Bd. 1–6, München 1972.

Delitzsch, Friedrich, *Wo lag das Paradies?*, Leipzig 1881.

–, *Babylon*. Zweiter, durch ein Nachwort vermehrter Abdruck, Leipzig 1901.

–, *Babel und Bibel*. 1., 2., 3. Vortrag, Stuttgart 1903, 1904, 1905.

–, *Mehr Licht*. Die bedeutsamsten Ergebnisse der Babylonischen Assyrischen Grabungen für Geschichte, Kultur und Religion. Ein Vortrag, Leipzig 1907.

–, *Die große Täuschung*, Stuttgart/Berlin 1921.

Deuel, Leo (Hrsg.), *Das Abenteuer Archäologie*. Berühmte Ausgrabungsberichte aus dem Nahen Osten, hrsg. u. eingel. v. L. D., München ⁵1977.

Dhorme, Edmond, *Les religions de Babylonie et d'Assyrie*, Paris 1945.

Diodor von Sizilien, *Geschichtsbibliothek*, übers. v. Adolf Wahrmund, Berlin o. J.

Dombart, Theodor, »Esagila und das große Mardukfest zu Babylon«, in: *Journal of the Society of Oriental Research*, Chicago 1924.

–, *Alte und neue Ziqqurat-Darstellungen zum Babelturm-Problem*, Berlin 1929.

–, *Der Babylonische Turm*, Leipzig 1930.

Dougherty, R. Ph., *Nabonidus and Belshazzar*, New Haven 1929.

Ebeling, Erich, *Das babylonische Weltschöpfungslied (»Enuma elis«)*, umschrieben und übersetzt von E. E., Breslau 1921 (Selbstverlag).

–, »Liebeszauber im Alten Orient«, in: *Mittheilungen der Altorientalischen Gesellschaft* I, 1, Leipzig 1925.

–, »Die babylonische Fabel«, in: *Mittheilungen der Altorientalischen Gesellschaft* II, 3, Leipzig 1927.

–, *Tod und Leben nach den Vorstellungen der Babylonier*, Berlin 1931.

–, *Neubabylonische Briefe*, München 1949.

Edzard, Dietz Otto, *Altbabylonische Rechts- und Wirtschaftsurkunden aus Tell ed-Der im Iraq Museum*, München 1970.

Eggebrecht, Arne (Hrsg.) u. a., *Sumer, Assur, Babylon.* 7000 Jahre Kunst und Kultur zwischen Euphrat und Tigris. Ausstellungskatalog, Mainz/Rhein 1978.

Eissfeldt, Otto, *Einleitung in das Alte Testament unter Einschluß der Apokryphen und Pseudographen* . . . Entstehungsgeschichte des Alten Testaments, Tübingen ²1956.

–, *Kleine Schriften*, 2 Bde., Tübingen 1963 (darin u. a.: »Das Datum der Belagerung von Tarus durch Nebukadnezar«; »Zum Zehnten bei den Babyloniern«).

Eliade, Mircea (Hrsg.), *Die Schöpfungsmythen.* Ägypter, Sumerer, Hurriter, Hethiter, Kanaaniter und Israeliten, Einsiedeln/Zürich/Köln 1964.

–, *Geschichte der religiösen Ideen.* Bd. 1: *Von der Steinzeit bis zu den Mysterien von Eleusis*, Freiburg/Basel/Wien 1978.

Falkenstein, Adam/Soden, Wolfram von, *Sumerische und akkadische Hymnen und Gebete*, Zürich/Stuttgart 1953.

Fohrer, Georg, *Geschichte Israels.* Von den Anfängen bis zur Gegenwart, Heidelberg 1977.

Fohrer, Georg/Galling, Kurt, *Ezechiel*, Tübingen 1955.

Fox, Robin Lane, *Alexander der Große*, Eine Biographie, Düsseldorf 1974.

Frenz, A., »Der Turmbau«, in: *Vetus Testamentum* Bd. 19, Leiden 1969, S. 183–195.

Friedell, Egon, *Kulturgeschichte Ägyptens und des Alten Orients.* Leben und Legende der vorchristlichen Seele, München 1974 (Nachdr.).

Gadd, C. J., *The Fall of Niniveh*, London 1923.

–, *Teachers and Students in the Oldest Schools*, London 1956.

–, *The Cities of Babylonia*, Cambridge 1962.

Gale, Richard, *Biblische Schlachten*, Wien/Düsseldorf 1973.

Galling, Kurt (Hrsg.), *Textbuch zur Geschichte Israels*, Tübingen ²1968.

Das Gilgamesch-Epos, übers. u. erläutert von Wolfram von Soden und Albert Schott, Stuttgart 1977.

Gleich, Sigismund von, *Marksteine der Kulturgeschichte.* Teil 1: *Vom Weltentraum zum Erdendenken. Babylonien und Ägypten*, Stuttgart 1938.

Gray, John, *Mythologie des Nahen Ostens*, Wiesbaden o. J. (ca. 1970).

Grayson, A. K. (Hrsg.), *Assyrian and Babylonian Chronicles*, Locust Valley/New York 1975.

Gressmann, Hugo, *Altorientalische Texte und Bilder zum Alten Testament*, Berlin/Leipzig 1927.

–, *The Tower of Babel*, New York 1928.

Grimal, Pierre (Hrsg.), *Mythen der Völker*, Bd. 1, Frankf./M. 1967.

Güterbock, H. C., »Die historische Tradition und ihre Gestaltung bei den Babyloniern und Hethitern«, in: *Zeitschrift für Assyriologie* 8, 1934, S. 1 ff.

Gutbrod, Karl, *Du Mont's Geschichte der frühen Kulturen der Welt*, Köln 1975.

Hedin, Sven, *Bagdad, Babylon, Niniveh*, Leipzig 1918.

Herm, Gerhard, *Die Phönizier*. Das Purpurreich der Antike, Reinbek 1975.

Herodot, *Historien*. Deutsche Gesamtausgabe, Stuttgart ⁴1971.

Herzog, Chaim/Gichow, Mordechai, *Battles of the Bible*, London 1978.

Hooke, S. H., *Babylonian and Assyrian Religion*, Oxford 1961.

Horn, F. H., »The Babylonian Chronicle and the Ancient Calendar of Judah«, in: *Andrews University Seminary Studies* 5, 1967, S. 12–27.

Hrouda, Barthel, *Vorderasien. I: Mesopotamien, Babylonien, Iran und Anatolien*, München 1971.

Hrozný, Friedrich, »Zum Geldwesen der Babylonier«, in: *Beiträge zur Assyriologie und semitischen Sprachwissenschaft* Bd. 4, Leipzig 1902, S. 546–550.

Hyatt, J. P., »New Light on Nebuchadnezzar and Judean History«, in: *Journal of Biblical Literature* 75, 1956, S. 277–284.

Jacobsen, Thorkild/Frankfort, Wilson, *Frühlicht des Geistes – Wandlungen des Weltbildes im Alten Orient*, Stuttgart 1954.

Jepsen, Alfred (Hrsg.), *Von Sinuhe bis Nebukadnezar*. Dokumente aus der Umwelt des Alten Testaments, Stuttgart/München 1975.

Jeremias, Alfred, *Im Kampfe um Babel und Bibel*, Leipzig 1903.

–, *Hölle und Paradies bei den Babyloniern*, Leipzig 1903.

–, *Babylonische Dichtungen, Epen und Legenden* (Alter Orient Bd. 25, H. 1), Leipzig 1925.

–, *Die Weltanschauung der Sumerer* (Alter Orient Bd. 27, H. 4), Leipzig 1929.

–, *Das Alte Testament im Lichte des alten Orients*, Leipzig ⁴1930.

Jeremias, Christliebe, *Die Vergöttlichung der babylonisch-assyrischen Könige* (Alter Orient Bd. 19, H. 3/4), Leipzig 1919.

Josephus, Flavius, *Jüdische Altertümer*, übers. u. mit einer Einl. u. Anm. versehen v. Dr. Heinrich Clementz, Halle a. d. S. 1900.

Keller, Werner, *Und die Bibel hat doch recht*. Forscher beweisen die historische Wahrheit, Düsseldorf ¹⁴1961.

Klamroth, Erich, *Die jüdischen Exulanten in Babylonien*, Leipzig 1912.

Klengel, Evelyn, *Reise in das alte Babylon*, Leipzig ³1977.

Klengel, Horst, *Hammurapi von Babylon und seine Zeit*, Berlin (DDR) 1976.

Klima, Josef, *Gesellschaft und Kultur des alten Mesopotamien*, Prag 1964.

Koldewey, Robert, *Die Pflastersteine von Aiburschabu in Babylon* (Wissenschaftliche Veröffentlichungen der Deutschen Orientgesellschaft 2), Leipzig 1901.

–, *Die Tempel von Babylon und Borsippa* (Wiss. Veröffentl. d. Dt. Orientgesellschaft 15), Leipzig 1911.

–, *Das Ischtar-Tor in Babylon* (Wiss. Veröffentl. d. Dt. Orientgesellschaft 32), Leipzig 1918.

–, *Das wiedererstehende Babylon*, Leipzig ⁴1925.

Konzelmann, Gerhard, *Aufbruch der Hebräer*. Der Ursprung des biblischen Volkes, München 1976.

Kramer, S. N., »The ›Babel of Tongues‹. A Sumerian Version«, in: *American Oriental Series* 53, New Haven 1958, S. 108–11.

–, *Geschichte beginnt in Sumer*, München 1959.

Kraus, F. R., *Wandel und Kontinuität in der sumerisch-babylonischen Kultur*, Leiden 1954.

Krischen, Fritz, *Weltwunder der Baukunst in Babylonien und Ionien*, Tübingen 1956.

Kugler, Franz Xaver, *Sternstunde und Sterndienst in Babel*. Assyriologische, astronomische und astralmythologische Untersuchungen, 3 Bde., Münster/Westf. 1907–1913.

Kutsch, Ernst, »Das Jahr der Katastrophe: 587«, in: *Biblica. Commentarii ad rem biblicam scientifice investigandam* 55, Rom 1974, S. 520–545.

Labat, René, *Le caractère religieux de la royauté assyro-babylonienne*, Paris 1939.

–, »Assyrien und seine Nachbarländer (Babylonien, Elam, Iran) von 1000 bis 617 v. Chr. Das neubabylonische Reich bis 539 v. Chr.«, in: *Fischer Weltgeschichte*. Die Altorientalischen Reiche III. Die erste Hälfte des 1. Jahrtausends, FW Bd. 4, S. 9–111, Frankf./M. 1967.

Lambert, W. G., »Nebuchadnezzar King of Justice«, in: *Iraq* Bd. 27, London 1965, S. 1–11.

Landsberger, Benno, *Der kultische Kalender der Babylonier und Assyrer*, Lpz. 1915.

–/Soden, Wolfram von, *Die Eigenbegrifflichkeit der babylonischen Welt* (B. L.); *Leistung und Grenze sumerischer und babylonischer Wissenschaft*, Darmstadt 1965.

Langdon, Stephen, *Die neubabylonischen Königsinschriften* (Vorderasiatische Bibliothek 4), Leipzig 1912.

–, *Ausgrabungen in Babylonien seit 1918* (Alter Orient Bd. 26), Leipzig 1927/8.

Layard, A. H., *Niniveh und Babylon, nebst Beschreibungen seiner Reisen in Armenien, Kurdistan und der Wüste*, Leipzig 1856.

–, *Auf der Suche nach Ninive*, hrsg. v. Hartmut Schmökel, München 1975 (Nachdr.).

Lemke, W. E., »Nebuchadnezzar, my servant«, in: *The Catholic Biblical Quarterly* Bd. 28, Washington, D. C., 1966, Nr. 1, S. 545–550.

Lenzen, Heinz, *Die Entwicklung der Zikurrat von ihren Anfängen bis zur Zeit der III. Dynastie von Ur*, Leipzig 1941.

–, »Mesopotamische Tempelanlagen von der Frühzeit bis zum zweiten Jahrtausend«, in: *Zeitschrift für Assyriologie*, Neue Folge 17, 1955, S. 1 ff.

Lewy, Julius, »The Late Assyro-Babylonian Cult of the Moon and its Culmination at the Time of Nabonide«, in: *Hebrew Union College Annual* 19, Cincinnati 1945/6, S. 405–489.

Lipiński, E., »The Egyptian. Babylonian War of the Winter 601–600 B. C.«, in: *Annali dell' Istituto orientale in Napoli*, NS 22, 1972, S. 235–241.

Luckenbill, D. D., *Ancient Records of Assyria and Babylonia*. Bd. 2: *Historical Records of Assyria from Sargon to the End*, New York 1968.

Macqueen, J. G., *Babylon*, New York/Washington 1965.

Madzsar, Emerich, *Raumanschauung und Zeitgefühl in der babylonischen Kultur*, Leipzig/Berlin 1931.

Malamat, Abraham, »The Last Wars of the Kingdom of Judah«, in: *Journal of the New Eastern Studies* 9, 1950, S. 218–227.

–, »A New Record of Nebuchadrezzar's Palestinian Campaigns«, in: *Israel Exploration Journal* 6, Jerusalem 1956, S. 246–256.

–, »The Last Kings of Judah and the Fall of Jerusalem«, in: *Israel Exploration Journal* 18, Jerusalem 1968, S. 137–156.

Mallowan, M. E. L., *Twenty-five Years of Mesopotamian Discovery*, London 1956.

Mandel, Gabriel/Eisele, Petra, *König Salomo*, Bern/München 1978.

Margueron, Jean-Claude, *Mesopotamien*, dt. Bearbeitung v. Prof. Dr. Joseph Wiesner (Archaeologia mundi 8), München 1978.

Meissner, Bruno, *Aus dem altbabylonischen Recht* (Alter Orient Bd. 7, H. 1), Leipzig 1905.

–, *Babylonien und Assyrien*, 2 Bde., Heidelberg 1920 ff.

–, *Die Kultur Babyloniens und Assyriens*, Leipzig 1926.

–, *Könige Babyloniens und Assyriens*, Leipzig 1926.

Metzger, Martin, *Grundriß der Geschichte Israels*, Neukirchen-Vluyn 1963.

Meyer, Eduard, *Sumerier und Semiten in Babylonien*. (Abhandlungen der Berliner Akademie der Wissenschaften), Berlin 1906.

Moore, E. W., *Neo-Babylonian Business and Administrative Documents*, Ann Arbor 1935.

Moscati, Sabatino, *Geschichte und Kultur der semitischen Völker*, Stuttgart 1953.

–, *Die Kulturen des Alten Orients*, München 1962.

Müller, Artur/Ammon, Rolf, *Die 7 Weltwunder.* 5000 Jahre Kultur und Geschichte der Antike, München/Bern/Wien 1966.

Musil, Alois, *Arabia Deserta*, Wien/Prag 1927.

Neugebauer, O., »The Survival of Babylonian Methods in the Exact Science of Antiquity and the Middle Ages«, in: *Proceedings of American Philosophical Society* 107, 1963, S. 528–535.

Neusner, Jacob, *A History of the Jews in Babylonia*, Leiden 1965.

Noth, Martin, *Geschichte Israels*, Göttingen ⁹1969.

–, »Hat die Bibel doch recht?«, in: *Festschrift für Günther Dehn zum 75. Geburtstag*, Neukirchen 1957, S. 7–22.

–, *Gesammelte Studien zum Alten Testament*, München ²1960 (darin u. a.: »Die Katastrophe von Jerusalem im Jahre 587 v. Chr.«).

–, »Die Einnahme von Jerusalem im Jahre 597 v. Chr.«, in: *Aufsätze zur biblischen Landes- und Altertumskunde* I, München 1971.

Olmstead, A. J., »The Chaldaean Dynasty«, in: *Hebrew Union College Annual* 2, Cincinnati 1925, S. 29–35.

Oppenheim, A. L. (Hrsg.), *La divination en Mésopotamie et dans les régions voisines*, Straßburg 1966.

Overholt, Th. W., »King Nebuchadnezzar in the Jeremiah Tradition«, in: *The Catholic Biblical Quarterly* Bd. 30, Washington, D. C. 1968, Nr. 1, S. 39–48.

Pallis, Svend Aage, *The Babylonian Akitu Festival*, Kopenhagen 1926.

Parker, R. A./Dubberstein, W. H., *Babylonian Chronology 626 B. C. – A. D. 45*, Chicago/Ill. 1946.

Parrot, André, *Ziggurats et Tour de Babel*, Paris 1949.

–, *La Tour de Babel*, Neuchâtel/Paris 1953.

–, *Babylon und das Alte Testament*, Zollikon/Zürich 1957.

Petschow, H., »Das neubabylonische Gesetzesfragment«, in: *Zeitschrift der Savignystiftung für Rechtsgeschichte* 76, 1959, S. 37–96.

Pettinato, Giovanni, *Die Ölwahrsagung bei den Babyloniern*, 2. Bde., Rom 1966.

Pörtner, Rudolf, »Der Turm von Babel war kein Wolkenkratzer. Blüte und Verfall der ersten Hochkultur der Menschheit«, in: *Alte Kulturen ans Licht gebracht.* Neue Erkenntnisse der modernen Archäologie, Düsseldorf/Wien 1975.

Pope, Maurice, *Die Rätsel alter Schriften.* Hieroglyphen, Keilschrift, Linear B, Bergisch-Gladbach 1978.

Pritchard, J. B. (Hrsg.), *Ancient Near Eastern Texts Relating to the Old Testament*, Princeton ³1969.

Ravn, O. E., *Herodotus Description of Babylon*, Kopenhagen 1942.

Reiner, E., »La magie babylonienne«, in: *Le Monde du Sourcier* (Sources Orientales VII), Paris 1966, S. 67–98.

Ricciotti, Giuseppe, *Geschichte Israels*, 2 Bde., Wien 1952.

Rosenberg, Alfons (Hrsg.), *Der babylonische Turm*, Aufbruch ins Maßlose, München 1975.

Sachs, A., »Babylonian Horoscopes«, in: *Journal of Cuneiform Studies* 6, New Haven 1952, S. 49–75.

Sack, R. H., *Amel-Marduk 562–560*, Neukirchen/Vluyn 1972.

Saggs, H. W. F., *Mesopotamien.* Assyrer, Babylonier, Sumerer, Zürich 1966.

Salonen, Armas, *Die Wasserfahrzeuge in Babylonien nach sumerisch-akkadischen Quellen*, Helsinki 1939.

–, *Die Landfahrzeuge des alten Mesopotamien*, Helsinki 1951.

Schmid, H. H., *Die Steine und das Wort*. Fug und Unfug biblischer Archäologie, Zürich 1975.

Schmidke, Friedrich, *Der Aufbau der babylonischen Chronologie*, Münster/Westf. 1952.

Schmökel, Hartmut, *Das Land Sumer*, Stuttgart 1956.

–, *Ur, Assur und Babylonien*. Drei Jahrtausende im Zweistromland, Stuttgart ⁶1962.

–, *Funde im Zweistromland*, Göttingen/Berlin/Frankfurt/Zürich 1963.

–, *Hammurabi von Babylon*. Die Errichtung eines Reiches, Darmstadt 1975.

Schrader, Eberhard, »Die Sage vom Wahnsinn Nebukadnezar's«, in: *Jahrbücher für protestantische Theologie*, 7. Jg., H. 4, Leipzig 1881, S. 618–629.

Schwenzner, Walter, *Das geschäftliche Leben im alten Babylonien nach den Verträgen und Briefen dargestellt* (Alter Orient Bd. 16, H. 1), Leipzig 1916.

Seignobos, Charles, *Die Welt des alten Babylon*, München 1975.

Serdakowska, Sophie de, *Les Jardins suspendus de Sémiramis*, Brüssel 1965.

Soden, Wolfram von, *Herrscher im alten Orient*, Berlin/Göttingen/Heidelberg 1954.

–, »Die Jahreszeiten im alten Zweistromland«, in: *Studium generale* 9/1, 1956, S. 14 ff.

–, *Zweisprachigkeit in der geistigen Kultur Babyloniens* (Österreichische Akademie der Wissenschaften, Philosophisch-historische Klasse, Sitzungsberichte, 235. Bd., 1. Abhandlung), Wien 1960.

Stamm, J. J., »Die Theodizee in Babylon und Israel«, in: *Jaarbericht Ex Oriente Lux*, Nr. 9, Leiden 1944, S. 99–107.

–, *Die Leiden der Unschuldigen in Babylon und Israel*, Zürich 1946.

Strabo, *Strabos Erdbeschreibung*, übers. u. durch Anm. erläutert v. A. Forbiger, Berlin 1855 ff.

Tabouis, G.-R., *Nabuchodonosor et le triomphe de Babylone*, Paris 1931.

Uhlig, Helmut, *Die Sumerer*. Volk am Anfang der Geschichte, München 1976.

Ulmer, Friedrich, *Hammurabi, sein Land und seine Zeit* (Alter Orient Bd. 9, H. 1), Leipzig 1907.

Unger, Eckhard, »Namen im Hofstaate Nebukadnezars II.«, in: *Theologische Literaturzeitung* 50, 1925, Spalte 481–486.

–, *Babylon. Die Heilige Stadt nach der Beschreibung der Babylonier*, Berlin/Leipzig 1931.

Ungnad, Arthur, *Aus den neubabylonischen Privaturkunden*, Berlin 1908.

–, *Die Deutung der Zukunft bei den Babyloniern und Assyrern*, Leipzig 1909.

– (Hrsg.), *Die Religion der Babylonier und Assyrer*, Jena 1921.

–/San Nicolo, M., *Neubabylonische Rechts- und Verwaltungsurkunden*, Leipzig 1935.

Vogelstein, M., »Nebuchadnezzar's Reconquest of Phoenicia and Palestine and the Oracles of Ezekiel«, in: *Hebrew Union College Annual* 23, Cincinnati 1950/51, II, S. 197–220.

Vogt, Ernst, »Die neubabylonische Chronik bei Karkemisch und die Einnahme von Jerusalem«, in: *Vetus Testamentum*, Suppl. IV, Leiden 1957, S. 67–96.

Weber, Otto, *Die Dämonenbeschwörung bei den Babyloniern und Assyriern*, Leipzig 1906.

–, *Die Literatur der Babylonier und Assyrer*, Leipzig 1907.

Weidner, E. F., *Handbuch der babylonischen Astronomie*. Bd. 1: *Der babylonische Fixsternhimmel*, Leipzig 1915.

–, »Jojachin, König von Juda, in babylonischen Keilschrifttexten«, in: *Mélanges Syriens offerts à Mr. René Dussaud par ses amis et élèves*, Bd. II, Paris 1939, S. 923–935.

Weiher, Egbert von, *Der babylonische Gott Nergal*, Neukirchen 1971.

Weißbach, H. F., *Das Stadtbild von Babylon* (Alter Orient Bd. 5, H. 4), Leipzig 1904.

–, *Die Inschriften Nebukadnezars II. im Wadi Brisa und am Nahr el-Kelb*, hrsg. u. übers. v. H. F. W., Leipzig 1906.

Wendt, Herbert, *Es begann in Babel*. Die Entdeckung der Völker, Rastatt/Baden 1958.

Wetzel, Friedrich, »Babylon zur Zeit Herodots«, in: *Zeitschrift für Assyriologie* 48, 1944, S. 45–68.

– (Hrsg.), *Die Königsburgen von Babylon* v. Robert Koldewey. Bd. I: *Die Südburg*; Bd. II: *Die Hauptburg und der Sommerpalast Nebukadnezars in Hügel Babil* (Wissenschaftliche Veröffentlichungen der Deutschen Orientgesellschaft 54 u. 55), Leipzig 1931/32.

–, *Die Stadtmauern von Babylon*, Osnabrück 1969 (Nachdr.).

–/Weißbach, H. F., *Das Hauptheiligtum des Marduk in Babylon, Esagila und Etemenanki* (Wiss. Veröffentl. d. Dt. Orientgesellschaft 59), Leipzig 1938.

Winckler, Hugo, *Himmels- und Weltenbild der Babylonier* (Alter Orient Bd. 3, H. 4), Leipzig 1901.

–, *Die Gesetze Hammurabis, Königs von Babylon um 2250 v. Chr.* (Alter Orient Bd. 4, H. 4), Leipzig 1902.

–, *Politische Entwicklung Babyloniens und Assyriens* (Alter Orient Bd. 5, H. 1), Leipzig 1903.

–, *Die Weltanschauung des Alten Orients* (Ex oriente lux Bd. 1, H. 1), Leipzig 1904.

–, *Geschichte der Stadt Babylon* (Alter Orient Bd. 6, H. 2), Leipzig 1904.

–, *Die Euphratländer und das Mittelmeer* (Alter Orient Bd. 7, H. 2), Leipzig 1905.

–, *Die babylonische Weltschöpfung* (Alter Orient Bd. 8, H. 1), Leipzig 1906.

–, *Der Alte Orient und die Bibel* (Ex oriente lux Bd. 2, H. 1), Leipzig 1906.

–, *Das Vorgebirge am Nahr-el-Kelb und seine Denkmäler* (Alter Orient Bd. 10, H. 4), Leipzig 1909.

Wiseman, D. J., *Chronicles of Chaldaean Kings (626–556 B. C.) in the British Museum*, London 1956.

Woolley, Sir Leonard, *The Neo-Babylonian and Persian Periods* (Ur-Excavations Bd. 9), London 1962.

–, *Ur in Chaldäa*. Zwölf Jahre Ausgrabungen in Abrahams Heimat, Wiesbaden 1956.

Zehnpfund, Rudolf, *Die Wiederentdeckung Ninives* (Alter Orient Bd. 5, H. 3), Leipzig 1903.

Zimmern, Heinrich, *Biblische und babylonische Urgeschichte* (Alter Orient Bd. 2, H. 3), Leipzig 1903.

–, *Babylonische Hymnen und Gebete* (Alter Orient Bd. 7, H. 3), Leipzig 1905.

–, *Das babylonische Neujahrsfest* (Alter Orient Bd. 25, H. 3), Leipzig 1926.

Bildquellennachweis

Rolf Ammon, Stuttgart: S. 35, 49, 116, 125, 143, 179, 231, 285 oben, 136, 273.

Bildarchiv Preußischer Kulturbesitz, West-Berlin: S. 20, 53 unten, 115, 285 unten.

Burchard Brentjes, *Land zwischen den Strömen*, Heidelberg 1963: S. 192.

Theodor Dombart, *Alte und neue Ziqqurat-Darstellungen zum Babelturm-Problem*, Berlin 1929: S. 147.

Hirmer Fotoarchiv, München: S. 53 oben, 89 unten, 213.

Evelyn Klengel, *Reise in das alte Babylon*, Leipzig ³1977: S. 111, 167, 264.

Josef Klima, *Gesellschaft und Kultur des alten Mesopotamien*, Prag 1964: S. 96, 133, 176, 247.

Robert Koldewey, *Das wiedererstehende Babylon*, Leipzig ⁴1925: S. 123, 158.

Fritz Krischen, *Weltwunder der Baukunst in Babylonien und Ionien*, Tübingen 1956: S. 139.

Kunsthistorisches Museum Wien: S. 89 oben.

André Parrot, *Babylon und das Alte Testament*, Zollikon/Zürich 1957: S. 60, 91, 130, 265, 328.

H. H. Schmid, *Die Steine und das Wort*, Zürich 1975: S. 194, 229.

Wolfram von Soden, *Herrscher im alten Orient*, Berlin/Göttingen/Heidelberg 1954: S. 10.

Staatliche Museen zu Berlin, DDR: S. 17, 161, 282.

Eckhard Unger, *Babylon. Die Heilige Stadt nach der Beschreibung der Babylonier*, Berlin/Leipzig 1931: S. 104, 105.

Ernst Vogt, »Die neubabylonische Chronik bei Karkemisch und die Einnahme von Jerusalem«, in: *Vetus Testamentum*, Suppl. IV, Leiden 1957: S. 34.

Zeittafel

Jahr v. Chr.	BABYLONIEN (Süd-Mesopotamien)	ASSYRIEN (Nord-Mesopotamien)
... bis um 3000 v. Chr.	Obeid-Kultur (2. Hälfte des 4. Jahrtausends); Uruk-Kultur (um 3000), Entstehung der Schrift, erste große Tempelbauten	Kultur von Halef (um 3800) Obeid-Kultur
um 2800	Dschemdet-Nasr-Kultur (2800–2700), frühe sumerische Stadtstaaten	
um 2600	Die Vorsargonische Zeit (2600–2350): Kisch (Mesilim, um 2600)	
2500	I. Dynastie von Ur (2500–2350); Sumerische Stadtstaaten Ur, Lagasch, Uruk, Umma; Fürstengräber von Ur	
2300	Akkad-Zeit; Sargon I., Naram-Sin (2350–2150)	
2000	Gutäer-Zeit (2200–2075); Gudea von Lagasch (2050) III. Dynastie von Ur; Urnammu, Schulgi (2070–1960)	
1900	Ansturm der Elamiter und der westsemitischen Amoriter (1950) Isin-Larsa-Zeit (1960–1698)	Assur wird unabhängig; Kappadozische Kolonien; Nomadisierende Assyrer siedeln sich an
1800	Altbabylonische Zeit; I. Dynastie von Babylon (1830–1530); begründet von Sumuabum; bedeutendster Vertreter: Hammurabi	Altassyrische Zeit (1850–1680)
1700	Mari; Zimrilim (1716–1695) Hammurabi (1728–1686)	Schamschi-Adad I. (1749–1717) Frühes Hethiter-Reich
1600	Samsu-iluna; Abi-eschuch; Ammiditana; Ammisaduga; Samsuditana (1685–1530)	Mitanni-Reich (1680–1380)

ÄGYPTEN	PALÄSTINA (und Syrien)	Jahr v. Chr.
Kultur von Badar (um 3800) Kultur von Amra (um 3500) Kultur von Gerze (um 3200)	Kultur von Jericho (Jericho VIII), um 3800 Frühe Bronzezeit I (um 3000)	... bis um 3000 v. Chr.
1. und 2. Dynastie (ca. 3000–2700)	Frühe Bronzezeit II	um 2800
Das Alte Reich, 3. bis 7. Dynastie, Zeit des Pyramidenbaus (ca. 2700–2150)	Frühe Bronzezeit III	um 2600
		2500
	Frühe Bronzezeit IV (oder III B)	2300
Die Erste Zwischenzeit (ca. 2150–2040) Das Mittlere Reich, 11. u. 12. Dynastie (ca. 2040–1785)	Mittlere Bronzezeit I (bis ca. 1800)	2000
	Mittlere Bronzezeit II A	1900
		1800
Die Zweite Zwischenzeit (1785–1551) Hyksos-Zeit (ca. 1710–1550)	Mittlere Bronzezeit II B Abraham?	1700
Das Neue Reich, 18. bis 20. Dynastie (1551–1075) 18. Dynastie (1551–1306); Ahmose	Mittlere Bronzezeit II C	1600

Jahr v. Chr.	BABYLONIEN (Süd-Mesopotamien)	ASSYRIEN (Nord-Mesopotamien)
1500	Murschili I. erobert und plündert Babylon; nach Abzug der Hethiter Einmarsch der Kassiten	Neues Hethiter-Reich
1400	Kassiten-Zeit (1530–1160); Burnaburiasch I. u. II., Kurigalzu I. und II.	
1300		Mittelassyrische Zeit (1380–1080); Assur-uballit I. (1356–1320)
1200	Tukulti-Ninurta I. unterwirft Babylon der assyrischen Oberherrschaft	Adadnirari I. (1297–1266); Salmanassar I. (1265–1235); Tukulti-Ninurta I. (1235–1198)
1100	Nebukadnezar I. (II. Dynastie von Isin), vertreibt die 1155 eingefallenen	Tiglatpileser I. (1116–1078)
1000	Elamiter, die Hammurabis Gesetzesstele nach Susa verschleppten; dennoch unterliegt Nebukadnezar I. (ca. 1130–1110) dem Assyrer Tiglat-	
950	pileser I. Seitdem wird Babylonien von aramäischen Fürsten regiert in zeitweiser Abhängigkeit von Assyrien.	
900		Neuassyrische Zeit (909–605); Gründer: Adadnirari II. (909–889)
850		Assurnasirpal II. (883–859); Salmanassar III. (858–824); Schamschi-Adad V. (823–810)
800		Adadnirari III. (809–782); seine Mutter Samuramat (Semiramis) regiert für den Unmündigen bis zu dessen Volljährigkeit

ÄGYPTEN	PALÄSTINA (und Syrien)	Jahr v. Chr.
Amenophis I. Thutmosis I.	Späte Bronzezeit (bis ca. 1400) Abraham?	1500
Thutmosis II., Hatschepsut, Thutmosis III. Amenophis II., Thutmosis IV., Amenophis III.	Späte Bronzezeit II (bis ca. 1200) Schlacht bei Megiddo (1468)	1400
Amenophis IV. = Echnaton (Residenz: Amarna), danach ca. 1400 – ca. 1350 Amarnazeit)	Landnahme (Ende des 13. Jhs.)	1300
19. Dynastie (1306–1186): Ramses I., Sethos I., Ramses II., Merenptah, Sethos II.	Eisenzeit I A Eisenzeit I B (Philister) (bis ca. 900) Schlacht bei Kades (1285)	1200
20. Dynastie (1186–1075), Ramessiden-Zeit	Gideon	1100
Die Dritte Zwischenzeit (ca. 1075–711) 21. Dynastie, Tanis (1075–945)	Fall von Silo (1050) Eisenzeit I Saul (1030–1010) (Ende des David (1010–970) 11. Jhs.)	1000
	Salomo (970–931) Eisenzeit II (bis ca. 600)	950
22. Dynastie, die Libyer (945–715)	Reichsteilung (931) Juda: Rehabeam (930–914) Israel: Jerobeam (930–910)	900
	Ahab in Israel (874–853)	850
	Jehu in Israel (841–814)	800

Jahr v. Chr.	BABYLONIEN (Süd-Mesopotamien)	ASSYRIEN (Nord-Mesopotamien)
750	Tiglatpileser III. herrscht unter dem Namen Pulu in Babylonien; Sargon vertreibt die Aramäerfürsten	Tiglatpileser III. (745–727); Salmanassar V. (727–722); Sargon II. (722–705)
700	Sanherib zerstört Babylon völlig (689), sein Sohn Asarhaddon baut es wieder auf	Sanherib (707–680) Asarhaddon (680–669)
650	Schamasch-schumukin, König von Babylon, stirbt beim Kampf um die Herrschaft mit seinem Bruder Assurbanipal (652), der danach auch König von Babylon ist	Assurbanipal (668–626)
600	Neubabylonische Zeit (605–539); Nabopolassar (625–605)	Eroberung Assurs durch die Meder (614) Eroberung Ninives durch Meder und Babylonier (612) Endgültige Niederlage Assyriens unter Assur-uballit III. (605)
550	Nebukadnezar II. (605–562); letzte Blüte des babylonischen Reiches; Eroberung Jerusalems (597 u. 587); Awel-Marduk (561–560); Neriglissar (559–556); Labaschi-Marduk (556)	
500	Nabonid (555–539), der letzte König von Babylon; Belsazar, sein Sohn und Regent während Nabonids zehnjähriger Abwesenheit von der Hauptstadt. Kyros II. von Persien zieht in Babylon ein (539)	
300	Perserherrschaft (539–331); Darius I.; Xerxes; Artaxerxes; 331 besiegt Alexander der Große Darius III. und zieht in Babylon ein. Nach dem Tod Alexanders (10. 6. 323) kommt Babylon unter die Herrschaft der Seleukiden (311–140), der Parther (140 v. Chr.–227 n. Chr.), der Sassaniden (227) und schließlich der Araber (624)	

ÄGYPTEN	PALÄSTINA (und Syrien)	Jahr v. Chr.
	Israel: Hosea (731–723) Juda: Ahas (735–716)	750
Die Spätzeit (ca. 715–332) Eroberung durch die Äthiopier (ca. 720)	Fall von Samaria (722/21), Ende des Teilreichs Israel Hiskia (715–686)	700
26. Dynastie (664–610): Psammetich I. Eroberung durch die Assyrer (671)	Manasse (686–640)	650
Necho II. (610–595) unterliegt Nebukadnezar II. in der Schlacht bei Karkemisch (605)	Josia (637–608) Jojakim (607–597) Jojachin (597→ Babylonische Gefangenschaft)	600
Psammetich II., Apries, Amasis	Zedekia (596–587) Fall von Jerusalem (587)	550
27. Dynastie, Die Perser (525–404): Kambyses, Darius I. (521–486), Xerxes I. (486–466)	Edikt Kyros' von Persien (538) Vollendung des Tempels (515)	500
332 zog Alexander der Große in Ägypten ein und übernahm die Pharaonenwürde	Eroberung durch die Makedonier (330)	300

Personen- und Sachregister